中国城市竞争力报告 No.8

竞争力：城市与国家同进退

Competitiveness: Cities and Nation Go Hand in Hand

ANNUAL REPORT
ON URBAN COMPETITIVENESS
(No.8)

顾　问／王伟光　李　扬　裴长洪 等
主　编／倪鹏飞
副主编／侯庆虎　陈小龙
特邀主编／沈建法　林祖嘉　杨允中

社会科学文献出版社
SOCIAL SCIENCES ACADEMIC PRESS (CHINA)

广视角·全方位·多品种

盘点年度资讯 预测时代前程

社会科学文献出版社

2010年版皮书

权威·前沿·原创

社会科学文献出版社
SOCIAL SCIENCES ACADEMIC PRESS (CHINA)

权威分析　专家解读　机构预测

社会科学文献出版社“皮书系列”

“皮书系列”是社会科学文献出版社近十年来连续推出的大型系列图书，由一系列权威研究报告组成，在每年的岁末年初对每一年度有关中国与世界的经济、社会、文化、法治、国际形势、区域等各个领域的现状和发展态势进行分析和预测，年出版百余种。

该系列图书的作者以中国社会科学院的专家为主，多为国内一流研究机构的一流专家，他们的看法和观点体现和反映了对中国与世界的现实和未来最高水平的解读与分析，具有不容置疑的权威性。

2010年起，皮书系列随书附赠产品将从原先的电子光盘改为更具价值的皮书数据库阅读卡。读者可以凭借附赠的阅读卡获得皮书数据库高价值的免费阅读服务。

皮书是非常珍贵实用的资讯，对社会各个阶层、各种职业的人士都能提供有益的帮助，适宜各级党政部门决策人员、科研机构研究人员、企事业单位领导、管理工作者、媒体记者、国外驻华商社和使领事馆工作人员，以及关注中国和世界经济、社会形势的各界人士阅读。

法律声明

1. 经济蓝皮书

2010年中国经济形势分析与预测

陈佳贵　李　扬　主编　　2009年12月出版　　49.00元

▲　本书为“总理基金项目”，由中国社会科学院副院长、经济学部主任陈佳贵及中国社会科学院副院长李扬担任主编，中国社会科学院经济研究所所长刘树成、数量经济与技术经济研究所所长汪同三任副主编，联合国内权威专家学者共同编写，深度解析了全球金融危机背景下2009年中国经济的发展，并在此基础上对2010年中国的经济形势作出科学的预测。

2. 社会蓝皮书

2010年中国社会形势分析与预测

汝　信　陆学艺　李培林　主编　　2009年12月出版　　49.00元

▲　中国社会科学院核心学术品牌之一，荟萃国内主要学术单位的多名社会学学者的原创成果。以社会学的视角来分析2009年中国的社会发展问题，并在此基础上，针对未来可能出现的社会热点、焦点问题作出科学的预测，并提供相应的对策建议。

3. 文化蓝皮书

2010年中国文化产业发展报告

张晓明　主编　　2010年4月出版　　59.00元（估）

▲　本书由中国社会科学院文化研究中心与文化部、上海交通大学国家文化产业创新与发展研究基地共同编写，内容上涵盖了我国的文化产业分析及政策分析。既有全国文化产业发展的宏观分析，又有文化产业内不同行业的年度发展分析，是研究我国文化发展问题的难得的年度报告。

4. 经济信息绿皮书

中国与世界经济发展报告（2010）

王长胜　主编　　2009年12月出版　　65.00元

▲　本书由国家信息中心主编。全书论述在全球金融危机演变的背景下中国及世界经济发展问题，高屋建瓴，从宏观角度及全球经济一体化的背景考虑我国经济发展的定位、战略目标、战略重点、战略对策等深层次问题。

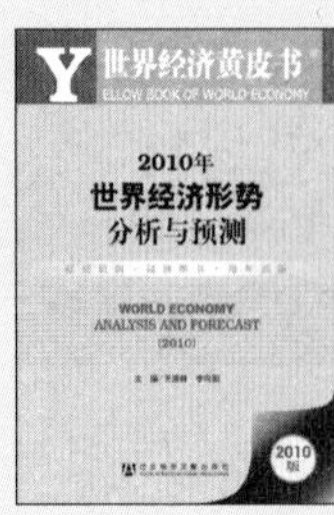

5. 世界经济黄皮书

2010年世界经济形势分析与预测

王洛林　张宇燕　主编　　2010年1月出版　　49.00元

▲　本书由中国社会科学院世界经济与政治研究所编写，中国社会科学院特邀顾问、研究生院教授王洛林及中国社会科学院世界经济与政治研究所副所长李向阳两位作为本书主编。本书从2009年世界经济发展的现状出发，对2010年世界经济形势发展形势作出预测和分析。

6. 国际形势黄皮书

全球政治与安全报告（2010）

李慎明　王逸舟　主编　　2009年12月出版　　49.00元

▲　本书由中国社会科学院的相关学者专家编写，着眼于国际关系发展的全局，对2009年国际关系发展的新的动态作出研究与分析，并对2010年国际关系可能出现的新的重大动态作出前瞻性的分析与预测。

7. 欧洲蓝皮书

欧洲发展报告（2009～2010）

周　弘　主编　　2010年2月出版　　79.00元（估）

▲　本书由中国社会科学院欧洲研究所及中国欧洲学会联合编写，从政治、经济、法制进程、社会文化和国际关系以及国别等角度，对欧洲的年度发展形势作出全面的分析与论述。本书对研究欧洲问题的学者和需要了解欧洲的读者有重要的参考意义。

8. 亚太蓝皮书

亚太地区发展报告（2010）

李向阳　主编　　2010年3月出版　　79.00元（估）

▲　本书由中国社会科学院亚洲太平洋研究所的专家学者编写，本书从经济、政治与社会、国际关系等角度系统地论述了2009年亚太地区发生的重大事件，并在此基础上对2010年亚太地区的发展作出科学的展望。

9. 农村经济绿皮书

中国农村经济形势分析与预测（2009～2010）

中国社会科学院农村发展研究所 国家统计局农村社会经济调查司　著

2010年4月出版　　49.00元（估）

▲　农村经济发展及研究的两大权威部门联合，针对2009年中国农业和农村发展和运行状况加以调查，系统分析农村发展中存在的各种社会问题，对社会各界关注的热点和难点问题进行科学分析，并在此基础上对2010年中国农村经济发展趋势提供了科学的预测。

10. 人口与劳动绿皮书

中国人口与劳动问题报告No.11（2010）

蔡　昉　主编　　2010年9月出版　　49.00元（估）

▲　本书关注中国当前人口的总量与增量情况，在人口学预测的基础上，研究我国人口总量及劳动力人口的数量与结构问题，提出随着“人口红利”的消失，我国劳动力供给方面可能带来的一些重要变化。本书对关心我国经济发展动力以及就业研究的人群有重要的参考意义。

11. 环境绿皮书

中国环境发展报告（2010）

杨东平　主编　　2010年5月出版　　59.00元（估）

▲　本书由“自然之友”组织编写，汇集了学者、记者、环保人士等众多视角，考察中国年度的环境发展态势，附加经典案例分析，并提供翔实的环境保护资料索引。本书可供研究环境发展领域的学者进行研究参考，也适合对资源环境感兴趣的一般人群进行阅读。

12. 旅游绿皮书

2010年中国旅游发展分析与预测

张广瑞　主编　　2010年5月出版　　59.00元（估）

▲　本书由中国社会科学院旅游研究中心组织编写，内容涉及2009年度我国旅游业发展的状况及未来发展态势。本书深入分析旅游业相关的各类因素的影响状况，并对旅游业的热点问题进行分析，提供其产业运行方面的深入思考。

13. 教育蓝皮书

中国教育发展报告（2010）

杨东平　柴纯青　主编　　2010年3月出版　　49.00元（估）

▲　本书由著名教育学家杨东平任主编，代表了中国教育的国际视野和专家立场，对于我国当前的教育改革进行了专业性的研究与分析，对关系我国教育发展的人群有重要的参考意义。本书同时推出英文版，是皮书系列中首批“走出去”的皮书。

14. 法治蓝皮书

中国法治发展报告（2010）

李　林　主编　　2010年9月出版　　68.00元（估）

▲　中国社会科学院法学研究所主创，对中国年度法治现状和法治进程进行客观的记述、分析、评价和预测。总结回顾了2009年我国法治发展所取得的一系列进步，并在此基础上，对接下来2010年我国法治发展情况进行了科学的探讨。

15. 就业蓝皮书

2010年中国大学生就业报告

王伯庆　主编　　2010年5月出版　　98.00元（估）

▲　这是一份基于科学的数据调查、借助于统计学和劳动经济学的科学体系来研究高等教育的全新报告，也是一个结果导向的评价系统。本书供高校的各级管理者、各级政府的教育管理官员、高等教育的研究者和招募大学毕业生的企业参考使用，对于高考生和求职的大学生而言也是一本了解就业市场的重要参考书。

16. 区域蓝皮书

中国区域经济发展报告（2009～2010）

戚本超　景体华　主编　　2010年3月出版　　69.00元（估）

▲　由北京市社会科学院、河北省社会科学院、上海社会科学院、广东省社会科学院等单位的专家联手编写，是对中国区域经济最全面、最深入的分析和预测。内容上涉及我国区域发展领域的新近动态，并提供2010年我国各个不同区域发展的科学预测。

17. 长三角蓝皮书

长三角发展报告（2010）

上海社会科学院 主编　　2010年5月出版　　59.00元（估）

▲　上海社会科学院、江苏省社会科学院、浙江省社会科学院强强联合，共同发布《长三角蓝皮书》，对中国最具活力和竞争力的长三角地区的经济、社会发展进行全面解读与预测。

18. 东北蓝皮书

中国东北地区发展报告（2010）

辽宁省社会科学院等　主编　　2010年9月出版　　69.00元（估）

▲　本书由东北地区的社会科学院联合编写，汇集了吉林、辽宁、黑龙江和内蒙古社会科学界学者的研究成果，同时也汇集了东北地区有关部门和院校专家的一些理论思考和理论探索。本书是顺应东北地区振兴战略形势而推出的一本蓝皮书，对东北地区的发展状况及态势提供了科学的分析与预测。

19. 中部蓝皮书

中国中部地区发展报告（2009）

张　锐　林宪斋　主编　　2010年2月出版　　59.00元

▲　本书由中部六省社会科学院联合编创，在承接东部产业结构升级，迎来发展良机的背景下，对中部地区2009年经济、社会发展状况进行了分析，并对2010年我国中部地区各省市的发展作出科学的展望。

20. 西部蓝皮书

中国西部经济发展报告（2010）

姚慧琴　主编　　2010年7月出版　　79.00元（估）

▲　本书由教育部人文社会科学重点研究基地——西北大学中国西部经济发展研究中心组织编写，汇集全国长期研究西部经济发展问题的众多专家学者的研究成果，对国家实施西部大开发战略进行了动态跟踪，并对西部经济发展中的重大理论与现实问题进行了深度分析。

21. 城市竞争力蓝皮书

中国城市竞争力报告No.8（2010）

倪鹏飞　主编　　2010年5月出版　　79.00元（估）

▲　本书由著名城市经济学家倪鹏飞担任主编，汇集了众多研究城市经济问题的专家、学者关于城市竞争力方面的最新研究成果。本书评述客观、内容丰富，基于详尽的基础数据，科学构建各项指标，对各级政府、有关研究机构、社会公众具有重要的决策参考及借鉴意义。

22. 中国省域竞争力蓝皮书

中国省域经济综合竞争力发展报告（2009～2010）

李建平　黄茂兴　主编　　2010年3月出版　　238.00元（估）

▲　本书在科学界定省域经济综合竞争力的基础上，紧密跟踪前沿研究动态，利用科学的指标体系及数学模型，深入分析当前我国省域经济综合竞争力的特点、变化趋势及动因，对我国31个省市区综合经济竞争力进行了比较分析。

23. 金融蓝皮书

中国金融发展报告（2010）

李　扬　主编　　2010年6月出版　　79.00元（估）

▲　本书由中国社会科学院副院长李扬担任主编，从多个方面对中国金融业总体发展状况进行分析和预测。本书对2009年我国的金融领域发生的各个重大事件进行了评述，对金融领域内研究及工作人群具有重要的参考和借鉴意义。

24. 房地产蓝皮书

中国房地产发展报告No.7（2010）

牛凤瑞　主编　　2010年4月出版　　59.00元（估）

▲　本书由中国社会科学院组织编写，汇集了众多研究城市房地产经济的专家学者关于城市房地产方面研究的最新成果。本书秉承客观公正、科学中立的宗旨和原则，追踪我国房地产市场的最新资讯，并对未来房地产市场发展的态势进行了深度分析。

经济类

经济蓝皮书
2010年中国经济形势分析与预测
著(编)者：陈佳贵　李　扬　等　2009年12月出版 / 估价：49.00元

经济蓝皮书春季号
中国经济前景分析 ——2010年春季报告
著(编)者：陈佳贵　等　2010年5月出版 / 估价：49.00元

经济信息绿皮书
中国与世界经济发展报告(2010)
著(编)者：王长胜　2009年12月出版 / 定价：65.00元

宏观经济蓝皮书
中国经济增长报告（2010）
著(编)者：刘霞辉　2010年3月出版 / 估价：49.00 元

农村经济绿皮书
中国农村经济形势分析与预测（2009～2010）
著(编)者：中国社会科学院农村发展研究所
国家统计局农村社会经济调查司
2010年4月出版 / 估价：49.00 元

民营经济蓝皮书
中国民营经济发展报告（2009～2010）
著(编)者：黄孟复　2010年7月出版 / 估价：69.00元

发展和改革蓝皮书
中国经济发展和体制改革发展报告（2010）
著(编)者：邹东涛　欧阳日辉　2010年10月出版 / 估价：98.00元

城乡创新发展蓝皮书
城乡一体化发展报告（2010）
著(编)者：傅崇兰　2010年10月出版 / 估价：58.00元

城市蓝皮书
中国城市发展报告No.3（2010）
著(编)者：牛凤瑞　2010年5月出版 / 估价：78.00元

城市竞争力蓝皮书
中国城市竞争力报告No.8（2010）
著(编)者：倪鹏飞　2010年5月出版 / 估价：79.00元

省域竞争力蓝皮书
中国省域经济综合竞争力发展报告（2009～2010）
著(编)者：李建平　黄茂兴　2010年3月出版 / 估价：238.00元

企业蓝皮书
中国企业竞争力报告(2010)
著(编)者：金培　2009年11月出版 / 估价：69.00元

民营企业蓝皮书
中国民营企业竞争力报告No.6(2010)
著(编)者：刘迎秋、徐志祥　2010年11月出版 / 估价：59.00元

中国总部经济蓝皮书
中国总部经济发展报告（2009～2010）
著(编)者：赵弘　2009年11月出版 / 估价：55.00元

金融中心蓝皮书
中国金融中心发展报告（2010）
著(编)者：王力　2010年10月出版 / 估价：58.00元

就业蓝皮书
中国大学生就业报告（2010）
著(编)者：王伯庆　2010年5月出版 / 估价：98.00元

人才蓝皮书
中国人才发展报告（2010）
著(编)者：潘晨光　2010年6月出版 / 估价：65.00元

人口与劳动绿皮书
中国人口与劳动问题报告No.11（2010）
著(编)者：蔡昉　2010年9月出版 / 估价：49.00元

商业蓝皮书
中国商业发展报告（2010）
著(编)者：荆林波　2010年3月出版 / 估价：49.00元

商品市场蓝皮书
中国商品市场竞争力报告（2010）
著(编)者：荆林波　2010年10月出版 / 估价：59.00元

社会类

社会蓝皮书
2010年中国社会形势分析与预测
著(编)者：陆学艺　李培林　2009年12月出版 / 估价：49.00元

社会保障绿皮书
中国社会保障发展报告 No.4（2010）
著(编)者：陈佳贵　王延中　2010年5月出版 / 估价：59.00元

老年蓝皮书
中国老年发展报告（2010）
著(编)者：田雪原　2010年10月出版 / 估价：58.00元

教育蓝皮书
中国教育发展报告（2010）
著(编)者：杨东平　柴纯青　2010年3月出版 / 估价：49.00元

环境绿皮书
中国环境发展报告（2010）
著(编)者：杨东平　2010年5月出版 / 估价：59.00元

气候变化绿皮书
应对气候变化报告（2010）
著(编)者：潘家华　2010年10月出版 / 估价：68.00元

民族蓝皮书
中国民族发展报告No.2（2010）
著(编)者：郝时远　王希恩　2010年6月出版 / 估价：59.00元

宗教蓝皮书
中国宗教报告（2010）
著(编)者：金泽　邱永辉　2010年3月出版 / 估价：59.00元

法治蓝皮书
中国法治发展报告（2010）
著(编)者：李林　2010年9月出版 / 估价：68.00元

妇女绿皮书
中国性别平等与妇女发展报告（2009～2010）
著(编)者：蒋永平　姜秀花　2010年3月出版 / 估价：79.00元

妇女发展蓝皮书
中国妇女发展报告（2009~2010）：妇女与传媒
著(编)者：王金玲　2010年2月出版 / 估价：59.00元

妇女生活蓝皮书
2009～2010年：中国女性生活状况报告
著(编)者：韩湘景　2010年4月出版 / 估价：49.00元

妇女教育蓝皮书
中国妇女教育发展报告（2009～2010）
著(编)者：宋胜菊　2010年8月出版 / 估价：68.00元

政府创新蓝皮书
和谐社会与政府创新（2009～2010）
著(编)者：俞可平　2010年3月出版 / 估价：78.00元

电子政务蓝皮书
中国电子政务发展报告（2010）
著(编)者：王长胜　2010年4月出版 / 估价：55.00元

创新蓝皮书
创新型国家建设报告（2010）
著(编)者：詹正茂　2010年6月出版 / 估价：79.00元

民间组织蓝皮书
中国民间组织报告（2009～2010）
著(编)者：黄晓勇　2009年12月出版 / 定价：59.00元

企业公民蓝皮书
中国企业公民报告（2010）
著(编)者：王再文　2010年7月出版 / 估价：58.00元

企业社会责任蓝皮书
中国企业社会责任研究报告（2010）
著(编)者：陈佳贵　2010年10月出版 / 估价：59.00元

慈善蓝皮书
中国慈善发展报告（2010）
著(编)者：杨团　2010年8月出版 / 估价：59.00元

文化类

文化蓝皮书
中国文化产业发展报告（2010）
著(编)者：张晓明　2010年4月出版 / 估价：59.00元

公共文化蓝皮书
中国公共文化服务发展报告（2010）
著(编)者：张晓明　2010年10月出版 / 估价：59.00元

文化创新蓝皮书
中国文化创新发展报告（2010）
著(编)者：文化部文化科技司　武汉大学国家文化创新研究中心
2009年11月出版 / 估价：98.00元

文化遗产蓝皮书
中国文化遗产事业发展报告（2010）
著(编)者：刘世锦　林家彬　苏杨　2010年11月出版 / 估价：69.00元

科学传播蓝皮书
中国科学传播报告（2010）
著(编)者：詹正茂　2010年6月出版 / 估价：79.00元

区域类

区域蓝皮书
中国区域经济发展报告（2009～2010）
著(编)者：戚本超　景体华　2010年3月出版 / 估价：69.00元

北京蓝皮书
北京经济发展报告（2009～2010）
著(编)者：梅松　2010年3月出版 / 估价：59.00元

北京蓝皮书
北京社会发展报告（2009～2010）
著(编)者：戴建中　2010年3月出版 / 估价：49.00元

北京蓝皮书
北京文化发展报告（2009～2010）
著(编)者：张泉　2010年2月出版 / 估价：49.00元

北京蓝皮书
北京城乡发展报告（2009～2010）
著(编)者：黄序　2010年2月出版 / 估价：59.00元

北京蓝皮书
北京公共服务发展报告（2009～2010）
著(编)者：张耘　2010年2月出版 / 定价：58.00元

北京蓝皮书
中国社区发展报告（2009～2010）
著(编)者：于燕燕　2010年2月出版 / 估价：59.00元

上海蓝皮书
上海经济发展报告（2010）
著(编)者：屠启宇　沈开艳　2010年2月出版 / 定价：59.00元

上海蓝皮书
上海社会发展报告（2010）
著(编)者：卢汉龙　2010年2月出版 / 定价：69.00元

上海蓝皮书
上海文化发展报告（2010）
著(编)者：叶　辛　蒯大申　2010年2月出版 / 定价：49.00元

上海蓝皮书
上海资源环境发展报告（2010）
著(编)者：周冯琦　2010年2月出版 / 定价：69.00元

广州蓝皮书
中国广州经济发展报告（2010）
著(编)者：李江涛　朱名宏　2010年6月出版 / 估价：59.00元

广州蓝皮书
中国广州社会发展报告（2010）
著(编)者：涂成林　2010年5月出版 / 估价：49.00元

广州蓝皮书
中国广州文化发展报告（2009～2010）
著(编)者：王晓玲　2010年8月出版 / 估价：59.00元

广州蓝皮书
中国广州科技发展报告（2010）
著(编)者：涂成林　2010年6月出版 / 估价：49.00元

广州蓝皮书
中国广州城市建设发展报告（2010）
著(编)者：涂成林　2010年7月出版 / 估价：49.00元

广州蓝皮书
中国广州创意产业发展报告(2010)
著(编)者：卢一先　范旭　舒扬　2010年7月出版 / 估价：65.00元

广州蓝皮书
中国广州汽车产业发展报告（2010）
著(编)者：李江涛　2010年9月出版 / 估价：49.00元

深圳蓝皮书
深圳经济发展报告（2010）
著(编)者：乐正　2010年3月出版 / 估价：68.00元

深圳蓝皮书
深圳社会发展报告（2010）
著(编)者：乐正　2010年5月出版 / 估价：59.00元

深圳蓝皮书
深圳劳动关系发展报告（2010）
著(编)者：汤庭芬　2010年1月出版 / 估价：78.00元

经济特区蓝皮书
中国经济特区发展报告（2010）
著(编)者：钟坚　2010年4月出版 / 估价：79.00元

河南蓝皮书
2010年河南经济形势分析与预测
著(编)者：刘永奇 河南省统计局　2010年4月出版 / 估价：49.00元

河南蓝皮书
2010年河南社会形势分析与预测
著(编)者：林宪斋　赵保佑　2010年2月出版 / 定价：59.00元

河南蓝皮书
河南文化发展报告（2010）
著(编)者：张　锐　2010年2月出版 / 定价：49.00元

河南蓝皮书
河南城市改革发展报告（2010）
著(编)者：林宪斋　喻新安　王建国　2010年2月出版 / 定价：49.00元

陕西蓝皮书
陕西经济发展报告（2010）
著(编)者：杨尚勤　2010年2月出版 / 估价：59.00元

陕西蓝皮书
陕西社会发展报告（2010）
著(编)者：杨尚勤　2010年2月出版 / 估价：59.00元

陕西蓝皮书
陕西文化发展报告（2010）
著(编)者：杨尚勤　2010年2月出版 / 估价：49.00元

四川蓝皮书
2010年四川经济形势分析与预测
著(编)者：侯水平　2010年8月出版 / 估价：55.00元

四川蓝皮书
四川文化产业发展报告（2010）
著(编)者：侯水平　2010年7月出版 / 估价：59.00元

武汉蓝皮书
武汉经济社会发展报告（2010）
著(编)者：刘志辉　2010年5月出版 / 估价：49.00元

武汉城市圈蓝皮书
武汉城市圈经济社会发展报告（2009～2010）
著(编)者：李春洋　2010年2月出版 / 估价：79.00元

武汉城市圈蓝皮书
武汉城市圈房地产发展报告（2009～2010）
著(编)者：王涛　2010年6月出版 / 估价：89.00元

郑州蓝皮书
郑州文化发展报告（2010）
著(编)者：窦志力　2010年1月出版 / 估价：49.00元

浙江服务业蓝皮书
2009浙江省服务业发展报告
著(编)者：浙江省发展和改革委员会　2010年2月出版 / 估价：68.00元

温州蓝皮书
2010年温州经济社会发展形势分析与预测
著(编)者：王春光　2010年3月出版 / 估价：59.00元

海南蓝皮书
海南经济发展报告（2010）
著(编)者：刘仁伍　2010年3月出版 / 估价：49.00 元

辽宁蓝皮书
2010年辽宁经济社会形势分析与预测
著(编)者：曹晓峰　张　晶　张卓民　2010年2月出版 / 定价：69.00元

东北蓝皮书
中国东北地区发展报告（2010）
著(编)者：辽宁省社科院　等　2010年9月出版 / 估价：69.00元

环渤海蓝皮书
环渤海区域经济发展报告（2010）
著(编)者：周立群　2010年5月出版 / 估价：59.00元

长三角蓝皮书
长三角发展报告（2010）
著(编)者：上海社会科学院　2010年5月出版 / 估价：59.00元

珠三角蓝皮书
珠三角发展报告（2010）
著(编)者：中山大学港澳珠三角研究中心　2010年4月出版 / 估价：59.00

中部蓝皮书
中国中部地区发展报告（2009）
著(编)者：张　锐　林宪斋　2010年2月出版 / 定价：59.00元

西部蓝皮书
中国西部经济发展报告（2010）
著(编)者：姚慧琴　2010年7月出版 / 估价：79.00元

长株潭城市群蓝皮书
长株潭城市群发展报告（2010）
著(编)者：张萍　2010年8月出版 / 估价：69.00元

泛北部湾蓝皮书
泛北部湾合作发展报告（2010）
著(编)者：古小松　2010年8月出版 / 估价：65.00元

福建经济竞争力蓝皮书
福建经济综合竞争力报告（2009～2010）
著(编)者：王秉安、罗海成　2010年9月出版 / 估价：49.00元

环海峡经济区蓝皮书
环海峡经济区发展报告（2010）
著(编)者：李闽榕、王秉安　2010年9月出版 / 估价：49.00元

海峡西岸蓝皮书
海峡西岸经济区发展报告(2010)
著(编)者：叶飞文　2010年9月出版 / 估价：49.00元

香港蓝皮书
香港经贸发展报告（2010）
著(编)者：荆林波　2010年4月出版 / 估价：49.00元

澳门蓝皮书
澳门发展报告（2010）
著(编)者：吴志良　2010年1月出版 / 估价：79.00元

台湾蓝皮书
台湾经贸发展报告（2010）
著(编)者：荆林波　2010年4月出版 / 估价：49.00元

行业类

住房绿皮书
中国城市住房发展报告（2010）
著(编)者：倪鹏飞　2009年11月出版 / 估价：69.00元

房地产蓝皮书
中国房地产发展报告NO.7（2010）
著(编)者：牛凤瑞　2010年4月出版 / 估价：59.00元

汽车蓝皮书
中国汽车产业发展报告（2010）
著(编)者：国务院发展研究中心产业经济研究部
中国汽车工程学会　大众汽车集团
2010年1月出版 / 估价：59.00元

医疗卫生绿皮书
中国医疗卫生发展报告（2010）
著(编)者：张文鸣　2010年11月出版 / 估价：68.00元

食品药品蓝皮书
食品药品安全与监管政策研究报告（2010）
著(编)者：上海市食品药品安全研究中心
2010年4月出版 / 估价：69.00元

金融蓝皮书
中国金融发展报告（2010）
著(编)者：李扬　2010年6月出版 / 估价：79.00元

金融蓝皮书
中国商业银行竞争力报告（2010）
著(编)者：王松奇　2010年4月出版 / 估价：49.00元

金融蓝皮书
中国金融生态报告（2010）
著(编)者：李扬　2010年4月出版 / 估价：49.00元

金融蓝皮书
中国理财产品分析与评价报告（2010）
著(编)者：殷剑峰　2010年5月出版 / 估价：59.00元

产权市场蓝皮书
中国产权市场发展报告（2009～2010）
著(编)者：曹和平　2010年7月出版 / 估价：59.00元

资本市场蓝皮书
中国场外交易市场发展报告（2010）
著(编)者：高峦　2010年11月出版 / 估价：58.00元

财经蓝皮书
中国服务业发展报告NO.8（2010）
著(编)者：裴长洪　2010年2月出版 / 定价：59.00元

旅游绿皮书
2010年中国旅游发展分析与预测
著(编)者：张广瑞　2010年5月出版 / 估价：59.00元

交通蓝皮书
中国交通发展报告（2010）
著(编)者：韩　峰　崔民选
2010年10月出版 / 估价：58.00元

体育产业蓝皮书
中国体育产业发展报告（2008～2010）
著(编)者：中国体育产业研究中心
2010年2月出版 / 定价：69.00元

餐饮蓝皮书
中国餐饮产业发展报告（2010）
著(编)者：杨柳　2010年6月出版 / 估价：49.00元

循环经济蓝皮书
中国循环经济发展报告（2010）
著(编)者：齐建国　2010年3月出版 / 估价：79.00元

会展经济蓝皮书
中国会展经济发展报告（2010）
著(编)者：王方华　2010年4月出版 / 估价：55.00元

商会蓝皮书
中国商会发展报告（2009～2010）
著(编)者：黄孟复　2010年9月出版 / 估价：98.00元

传媒蓝皮书
中国传媒产业发展报告（2010）
著(编)者：崔保国　2010年4月出版 / 估价：79.00元

广告主蓝皮书
中国广告主营销传播趋势报告（2009～2010）
著(编)者：黄升民　杜国清　2010年8月出版 / 估价：68.00元

能源蓝皮书
中国能源发展报告（2010）
著(编)者：崔民选　2010年5月出版 / 估价：80.00元

煤炭蓝皮书
中国煤炭工业发展报告（2010）
著(编)者：岳福斌　2010年9月出版 / 估价：50.00元

电力蓝皮书
中国电力工业发展报告（2010）
著(编)者：张安华　2010年10月出版 / 估价：58.00元

农业竞争力蓝皮书
中国农业竞争力发展报告（2009～2010）
著(编)者：郑传芳　2010年9月出版 / 估价：89.00元

林业竞争力蓝皮书
中国林业竞争力发展报告（2009～2010）
著(编)者：郑传芳　2010年9月出版 / 估价：89.00元

茶叶产业蓝皮书
中国茶叶产业发展报告（2010）
著(编)者：荆林波　2010年4月出版 / 估价：49.00元

测绘蓝皮书
中国测绘发展研究报告（2010）
著(编)者：徐永清　2010年8月出版 / 估价：58.00元

国际类

世界经济黄皮书
2010年世界经济形势分析与预测
著(编)者：王洛林　张宇燕　2010年1月出版 / 定价：49.00元

国际形势黄皮书
全球政治与安全报告（2010）
著(编)者：李慎明　王逸舟　2009年12月出版 / 定价：49.00元

世界社会主义黄皮书
世界社会主义跟踪研究报告（2009～2010）
著(编)者：李慎明　2010年1月出版 / 估价：79.00元

上海合作组织黄皮书
上海合作组织发展报告（2010）
著(编)者：吴恩远　2010年5月出版 / 估价：79.00元

美国蓝皮书
美国发展报告（2010）
著(编)者：黄平　2010年4月出版 / 估价：79.00元

欧洲蓝皮书
欧洲发展报告（2009～2010）
著(编)者：周弘　2010年2月出版 / 估价：79.00元

亚太蓝皮书
亚太地区发展报告（2010）
著(编)者：李向阳　2010年3月出版 / 估价：79.00元

中东非洲黄皮书
中东非洲发展报告（2009～2010）
著(编)者：杨光　2010年3月出版 / 估价：79.00元

拉美黄皮书
拉丁美洲与加勒比发展报告（2009～2010）
著(编)者：苏振兴　2010年4月出版 / 估价：79.00元

俄罗斯东欧中亚黄皮书
俄罗斯东欧中亚国家发展报告（2010）
著(编)者：吴恩远　2010年4月出版 / 估价：79.00元

日本蓝皮书
日本发展报告（2010）
著(编)者：李薇　2010年4月出版 / 估价：79.00元

日本经济蓝皮书
日本经济与中日经贸关系发展报告（2010）
著(编)者：王洛林　2010年4月出版 / 估价：79.00元

韩国蓝皮书
韩国发展报告（2010）
著(编)者：牛林杰　2010年3月出版 / 估价：79.00元

越南蓝皮书
越南国情报告（2010）
著(编)者：古小松　2010年7月出版 / 估价：49.00元

注：2010年起，每册皮书将附赠100元的皮书数据库阅读卡。

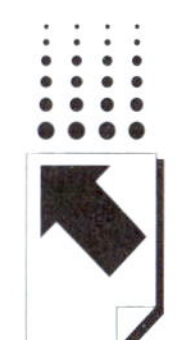

BLUE BOOK

权威 · 前沿 · 原创

王丽霞（华侨大学人文与公共管理学院）
田忠文（辽宁大学工商管理学院 MBA 教育中心）
曾　萍（云南大学商旅学院 MBA 中心）
石　研（山东大学管理学院 MBA）
蒲奇军（重庆社会科学院）
欧向军（徐州师范大学城市与环境学院）
万寒生（安徽师范大学 MBA 中心）
马春辉（深圳大学传媒学院）
柳　洁（西南财经大学 MBA 教育中心）
王大海（天津工业大学 MBA 中心）
刘法勤（潍坊学院）
林昌华（福建省社会科学院经济研究所）
李　舟（广西工学院）
李生校（绍兴文理学院经济管理学院）
王陆庄（浙江大学城市学院）
田正芳（中山大学管理学院 MBA 教育中心）
黄　健（南通师范学院）
胡惠英（河北科技大学文法学院）
胡大立（江西财经大学经济学院）
郝心华　张向妮（西北大学经济管理学院 MBA）
过聚荣（上海交大安泰管理学院）
吕颖洁（安徽大学工商管理学院 MBA 中心）
俞　平（武汉理工大学经济管理学院 MBA）
刘　伟（郑州大学 MBA 教育中心）
高厚礼（山东理工大学管理学院）
王呈斌（台州学院经贸管理学院）
范　富（太原市委党校）
卢维佳（厦门大学 MBA 中心）
程晓萍（常州工学院经济与管理学院）
成晓军（惠州学院政法系）
陈永磊（山东科技大学）
陈体令（温州大学城市学院）
陶　虹（苏州大学商学院 MBA 中心）

主要编撰者简介

倪鹏飞 男，1964年出生于安徽省阜阳市，南开大学经济学博士。中国社会科学院财政与贸易经济研究所城市与房地产经济研究室主任，研究员，博士生导师。华中科技大学公共管理学院、北京师范大学资源与经济管理研究院、东南大学经济管理学院、韩国科学技术大学兼职教授，全球城市竞争力跨国项目秘书长，中国城市竞争力报告课题组组长，中国社会科学院青年人文社会科学研究中心副理事长，中国城市科学会、中国城市发展学会、中国城市经济学会的副秘书长。曾被聘为联合国开发计划署"中小企业改革和发展"项目评估专家。《中国城市竞争力报告》（No. 1 ~ No. 7）主编。与美国学者彼得·卡尔·克拉索联合主编《全球城市竞争力报告》；与英国皇家社会科学院院士彼得·泰勒教授联合编制"城市全球化指数"。世界银行集团与中国社会科学院合作项目《中国营商环境报告》（Doing business in China）中方负责人。曾获第十一届孙冶方经济学著作奖。主要研究领域：城市经济、城市竞争力、房地产经济与金融。

侯庆虎 男，南开大学数学博士，南开大学组合数学研究中心教授，博士生导师，主要研究领域：机械证明，城市竞争力计量。

陈小龙 男，国家统计局城市司城镇住户调查处处长。主要研究领域：城市社会经济统计。

沈建法 男，伦敦经济学院地理学博士，香港中文大学香港亚太研究所教授，亚太城市与区域发展研究计划主任。主要研究领域：城市竞争力与中国城市化。

林祖嘉 男，加州大学洛杉矶分校经济学博士，台湾政治大学经济系教授。主要研究领域：城市竞争力与房地产经济。

杨允中 男，经济学博士，法学博士，澳门理工大学"一国两制"研究中心主任，教授。主要研究领域：澳门经济。

中文摘要

城市是国家与区域的中心，是国家发展的引擎、创新的源泉。城市竞争力决定国家的竞争力。选择科学的城市化道路，通过城市的发展来带动国家的发展与竞争力的提升是本报告一以贯之的研究定位。本年度的报告将国家竞争力作为研究的主题。《中国城市竞争力报告 No. 8》在继续进行理论研究、计量研究、案例研究和主题研究四大基本内容的前提下，每一部分或扩大了研究的视野，或转换了研究的视角，或创新了研究的理论。在简要介绍城市竞争力的分析方法后，报告利用计算结果进行计量分析和案例研究。计量研究部分主要采取总、分的形式。报告首先利用显示性指标体系及数据，对全国 294 个地级以上城市进行总体分析；之后，又分别对 6 大区域和 22 个省区进行了区域分析；紧接着，报告根据解释性指标体系及数据，分别对中国城市人才、企业、主要产业等 8 个分项竞争力进行了分析。这是本次报告最大的亮点，多数省区不仅可以了解本省区城市竞争力在全国的位置，而且可以了解省区内城市竞争力的格局，各相关部委和城市政府的职能部门可以了解到与己相关的分项竞争力的格局。课题组还根据过去五年全国城市发展的格局，以及未来全球、中国发展的主导力量及其趋势，判断并遴选出了未来 10 年具有跨越发展潜力的 24 个城市。在主题部分，报告在对国家竞争力的理论框架研究、中国国家竞争力的实证分析和国家竞争力战略的国际经验介绍之后，提出了中国国家竞争力提升的战略建议，同时为海内外企业投资和人才创业，拨云见日，指点迷津。

Abstract

City is not only the national and regional center, but also the development of a country and the source of innovation engine. The urban competitiveness decides the national competitiveness. The urbanization path selection, and the development of the city, The development of the country, and the improvement of the competitiveness of this report is the research orientation. This report focuses on the National competitiveness. *Annual Report on China Urban Competitiveness No. 8* enlarged the viewpoint of research, switched the perspective of research, and created new theory of research. After the brief introduction of urban competitiveness method, report immediately begins measurement analysis and case study using the computational results. Quantitative research applied the form of general report and regional reports. Firstly, the general report employed the revealed index system and data to analyze 294 Chinese cities, and then came the regional reports of 6 regions and 22 provinces in China. After that, according to the interpretative index system and data, 8 classified reports of human resources, enterprises, industrial competitiveness, etc. were brought forward with the sample of 24 important cities all over China. These classified reports are the highlights. It could be learned not only the position of most provinces or regions in China on urban competitiveness, but also the pattern in the provinces or regions on urban competitiveness. Leaders of relative ministries and commissions and functional departments of cities are able to learn the pattern of related classified competitiveness. In the part of case study, besides the experience to upgrade urban competitiveness was summarized and annual ten best cities were released, comparison of each two cities among 24 important cities in China according to the reported quantitative data and then the competitive countermeasures were proposed. In theme report of this year, China was put into global system, the position and causes of the position were discussed, and dynamic changes were analyzed via theoretical framework, the empirical analysis of national competitiveness and the International experience of national competitiveness strategy. Finally the national competitive strategy of Chinese cities was put forward. It cleared the mind and pointed the way for domestic and foreign enterprises, as well as for the talents venture investment.

目　录

第一部分　总体报告

第二部分　研究框架

第三部分　区域报告

第四部分　重点城市报告

第五部分　分项报告

第六部分　主题报告

附　　录

皮书数据库阅读使用指南

CONTENTS

Part Ⅰ General Report

Part Ⅱ Framework of Research

Part Ⅲ Regional Report

Part Ⅳ Main Cities Report

Part Ⅴ Case Report

Part Ⅵ Theme Report

Appendix

第一部分
总体报告

PART Ⅰ GENERAL REPORT

第一章
中国城市综合竞争力2009年度排名

一 2009年中国294个城市综合竞争力（见表1-1）

表1-1 2009年中国294个城市综合竞争力*

城市	综合竞争力	排名	综合增长竞争力	排名	经济规模竞争力	排名	经济效率竞争力	排名	发展成本竞争力	排名	产业层次竞争力	排名	收入水平竞争力	排名
香港	0.895	1	0.280	288	1.000	1	1.000	1	0.829	4	1.000	1	1.000	1
深圳	0.760	2	0.739	132	0.679	4	0.558	7	0.613	64	0.608	5	0.499	4
上海	0.759	3	0.626	239	0.907	2	0.468	15	0.622	53	0.601	6	0.507	3
北京	0.749	4	0.613	248	0.786	3	0.351	39	0.573	102	0.970	2	0.462	6
台北	0.705	5	0.202	289	0.541	7	0.847	2	0.702	19	0.613	3	0.473	5
广州	0.666	6	0.707	165	0.667	5	0.419	17	0.670	32	0.308	19	0.329	27
天津	0.652	7	0.797	72	0.585	6	0.355	36	0.610	68	0.304	20	0.355	23

续表 1－1

城市	综合竞争力	排名	综合增长竞争力	排名	经济规模竞争力	排名	经济效率竞争力	排名	发展成本竞争力	排名	产业层次竞争力	排名	收入水平竞争力	排名
高雄	0.646	8	0.185	290	0.351	20	0.740	3	0.732	12	0.513	7	0.415	9
大连	0.644	9	0.813	64	0.389	15	0.412	19	0.662	33	0.283	27	0.394	13
青岛	0.639	10	0.861	41	0.369	18	0.406	20	0.677	28	0.284	25	0.362	21
苏州	0.636	11	0.758	110	0.385	17	0.404	21	0.621	54	0.317	16	0.367	19
杭州	0.636	12	0.674	194	0.461	9	0.380	28	0.519	154	0.387	11	0.350	25
澳门	0.630	13	0.858	44	0.108	115	0.590	6	0.620	57	0.360	12	0.611	2
沈阳	0.627	14	0.924	17	0.434	14	0.359	35	0.710	18	0.243	39	0.295	35
东莞	0.622	15	0.880	32	0.455	10	0.541	10	0.534	133	0.217	48	0.268	53
长沙	0.615	16	0.762	105	0.310	27	0.392	26	0.725	15	0.284	26	0.315	28
无锡	0.613	17	0.730	143	0.361	19	0.415	18	0.612	66	0.247	38	0.351	24
武汉	0.613	18	0.770	95	0.434	13	0.339	42	0.613	65	0.316	17	0.264	55
厦门	0.610	19	0.768	100	0.282	32	0.362	34	0.618	58	0.269	29	0.418	8
宁波	0.604	20	0.651	219	0.347	22	0.370	31	0.534	135	0.288	24	0.385	15
南京	0.604	21	0.727	147	0.438	12	0.291	63	0.600	76	0.299	21	0.299	33
合肥	0.604	22	0.894	27	0.246	39	0.321	48	0.700	20	0.264	31	0.382	17
成都	0.604	23	0.746	121	0.386	16	0.312	51	0.819	5	0.297	22	0.223	94
佛山	0.601	24	0.915	22	0.496	8	0.450	16	0.600	77	0.142	90	0.269	49
东营	0.599	25	0.902	24	0.273	33	0.558	8	0.682	25	0.156	76	0.313	29
台中	0.585	26	0.091	293	0.285	31	0.658	5	0.641	40	0.503	8	0.366	20
济南	0.585	27	0.719	151	0.348	21	0.305	53	0.658	34	0.291	23	0.242	72
台南	0.579	28	0.158	292	0.217	49	0.553	9	0.680	26	0.455	10	0.391	14
长春	0.572	29	0.811	66	0.314	26	0.299	60	0.738	9	0.227	44	0.224	93
鄂尔多斯	0.571	30	1.000	1	0.122	101	0.383	27	0.715	17	0.201	53	0.414	10
珠海	0.568	31	0.726	148	0.217	48	0.374	30	0.603	75	0.203	52	0.361	22
基隆	0.565	32	0.176	291	0.144	79	0.538	11	0.737	10	0.457	9	0.400	12
烟台	0.565	33	0.922	18	0.268	34	0.351	40	0.683	24	0.161	71	0.260	56
常州	0.564	34	0.738	133	0.293	30	0.367	32	0.584	90	0.176	61	0.300	32
中山	0.563	35	0.763	104	0.266	35	0.476	14	0.526	144	0.165	69	0.287	43
呼和浩特	0.561	36	0.832	58	0.207	52	0.331	43	0.586	87	0.248	36	0.281	44
福州	0.558	37	0.695	177	0.232	44	0.303	54	0.600	78	0.260	32	0.287	42
南昌	0.557	38	0.790	80	0.233	43	0.353	37	0.623	51	0.220	46	0.241	74
西安	0.553	39	0.713	159	0.319	24	0.238	106	0.628	47	0.316	18	0.182	144
包头	0.552	40	0.976	9	0.258	36	0.379	29	0.417	208	0.170	66	0.293	36
郑州	0.551	41	0.661	206	0.251	38	0.247	98	0.453	193	0.346	13	0.298	34
重庆	0.546	42	0.735	137	0.451	11	0.322	47	0.493	172	0.174	63	0.188	136
南通	0.540	43	0.761	107	0.162	68	0.366	33	0.570	105	0.176	62	0.343	26

续表1-1

城市	综合竞争力	排名	综合增长竞争力	排名	经济规模竞争力	排名	经济效率竞争力	排名	发展成本竞争力	排名	产业层次竞争力	排名	收入水平竞争力	排名
石家庄	0.537	44	0.614	247	0.235	41	0.331	44	0.558	113	0.268	30	0.201	117
温州	0.533	45	0.657	211	0.220	46	0.273	75	0.545	126	0.257	34	0.246	65
哈尔滨	0.533	46	0.737	134	0.330	23	0.253	93	0.525	147	0.194	56	0.218	100
大庆	0.524	47	0.549	274	0.317	25	0.486	13	0.592	83	0.073	214	0.289	39
淄博	0.522	48	0.786	84	0.309	28	0.344	41	0.519	155	0.110	132	0.226	91
新竹	0.522	49	0.000	294	0.176	60	0.692	4	0.409	214	0.609	4	0.434	7
扬州	0.520	50	0.762	106	0.179	56	0.324	45	0.623	50	0.140	92	0.270	48
马鞍山	0.519	51	0.855	46	0.146	77	0.396	23	0.367	236	0.148	82	0.384	16
绍兴	0.518	52	0.622	241	0.120	102	0.286	66	0.499	169	0.319	15	0.288	41
南宁	0.517	53	0.819	61	0.211	51	0.205	135	0.581	98	0.233	43	0.208	110
乌鲁木齐	0.513	54	0.741	128	0.219	47	0.210	131	0.415	210	0.259	33	0.253	58
昆明	0.511	55	0.619	246	0.236	40	0.223	117	0.379	231	0.251	35	0.280	45
克拉玛依	0.510	56	0.535	275	0.170	61	0.500	12	0.583	94	0.073	213	0.403	11
镇江	0.507	57	0.736	135	0.165	64	0.314	50	0.546	124	0.144	87	0.268	54
徐州	0.507	58	0.765	103	0.223	45	0.300	57	0.635	44	0.103	144	0.236	79
唐山	0.507	59	0.698	172	0.307	29	0.352	38	0.381	229	0.126	111	0.220	98
太原	0.506	60	0.679	190	0.252	37	0.276	73	0.308	259	0.237	40	0.231	85
舟山	0.505	61	0.855	45	0.113	107	0.262	84	0.650	38	0.174	65	0.269	51
惠州	0.505	62	0.878	33	0.192	53	0.273	76	0.508	164	0.131	104	0.255	57
台州	0.502	63	0.643	228	0.179	57	0.251	95	0.596	80	0.195	55	0.212	105
威海	0.498	64	0.835	57	0.144	80	0.323	46	0.589	84	0.099	153	0.289	38
嘉兴	0.496	65	0.685	184	0.135	90	0.257	89	0.555	115	0.191	57	0.250	62
鞍山	0.496	66	0.867	38	0.235	42	0.402	22	0.183	283	0.141	91	0.304	30
泰州	0.496	67	0.767	101	0.125	99	0.301	55	0.624	49	0.120	118	0.289	37
银川	0.493	68	0.622	242	0.114	105	0.209	132	0.561	111	0.321	14	0.216	101
江门	0.492	69	0.771	94	0.178	58	0.271	77	0.555	116	0.134	101	0.212	106
芜湖	0.492	70	0.797	71	0.150	74	0.279	69	0.640	41	0.112	129	0.241	73
泉州	0.489	71	0.796	73	0.157	71	0.260	85	0.596	81	0.134	100	0.212	108
洛阳	0.484	72	0.642	232	0.164	65	0.257	90	0.292	261	0.273	28	0.230	87
柳州	0.483	73	0.700	169	0.164	66	0.280	68	0.461	185	0.146	83	0.223	95
济宁	0.480	74	0.836	56	0.143	81	0.268	78	0.527	143	0.106	138	0.249	63
廊坊	0.479	75	0.778	89	0.086	156	0.215	128	0.585	88	0.237	41	0.218	99
沧州	0.478	76	0.687	182	0.088	151	0.308	52	0.603	74	0.128	109	0.288	40
秦皇岛	0.477	77	0.631	236	0.138	87	0.299	59	0.471	181	0.138	95	0.246	66
泰安	0.476	78	0.843	52	0.149	76	0.217	127	0.683	23	0.129	107	0.174	153
湖州	0.476	79	0.672	196	0.139	86	0.243	102	0.595	82	0.150	80	0.201	119

续表 1－1

城市	综合竞争力	排名	综合增长竞争力	排名	经济规模竞争力	排名	经济效率竞争力	排名	发展成本竞争力	排名	产业层次竞争力	排名	收入水平竞争力	排名
海口	0.475	80	0.619	245	0.132	96	0.187	161	0.997	1	0.157	75	0.165	166
临沂	0.473	81	0.909	23	0.183	54	0.234	109	0.455	188	0.118	120	0.187	138
株洲	0.472	82	0.733	140	0.135	93	0.296	61	0.453	192	0.127	110	0.226	90
兰州	0.472	83	0.637	233	0.180	55	0.219	124	0.453	191	0.186	59	0.179	146
桂林	0.472	84	0.651	218	0.098	132	0.235	108	0.586	86	0.190	58	0.221	96
潍坊	0.471	85	0.678	191	0.168	62	0.232	111	0.554	117	0.124	114	0.200	122
连云港	0.470	86	0.685	185	0.104	120	0.211	129	0.611	67	0.145	86	0.269	52
金华	0.470	87	0.678	192	0.107	117	0.193	154	0.625	48	0.201	54	0.201	118
德州	0.468	88	0.886	29	0.099	128	0.277	72	0.569	107	0.103	145	0.238	77
新乡	0.467	89	0.820	60	0.097	133	0.201	143	0.528	141	0.214	50	0.189	135
岳阳	0.466	90	0.689	181	0.142	84	0.301	56	0.553	119	0.087	183	0.226	92
盘锦	0.465	91	0.438	286	0.135	91	0.396	24	0.582	95	0.078	206	0.274	47
铜陵	0.464	92	0.755	111	0.095	136	0.321	49	0.479	178	0.105	141	0.269	50
龙岩	0.462	93	0.769	99	0.096	134	0.268	79	0.435	200	0.125	113	0.280	46
吉林	0.462	94	0.794	75	0.177	59	0.220	120	0.381	230	0.157	74	0.167	163
贵阳	0.460	95	0.722	149	0.166	63	0.189	158	0.263	266	0.219	47	0.227	89
漳州	0.457	96	0.758	109	0.092	146	0.265	81	0.524	149	0.110	134	0.249	64
肇庆	0.456	97	0.788	82	0.094	140	0.253	94	0.402	220	0.150	79	0.231	84
莱芜	0.452	98	0.793	76	0.135	92	0.241	103	0.523	150	0.093	165	0.190	133
日照	0.451	99	0.899	26	0.151	73	0.248	96	0.569	106	0.068	225	0.177	150
锦州	0.451	100	0.841	53	0.116	104	0.257	87	0.361	239	0.133	103	0.196	128
松原	0.450	101	0.993	5	0.095	139	0.277	71	0.618	59	0.072	215	0.189	134
平顶山	0.449	102	0.734	138	0.120	103	0.264	82	0.437	198	0.094	164	0.231	83
丽水	0.449	103	0.752	115	0.055	222	0.178	177	0.582	97	0.247	37	0.198	125
湛江	0.449	104	0.645	225	0.158	69	0.227	112	0.620	56	0.081	195	0.185	141
湘潭	0.447	105	0.741	129	0.113	108	0.273	74	0.517	157	0.092	171	0.195	129
保定	0.446	106	0.664	202	0.122	100	0.239	104	0.331	251	0.152	78	0.214	104
营口	0.445	107	0.989	6	0.128	97	0.267	80	0.506	165	0.049	266	0.229	88
抚顺	0.444	108	0.714	157	0.145	78	0.237	107	0.352	243	0.116	124	0.198	124
绵阳	0.443	109	0.660	208	0.112	109	0.187	162	0.608	70	0.167	67	0.136	189
盐城	0.442	110	0.697	175	0.135	89	0.179	176	0.698	21	0.095	161	0.166	165
滨州	0.441	111	0.771	93	0.094	141	0.221	119	0.531	136	0.089	178	0.235	80
邯郸	0.440	112	0.710	162	0.141	85	0.254	92	0.548	122	0.060	243	0.208	111
辽阳	0.439	113	0.839	55	0.110	112	0.257	88	0.369	234	0.086	187	0.233	82
莆田	0.439	114	0.817	63	0.143	82	0.203	140	0.671	31	0.089	177	0.123	206
玉溪	0.439	115	0.693	178	0.111	111	0.394	25	0.433	201	0.098	155	0.131	195

续表 1－1

城　市	综合竞争力	排名	综合增长竞争力	排名	经济规模竞争力	排名	经济效率竞争力	排名	发展成本竞争力	排名	产业层次竞争力	排名	收入水平竞争力	排名
北　海	0.436	116	0.872	35	0.076	174	0.188	159	0.582	96	0.126	112	0.177	149
茂　名	0.434	117	0.730	144	0.134	94	0.245	99	0.529	139	0.078	204	0.153	175
汕　头	0.432	118	0.593	258	0.214	50	0.179	172	0.583	93	0.098	156	0.110	221
本　溪	0.431	119	0.936	15	0.136	88	0.255	91	0.240	271	0.077	207	0.244	71
邢　台	0.431	120	0.648	222	0.081	161	0.244	101	0.391	225	0.140	93	0.200	120
常　德	0.429	121	0.829	59	0.142	83	0.225	113	0.748	8	0.037	286	0.168	161
三　明	0.427	122	0.713	160	0.066	195	0.278	70	0.332	250	0.117	122	0.250	61
淮　安	0.427	123	0.730	145	0.153	72	0.159	196	0.603	73	0.074	211	0.161	169
三　亚	0.426	124	0.860	42	0.059	208	0.142	215	0.842	3	0.081	196	0.244	69
咸　阳	0.424	125	0.657	212	0.100	124	0.222	118	0.807	6	0.070	222	0.137	187
衢　州	0.423	126	0.754	112	0.087	155	0.182	167	0.529	138	0.111	131	0.168	160
清　远	0.423	127	0.981	7	0.090	147	0.247	97	0.403	218	0.066	230	0.200	123
乌　海	0.423	128	0.874	34	0.087	154	0.239	105	0.290	262	0.091	173	0.245	68
枣　庄	0.423	129	0.782	85	0.163	67	0.198	146	0.633	45	0.048	268	0.143	182
九　江	0.422	130	0.697	174	0.114	106	0.289	64	0.363	237	0.105	140	0.130	199
丹　东	0.421	131	0.811	65	0.088	152	0.206	133	0.329	252	0.121	116	0.193	131
新　余	0.421	132	0.872	36	0.110	113	0.232	110	0.377	232	0.075	208	0.176	151
河　源	0.420	133	0.884	30	0.045	245	0.196	149	0.491	173	0.148	81	0.185	142
攀枝花	0.420	134	0.793	78	0.110	114	0.258	86	0.207	276	0.100	150	0.240	75
梧　州	0.419	135	0.660	207	0.056	219	0.170	183	0.647	39	0.146	84	0.170	158
晋　城	0.418	136	0.659	209	0.043	250	0.188	160	0.357	242	0.167	68	0.304	31
揭　阳	0.417	137	0.806	67	0.066	193	0.193	153	0.419	206	0.179	60	0.129	201
大　同	0.415	138	0.532	276	0.134	95	0.197	147	0.316	257	0.111	130	0.196	127
梅　州	0.415	139	0.700	171	0.042	253	0.186	164	0.413	211	0.159	72	0.245	67
宜　宾	0.414	140	0.743	124	0.095	137	0.219	123	0.455	187	0.060	244	0.216	103
宜　昌	0.414	141	0.573	268	0.149	75	0.245	100	0.393	224	0.064	234	0.170	157
安　庆	0.412	142	0.551	272	0.077	167	0.175	181	0.503	166	0.129	108	0.180	145
十　堰	0.412	143	0.525	278	0.100	125	0.262	83	0.528	142	0.066	229	0.173	154
通　化	0.412	144	1.000	1	0.069	185	0.219	125	0.526	145	0.067	228	0.162	168
葫芦岛	0.412	145	0.843	51	0.098	131	0.179	175	0.406	215	0.079	202	0.185	140
景德镇	0.410	146	0.770	97	0.068	189	0.211	130	0.540	131	0.071	220	0.191	132
郴　州	0.410	147	0.581	266	0.079	164	0.190	155	0.437	197	0.106	139	0.202	116
濮　阳	0.410	148	0.583	265	0.094	142	0.285	67	0.454	190	0.053	259	0.206	114
襄　樊	0.409	149	0.650	220	0.157	70	0.189	157	0.725	13	0.057	248	0.097	232
黄　石	0.408	150	0.734	139	0.100	126	0.287	65	0.286	264	0.072	217	0.186	139
承　德	0.406	151	0.745	123	0.071	180	0.195	150	0.206	277	0.145	85	0.251	60

续表 1-1

城　市	综　合竞争力	排名	综　合增　长竞争力	排名	经　济规　模竞争力	排名	经　济效　率竞争力	排名	发　展成　本竞争力	排名	产　业层　次竞争力	排名	收　入水　平竞争力	排名
韶　关	0.406	152	0.588	260	0.099	130	0.180	171	0.399	222	0.088	179	0.203	115
安　阳	0.405	153	0.657	210	0.103	122	0.204	136	0.427	203	0.058	247	0.208	109
西　宁	0.404	154	0.754	113	0.100	127	0.202	141	0.262	267	0.236	42	0.078	249
黄　山	0.404	155	0.631	238	0.047	239	0.143	212	0.725	14	0.116	123	0.187	137
鹤　壁	0.403	156	0.865	39	0.069	184	0.199	144	0.485	176	0.064	235	0.183	143
长　治	0.402	157	0.634	235	0.076	171	0.203	139	0.352	244	0.083	192	0.234	81
萍　乡	0.401	158	0.772	92	0.086	157	0.199	145	0.534	134	0.053	260	0.169	159
蚌　埠	0.400	159	0.631	237	0.087	153	0.170	186	0.576	101	0.114	127	0.104	226
聊　城	0.400	160	0.731	142	0.077	170	0.134	218	0.553	118	0.096	160	0.160	170
衡　阳	0.399	161	0.778	88	0.089	148	0.165	190	0.368	235	0.105	143	0.147	180
南　阳	0.399	162	0.716	154	0.112	110	0.143	211	0.496	171	0.091	172	0.122	209
焦　作	0.398	163	0.549	273	0.077	169	0.166	189	0.321	255	0.130	105	0.206	112
潮　州	0.397	164	0.511	280	0.040	255	0.179	173	0.406	216	0.205	51	0.179	147
四　平	0.396	165	0.918	20	0.061	203	0.167	188	0.232	272	0.119	119	0.230	86
自　贡	0.396	166	0.804	68	0.107	119	0.173	182	0.432	202	0.091	174	0.100	231
南　平	0.396	167	0.663	203	0.058	213	0.181	169	0.477	180	0.100	151	0.166	164
乐　山	0.395	168	0.775	90	0.093	143	0.162	191	0.540	129	0.061	240	0.142	184
防城港	0.394	169	0.934	16	0.062	201	0.203	137	0.635	43	0.065	231	0.109	223
泸　州	0.394	170	0.746	120	0.093	144	0.143	210	0.515	159	0.091	175	0.118	213
开　封	0.393	171	0.695	176	0.067	192	0.143	213	0.544	127	0.092	170	0.158	173
延　安	0.393	172	0.686	183	0.052	229	0.219	122	0.676	29	0.055	252	0.164	167
铁　岭	0.392	173	1.000	1	0.047	238	0.147	201	0.360	241	0.095	162	0.216	102
宿　迁	0.392	174	0.862	40	0.089	149	0.123	229	0.654	36	0.062	239	0.131	196
汕　尾	0.391	175	0.949	12	0.043	251	0.178	178	0.487	175	0.113	128	0.121	211
呼伦贝尔	0.390	176	0.939	14	0.044	247	0.201	142	0.282	265	0.224	45	0.090	240
嘉峪关	0.389	177	0.741	127	0.059	209	0.294	62	0.194	281	0.080	199	0.239	76
驻马店	0.388	178	0.752	114	0.059	211	0.147	203	0.546	125	0.079	200	0.159	172
张家界	0.388	179	0.704	166	0.039	256	0.129	225	0.736	11	0.124	115	0.129	200
赤　峰	0.388	180	0.961	11	0.104	121	0.157	197	0.299	260	0.068	224	0.147	179
淮　南	0.388	181	0.718	152	0.107	116	0.141	217	0.526	146	0.060	242	0.131	198
玉　林	0.387	182	0.747	119	0.075	175	0.146	205	0.439	196	0.097	158	0.131	197
遵　义	0.387	183	0.715	156	0.084	159	0.179	174	0.348	247	0.121	117	0.102	228
吕　梁	0.387	184	0.774	91	0.021	283	0.130	221	0.462	184	0.102	146	0.370	18
娄　底	0.387	185	0.653	214	0.060	205	0.206	134	0.500	168	0.079	201	0.133	193
曲　靖	0.386	186	0.697	173	0.089	150	0.223	116	0.454	189	0.069	223	0.100	229
张家口	0.386	187	0.644	227	0.099	129	0.220	121	0.113	292	0.134	99	0.212	107

续表 1-1

城市	综合竞争力	排名	综合增长竞争力	排名	经济规模竞争力	排名	经济效率竞争力	排名	发展成本竞争力	排名	产业层次竞争力	排名	收入水平竞争力	排名
衡水	0.386	188	0.474	284	0.060	206	0.203	138	0.448	194	0.101	149	0.157	174
临汾	0.384	189	0.504	281	0.067	191	0.155	198	0.509	162	0.139	94	0.109	222
漯河	0.384	190	0.732	141	0.107	118	0.189	156	0.690	22	0.030	290	0.116	215
德阳	0.383	191	0.780	86	0.075	176	0.197	148	0.416	209	0.074	210	0.114	216
赣州	0.383	192	0.674	195	0.063	198	0.170	184	0.436	199	0.097	159	0.132	194
齐齐哈尔	0.383	193	0.653	213	0.101	123	0.129	223	0.383	228	0.087	182	0.142	183
滁州	0.382	194	0.522	279	0.055	224	0.145	206	0.573	103	0.090	176	0.171	155
辽源	0.382	195	0.994	4	0.066	194	0.218	126	0.240	270	0.071	219	0.159	171
六盘水	0.380	196	0.848	49	0.059	210	0.167	187	0.231	273	0.099	154	0.200	121
宝鸡	0.379	197	0.818	62	0.125	98	0.177	179	0.342	248	0.047	272	0.122	207
荆门	0.379	198	0.668	199	0.070	181	0.160	194	0.464	183	0.085	189	0.120	212
阜新	0.377	199	0.669	197	0.062	200	0.142	216	0.313	258	0.134	98	0.137	188
朔州	0.375	200	0.860	43	0.084	160	0.224	114	0.258	268	0.028	292	0.251	59
石嘴山	0.375	201	0.704	168	0.068	188	0.183	166	0.217	274	0.087	185	0.197	126
阳江	0.375	202	0.704	167	0.070	182	0.181	168	0.614	63	0.042	279	0.126	202
菏泽	0.375	203	0.852	47	0.067	190	0.090	262	0.548	123	0.094	163	0.117	214
鄂州	0.374	204	0.747	118	0.095	138	0.180	170	0.542	128	0.039	284	0.108	225
许昌	0.374	205	0.482	283	0.055	223	0.224	115	0.512	160	0.037	287	0.237	78
牡丹江	0.374	206	0.443	285	0.058	218	0.114	238	0.424	205	0.174	64	0.136	190
佳木斯	0.374	207	0.793	77	0.076	173	0.155	199	0.521	153	0.084	190	0.074	254
周口	0.373	208	0.652	217	0.039	257	0.143	209	0.609	69	0.086	186	0.145	181
怀化	0.373	209	0.601	253	0.046	242	0.170	185	0.348	246	0.105	142	0.171	156
荆州	0.372	210	0.567	269	0.080	163	0.131	220	0.403	219	0.130	106	0.094	237
云浮	0.371	211	0.683	187	0.030	273	0.153	200	0.348	245	0.136	96	0.174	152
朝阳	0.371	212	0.941	13	0.058	215	0.161	193	0.174	284	0.107	136	0.178	148
淮北	0.369	213	0.606	250	0.095	135	0.186	163	0.577	100	0.028	291	0.134	192
七台河	0.368	214	0.778	87	0.058	214	0.147	202	0.426	204	0.053	261	0.168	162
庆阳	0.366	215	0.663	204	0.024	280	0.123	228	0.583	92	0.082	194	0.221	97
信阳	0.366	216	0.710	161	0.084	158	0.118	234	0.617	60	0.057	249	0.094	235
晋中	0.366	217	0.645	226	0.045	244	0.123	227	0.403	217	0.144	88	0.113	218
榆林	0.365	218	0.917	21	0.048	237	0.126	226	0.501	167	0.087	184	0.096	233
三门峡	0.365	219	0.851	48	0.036	263	0.185	165	0.148	289	0.114	126	0.244	70
邵阳	0.364	220	0.650	221	0.046	240	0.121	230	0.607	71	0.087	181	0.111	220
鹰潭	0.362	221	0.750	116	0.008	290	0.111	241	0.439	195	0.216	49	0.194	130
益阳	0.362	222	0.789	81	0.078	166	0.120	232	0.551	120	0.055	253	0.095	234
鸡西	0.358	223	0.666	200	0.053	228	0.086	272	0.325	253	0.154	77	0.126	203

续表 1-1

城市	综合竞争力	排名	综合增长竞争力	排名	经济规模竞争力	排名	经济效率竞争力	排名	发展成本竞争力	排名	产业层次竞争力	排名	收入水平竞争力	排名
阳泉	0.357	224	0.583	264	0.076	172	0.195	151	0.116	291	0.093	167	0.206	113
钦州	0.356	225	0.881	31	0.069	183	0.093	259	0.586	85	0.067	226	0.078	250
上饶	0.355	226	0.717	153	0.035	264	0.142	214	0.531	137	0.100	152	0.085	242
通辽	0.355	227	0.889	28	0.093	145	0.194	152	0.172	285	0.073	212	0.091	238
巴彦淖尔	0.353	228	0.973	10	0.053	227	0.145	207	0.206	278	0.101	148	0.108	224
汉中	0.352	229	0.609	249	0.033	270	0.105	246	0.580	99	0.162	70	0.074	253
永州	0.352	230	0.681	189	0.069	186	0.107	245	0.560	112	0.072	216	0.077	251
宁德	0.351	231	0.740	130	0.039	258	0.146	204	0.479	179	0.108	135	0.067	259
鹤岗	0.350	232	0.683	186	0.052	231	0.115	235	0.465	182	0.062	237	0.122	208
资阳	0.349	233	0.770	96	0.061	202	0.120	233	0.656	35	0.045	275	0.080	245
丽江	0.348	234	0.707	164	0.010	288	0.105	248	0.564	109	0.142	89	0.152	176
百色	0.348	235	0.919	19	0.043	249	0.161	192	0.212	275	0.084	191	0.123	204
巢湖	0.347	236	0.662	205	0.054	226	0.109	244	0.540	130	0.055	255	0.113	217
内江	0.347	237	0.742	125	0.071	179	0.114	237	0.675	30	0.055	251	0.057	269
咸宁	0.346	238	0.799	70	0.042	252	0.104	249	0.557	114	0.080	198	0.079	247
南充	0.345	239	0.714	158	0.081	162	0.089	265	0.583	91	0.060	241	0.069	257
白城	0.345	240	0.901	25	0.035	267	0.094	258	0.584	89	0.082	193	0.083	244
池州	0.343	241	0.793	79	0.044	248	0.112	240	0.509	163	0.037	285	0.149	178
黄冈	0.343	242	0.665	201	0.031	272	0.133	219	0.622	52	0.051	263	0.121	210
崇左	0.341	243	0.795	74	0.021	282	0.103	251	0.604	72	0.102	147	0.089	241
贵港	0.339	244	0.840	54	0.075	177	0.088	268	0.519	156	0.062	238	0.058	265
普洱	0.338	245	0.802	69	0.013	286	0.091	261	0.482	177	0.133	102	0.123	205
宣城	0.336	246	0.635	234	0.049	235	0.093	260	0.678	27	0.064	233	0.071	255
吉安	0.335	247	0.769	98	0.034	268	0.100	255	0.516	158	0.092	168	0.070	256
双鸭山	0.334	248	0.721	150	0.049	234	0.130	222	0.361	240	0.033	289	0.152	177
阜阳	0.332	249	0.647	223	0.068	187	0.068	279	0.600	79	0.060	245	0.075	252
白山	0.332	250	0.978	8	0.062	199	0.120	231	0.154	288	0.055	254	0.140	185
商丘	0.331	251	0.622	243	0.079	165	0.100	254	0.372	233	0.044	277	0.100	230
金昌	0.331	252	0.766	102	0.064	197	0.299	58	0.124	290	0.048	271	0.094	236
乌兰察布	0.328	253	0.847	50	0.032	271	0.160	195	0.400	221	0.048	269	0.079	248
孝感	0.327	254	0.490	282	0.049	233	0.105	247	0.640	42	0.046	274	0.085	243
抚州	0.325	255	0.739	131	0.060	207	0.101	252	0.535	132	0.045	276	0.058	267
广安	0.325	256	0.690	180	0.050	232	0.096	257	0.521	152	0.056	250	0.065	262
黑河	0.321	257	0.587	261	0.008	289	0.089	264	0.490	174	0.115	125	0.138	186
亳州	0.320	258	0.645	224	0.058	217	0.080	274	0.857	2	0.040	282	0.048	277
遂宁	0.319	259	0.758	108	0.060	204	0.073	277	0.651	37	0.042	280	0.053	272

续表1－1

城　市	综　合竞争力	排名	综　合增　长竞争力	排名	经　济规　模竞争力	排名	经　济效　率竞争力	排名	发　展成　本竞争力	排名	产　业层　次竞争力	排名	收　入水　平竞争力	排名
铜　川	0.318	260	0.786	83	0.045	243	0.097	256	0.206	279	0.074	209	0.102	227
酒　泉	0.318	261	0.643	230	0.026	276	0.086	270	0.632	46	0.136	97	0.033	284
达　州	0.317	262	0.708	163	0.036	261	0.144	208	0.460	186	0.047	273	0.057	268
眉　山	0.316	263	0.742	126	0.054	225	0.111	242	0.498	170	0.040	283	0.049	276
保　山	0.316	264	0.715	155	0.035	265	0.072	278	0.529	140	0.079	203	0.058	266
中　卫	0.315	265	0.871	37	0.024	279	0.086	271	0.289	263	0.092	169	0.090	239
随　州	0.314	266	0.652	215	0.077	168	0.076	276	0.777	7	0.036	288	0.035	282
天　水	0.312	267	0.643	231	0.056	220	0.066	281	0.572	104	0.072	218	0.040	280
来　宾	0.311	268	0.748	117	0.058	216	0.114	236	0.393	223	0.053	258	0.036	281
宿　州	0.310	269	0.586	263	0.074	178	0.088	267	0.616	61	0.020	293	0.066	261
伊　春	0.309	270	0.602	252	0.052	230	0.064	282	0.550	121	0.052	262	0.060	263
昭　通	0.305	271	0.529	277	0.038	260	0.089	266	0.384	227	0.086	188	0.051	273
河　池	0.303	272	0.727	146	0.027	275	0.129	224	0.187	282	0.110	133	0.057	270
安　顺	0.302	273	0.652	216	0.028	274	0.051	286	0.567	108	0.070	221	0.068	258
贺　州	0.302	274	0.586	262	0.055	221	0.103	250	0.241	269	0.054	256	0.066	260
平　凉	0.298	275	0.643	229	0.024	278	0.063	283	0.319	256	0.159	73	0.043	278
白　银	0.298	276	0.621	244	0.065	196	0.176	180	0.041	294	0.065	232	0.136	191
宜　春	0.298	277	0.735	136	0.041	254	0.067	280	0.620	55	0.049	265	0.035	283
六　安	0.296	278	0.690	179	0.048	236	0.035	289	0.522	151	0.042	281	0.080	246
广　元	0.295	279	0.563	270	0.045	246	0.078	275	0.419	207	0.043	278	0.059	264
武　威	0.293	280	0.700	170	0.058	212	0.109	243	0.413	212	0.048	270	0.019	289
雅　安	0.292	281	0.625	240	0.025	277	0.113	239	0.511	161	0.080	197	0.021	288
渭　南	0.291	282	0.746	122	0.046	241	0.085	273	0.388	226	0.067	227	0.022	286
张　掖	0.291	283	0.598	256	0.033	269	0.089	263	0.322	254	0.078	205	0.040	279
运　城	0.277	284	0.410	287	0.038	259	0.100	253	0.157	287	0.088	180	0.051	274
临　沧	0.273	285	0.600	254	0.001	293	0.039	288	0.716	16	0.117	121	0.055	271
安　康	0.271	286	0.599	255	0.036	262	0.059	285	0.563	110	0.048	267	0.018	290
吴　忠	0.269	287	0.605	251	0.021	281	0.086	269	0.111	293	0.054	257	0.112	219
忻　州	0.261	288	0.576	267	0.019	284	0.062	284	0.159	286	0.093	166	0.050	275
巴　中	0.248	289	0.597	257	0.035	266	0.051	287	0.615	62	0.063	236	0.000	294
商　洛	0.237	290	0.677	193	0.012	287	0.030	290	0.362	238	0.050	264	0.028	285
固　原	0.220	291	0.590	259	0.007	291	0.015	292	0.409	213	0.097	157	0.010	292
陇　南	0.209	292	0.682	188	0.002	292	0.024	291	0.195	280	0.106	137	0.010	293
绥　化	0.191	293	0.668	198	0.019	285	0.012	293	0.525	148	0.000	294	0.015	291
定　西	0.186	294	0.557	271	0.000	294	0.000	294	0.335	249	0.058	246	0.022	287

＊武汉市的数据不包含黄陂区、新洲区、江夏区和蔡甸区数据。

二　中国 294 个城市综合竞争力 5 年历史回溯（见表 1－2）

表 1－2　中国 294 个城市综合竞争力 5 年历史回溯*

城　市	2009 年综合竞争力	排名	2008 年综合竞争力	排名	2007 年综合竞争力	排名	2006 年综合竞争力	排名	2005 年综合竞争力	排名
香　港	0.895	1	0.898	1	0.896	1	0.899	1	0.863	1
深　圳	0.760	2	0.778	2	0.757	2	0.747	3	0.712	3
上　海	0.759	3	0.778	3	0.755	3	0.753	2	0.731	2
北　京	0.749	4	0.745	4	0.725	4	0.721	4	0.666	5
台　北	0.705	5	0.725	5	0.691	5	0.683	6	0.681	4
广　州	0.666	6	0.684	6	0.668	7	0.666	7	0.638	8
天　津	0.652	7	0.647	9	0.631	10	0.622	12	0.590	15
高　雄	0.646	8	0.670	7	0.676	6	0.694	5	0.661	6
大　连	0.644	9	0.631	12	0.620	12	0.597	18	0.584	18
青　岛	0.639	10	0.656	8	0.636	8	0.617	14	0.606	12
苏　州	0.636	11	0.645	10	0.633	9	0.631	11	0.606	13
杭　州	0.636	12	0.641	11	0.627	11	0.634	10	0.613	11
澳　门	0.630	13	0.621	15	0.587	20	0.584	22	0.566	23
沈　阳	0.627	14	0.614	17	0.585	21	0.563	28	0.550	28
东　莞	0.622	15	0.611	18	0.579	24	0.538	37	0.498	46
长　沙	0.615	16	0.605	22	0.589	18	0.586	21	0.553	26
无　锡	0.613	17	0.630	13	0.618	13	0.620	13	0.600	14
武　汉	0.613	18	0.601	23	0.549	32	0.581	24	0.551	27
厦　门	0.610	19	0.619	16	0.605	15	0.596	19	0.574	20
宁　波	0.604	20	0.610	19	0.600	17	0.608	17	0.587	16
南　京	0.604	21	0.608	21	0.588	19	0.591	20	0.577	19
合　肥	0.604	22	0.587	28	0.561	27	0.552	30	0.518	37
成　都	0.604	23	0.597	24	0.584	22	0.569	26	0.555	25
佛　山	0.601	24	0.623	14	0.603	16	0.616	15	0.569	22
东　营	0.599	25	0.589	27	0.576	25	0.565	27	0.531	32
台　中	0.585	26	0.609	20	0.571	26	0.582	23	0.586	17
济　南	0.585	27	0.590	26	0.581	23	0.580	25	0.571	21
台　南	0.579	28	0.567	31	0.558	28	0.608	16	0.617	10
长　春	0.572	29	0.546	39	0.531	41	0.548	33	0.556	24
鄂尔多斯	0.571	30	0.547	38	0.507	52	0.503	56	0.457	73
珠　海	0.568	31	0.571	29	0.556	29	0.549	31	0.539	29

续表1-2

城市	2009年综合竞争力	排名	2008年综合竞争力	排名	2007年综合竞争力	排名	2006年综合竞争力	排名	2005年综合竞争力	排名
基隆	0.565	32	0.591	25	0.609	14	0.649	8	0.637	9
烟台	0.565	33	0.555	35	0.543	37	0.530	41	0.510	41
常州	0.564	34	0.570	30	0.556	30	0.549	32	0.535	31
中山	0.563	35	0.563	32	0.549	33	0.540	36	0.505	44
呼和浩特	0.561	36	0.521	52	0.518	47	0.507	48	0.460	70
福州	0.558	37	0.562	34	0.543	36	0.541	35	0.520	35
南昌	0.557	38	0.555	36	0.549	34	0.553	29	0.525	34
西安	0.553	39	0.535	42	0.528	42	0.530	40	0.515	39
包头	0.552	40	0.534	44	0.499	58	0.480	67	0.447	79
郑州	0.551	41	0.554	37	0.546	35	0.542	34	0.527	33
重庆	0.546	42	0.563	33	0.539	38	0.528	43	0.517	38
南通	0.540	43	0.546	40	0.535	39	0.529	42	0.492	49
石家庄	0.537	44	0.530	45	0.532	40	0.532	39	0.519	36
温州	0.533	45	0.534	43	0.528	43	0.526	44	0.514	40
哈尔滨	0.533	46	0.524	50	0.518	46	0.537	38	0.538	30
大庆	0.524	47	0.519	55	0.512	49	0.506	52	0.484	55
淄博	0.522	48	0.527	47	0.518	48	0.513	47	0.506	43
新竹	0.522	49	0.543	41	0.551	31	0.639	9	0.653	7
扬州	0.520	50	0.521	51	0.509	50	0.502	58	0.489	50
马鞍山	0.519	51	0.525	48	0.507	51	0.507	51	0.454	75
绍兴	0.518	52	0.529	46	0.521	45	0.524	45	0.500	45
南宁	0.517	53	0.507	64	0.494	62	0.484	65	0.487	51
乌鲁木齐	0.513	54	0.491	71	0.497	61	0.505	54	0.484	54
昆明	0.511	55	0.519	54	0.503	55	0.507	50	0.485	53
克拉玛依	0.510	56	0.511	58	0.506	53	0.507	49	0.475	59
镇江	0.507	57	0.520	53	0.504	54	0.502	57	0.496	47
徐州	0.507	58	0.509	59	0.498	59	0.492	63	0.485	52
唐山	0.507	59	0.495	68	0.484	68	0.483	66	0.460	69
太原	0.506	60	0.507	62	0.502	56	0.506	53	0.459	71

续表 1-2

城 市	2009 年综合竞争力	排名	2008 年综合竞争力	排名	2007 年综合竞争力	排名	2006 年综合竞争力	排名	2005 年综合竞争力	排名
舟 山	0.505	61	0.500	67	0.486	67	0.470	75	0.430	92
惠 州	0.505	62	0.508	60	0.492	64	0.478	71	0.470	63
台 州	0.502	63	0.507	63	0.497	60	0.500	60	0.482	57
威 海	0.498	64	0.524	49	0.525	44	0.518	46	0.493	48
嘉 兴	0.496	65	0.500	66	0.493	63	0.493	62	0.480	58
鞍 山	0.496	66	0.511	57	0.491	65	0.503	55	0.506	42
泰 州	0.496	67	0.501	65	0.482	69	0.474	72	0.470	65
银 川	0.493	68	0.492	70	0.482	70	0.480	68	0.433	88
江 门	0.492	69	0.508	61	0.473	73	0.463	81	0.442	83
芜 湖	0.492	70	0.487	73	0.480	71	0.501	59	0.471	62
泉 州	0.489	71	0.515	56	0.500	57	0.489	64	0.482	56
洛 阳	0.484	72	0.495	69	0.491	66	0.493	61	0.464	67
柳 州	0.483	73	0.484	75	0.469	76	0.463	80	0.444	82
济 宁	0.480	74	0.468	85	0.460	82	0.458	84	0.470	64
廊 坊	0.479	75	0.474	79	0.456	88	0.452	88	0.421	103
沧 州	0.478	76	0.470	82	0.457	87	0.461	83	0.418	105
秦皇岛	0.477	77	0.485	74	0.480	72	0.479	69	0.472	61
泰 安	0.476	78	0.474	78	0.458	86	0.439	98	0.440	84
湖 州	0.476	79	0.475	77	0.464	77	0.461	82	0.440	85
海 口	0.475	80	0.469	83	0.455	89	0.464	78	0.473	60
临 沂	0.473	81	0.460	92	0.462	80	0.453	87	0.439	86
株 洲	0.472	82	0.462	91	0.444	99	0.445	93	0.430	93
兰 州	0.472	83	0.490	72	0.463	79	0.478	70	0.459	72
桂 林	0.472	84	0.466	86	0.460	83	0.452	89	0.437	87
潍 坊	0.471	85	0.470	81	0.472	74	0.473	73	0.457	74
连云港	0.470	86	0.466	87	0.460	81	0.464	79	0.447	80
金 华	0.470	87	0.473	80	0.464	78	0.467	76	0.448	78
德 州	0.468	88	0.480	76	0.459	85	0.449	90	0.451	76
新 乡	0.467	89	0.465	88	0.446	94	0.441	97	0.408	113

续表 1－2

城　市	2009 年综合竞争力	排名	2008 年综合竞争力	排名	2007 年综合竞争力	排名	2006 年综合竞争力	排名	2005 年综合竞争力	排名
岳　阳	0.466	90	0.445	103	0.444	98	0.446	92	0.446	81
盘　锦	0.465	91	0.469	84	0.469	75	0.471	74	0.429	95
铜　陵	0.464	92	0.464	89	0.459	84	0.449	91	0.431	91
龙　岩	0.462	93	0.449	99	0.445	95	0.437	101	0.413	110
吉　林	0.462	94	0.435	112	0.404	136	0.405	138	0.420	104
贵　阳	0.460	95	0.463	90	0.448	91	0.455	85	0.423	100
漳　州	0.457	96	0.450	97	0.432	106	0.417	117	0.414	109
肇　庆	0.456	97	0.439	108	0.421	113	0.422	114	0.425	98
莱　芜	0.452	98	0.451	96	0.432	107	0.416	121	0.396	126
日　照	0.451	99	0.446	102	0.435	102	0.425	108	0.383	148
锦　州	0.451	100	0.443	106	0.425	111	0.423	111	0.408	114
松　原	0.450	101	0.427	120	0.403	138	0.357	202	0.346	187
平顶山	0.449	102	0.440	107	0.422	112	0.413	128	0.389	141
丽　水	0.449	103	0.452	94	0.445	96	0.434	103	0.422	102
湛　江	0.449	104	0.451	95	0.445	97	0.442	96	0.406	116
湘　潭	0.447	105	0.449	100	0.443	100	0.436	102	0.461	68
保　定	0.446	106	0.450	98	0.454	90	0.455	86	0.429	94
营　口	0.445	107	0.433	114	0.398	147	0.415	125	0.393	132
抚　顺	0.444	108	0.449	101	0.432	105	0.429	104	0.417	107
绵　阳	0.443	109	0.453	93	0.446	93	0.443	95	0.432	89
盐　城	0.442	110	0.443	105	0.447	92	0.443	94	0.431	90
滨　州	0.441	111	0.437	109	0.433	104	0.428	105	0.402	120
邯　郸	0.440	112	0.431	115	0.417	118	0.410	133	0.384	143
辽　阳	0.439	113	0.403	156	0.383	170	0.372	181	0.401	122
莆　田	0.439	114	0.431	116	0.413	127	0.411	130	0.405	119
玉　溪	0.439	115	0.427	119	0.416	121	0.407	135	0.343	193
北　海	0.436	116	0.430	118	0.412	128	0.427	106	0.409	111
茂　名	0.434	117	0.445	104	0.431	108	0.438	99	0.423	99
汕　头	0.432	118	0.436	111	0.425	109	0.422	112	0.391	139

续表 1－2

城　市	2009 年综合竞争力	排名	2008 年综合竞争力	排名	2007 年综合竞争力	排名	2006 年综合竞争力	排名	2005 年综合竞争力	排名
本　溪	0.431	119	0.434	113	0.421	114	0.416	122	0.417	108
邢　台	0.431	120	0.436	110	0.434	103	0.438	100	0.391	136
常　德	0.429	121	0.414	140	0.399	143	0.390	158	0.469	66
三　明	0.427	122	0.418	132	0.411	129	0.416	119	0.399	123
淮　安	0.427	123	0.424	121	0.414	124	0.410	132	0.398	125
三　亚	0.426	124	0.409	144	0.396	152	0.385	165	0.341	196
咸　阳	0.424	125	0.421	127	0.408	131	0.404	141	0.384	146
衢　州	0.423	126	0.422	125	0.415	123	0.412	129	0.394	130
清　远	0.423	127	0.418	133	0.398	146	0.382	166	0.339	198
乌　海	0.423	128	0.422	124	0.404	137	0.392	151	0.336	202
枣　庄	0.423	129	0.417	136	0.408	132	0.390	157	0.364	171
九　江	0.422	130	0.418	134	0.417	119	0.419	116	0.391	138
丹　东	0.421	131	0.419	129	0.399	144	0.389	160	0.347	186
新　余	0.421	132	0.409	146	0.387	166	0.380	170	0.370	162
河　源	0.420	133	0.422	126	0.406	134	0.393	148	0.374	158
攀枝花	0.420	134	0.422	123	0.414	126	0.416	124	0.384	144
梧　州	0.419	135	0.414	139	0.415	122	0.425	109	0.422	101
晋　城	0.418	136	0.409	145	0.397	149	0.390	156	0.379	151
揭　阳	0.417	137	0.410	141	0.400	140	0.385	164	0.373	160
大　同	0.415	138	0.430	117	0.400	142	0.405	137	0.382	150
梅　州	0.415	139	0.410	142	0.382	174	0.391	152	0.382	149
宜　宾	0.414	140	0.405	153	0.397	148	0.393	149	0.369	163
宜　昌	0.414	141	0.407	148	0.407	133	0.466	77	0.448	77
安　庆	0.412	142	0.418	135	0.417	120	0.424	110	0.428	96
十　堰	0.412	143	0.396	162	0.382	173	0.414	126	0.402	121
通　化	0.412	144	0.400	158	0.390	160	0.374	180	0.344	192
葫芦岛	0.412	145	0.424	122	0.425	110	0.411	131	0.407	115
景德镇	0.410	146	0.416	137	0.417	117	0.422	113	0.409	112
郴　州	0.410	147	0.408	147	0.404	135	0.405	139	0.367	166

续表 1－2

城　市	2009 年综合竞争力	排名	2008 年综合竞争力	排名	2007 年综合竞争力	排名	2006 年综合竞争力	排名	2005 年综合竞争力	排名
濮　阳	0.410	148	0.418	131	0.419	116	0.416	123	0.399	124
襄　樊	0.409	149	0.407	149	0.399	145	0.420	115	0.394	129
黄　石	0.408	150	0.405	154	0.390	159	0.387	162	0.396	127
承　德	0.406	151	0.406	151	0.397	150	0.388	161	0.395	128
韶　关	0.406	152	0.406	152	0.393	155	0.408	134	0.418	106
安　阳	0.405	153	0.399	160	0.385	168	0.401	142	0.406	117
西　宁	0.404	154	0.421	128	0.400	141	0.406	136	0.393	133
黄　山	0.404	155	0.403	155	0.396	153	0.389	159	0.344	191
鹤　壁	0.403	156	0.402	157	0.371	192	0.357	201	0.354	183
长　治	0.402	157	0.418	130	0.436	101	0.426	107	0.385	142
萍　乡	0.401	158	0.399	159	0.393	156	0.387	163	0.354	184
蚌　埠	0.400	159	0.414	138	0.411	130	0.416	118	0.406	118
聊　城	0.400	160	0.395	165	0.386	167	0.382	169	0.334	204
衡　阳	0.399	161	0.385	182	0.371	191	0.369	190	0.363	172
南　阳	0.399	162	0.396	163	0.381	175	0.375	175	0.376	154
焦　作	0.398	163	0.394	167	0.383	172	0.399	143	0.392	135
潮　州	0.397	164	0.407	150	0.390	158	0.405	140	0.373	161
四　平	0.396	165	0.386	180	0.361	196	0.308	257	0.317	225
自　贡	0.396	166	0.389	173	0.371	189	0.372	182	0.363	173
南　平	0.396	167	0.394	168	0.387	163	0.396	147	0.374	159
乐　山	0.395	168	0.388	175	0.378	177	0.370	187	0.340	197
防城港	0.394	169	0.381	188	0.354	207	0.335	225	0.302	244
泸　州	0.394	170	0.378	190	0.376	181	0.375	177	0.366	168
开　封	0.393	171	0.381	187	0.372	186	0.369	189	0.374	157
延　安	0.393	172	0.390	172	0.388	162	0.375	176	0.333	206
铁　岭	0.392	173	0.398	161	0.394	154	0.391	154	0.376	153
宿　迁	0.392	174	0.384	184	0.375	184	0.372	183	0.338	200
汕　尾	0.391	175	0.386	179	0.380	176	0.371	184	0.346	188
呼伦贝尔	0.390	176	0.376	195	0.367	194	0.377	173	0.334	205

续表 1-2

城　市	2009 年综合竞争力	排名	2008 年综合竞争力	排名	2007 年综合竞争力	排名	2006 年综合竞争力	排名	2005 年综合竞争力	排名
嘉峪关	0.389	177	0.394	166	0.396	151	0.399	144	0.365	170
驻马店	0.388	178	0.386	181	0.375	182	0.363	192	0.359	179
张家界	0.388	179	0.377	192	0.368	193	0.361	196	0.312	228
赤　峰	0.388	180	0.375	198	0.352	211	0.345	214	0.324	213
淮　南	0.388	181	0.384	183	0.387	165	0.382	167	0.377	152
玉　林	0.387	182	0.390	171	0.383	171	0.370	188	0.366	167
遵　义	0.387	183	0.395	164	0.393	157	0.382	168	0.353	185
吕　梁	0.387	184	0.355	221	0.352	210	0.336	221	0.276	271
娄　底	0.387	185	0.389	174	0.389	161	0.392	150	0.359	180
曲　靖	0.386	186	0.376	196	0.374	185	0.363	193	0.362	174
张家口	0.386	187	0.376	197	0.372	187	0.368	191	0.369	164
衡　水	0.386	188	0.390	170	0.402	139	0.416	120	0.393	131
临　汾	0.384	189	0.387	176	0.377	178	0.371	186	0.338	201
漯　河	0.384	190	0.386	178	0.387	164	0.396	146	0.426	97
德　阳	0.383	191	0.391	169	0.384	169	0.397	145	0.366	169
赣　州	0.383	192	0.364	209	0.349	215	0.338	220	0.304	241
齐齐哈尔	0.383	193	0.382	185	0.376	180	0.391	153	0.375	155
滁　州	0.382	194	0.377	193	0.372	188	0.380	171	0.392	134
辽　源	0.382	195	0.379	189	0.359	201	0.319	236	0.290	256
六盘水	0.380	196	0.377	191	0.375	183	0.374	178	0.361	175
宝　鸡	0.379	197	0.410	143	0.414	125	0.413	127	0.391	137
荆　门	0.379	198	0.381	186	0.420	115	0.361	198	0.384	145
阜　新	0.377	199	0.386	177	0.377	179	0.379	172	0.361	176
朔　州	0.375	200	0.374	200	0.345	221	0.341	217	0.323	215
石嘴山	0.375	201	0.370	205	0.352	209	0.353	205	0.343	194
阳　江	0.375	202	0.368	206	0.356	203	0.340	219	0.283	264
菏　泽	0.375	203	0.358	217	0.357	202	0.362	195	0.311	229
鄂　州	0.374	204	0.361	213	0.350	214	0.333	226	0.358	181
许　昌	0.374	205	0.371	204	0.361	198	0.362	194	0.383	147

续表 1－2

城　市	2009 年综合竞争力	排名	2008 年综合竞争力	排名	2007 年综合竞争力	排名	2006 年综合竞争力	排名	2005 年综合竞争力	排名
牡丹江	0. 374	206	0. 345	231	0. 342	225	0. 359	200	0. 360	178
佳木斯	0. 374	207	0. 367	207	0. 360	200	0. 371	185	0. 368	165
周　口	0. 373	208	0. 372	203	0. 366	195	0. 374	179	0. 390	140
怀　化	0. 373	209	0. 365	208	0. 355	204	0. 347	210	0. 354	182
荆　州	0. 372	210	0. 349	227	0. 345	222	0. 344	215	0. 345	189
云　浮	0. 371	211	0. 374	201	0. 353	208	0. 347	209	0. 332	210
朝　阳	0. 371	212	0. 359	216	0. 354	206	0. 361	197	0. 333	207
淮　北	0. 369	213	0. 361	212	0. 361	197	0. 390	155	0. 374	156
七台河	0. 368	214	0. 344	233	0. 341	226	0. 341	218	0. 321	218
庆　阳	0. 366	215	0. 349	226	0. 351	212	0. 354	204	0. 303	242
信　阳	0. 366	216	0. 360	215	0. 355	205	0. 354	203	0. 317	226
晋　中	0. 366	217	0. 362	211	0. 346	219	0. 345	213	0. 324	214
榆　林	0. 365	218	0. 339	237	0. 327	241	0. 325	232	0. 302	245
三门峡	0. 365	219	0. 374	199	0. 346	217	0. 344	216	0. 321	219
邵　阳	0. 364	220	0. 357	218	0. 351	213	0. 345	212	0. 345	190
鹰　潭	0. 362	221	0. 372	202	0. 337	229	0. 348	208	0. 330	211
益　阳	0. 362	222	0. 355	222	0. 343	223	0. 336	222	0. 316	227
鸡　西	0. 358	223	0. 346	229	0. 335	232	0. 308	255	0. 287	258
阳　泉	0. 357	224	0. 376	194	0. 371	190	0. 376	174	0. 360	177
钦　州	0. 356	225	0. 360	214	0. 346	218	0. 319	237	0. 292	253
上　饶	0. 355	226	0. 363	210	0. 360	199	0. 360	199	0. 333	208
通　辽	0. 355	227	0. 348	228	0. 340	227	0. 328	230	0. 338	199
巴彦淖尔	0. 353	228	0. 356	220	0. 329	237	0. 291	275	0. 305	238
汉　中	0. 352	229	0. 341	236	0. 322	245	0. 318	242	0. 284	261
永　州	0. 352	230	0. 345	232	0. 335	231	0. 314	247	0. 305	239
宁　德	0. 351	231	0. 350	225	0. 342	224	0. 347	211	0. 304	240
鹤　岗	0. 350	232	0. 345	230	0. 338	228	0. 336	223	0. 305	237
资　阳	0. 349	233	0. 342	234	0. 326	243	0. 322	234	0. 306	235
丽　江	0. 348	234	0. 357	219	0. 345	220	0. 348	207	0. 320	220

续表 1-2

城市	2009 年综合竞争力	排名	2008 年综合竞争力	排名	2007 年综合竞争力	排名	2006 年综合竞争力	排名	2005 年综合竞争力	排名
百色	0.348	235	0.353	223	0.328	240	0.318	241	0.309	231
巢湖	0.347	236	0.325	251	0.321	247	0.317	244	0.268	276
内江	0.347	237	0.339	239	0.332	235	0.330	228	0.332	209
咸宁	0.346	238	0.332	243	0.322	246	0.322	233	0.300	248
南充	0.345	239	0.342	235	0.332	234	0.330	229	0.336	203
白城	0.345	240	0.328	248	0.310	255	0.316	245	0.322	216
池州	0.343	241	0.330	247	0.335	233	0.312	251	0.281	267
黄冈	0.343	242	0.325	253	0.297	269	0.349	206	0.317	224
崇左	0.341	243	0.334	242	0.310	254	0.298	270	0.265	281
贵港	0.339	244	0.338	240	0.348	216	0.321	235	0.310	230
普洱	0.338	245	0.325	252	0.306	258	0.311	252	0.343	195
宣城	0.336	246	0.331	245	0.322	244	0.308	254	0.296	250
吉安	0.335	247	0.325	250	0.328	239	0.318	243	0.285	259
双鸭山	0.334	248	0.331	244	0.327	242	0.335	224	0.319	223
阜阳	0.332	249	0.325	249	0.304	261	0.288	278	0.270	274
白山	0.332	250	0.335	241	0.318	249	0.308	256	0.280	268
商丘	0.331	251	0.339	238	0.332	236	0.315	246	0.303	243
金昌	0.331	252	0.353	224	0.336	230	0.318	240	0.263	282
乌兰察布	0.328	253	0.319	256	0.312	252	0.313	249	0.321	217
孝感	0.327	254	0.330	246	0.328	238	0.330	227	0.319	221
抚州	0.325	255	0.310	265	0.312	253	0.318	239	0.305	236
广安	0.325	256	0.314	260	0.303	265	0.294	273	0.283	262
黑河	0.321	257	0.318	258	0.315	251	0.327	231	0.329	212
亳州	0.320	258	0.313	262	0.306	257	0.298	269	0.309	233
遂宁	0.319	259	0.313	261	0.304	262	0.300	267	0.294	252
铜川	0.318	260	0.301	272	0.305	259	0.319	238	0.282	265
酒泉	0.318	261	0.310	266	0.302	267	0.299	268	0.292	254
达州	0.317	262	0.308	267	0.302	266	0.300	265	0.319	222
眉山	0.316	263	0.311	264	0.303	264	0.300	264	0.309	232
保山	0.316	264	0.315	259	0.298	268	0.293	274	0.275	272

续表1-2

城　市	2009年综合竞争力	排名	2008年综合竞争力	排名	2007年综合竞争力	排名	2006年综合竞争力	排名	2005年综合竞争力	排名
中　卫	0.315	265	0.321	254	0.315	250	0.303	260	0.300	247
随　州	0.314	266	0.302	271	0.304	263	0.305	259	0.307	234
天　水	0.312	267	0.312	263	0.308	256	0.311	253	0.297	249
来　宾	0.311	268	0.279	282	0.293	273	0.307	258	0.279	269
宿　州	0.310	269	0.306	269	0.305	260	0.303	261	0.272	273
伊　春	0.309	270	0.299	274	0.294	270	0.300	266	0.289	257
昭　通	0.305	271	0.301	273	0.294	271	0.295	272	0.268	277
河　池	0.303	272	0.306	268	0.289	276	0.291	276	0.263	283
安　顺	0.302	273	0.320	255	0.321	248	0.313	248	0.291	255
贺　州	0.302	274	0.285	279	0.290	275	0.267	282	0.185	292
平　凉	0.298	275	0.303	270	0.287	278	0.289	277	0.276	270
白　银	0.298	276	0.319	257	0.283	280	0.303	262	0.295	251
宜　春	0.298	277	0.283	280	0.275	282	0.266	283	0.252	286
六　安	0.296	278	0.290	278	0.277	281	0.259	285	0.241	288
广　元	0.295	279	0.268	285	0.254	285	0.281	280	0.266	280
武　威	0.293	280	0.293	276	0.288	277	0.300	263	0.268	275
雅　安	0.292	281	0.295	275	0.290	274	0.287	279	0.281	266
渭　南	0.291	282	0.278	283	0.244	287	0.254	286	0.250	287
张　掖	0.291	283	0.293	277	0.293	272	0.296	271	0.285	260
运　城	0.277	284	0.270	284	0.284	279	0.312	250	0.301	246
临　沧	0.273	285	0.268	286	0.257	284	0.260	284	0.267	279
安　康	0.271	286	0.259	288	0.248	286	0.250	287	0.258	284
吴　忠	0.269	287	0.281	281	0.275	283	0.270	281	0.283	263
忻　州	0.261	288	0.261	287	0.234	289	0.225	289	0.217	289
巴　中	0.248	289	0.238	289	0.238	288	0.239	288	0.253	285
商　洛	0.237	290	0.222	290	0.212	290	0.205	290	0.189	291
固　原	0.220	291	0.212	291	0.200	292	0.197	292	0.181	294
陇　南	0.209	292	0.197	293	0.187	293	0.183	294	0.184	293
绥　化	0.191	293	0.183	294	0.184	294	0.188	293	0.198	290
定　西	0.186	294	0.197	292	0.202	291	0.203	291	0.267	278

*5年历史回溯中计算的排名是按照2009年的指标体系和模型计算，故与之前公布的结果有些许差别。

第二章
中国城市竞争力 2009 年度述评

2009 年，由金融危机带来的市场信心下降逐渐得以恢复，全球经济出现复苏迹象，经济波动导致中国经济发生结构性变化，中国城市在国际地位提升的同时，竞争力格局也发生了重要的变化。本次报告主要基于 2008 年及以前的数据进行分析，报告将从国家、区域、省区和重点城市等不同层面，从城市规模、行政等级和发展阶段等不同视角，从城市竞争力构成的不同方面，来分析中国城市竞争力格局。本次报告将主题确定为国家竞争力，不仅从国家的视角比较分析了中国的竞争环境、机遇挑战和优势劣势，而且分析了国家竞争力与城市竞争力的关系，提出了通过城市集群发展提升国家竞争力的政策建议。同时，报告有关区域和省域城市竞争力的比较数据，为相关省区和具体城市分析自身竞争力，制定提升竞争力的战略提供了启示和参考，同时也为海内外企业投资和人才创业提供决策参考。

一　综合竞争力：东南沿海相对下降，北部中部快速提升

城市综合竞争力是一个综合概念，指的是一个城市多快好省地创造财富的能力。城市综合竞争力高低及其变动，反映城市在市场占有率、经济增长率、综合生产率、产业层次、收入水平、发展代价等方面的相对状况及其变化。

（一）五区域分享前 10，沿海城市北进南退

五区域城市分享前 10。2009 年前 10 名城市依次是：香港、深圳、上海、北京、台北、广州、天津、高雄、大连、青岛。前 10 名的城市来自珠三角、台湾、长三角、环渤海、东北。其中，珠三角 3 个，环渤海 3 个，台湾 2 个，长三角、东北各 1 个。

沿海城市南降北升。比较前10名城市5年历史变化还有重要发现：香港虽仍然领先，但深圳、上海越来越向其逼近；天津持续从第15跃进到第7，直逼广州；青岛从2007年开始迈入前10；大连进步最快，从第18提到第9；苏州、杭州分别退出前10。从区域看，5年来，北方的环渤海和东北急速提升，东北城市开始挤进前10，环渤海前10城市增加；长三角下降最快（见表2－1）。总体上，城市间的竞争力差距在逐渐缩小。这显示前10城市竞争激烈，你追我赶，不进则退，各城市必须主动出击，积极应对。

表2－1　2009年排名前10位城市的综合竞争力指数及排名5年变化

城　市	2005年		2006年		2007年		2008年		2009年	
	指数	排名	指数	排名	指数	排名	指数	排名	指数	排名
香　港	0.863	1	0.899	1	0.896	1	0.898	1	0.895	1
深　圳	0.712	3	0.747	3	0.757	2	0.778	2	0.760	2
上　海	0.731	2	0.753	2	0.755	3	0.778	3	0.759	3
北　京	0.666	5	0.721	4	0.725	4	0.745	4	0.749	4
台　北	0.681	4	0.683	6	0.691	5	0.725	5	0.705	5
广　州	0.638	8	0.666	7	0.668	7	0.684	6	0.666	6
天　津	0.590	15	0.622	12	0.631	10	0.647	9	0.652	7
高　雄	0.661	6	0.694	5	0.676	6	0.670	7	0.646	8
大　连	0.584	18	0.597	18	0.620	12	0.631	12	0.644	9
青　岛	0.606	12	0.617	14	0.636	8	0.656	8	0.639	10

（二）全国城市整体起飞，潜力城市各具特色

过去5年竞争力又快又稳，提升的10个城市分别是防城港、清远、赣州、通化、鄂尔多斯、乐山、廊坊、咸阳、澳门、大连。分别属于不同的区域、规模和发展阶段，这反映出中国城市竞相争先的态势，不同类型的城市都有提升最快、潜力最大的城市。

大连利用产业转型的契机，大力发展服务业和高新技术产业，是全国唯一一个增长较快的特大型城市。澳门自1999年回归以来，发展迅速，在过去5年，经济增长一直处于前列。咸阳依托资源优势，发展多层次产业，在过去5年的发展可圈可点。廊坊介于北京和天津之间的特殊地理位置，使其得以快速发展。乐山是地处西南地区的中等城市，通过发展产业集群，迅速提升区域经济竞争力，

发展势头迅猛。鄂尔多斯凭借其资源优势和创新战略，推动当地经济发展，是蒙古草原上一只展翅腾飞的雄鹰。通化是东北地区的中等城市，依靠优势产业支撑通化发展，在众多东北城市中异军突起。赣州是京九沿线的中等城市，利用产业转移优势，实现跨越式发展。清远地处广东北部山区，利用产业转移之机发展经济，同时保护生态环境，增长势头不容小觑。防城港是西南地区的小城市，处于工业化初期，占据北部湾崛起的先机，竞争力提升迅速（见表 2－2）。

表 2－2　5 年来竞争力持续增长最快的 10 座城市及其排位变化

城　市	省份	区域	发展阶段	城市类型	2005 年排名	2006 年排名	2007 年排名	2008 年排名	2009 年排名
防城港	广西	西南	工业化初期	小城市	244	225	207	188	169
清　远	广东	东南	工业化初期	大城市	198	166	146	133	127
赣　州	江西	中部	前工业化阶段	中等城市	241	220	215	209	192
通　化	吉林	东北	工业化初期	中等城市	192	180	160	158	144
鄂尔多斯	内蒙古	西北	资源型城市	小城市	73	56	52	38	30
乐　山	四川	西南	工业化初期	中等城市	197	187	177	175	168
廊　坊	河北	环渤海	工业化初期	中等城市	103	88	88	79	75
咸　阳	陕西	西北	工业化初期	大城市	146	141	131	127	125
澳　门	粤港澳	东南	工业化后期	小城市	23	22	20	15	13
大　连	辽宁	东北	工业化后期	特大型城市	18	18	12	12	9

事实上，过去 5 年全国城市呈现整体起飞的态势，不同区域、不同类型城市的领跑者跃升速度不相上下。除了以上稳步提升之外，在环渤海、中西部、东北、西部地区一些交通便利、资源富集的城市也表现出显著的跨越发展态势。例如：特大城市包头、邯郸、汕头、合肥、沈阳等提升较快；大城市中宿迁、阳江、四平、丹东、日照、聊城、阜阳提升较快；中等城市松原、乌海、三亚、辽源、赣州、通化提升较快；小城市中吕梁、玉溪、张家界提升较快。这显示中部、西部、东北的中心城市，交通便利、具有区位优势的城市，率先起飞，这些城市将是投资创业和求职的较好选择地，同时，这些城市应抓住机遇、加快发展。

（三）东南优势略有下降，全国城市间差距缩小

东南优势略有下降。尽管 2008 年国际金融危机使东南区域竞争力有所下降，

但东南区域仍占据明显优势，2009 年前 50 强中东南城市占据 40%。环渤海地区竞争力提高也较快，在城市差异缩小后，成为中国经济的又一亮点。中部、东北、西南地区利用有效时机获得发展，竞争力稳步提升。西北地区同样获得发展，但城市差异拉大。受金融危机影响，台湾城市竞争力有所下降，由于各地比较优势的差异，产业转型导致城市间的差距拉大。

全国城市间差距缩小。从竞争力基尼系数看，中部、环渤海地区的城市差异性明显缩小（见表 2－3），对比突出城市竞争力，两地竞争力呈现突出城市带领下的整体提升。与中部、环渤海相比，西南地区竞争力还存在差距，基尼系数有所缩小，一批特色性城市正在成长。西北地区城市间竞争力差距拉大，这种情况常出现在一些经济迅速发展的地区。

表 2－3　5 年来七大区竞争力基尼系数

年份	环渤海	中部	西北	东北	东南	西南	台湾	总体
2009	0.095	0.092	0.155	0.119	0.116	0.112	0.065	0.133
2008	0.098	0.096	0.152	0.121	0.12	0.118	0.067	0.137
2007	0.096	0.097	0.154	0.12	0.121	0.117	0.060	0.138
2006	0.096	0.102	0.154	0.123	0.122	0.118	0.041	0.141
2005	0.103	0.108	0.143	0.129	0.127	0.124	0.032	0.145

这反映全国竞争力的格局正在发生变化。东部城市必须加快转型，以创新保持领先，中西部城市应抓住机遇，加快推进工业化和城市化。

（四）浙江竞争力全面下滑，内蒙古、吉林连续领先

省区城市竞争力逆转，中西部省份增长迅速。省区①综合竞争力排名方面，前五位被台湾、江苏、粤港澳、浙江、山东所占据，但是在省区竞争力排名增长中，内蒙古和吉林增速最快，相对 2005 年，2009 年名次均上升 3 位（见表 2－4）。

---

① 因为城市太少的省区将影响省区的竞争力基尼系数和省区城市竞争力指数，从而影响可比性。因此，对于省区比较，去掉了 4 个直辖市和 2 个特区，去掉了海南、新疆、青海、贵州、宁夏和西藏 6 个省区，故只有 22 个省区参与省区排名。第三部分区域报告中也是 22 个省区参与排名，不再赘述。

表 2-4　中国省区综合竞争力分布比较

省　区	1～50	51～100	101～150	151～200	201～250	251～294	城市总数（个）	2009 年综合竞争力	排名	2005 年综合竞争力	排名
河　北	1	4	3	3	0	0	11	0.451	8	0.423	8
山　西	0	1	2	4	2	2	11	0.377	17	0.340	19
内蒙古	3	0	1	2	2	1	9	0.435	9	0.369	12
辽　宁	2	3	6	2	1	0	14	0.458	7	0.423	7
吉　林	1	1	2	2	2	0	8	0.418	11	0.359	14
黑龙江	2	0	0	1	6	3	12	0.368	18	0.348	16
江　苏	6	4	2	1	0	0	13	0.516	2	0.490	2
浙　江	3	6	2	0	0	0	11	0.510	4	0.483	3
安　徽	1	3	1	4	5	3	17	0.395	13	0.361	13
福　建	2	3	2	1	1	0	9	0.465	6	0.432	6
江　西	1	0	3	2	3	2	11	0.387	15	0.351	15
山　东	5	8	2	1	1	0	17	0.489	5	0.451	5
河　南	1	2	2	7	4	1	17	0.408	12	0.388	10
湖　北	1	0	4	1	4	2	12	0.392	14	0.377	11
湖　南	1	2	3	3	4	0	13	0.420	10	0.391	9
粤港澳	8	3	7	3	2	0	23	0.511	3	0.467	4
广　西	0	3	2	2	4	3	14	0.386	16	0.341	18
四　川	1	0	3	4	3	7	18	0.366	19	0.342	17
云　南	0	1	1	1	2	3	8	0.364	20	0.333	20
陕　西	1	0	1	2	2	4	10	0.358	21	0.319	21
甘　肃	0	1	0	1	1	9	12	0.313	22	0.296	22
台　湾	6	0	0	0	0	0	6	0.600	1	0.639	1

二　综合增长：城市增长位次变动剧烈，吉林位居全国第一

城市增长竞争力衡量的是城市价值扩展的速度及潜力，主要用城市综合经济增长速度来测度，指标是 GDP 综合增长率。

（一）吉林、内蒙古和辽宁 15 个城市位列 20 强

1. 鄂尔多斯、通化和铁岭位列综合增长竞争力并列第一名

2009 年三强城市较 2008 年有所变化，鄂尔多斯继续保持三强地位，通化异

军突起进入三强，铁岭综合增长竞争力提升一位也进入三强（见图2－1）。辽源跌至第4位，河源则跌至第30位。

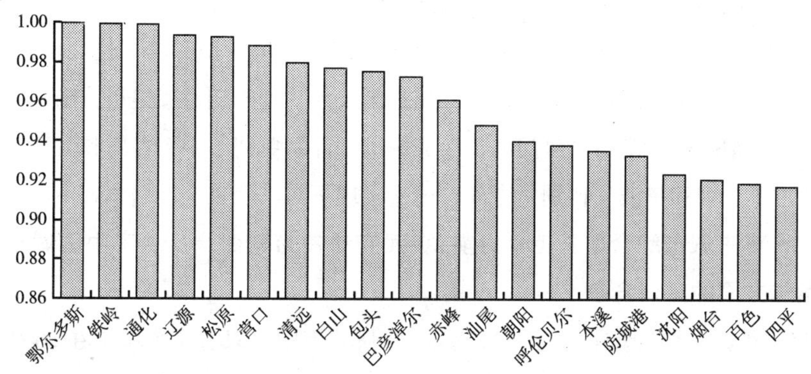

图2－1 2009年综合增长竞争力前20名城市

2. 吉林、内蒙古和辽宁共有15个城市进入20强

这三个省份各有5个城市进入20强。此外，广东和广西各有2个城市进入20强，而山东只有烟台进入20强。吉林、内蒙古和辽宁城市经济增长强劲，吉林城市综合增长率提升较快，山东城市则有所下滑。

3. 中国城市发展速度惊人，95%的城市综合增长率超过10%

中国共有279个城市在2005～2008年间的综合增长率超过10%，占全部城市总数294个的95%；共有107个城市综合增长率超过15%，占全部城市数的36%；共有23个城市综合增长率超过18%；东北地区城市综合增长率最高，这表明我国东北振兴取得了显著的成效。

4. 三门峡、青岛和防城港5年来综合增长竞争力进步最大

三门峡、青岛和防城港2009年综合增长竞争力排名分别比2005年前进了226位、215位和213位，进入50强；绍兴、宁波和焦作则分别下滑215位、199位和185位。吉林、渭南和长春2009年综合增长竞争力相比2008年提高较多，分别前进190位、134位和128位。濮阳、贺州和沧州则下滑较多，分别下滑265位、262位和182位。

5. 35个大城市或特大城市中，青岛和南宁综合增长竞争力提升最快

在35个大城市中，青岛、南宁、武汉、沈阳和福州综合竞争力排名提升较多，分别提升215位、99位、76位和76位，天津、西宁和乌鲁木齐综合增长竞争力排名有所提升。其他城市排名则有不同程度的下降，长三角城市宁波、杭州和南京下降最多。

6. 35 个大城市或特大城市中，沈阳、合肥和青岛晋级三强

继沈阳、合肥、青岛之后，呼和浩特和南宁分排第 4 位和第 5 位。比较而言，上海综合增长竞争力超过了北京，武汉超过了长沙，兰州超过了银川，南宁超过了贵阳，天津则超过了南昌、厦门和长沙等城市。计划单列市中，青岛和大连综合竞争力超过了深圳和宁波，特别是青岛，迅速实现了对其他三个计划单列市的超越。

7. 5 年来城市综合增长竞争力前 20 强变动较为剧烈，反映了中国城市追求经济增长方面的激烈竞争

2005 年城市综合增长竞争力排名前 20 强城市中，只有 4 个城市在 2009 年仍留在 20 强，分别是鄂尔多斯、营口、包头和烟台；而 2009 年前 20 强城市中，有 8 个 2005 年排在 100 名之外。2008 年城市综合增长竞争力排名前 20 的城市中，有 7 个在 2009 年排在了 20 强之后。剧烈的排名变化表明中国城市在追求经济增长方面的激烈竞争。

（二）5 年来吉林和广西城市综合增长竞争力 100 强城市数量增加最多

1. 吉林、内蒙古、辽宁和粤港澳分享前 10 强城市

综合增长竞争力前 10 强城市中，吉林有 4 个城市，内蒙古有 3 个城市，辽宁有 2 个城市，粤港澳有 1 个城市。东北部省份城市综合增长竞争力较强。

2. 吉林、内蒙古和辽宁区域城市增长竞争力名列三强

吉林增长竞争力指数为 0.924，内蒙古增长竞争力指数为 0.921，辽宁为 0.830。这三个省份进入前 50 强的城市分别有 6 个、8 个和 6 个。综合增长竞争力排在前 10 位的省份还有山东、广西、江西、江苏、福建、粤港澳和陕西。这 10 个省份 104 个样本城市共有 25 个城市进入前 50 强。

3. 江苏、江西和福建城市增长竞争力差异较小，台湾、山西和粤港澳城市综合增长竞争力差异较大

江苏、江西和福建城市增长竞争力基尼系数最小，这些地区城市增长率相对来说差异较小。台湾、山西和粤港澳城市呈现两极分化的局面，基尼系数偏高，落后城市亟须赶超先进城市。

表2－5 中国省区综合增长竞争力分布比较

省份	1～50	51～100	101～150	151～200	201～250	251～294	城市总数（个）	2009年综合增长竞争力	排名	2005年综合增长竞争力	排名
河北	0	1	1	3	5	1	11	0.663	17	0.635	9
山西	1	1	0	1	3	5	11	0.623	21	0.575	14
内蒙古	8	1	0	0	0	0	9	0.921	2	0.860	1
辽宁	6	5	0	2	0	1	14	0.830	3	0.661	6
吉林	6	2	0	0	0	0	8	0.924	1	0.675	5
黑龙江	0	2	2	3	1	4	12	0.657	19	0.508	21
江苏	1	0	10	2	0	0	13	0.747	7	0.779	2
浙江	1	0	2	4	4	0	11	0.695	13	0.778	3
安徽	2	2	1	2	7	3	17	0.684	15	0.580	13
福建	0	4	2	2	1	0	9	0.747	8	0.573	16
江西	1	4	3	3	0	0	11	0.753	6	0.659	7
山东	7	7	1	2	0	0	17	0.824	4	0.729	4
河南	2	1	3	3	5	3	17	0.690	14	0.612	11
湖北	0	2	2	1	3	4	12	0.653	20	0.529	19
湖南	0	3	3	3	2	2	13	0.707	12	0.547	17
粤港澳	7	3	4	4	1	4	23	0.743	9	0.644	8
广西	4	3	3	1	2	1	14	0.777	5	0.574	15
四川	0	5	6	3	2	2	18	0.720	11	0.587	12
云南	0	1	0	4	1	2	8	0.670	16	0.516	20
陕西	1	2	1	3	2	1	10	0.721	10	0.534	18
甘肃	0	0	2	2	6	2	12	0.658	18	0.628	10
台湾	0	0	0	0	0	6	6	0.135	22	0.141	22

4. 5年来吉林和广西城市综合增长竞争力100强城市增加最多，江苏和浙江城市则减少最多

2009年城市综合增长竞争力排名中，吉林和广西100强城市分别增加了5个和4个，其次是山东、陕西和辽宁，都增加了3个，而江苏和浙江则分别减少了9个和8个，都只有1个城市进入100强。相对于2008年的排名，吉林和湖南100强城市分别增加了3个，而江苏则减少了8个。山东城市综合增长竞争力100强城市数量一直保持在第1位，表明山东城市具有较强的增长竞争力。

5. 5年来广西、陕西和福建综合增长竞争力平均提升最快

广西、陕西和福建在所比较的22个省份中，综合增长竞争力2009年排名比

2005年排名分别提升了10位、8位和8位，进入前10强省份。浙江、河北和甘肃排名下降较多，2009年比2005年分别下降10位、8位和8位。山东和台湾排名保持不变。

（三）5年来中等城市综合增长竞争力进入100强的城市增加最多

1. 综合增长竞争力前10强城市中等城市最多

综合增长竞争力前10强城市中有6个中等城市，有2个大城市，小城市和特大城市各有1个。即使相对于对应样本城市总数而言，中等城市进入综合增长竞争力前10强的比重也远远高于其他规模的城市。这表明部分中等城市具有很强的综合增长竞争力。

2. 大城市平均综合增长竞争力最强

从所有样本城市情况来看，2009年排名中大城市综合增长竞争力最强，达到0.724；其次是小城市和中等城市。特大城市综合增长竞争力较弱，这在一定程度上是受到金融危机较大影响所致。这样的格局体现出大城市和小城市抵抗风险冲击的能力较强。小城市的竞争力基尼系数最低，特大城市竞争力基尼系数最高，表明在金融危机的冲击下规模较大的城市受影响程度不同，从而导致综合增长率差异相对较大。

3. 5年来中等城市综合增长竞争力进入100强的城市增加最多

中等城市综合增长竞争力100强城市数量由2005年排名的30个增加到2009年排名的38个（不过2005～2008年排名并没有变化），特大城市则减少最多，由32个减少到20个。与2008年排名相比，中等城市100强数目一年增加8个，大城市和特大城市都减少了3个。

三　经济规模：内地城市纷纷追赶港台，中小城市变动最为明显

城市规模竞争力指的是一个城市创造价值的相对规模，是一个城市的产品在全部城市产品市场中的份额，也就是综合市场占有率。在这里我们主要用地区GDP总量指标来衡量。

（一）香港、上海和北京 GDP 超万亿

1. 规模竞争力 20 强城市 GDP 总量全部进入了 2000 亿元俱乐部

中国前 20 强城市，GDP 总量全部进入了 2000 亿元俱乐部，有 14 个进入了 3000 亿元俱乐部，规模竞争力前 3 名香港、上海和北京进入 10000 亿元俱乐部。从省区看，粤港澳有 5 个城市进入规模竞争力 20 强，席位最多；从区域看，东南地区共有 10 个城市进入 20 强，占半壁江山；从发展阶段看，工业化后期有 10 个城市进入 20 强，也占了半数；同时，进入 20 强的绝大多数是特大型城市，只有东莞作为大城市进入规模竞争力 20 强（见图 2－2）。

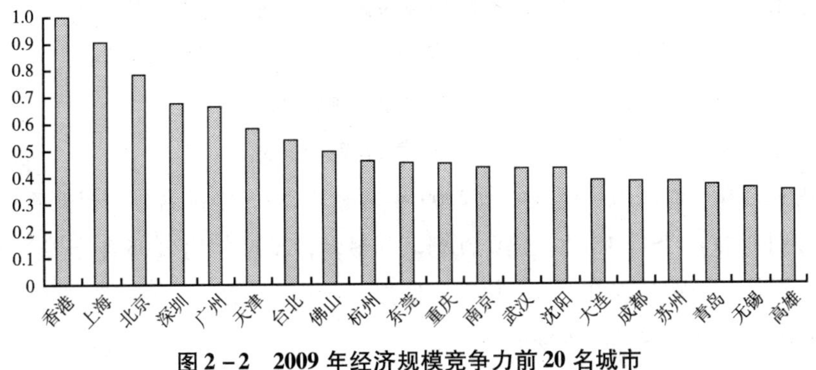

图 2－2　2009 年经济规模竞争力前 20 名城市

2. 3000 亿元俱乐部拥有 14 个城市，122 个城市进入 300 亿元俱乐部

除了 14 个城市进入了 3000 亿元俱乐部外，中国共有 47 个城市进入 1000 亿元俱乐部；81 个城市进入 500 亿元俱乐部；122 个城市进入 300 亿元俱乐部。可以看出，中国的城市规模日益扩大。2009 年全国城市经济规模竞争力指数为 0.133，比 2005 年指数 0.108 有所增长，反映出中国大部分城市经济规模继续向排名第一位的香港靠拢，而与最后排名城市规模差异有所扩大。上海和北京经济规模竞争力指数分别由 2005 年的 0.744 和 0.552 上升到 2009 年的 0.907 和 0.786，与香港的差距显著缩小。

3. 5 年来经济规模竞争力较强的城市排名变动相对较小，而较弱的城市排名变动较大

2005 年城市经济规模竞争力排名前 20 强的城市中，在 2009 年只有宁波和台中排在 20 强后，而前 50 强中，2009 年只有新竹和基隆排在 50 强后。2005 年城

市经济规模竞争力排名后20名的城市中，2009年有4个排名走出后20名，排名后50名的城市中，2009年有17个走出后50名。这反映了经济规模较小的城市由于经济增长差异大，导致经济规模变化也较大。此间，北京取代了台北，与香港、上海成为前3强城市。

（二）港澳台城市经济规模较大，内蒙古扩张最为迅速

1. 规模竞争力前10强城市粤港澳最多

粤港澳共有5个城市进入前10强，远远超过其他省份。杭州、台北和三大直辖市北京、上海、天津也进入前10强。

2. 台湾、粤港澳和江苏三省经济体量最大，占据省份城市规模竞争力前3强

所比较的22个省区中，前10强省份依次还有山东、浙江、辽宁、河北、福建、湖北和内蒙古。江西、云南和甘肃暂居最后三位。

3. 五年来内蒙古和广西城市规模竞争力提升最快

内蒙古和广西城市规模竞争力2009年排名比2005年排名分别提升4位和3位，分别列第10和第18位。黑龙江则下降最多，2009年比2005年下降了3位。河北、吉林、山东各提升1位，山西、浙江、福建、江西、河南、湖南和云南各下降1位，其余省区保持不变。

4. 5年来粤港澳、山东和江苏在经济规模竞争力100强中席位一直保持最多，稳居三强，而粤港澳、台湾和江苏平均经济规模竞争力保持最大

2009年粤港澳、山东和江苏经济规模竞争力100强中城市个数共比2005年排名增加了3个，但由于山东城市数目较多，平均经济规模竞争力台湾一直排在山东之前。

表2－6　中国省区经济规模竞争力分布比较

省　区	1～50	51～100	101～150	151～200	201～250	251～294	城市总数（个）	2009年经济规模竞争力	排名	2005年经济规模竞争力	排名
河　北	2	3	1	4	1	0	11	0.130	7	0.109	8
山　西	1	1	0	4	2	3	11	0.078	19	0.061	18
内蒙古	1	1	3	1	2	1	9	0.111	10	0.074	14
辽　宁	3	4	3	2	2	0	14	0.156	6	0.125	6
吉　林	1	1	1	3	1	1	8	0.110	11	0.082	12
黑龙江	2	0	1	1	6	2	12	0.098	13	0.089	10

续表 2－6

省　区	1～50	51～100	101～150	151～200	201～250	251～294	城市总数（个）	2009 年经济规模竞争力	排名	2005 年经济规模竞争力	排名
江　苏	5	6	2	0	0	0	13	0.216	3	0.175	3
浙　江	3	3	3	1	1	0	11	0.179	5	0.150	4
安　徽	1	2	3	4	7	0	17	0.088	16	0.070	16
福　建	2	2	2	1	1	1	9	0.129	8	0.112	7
江　西	1	0	2	3	1	4	11	0.078	20	0.060	19
山　东	5	8	2	2	0	0	17	0.185	4	0.142	5
河　南	1	1	6	5	2	2	17	0.095	14	0.081	13
湖　北	1	2	3	3	1	2	12	0.115	9	0.100	9
湖　南	1	3	2	3	3	1	13	0.104	12	0.082	11
粤港澳	8	4	4	2	1	4	23	0.236	2	0.190	2
广　西	0	2	1	4	5	2	14	0.078	18	0.058	21
四　川	1	0	6	3	5	3	18	0.088	15	0.071	15
云　南	1	0	2	0	0	5	8	0.067	21	0.059	20
陕　西	1	1	1	0	4	3	10	0.082	17	0.062	17
甘　肃	0	1	0	2	3	6	12	0.049	22	0.041	22
台　湾	4	2	0	0	0	0	6	0.286	1	0.319	1

四　经济效率：山东城市竞争力上升较快，大城市规模效应显著

城市经济效率竞争力是城市创造价值的投入产出效率的集中表现。本报告认为：人均 GDP 和地均 GDP 均可以较准确地表达城市的综合生产率。

（一）中山、大连进入经济效率竞争力前 20 强

1. 香港、台北和高雄位居 2009 年经济效率竞争力前 3 强

其余前 10 名依次是：新竹、台中、澳门、深圳、东营、台南和东莞。深圳、东营和东莞位居 2009 年中国内地经济效率竞争力前 3 强。在内地前 3 强中，除东营外，深圳和东莞都是珠三角地区的城市。在经济效率竞争力前 20 名中，还有中山、佛山、广州等珠三角城市（见图 2－3），体现了珠三角作为中国改革开放前沿的先发优势。

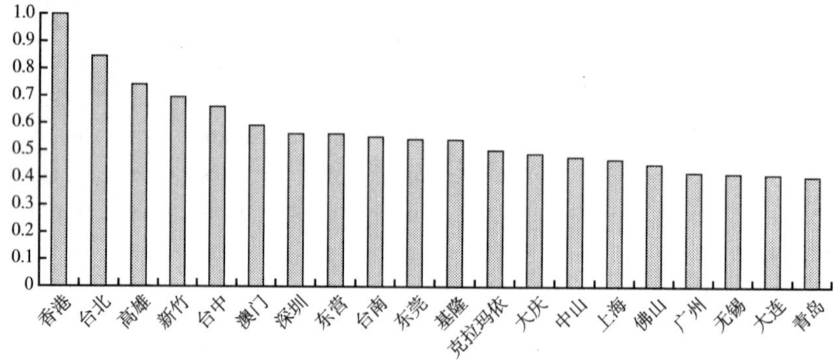

图 2－3　2009 年经济效率竞争力前 20 名城市

2. 与 2005 年相比，经济效率竞争力前 20 强的变动较小，表现出强者恒强的态势，其中前 6 名历年都来自港澳台

近 5 年的 20 强榜单中，东营的效率竞争力呈上升趋势，盘锦的效率竞争力呈下降趋势。澳门的效率竞争力排名近 3 年来上升较快。与上年相比，苏州和盘锦 2009 年跌出前 20 名，前 20 名中新增了中山、大连。2008 年前 8 名全部来自港澳台，而 2009 年则新增了深圳和东营，表现出了内地城市的追赶与崛起趋势。

3. 在 294 个城市中，近 5 年来，鄂尔多斯、嘉峪关、松原、清远、营口、呼和浩特、新余、朔州、通化和呼伦贝尔效率竞争力增长最为突出

三亚、咸阳等城市排名也有显著的上升。如鄂尔多斯由 2005 年的第 80 名上升至 2009 年的第 27 名，嘉峪关由第 138 名上升至第 62 名，松原由第 146 名上升至第 71 名。在这些城市中，资源型城市与工业化初、中期城市较多。

（二）山东、辽宁、山西城市的排名上升较快

1. 台湾、粤港澳和江苏名列省区 2009 年城市效率竞争力前 3 强

效率竞争力位居前 10 位的省区依次是：台湾、粤港澳、江苏、山东、辽宁、浙江、河北、福建、内蒙古和湖南。省区城市效率竞争力后 3 名分别是四川、陕西和甘肃（见表 2－7）。经济效率竞争力排名居前的省区基本上都处于东部沿海地区，而排后的省区基本上都处于西部地区。在经济效率前 50 位的城市中，粤港澳占 8 个，台湾、江苏各占 6 个。

表2-7　中国省区经济效率竞争力分布比较

省　区	1~50	51~100	101~150	151~200	201~250	251~294	城市总数（个）	2009年经济效率竞争力	排名	2005年经济效率竞争力	排名
河　北	2	3	6	0	0	0	11	0.260	7	0.217	6
山　西	0	1	3	3	2	2	11	0.169	15	0.127	18
内蒙古	3	0	2	3	1	0	9	0.243	9	0.158	11
辽　宁	4	4	2	2	2	0	14	0.263	5	0.203	8
吉　林	0	2	3	1	1	1	8	0.202	11	0.144	13
黑龙江	1	1	0	1	5	4	12	0.148	19	0.133	15
江　苏	6	3	1	2	1	0	13	0.289	3	0.244	3
浙　江	2	5	1	3	0	0	11	0.261	6	0.223	5
安　徽	3	1	0	3	5	5	17	0.168	16	0.135	14
福　建	1	5	1	1	1	0	9	0.252	8	0.229	4
江　西	1	1	3	1	2	3	11	0.180	14	0.132	16
山　东	5	4	6	0	1	1	17	0.273	4	0.211	7
河　南	0	4	4	3	5	1	17	0.189	12	0.171	9
湖　北	1	3	0	3	4	1	12	0.184	13	0.153	12
湖　南	1	3	2	3	4	0	13	0.207	10	0.160	10
粤港澳	8	5	2	8	0	0	23	0.333	2	0.266	2
广　西	0	1	3	3	4	3	14	0.159	17	0.114	19
四　川	0	2	2	3	6	5	18	0.147	20	0.110	20
云　南	1	0	2	0	1	4	8	0.154	18	0.132	17
陕　西	0	0	3	1	2	4	10	0.136	21	0.099	21
甘　肃	0	2	1	1	2	6	12	0.129	22	0.093	22
台　湾	6	0	0	0	0	0	6	0.671	1	0.746	1

2. 山东、辽宁、山西的排名上升较快，福建、黑龙江的排名下降较多

与2005年相比，山东由第7位上升到第4位，辽宁由第8位上升到第5位，山西由第18位上升到第15位，福建由第4位下降到第8位，黑龙江由第15位下降到第19位。在经济效率前50位的城市中，内蒙古增加3个，安徽增加2个，福建、河南各减少2个。

（三）特大城市效率竞争力水平继续提升

1. 特大城市的效率竞争力最高，小城市的效率竞争力最低，城市规模大小和效率竞争力成正比

在经济效率前50名的城市中，特大城市占了30个，小城市仅2个。这表明，我国城市的最优经济规模较大，中小城市大都没有达到最优经济规模。

2. 小城市之间，经济效率水平参差不齐，差距较大，而大城市之间差距相对较小

小城市的效率竞争力基尼系数最大，大城市的效率竞争力基尼系数最小，中等城市和特大城市介于二者之间。

3. 城市规模大小和效率竞争力之间具有稳定关系

与2005 年相比，城市规模大小与竞争力之间的关系没有发生变化。在经济效率前50 位的城市中，中等城市减少2 个，特大城市、小城市各增加1 个。

4. 特大城市、大城市的效率竞争力水平仍在上升

与上年相比，在经济效率前50 位的城市中，小城市和中等城市各减少1 个，大城市和特大城市各增加1 个。

五　发展成本：旅游城市竞争力表现好，陕西城市上升快

城市发展成本竞争力指的是城市创造价值时所节约的能源量以及环境的保护，体现了城市在发展过程中环境资源成本节约的程度。可以用工业固体废物综合利用率、工业废水排放达标率、单位用电 GDP（元/千瓦时）、单位二氧化硫面积（平方公里/吨）等指标来表示。

（一）前20 强中旅游城市增多，内地城市排名上升

1. 海口夺得2009 年发展成本竞争力榜首

发展成本竞争力位居前10 名的城市依次是：海口、亳州、三亚、香港、成都、咸阳、随州、常德、长春、基隆（见图2－4）。考虑到经济发展水平，香港、成都、长春、基隆发展成本更优。

2. 旅游城市表现较好

前20 强中，三亚、张家界、黄山等都属于旅游城市，体现了旅游业对城市经济推动的可持续性。5 年的历史比较发现，发展成本竞争力前20 强中，旅游

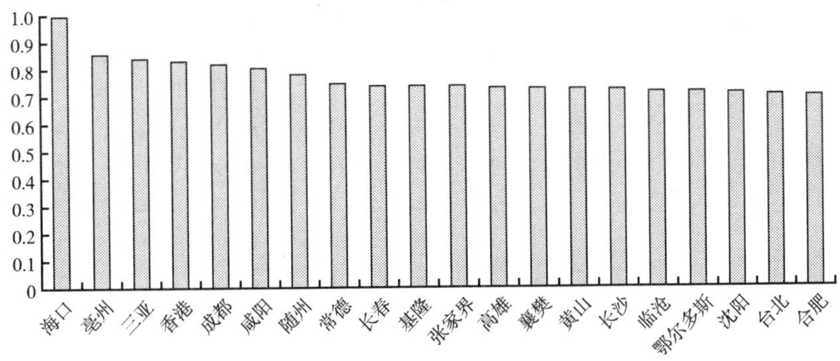

图2-4　2009年发展成本竞争力前20名城市

城市增多且排名呈总体上升趋势。

3. 内地城市经济发展的可持续性增强

与2008年比较发现，发展成本竞争力前20强中，港澳台城市排名总体下降，而内地城市排名总体上升，反映内地城市在节能减排方面取得明显成效。

4. 在294个城市中，近5年来，梧州、襄樊、宜春、资阳、泰安、佛山、钦州、邵阳、遂宁和大连发展成本竞争力增长最为突出

成都由2005年的第17名到2009年的第5名，上升也较显著。在这些城市中，西南城市最多，前工业化阶段城市也较多。

（二）陕西提升较快，江苏内地最好

1. 台湾、江苏、安徽城市位居省区2009年发展成本竞争力前3名

发展成本竞争力位居前10位的省区依次是：台湾、江苏、安徽、山东、浙江、湖南、湖北、四川、粤港澳、福建（见表2-8）。山西发展成本竞争力最低，其次是甘肃、内蒙古，这些省区的城市应加快增长方式的转变，以维持经济增长的可持续性。

2. 江苏城市发展成本竞争力差异最小，甘肃差异最大

结合发展成本竞争力的排名，可以认为，江苏城市经济发展的可持续性普遍较高，甘肃普遍较低。

表 2-8　中国省区发展成本竞争力分布比较

省　区	1～50	51～100	101～150	151～200	201～250	251～294	城市总数（个）	2009 年发展成本竞争力	排名	2005 年发展成本竞争力	排名
河　北	0	2	2	2	2	3	11	0.421	18	0.494	15
山　西	0	0	0	2	3	6	11	0.309	22	0.317	21
内蒙古	1	1	0	0	2	5	9	0.374	20	0.301	22
辽　宁	2	1	0	1	5	5	14	0.396	19	0.441	17
吉　林	1	2	1	0	1	3	8	0.434	17	0.373	20
黑龙江	0	1	3	3	4	1	12	0.466	16	0.615	6
江　苏	5	6	2	0	0	0	13	0.614	2	0.695	2
浙　江	2	3	4	2	0	0	11	0.566	5	0.656	3
安　徽	5	3	4	4	1	0	17	0.587	3	0.656	4
福　建	1	3	1	3	1	0	9	0.526	10	0.605	7
江　西	0	2	4	3	2	0	11	0.501	12	0.495	14
山　东	6	1	8	2	0	0	17	0.586	4	0.639	5
河　南	1	2	3	6	2	3	17	0.467	15	0.507	12
湖　北	3	2	3	1	2	1	12	0.546	7	0.590	9
湖　南	3	1	3	4	2	0	13	0.546	6	0.538	10
粤港澳	2	7	4	3	7	0	23	0.531	9	0.593	8
广　西	2	5	0	3	1	3	14	0.477	14	0.449	16
四　川	4	3	1	6	3	1	18	0.532	8	0.535	11
云　南	1	0	2	2	3	0	8	0.493	13	0.499	13
陕　西	3	1	1	1	3	1	10	0.505	11	0.411	18
甘　肃	1	1	1	1	2	6	12	0.349	21	0.375	19
台　湾	5	0	0	0	1	0	6	0.650	1	0.772	1

3. 陕西、湖南城市发展成本竞争力上升显著，黑龙江发展成本竞争力下滑明显

与 2005 年相比，陕西发展成本竞争力由第 18 位上升到第 11 位，湖南由第 10 位上升到第 6 位。而黑龙江由第 6 位下降到第 16 位。

（三）前 50 名中大城市和特大城市增多，中等城市减少

1. 城市规模与发展成本竞争力呈正相关关系，特大城市和大城市的发展成本竞争力强于中小城市

从基尼系数看，大体上城市规模越大，城市间发展成本竞争力的差异

越小。

2. 城市规模与发展成本竞争力之间具有稳定的正相关关系

与 2005 年相比，城市规模与发展成本竞争力间的正比关系没有发生变化。在前 50 名城市中，特大城市由 15 个增加到 17 个，大城市由 8 个增加到 11 个，中等城市由 18 个减少到 13 个。

六　产业层次：北京逼近香港，内蒙古提升最快

城市产业层次竞争力是城市经济竞争力的结构表现，主要是指产业体系和产业环节的技术含量和知识水平。主要表现为高端制造业和高端服务业的比重，可以用人均第三产业增加值等指标来衡量。

（一）港澳台城市占先，内地城市京沪深居优

1. 香港、北京和台北名列产业层次竞争力前 3 名

位列第 4～10 名的城市依次为：新竹、深圳、上海、高雄、台中、基隆、台南。其中，台湾城市的此项指标表现突出，在 10 强城市中占据 6 席。内地城市中北京、深圳、上海位居前 3 名（见图 2－5）。

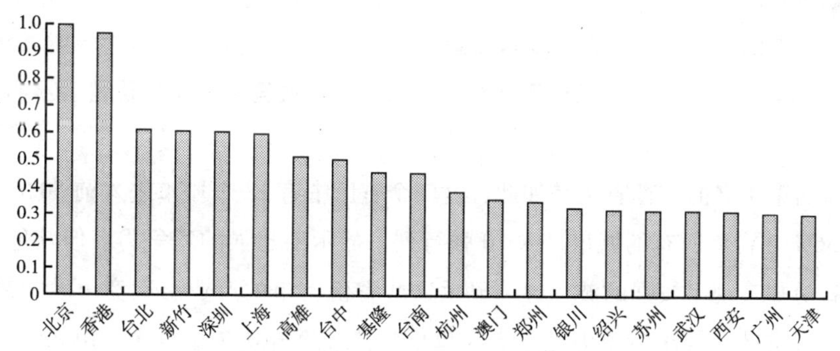

图 2－5　2009 年产业层次竞争力前 20 名城市

2. 澳门、武汉、西安进入产业层次 20 强

2008 年前 20 强城市只有 3 个跌出前 20 名，分别是青岛、济南和鹰潭。其中山东占了 2 位。取而代之的分别是湖北武汉、陕西西安和澳门。与 2008 年相比，

澳门的升幅最大，达到14个位次；降幅最大的城市是鹰潭，降幅达30个位次。从发展阶段的分布看，前20名的城市有15个城市处于工业化后期和后工业化时期，占比达75%。

3. 前工业化时期和资源型城市产业层次竞争力亟待提升

后20名城市中有一半分布在前工业化时期，另一半分布在工业化初期和资源型城市。值得特别注意的是，资源型城市在后10名中占了4位，反映资源型城市的产业层次竞争力大多处于样本城市的最低水平，需要走出资源依赖的误区。后20名城市中有13个城市集中在中部区域，其中有4个分布在安徽，3个分布在河南，反映我国中部地区的产业层次竞争力亟待提升。从近5年的下滑趋势看，有6个城市处于持续下滑过程中，分别是抚州、遂宁、朔州、绥化、常德和眉山。

（二）内地浙江产业层次最高，内蒙古提升最快

1. 台湾、粤港澳和浙江位列产业层次竞争力前3名

三者的竞争力指数都在0.22以上，台湾地区城市的产业层次竞争力指数甚至超过了0.5。而位列末三席的省份分别是安徽、湖北和四川。同2008年相比，大部分省份的产业层次竞争力位次变化不大，排名上升较快的省份有2个，分别是内蒙古和河北，较2005年均上升了7个位次。甘肃则较2005年下滑9个位次。这反映浙江产业升级正在积极推进。

2. 5年来，台湾、浙江和粤港澳的城市产业层次竞争力不仅优势明显而且相当稳定

位居第4名的江苏省也是如此，这四个省区中有18个城市进入前50名，占比达36%。台湾所有的城市进入10强行列，显示出超强的竞争力。但其他绝大多数省份却表现出较强的波动性，显示这些省份城市的产业层次竞争较为激烈。内蒙古城市产业层次竞争力在近5年里也是持续攀升达7个位次，由2005年的第14名攀升至2009年的第7名，前100名的城市占比超过40%，显示出这个曾经是落后的西北省份超强的追赶能力。而下滑幅度比较大的省份是甘肃和湖南，下降幅度分别为9个和7个位次。另外湖北省城市产业层次竞争力的下滑幅度也较大，由5年前的第16位一路下滑到第21位，下降幅度达5个位次（见表2－9）。

表 2-9 中国省区产业层次竞争力分布比较

省区	1～50	51～100	101～150	151～200	201～250	251～294	城市总数（个）	2009 年产业层次竞争力	排名	2005 年产业层次竞争力	排名
河北	2	5	3	0	1	0	11	0.146	5	0.109	12
山西	1	3	2	4	0	1	11	0.115	11	0.105	13
内蒙古	2	2	1	1	2	1	9	0.135	7	0.103	14
辽宁	2	2	4	2	3	1	14	0.123	9	0.137	7
吉林	1	1	1	1	3	1	8	0.105	14	0.110	11
黑龙江	0	3	1	2	2	4	12	0.089	19	0.074	22
江苏	3	5	2	1	2	0	13	0.160	4	0.154	4
浙江	5	5	1	0	0	0	11	0.226	3	0.170	3
安徽	1	1	5	1	3	6	17	0.086	20	0.075	21
福建	2	1	4	2	0	0	9	0.144	6	0.116	10
江西	2	0	1	3	2	3	11	0.100	16	0.087	20
山东	2	2	6	5	1	1	17	0.126	8	0.144	5
河南	3	0	2	5	3	4	17	0.108	12	0.095	17
湖北	1	0	1	2	4	4	12	0.086	21	0.098	16
湖南	1	0	5	3	2	2	13	0.103	15	0.124	8
粤港澳	5	9	3	3	2	1	23	0.226	2	0.202	2
广西	1	3	3	2	3	2	14	0.108	13	0.100	15
四川	1	1	1	3	6	6	18	0.080	22	0.092	19
云南	1	1	2	2	2	0	8	0.119	10	0.140	6
陕西	1	1	0	1	3	4	10	0.096	17	0.095	18
甘肃	0	3	1	2	4	2	12	0.091	18	0.121	9
台湾	6	0	0	0	0	0	6	0.524	1	0.633	1

七 收入水平：沿海城市互相赶超，内地城市总体较弱

城市收入水平竞争力反映城市居民的生活质量水平，体现在居民可支配收入和享受公共服务的水平方面，由于可支配收入与人均 GDP 有高度相关性，已经在表达生产率时使用，因此报告中反映收入水平的主要指标是城市人均财政收入。

（一）资源城市提升最快，台湾地区有所下降

1. 港澳沪名列前三

紧跟其后的深圳、台北、北京、新竹、厦门、高雄和鄂尔多斯也挤入了前十

位。与2008年相比，克拉玛依和基隆的2009年收入水平排名退出前十位（见图2-6）。

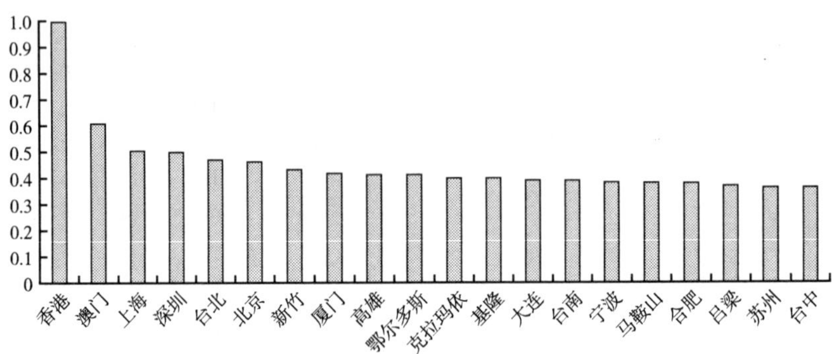

图2-6 2009年收入水平竞争力前20名城市

2. 台湾地区城市排名有所下降

香港一直位居榜首，澳门、上海、深圳、台北、新竹和高雄也表现优异，一直稳居前十。北京也从2005年的第12位提升到2009年的第6位。相比之下，台北、高雄、台中的收入水平竞争力有所下降。

3. 资源型城市提升最为迅速

吕梁的收入水平竞争力提升最快，从2005年的第234位飞跃到2009年的第18位。鄂尔多斯的排名从2005年的第55位提升到第10位。马鞍山、合肥也是后起之秀，2009年均进入前20名。

（二）苏辽城市稳步增长，中部城市相对较弱

1. 台湾仍居第一，山西提升最快进入前十

2009年收入水平竞争力进入前十名的省区依次为台湾、粤港澳、江苏、浙江、辽宁、福建、山东、河北、内蒙古和山西。与2005年相比，山西提升最为迅速，2009年排在第10名（见表2-10）。

2. 江苏、辽宁收入水平竞争力逐步增强，区域差异不断缩小

江苏的13个样本城市中，10个城市列入100名以内，辽宁省14个样本城市中，13个城市列入前150名以内。此外，近5年来吉林和黑龙江发挥后发优势，竞争力有稳步提升且区域差异也在变小。

表 2－10　中国省区收入水平竞争力分布比较

省　区	1～50	51～100	101～150	151～200	201～250	251～294	城市总数（个）	2009 年收入水平竞争力	排名	2005 年收入水平竞争力	排名
河　北	1	4	5	1	0	0	11	0.220	8	0.181	6
山　西	2	3	2	0	2	2	11	0.192	10	0.115	14
内蒙古	3	1	0	1	4	0	9	0.194	9	0.139	10
辽　宁	4	3	6	1	0	0	14	0.234	5	0.174	8
吉　林	0	2	1	4	1	0	8	0.169	12	0.111	15
黑龙江	1	1	0	5	2	3	12	0.137	15	0.105	17
江　苏	7	3	0	3	0	0	13	0.265	3	0.197	4
浙　江	3	3	4	1	0	0	11	0.252	4	0.205	3
安　徽	3	1	2	4	3	4	17	0.164	14	0.121	12
福　建	3	2	1	1	1	1	9	0.228	6	0.189	5
江　西	0	1	2	4	1	3	11	0.134	16	0.105	18
山　东	3	6	4	3	1	0	17	0.221	7	0.178	7
河　南	1	4	5	3	4	0	17	0.184	11	0.155	9
湖　北	0	1	1	2	7	1	12	0.128	17	0.105	16
湖　南	1	2	2	5	2	1	13	0.169	13	0.137	11
粤港澳	7	4	6	2	4	0	23	0.275	2	0.223	2
广　西	0	2	2	2	4	4	14	0.125	18	0.116	13
四　川	0	2	1	2	4	9	18	0.100	20	0.080	21
云　南	1	0	0	2	2	3	8	0.119	19	0.096	19
陕　西	0	0	1	2	3	4	10	0.095	21	0.083	20
甘　肃	0	2	1	1	1	7	12	0.090	22	0.074	22
台　湾	6	0	0	0	0	0	6	0.413	1	0.476	1

八　分项竞争力

分项竞争力则根据城市竞争力的解释框架，详细分析了 56 个重要城市的本体和环境竞争力系统（见表 2－11），形成了 8 个分项竞争力报告。

在人才本体竞争力报告中，香港、北京、深圳位列前三强，人才竞争力整体的空间分布呈现“东高、中中、西低”的特点。中部的武汉进入前十，对中部崛起带来人才利好信号。建议对人才依赖程度较高的产业选择人才竞争力强的城市；求职者则应选择人才竞争力相对弱于综合竞争力的城市，以便得到更多的就业机会，如昆明、海口等城市。

表 2－11　分项竞争力前十名城市

排名	人才本体竞争力	企业本体竞争力	主要产业本体竞争力	公共部门竞争力	生活环境竞争力	商务环境竞争力	创新环境竞争力	社会环境竞争力
1	香港	上海	北京	上海	北京	香港	上海	香港
2	北京	苏州	东莞	北京	上海	上海	北京	中山
3	深圳	唐山	上海	绍兴	香港	珠海	深圳	珠海
4	天津	深圳	杭州	香港	广州	苏州	香港	厦门
5	上海	北京	香港	深圳	武汉	深圳	广州	大连
6	澳门	广州	重庆	重庆	南京	青岛	天津	澳门
7	杭州	武汉	武汉	杭州	重庆	澳门(并列)	大连	杭州
8	中山	包头	成都	澳门	澳门	宁波(并列)	长沙	深圳
9	东莞	绍兴	广州	南通	西安	天津	宁波	东莞
10	武汉	南京	济南	天津	杭州	厦门	东莞	沈阳

在企业本体竞争力报告中，东南区域表现最好在前 20 名中占据 9 席，环渤海表现不俗，占据 5 席，同时苏州、唐山、绍兴等地级市依靠灵活体制、较强活力进入前 10，可以预示这些城市在产业升级和经济转型方面，将可能率先突破，并建议国内外风险投资及科技人才关注这些城市的企业。

在主要产业本体竞争力报告中，总体呈现北京夺魁，副省级省会势头强劲，东南区域发展不平衡的状况。东莞作为唯一入选的地级市排名第 2。在排名前 10 的城市中，东南占据 5 席，但有一些东部城市排名靠后。

在公共部门竞争力报告中，上海、北京以绝对优势占据前 2 位，随后绍兴、香港、深圳表现不俗。排名前 10 的城市中，东南区域优势明显，直辖市、特区竞争力强劲。公共部门竞争力反映公共部门的工作效率和服务质量，影响企业的经营成本，这个比较结果可以成为投资和就业的参考，建议选择竞争力较强的城市。

在生活环境竞争力报告中，北京力压沪港排名第一，呈现东强西弱的地域特点。建议国内外对生活环境较为敏感的企业和高端人才参考这个研究进行投资和创业决策。

在商务环境竞争力报告中，特区香港位居榜首，东南区域明显占优，省会城市分布相对靠后。对于一般性投资和创业的决策者本报告愿以研究结论为依据，推荐目标城市。

在创新环境竞争力报告中，直辖市上海、北京分居一二，行政级别较高的城市，竞争力相对较强。本报告建议高科技企业和创业人员选择城市可以参见本书第14章表14－3。

在社会环境竞争力报告中，东南地区独领风骚，在排名前10的城市中占据8席；环渤海区域排名中上，中部城市相对落后，但芜湖以黑马姿态排名第17。报告建议，求职和创业人员，尤其是城市新移民求职、创业者参见本书第14章表14－4的结论，以作出最优选择。

九　重点城市报告

课题组根据过去五年全国城市发展的格局，以及未来全球、中国发展的主导力量及其趋势，比较各城市内外环境，从294个城市中按城市规模分三类遴选了24个城市进行深入的案例研究分析。需要指出的是：这24个城市分属不同的城市规模。因此，这三个类别的城市具有不可比性；无论是哪个类别的城市都具有跨越的可能。另外，该判断是基于课题组在定量研究基础上的定性判断，其准确性还有待检验。本报告建议，未来，一方面这些城市应抓住机遇、主动出机，加快跨越式发展；另一方面，有关国内外企业、人才在投资、创业和求职之际将这些城市作为优先选址地。

（一）一线城市

北京：今朝首善之地，明日世界城市。全球格局变化，中国迅速崛起。北京以其首都地位对内汇聚全国资源，对外有广泛的国际联系。目前北京城乡差距较大，环渤海城市群尚未形成有机整体，未来发展空间大。另外，政府立足现实，战略高远。

上海：借重中国崛起，建设世界中心。开放的国际市场拓宽了上海获取资源的途径与潜在的发展空间，其全球战略地位日益突出。长三角城市群实力强劲，上海作为长三角中心城市将崛起成为世界级大都市。此外，上海世博会的举办将进一步提升上海的国际影响力，吸引更多的高端要素。

天津：机遇优势集于一身，北方中心指日可待。京津都市圈的形成和京津同城化的趋势紧密了天津与京城的通力合作。加之天津旧有的工业基础雄厚，传统产业优化升级，电子信息等高新技术发展势头强劲，天津崛起指日可待。

重庆：老树逢春发新花，迈向国际大都会。国家将重庆定位为西部的重要增长极，使重庆获得了有力的政策支持。在沿海工业梯度转移及重工业加速的双重机遇下，重庆将依托雄厚的基础进行产业升级。此外，城乡统筹发展，拉动了强劲的内需。

（二）二线城市

台中：把握产业转移机遇，营造优质文化新都。地理区域位置居中，台湾本土出现产业空洞化现象，产业转型出现端倪。优美和谐的生态环境和璀璨夺目的多样性文化，为台中高科技和文化产业的发展积累了人力资本。政府对台中进行行政区划的战略性调整，将台中提升为台湾第三大县级市，为台中的经济转型和发展创造了机遇。

成都：昔日“中华天府之城”，明日“世界田园之都”。成都提出了建设“世界现代田园城市”的全球定位和长远目标，并继续贯彻落实西部大开发战略。成都历史文化浓郁，生态环境优越。信息技术发展，赢得了与沿海地区城市相近的发展机会。

沈阳：借振兴东北机遇，展“东方鲁尔”雄风。沈阳的基础条件良好，城市环境优美。国有企业改革率先完成，民营企业与国际接轨。国际投资和国内产业转移，为腾飞提供硬件支持。辽宁沿海经济带发展规划，为沈阳的崛起提供了难得的机遇。

南京：科教发达奠基础，制度优势促活力。南京基础坚实，现代化交通体系完善。市场化改革空间巨大，城市活力即将激发。地处上海都市区辐射边缘，联动长江中下游城市群整体发展。

合肥：承接转移高歌猛进，全面创新破浪前行。合肥拥有良好的产业基础，在沿海向内陆产业转移的框架下，将成为承接转移的战略要地。合肥引领自主创新，产业不断升级。同时，推动体制创新，实现了政府效能革命。

武汉：乘国家多重战略之势，展黄鹤青云直上之翼。武汉交通网络快捷发达，区位优势得天独厚。工业基础实力雄厚，城市集群效应显著。引领中部整体崛起，“两型社会”和谐发展。打造科教文化中心，人力资本无限增值。

长沙：集约发展助升级，两型都市占先机。长株潭一体化趋势明显，社会形态转型获得国家支持。区位优势明显，是两个三角洲至西北、西南的必经之路。工业基础雄厚，具有较为成熟的装备制造业。

南昌：产业转移促增长，绿色生态谋崛起。随着低碳经济时代的临近，南昌的自然生态环境对低碳产业和高端人才产生了较大吸引力。此外，南昌地理位置卓越，产业梯度转移。政府着眼发展战略，目标定位较高。

宁波：港通天下添虎翼，书藏古今奠基石。宁波民营企业在做大做强的基础上，创新投资与创新实践走在全国前列。宁波港是天然的良港，杭州湾大桥进一步凸显了其交通腹地优势。政府力推宁波经济增长方式、经济体制和社会结构的战略转型，在科技和教育方面投资力度加大。

苏州：官民齐心促发展，古韵今风新姑苏。苏州人文底蕴深厚，创新意识强烈。外资和民企发展创新、充满活力，内生增长动力强劲。苏州的五个县级市全部进入全国百强县前十名。此外，政府管理不断完善，力求中心与周边均衡发展。

（三）三线城市

三亚：瞄准国际旅游市场，争创国际旅游城市。三亚滨海风光优美独特，旅游资源得天独厚。随着亚太中国经济起飞，休闲旅游市场扩大。中央“海南国际旅游岛战略规划”的高定位，为三亚经济发展搭建了广阔的平台。

东营：而立之年黑金城，高效生态增长极。东营油区产业聚集效应与地方开放引资效应，持续提升了东营的经济实力。《黄河三角洲高效生态经济区发展规划》赋予东营新的发展机遇。此外，资源雄厚，加工制造业成本比较优势突出。

唐山：“北方深圳”助飞跃，环渤中心展新颜。唐山市具备工业化和城市化的地理优势，雄厚的工业基础和丰富的焦煤产业，为唐山实现区域工业化、城市化的跨越式发展打下坚实的基础平台。

吉林：内部基因借壳发展，工业基地重振雄风。长吉一体化规划为吉林更好地融入东北产业分工和区域协作体系提供了条件。雄厚的产业基础使其具备较强的生产制造能力和综合配套能力。此外，吉林省自然资源和人力资源丰富，人均受教育程度相对较高，专业技术人才多。

柳州：天然盆景市，宜居工业城。柳州人文、自然环境独特，发展现代服务业空间巨大。工业发展基因优良，产业发展集聚凸显。良好的政府机制，保障了

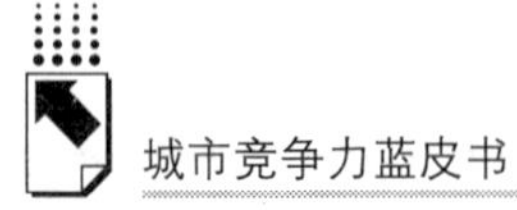

多元化的发展。

东莞：以转型再促发展，以升级再塑辉煌。东莞受益《珠三角地区改革发展规划纲要》，同时，粤港澳经济一体化进程明显。经济基础雄厚，制鞋、塑胶等30多个行业集群有助于区域内行业稳定和企业的转型升级。

开封：乘天时地利之势，再现古都之繁华。开封地处城市群中心区，产业布局优化，成本洼地优势明显，一体化进程加速。此外，全省工业化提速，开封乘势而起。

嘉兴：昔日璀璨富庶地，明朝美丽创新城。嘉兴市区位优势优越，良好的环境成为高端企业、人才、财富等要素的重要积聚磁力。滨海新区的建设将推动城市跨越发展，同时，创新推动嘉兴在金融危机中逆势上行，城乡统筹和谐发展。

佛山：激发民企创新精神，尽显空间发展优势。佛山区域地理位置优越，经济发展空间广阔。民营企业实力强劲，企业创新能力突出。在政府坚持发展实业理念的指导下，产业转型成功在望。

咸阳：千年古城逢新机，敢比夸父试逐日。咸阳区位优势明显，是关中城市群的重要城市，也是多条公路和铁路干线的汇合处。工业体系完善，纺织、电子、煤炭、石油化工机械等产业强强组合。虽然咸阳经济发展起步晚，但地方政府以国际化标准谋发展，打开建设国际化大都市的良好局面。

十　主题报告

城市竞争力与国家竞争力之间存在着互促共进的关系。作为组成国家竞争力的微观基础，研究城市竞争力有助于提升国家竞争力。而对国家竞争力进行研究，则可以为城市竞争力带来更广阔的研究背景。

（一）国家竞争力的研究框架与指标体系

课题组在对国内外国家竞争力研究的相关文献进行回顾基础上，将国家竞争力定义为国家在竞争和发展过程中与其他国家相比较所具有的吸引、争夺、拥有、控制、转化资源和争夺、占领、控制市场，以创造价值、为其国民提供福利的能力，指出为国民提供福利是国家竞争力的最终目标。并且，通过对国家竞争力的定义厘清，将国家竞争力的驱动要素归结为主体素质、国内供给、国内需求、国内联系、全球联系、公共制度六个方面，这些要素通过整合形成系统的国家竞争力框架，其中，主体素质在该框架中起核心作用。基于新的研究框架，对 20 国集团组成国家的国家竞争力进行了评价。

（二）国家竞争力的实证分析

选取 G20 国家的样本数据，从主体素质、国内供给、国内需求、国内联系、全球联系和公共制度六个方面来对国家竞争力进行实证分析。

总体来看，欧美国家竞争力较强，排名稳居前列，中国排名第 9，居中等水平。虽然中国名次没有变化，但竞争力指数增长显著，与排名第一的美国差距不断缩小，凸显后发优势，赶超势头强劲。

从二级分项指标来看，主体素质竞争力全球两极分化严重，中国处于优势，进步明显。国内供给竞争力中国居中等水平，与发达国家差距较大，尤其是教育与健康、科学技术等指标。但总的来看中国竞争力排名上升，具有优势。国内需求竞争力表现为总量占优潜力巨大，但结构落后、层次不高，需求水平在 G20 中还比较低，需要进一步改善和调整。国内联系竞争力中国位居中游，与发达国家差距明显，有待进一步加强。全球联系竞争力中国整体水平不断进步，位居中上游，但未来在国际上面临较大挑战。公共制度竞争力中国排名落后，公共制度体系还十分薄弱，诸多指标面临挑战，改革开放任重道远。

（三）城市对国家竞争力的贡献

21 世纪的国家竞争突出表现为城市的竞争，城市与城市群正日益成为国家参与全球竞争的基本空间单元，国家竞争力在很大程度上由城市与城市群竞争力所决定。

城市发展与国家竞争力提升之间存在密切联系：从单个城市角度看，城市发展有助于提高主体素质、扩大国内供给能力和需求规模、优化国内供求结构、增强国内国际联系度、完善公共制度框架，从而起到提升国家竞争力的作用；而从城市集群角度看，城市集群作为空间与经济上高度关联的数个城市所组成的有机整体，通过单位扩大效应和群体优化效应能够增强城市之间的协同性，使城市发展对国家竞争力的贡献度获得进一步的提升。

选取 G20 国家的样本数据，对城市发展与国家竞争力间的关系进行实证分析，发现：城市发展与国家竞争力之间存在正相关关系，城市发展水平越高，国家竞争力越强；提高城市化率对公共制度和国内需求的贡献度最高，而增强城市集群化程度对公共制度和主体素质的贡献度最高；中国城市发展水平相对滞后，这是制约中国国家竞争力提升的重要因素。

（四）国家竞争力战略的国际经验

在国家竞争日趋激烈的背景下，形成明确的国家竞争战略，努力提升国家竞争能力已经成为各国发展的必然选择和关键所在。

美国、日本、欧盟、韩国、新加坡、爱尔兰、克罗地亚、圭亚那、希腊等许多国家都系统性地提出了国家竞争力战略，典型的如美国总统布什在其发表的《国情咨文》中正式宣布的“美国竞争力计划”、日本产业竞争力战略委员会提出的《振兴日本经济六大战略》、欧盟委员会推出的“欧洲 2020 战略”等；英国、德国、法国、俄罗斯、印度、巴西等一些在世界上有影响力的大国虽然没有明确系统地提出国家竞争力战略，但也从不同角度提出了某一领域的竞争战略，例如英国提出了 2020 年低碳国家战略、德国提出了高科技发展战略、俄罗斯提出了能源超级大国战略等。

世界各国竞争力战略的共同点在于：重视增强国家竞争力主体的素质、重视培育国家竞争的供给要素、重视挖掘和扩大国内需求、重视强化国家的内部联系、重视参与全球竞争与合作、重视完善公共制度。

（五）提升中国国家竞争力的战略建议

1. 整体战略：梯次追赶

中国到 2020 年的国家竞争力战略目标定位是：到 2020 年，中国要迈向全球经济、科技、文化的重要中心，成为世界上最具竞争力的国家之一。

为实现这一战略目标定位，中国应当实施梯次追赶战略，这是一种细分的追赶战略，即将经济、社会、科技、文化和环境等多方面发展内容分层分级，根据不同的内容设计高低不同的追赶目标和长短不一的追赶时间表，同时针对梯次的目标采取不同的追赶路径和策略。梯次追赶战略的主要路径包括：高端引领与重点跨越、成本领先与整体渐进、规模竞争与多层合作、提升品质与营销品牌、扩大开放与内外互动。

中国还应当仔细分析在主体素质、国内供给、国内需求、国内联系、全球联系、公共制度这六大国家竞争力要素上的优势与不足，扬长补短，持续不断地提升国家竞争力。

2. 城市战略：城市集群

根据全球城市化发展的基本趋势，结合中国的实际国情，走城市集群化发展道路是推动城市化进程、进而提升国家竞争力的重要战略路径。

城市集群化发展的意义是实现大中小城市协调发展、推动城市的集约化与可持续发展、增强城市化发展的经济效应；城市集群化发展的战略目标是通过实施集群化式的城市发展战略，到2030年形成多层次的、开放性的城市群体系；城市集群化发展的基本原则是集中发展、协调发展、集约发展、网络发展、梯度发展、功能紧凑与硬件完善。

要促进城市集群化发展，应当采取以下对策措施：将城市集群化发展作为国家区域政策的中心、制定面向2030年的城市群体系发展规划、建立并完善城市群的治理机制、改革行政管理体制、改善城市集群化发展的制度环境、优化城市集群化发展的政策支持体系、构建城市集群化发展的基础设施网络。

第二部分 研究框架

PART Ⅱ FRAMEWORK OF RESEARCH

第三章 城市竞争力的理论框架

一 城市竞争力的理论前提

（一）城市收益理论

在市场经济条件下，城市是一个相对独立的行为主体，城市常常为利益谋求发展，为效益参与竞争。作为一个比较概念，城市收益状况是个多维综合概念，包括城市的收益构成、收益规模、收益效率、收益增长速度和增长可持续性。城市收益构成包括城市货币收益（表现为资金、商品和劳务等）和非货币收益（城市声誉、地位、形象、城市自然环境质量等）。

城市的收益从宏观综合的角度看，包括总体的货币和非货币化收益。城市GDP的增长速度决定城市收益的规模及其增长速度，反映城市可用货币表现的收益状况，它是城市收益最重要的表现，也是城市非货币化收益的基础和重要来源，对城市的绩效具有决定性的作用。没有充分的 GDP 的增长，城市充分就业、教育、健康、娱乐，甚至城市形象、居民人权等都不可能得到相应改善。城市的许多非货币表现的收益往往是 GDP 即货币收益的转化形式。当然，在考虑 GDP 及其增长速度对收益状况带来的改善时，还必须考虑成本的投入，当增长带来拥挤、污染、存货增加，甚至造成福利损失大于收益时，单纯 GDP 增长反而导致净收益的下降。

通过外部竞争获得的收益是城市收益的重要构成部分。城市竞争的实质是资源和市场占有的争夺，具体表现为资金、资源、人才、服务对象、服务领域等围绕利益最大化原则，在不同城市、地区或国家间的流动和转移。反映贸易绩效的指标应该是一个体系，包括市场占有率、贸易增加值及增长速度等。

由于投资是由对内和对外两部分构成的，因而投资收益表现为两部分：对内投资收益是内部增长收益构成的一部分；对外投资收益处在增长收益的构成之外，但它可以反映居民人均 GNP 或居民实际收入的构成。

对于一个城市，收益效率的高低最好的表达指标应该是人均 GDP 和地均 GDP，它综合反映城市财富聚集、产业聚集和专业化分工与协作的状况。

城市收益的效益是其单位投入所获得的收益的多少。收益效益的大小最好的表达指标应该是环境保护指数和能源节约指数综合，其反映生产、交易、协调成本的节约和环境的保护程度。

从微观看，城市是产业的聚集，特别是进入工业化社会以来，城市的竞争和发展主要是通过城市产业来实现的。城市所有企业即产业发展和竞争的收益集合应该构成城市经济收益的主要部分。产业收益是指城市产业在生产和销售有价值的产品和服务时所获得的产业增加值收益。城市产业的收益状况则是指城市产业增加值的总体规模、增长速度、效益及其可持续程度。城市产业收益是城市所有产业内的所有企业价值收益总集合体，我们把它称之为城市产业价值体系，不同城市，其价值体系状况是不同的，它既是增长和竞争的结果，也是增长和竞争的条件。

城市经济收益是个看似简单，却实难准确把握的问题，但过分强调城市收益的准确性是做不到的，因此，应将重点转向实质性相关问题的研究。城市居民收益表现为其居民的生活质量，城市增长收益表现为城市 GDP 增长，城市竞争收益表现为城市外贸收益，城市产业价值体系分别从不同角度表现城市收益。城市（居民）生活质量概念在理论上是完美的，价值体系的概念是具体而形象的，GDP及贸易数据在实际中是充分的，这些概念及指标对定性和定量经济分析是很有价值的。

（二）城市的价值体系

假定城市竞争力与城市价值收益完全正相关，则决定城市价值的因素和机制，即为竞争力的构成因素和机制。城市产业综合竞争力即是城市竞争力。城市价值收益恒等于创造有价值产品的产业增加值，城市收益有唯一解。城市或者城市产业竞争属于不完全竞争或追求着不完全竞争。在不完全竞争或追求不完全竞争的条件下，城市的资源环境、区位、企业规模、技术、管理、战略等存在着差别，因而城市企业提高产业租金的水平不同，降低生产成本及交易成本的程度不同。因此，城市价值体系水平及变动也不同。

假定城市竞争力动态变化处于渐变状态，每一个城市的产业群都由若干产业组成，这些产业又分若干个部门和环节，每个部门和环节又有不少企业，企业规模有大小，管理水平有高低，生产要素也有不少差异，城市价值收益即为城市产业综合价值收益，这样便可通过分析城市产业价值收益来替代分析城市价值收益。

城市产业从创新角度可分为创新产业、中间产业、成熟产业，按价值构成不同，将其归为三类，然后集合一体构成城市价值体。城市价值体的纵向构成 I_1 为创新产业价值体，I_2 为中间产业价值体，I_3 为成熟产业价值体。从垂直构成看，城市价值体 V_1 为工业租金价值体，V_2 为成本节约价值体，V_3 为要素报酬价值体。

城市价值体决定于多种因素，或者说决定于城市集合优势，即一个城市在竞争和发展中实际显示的产业综合优势。城市综合优势是产业内竞争优势和特定产业比较优势的综合，同时包括领先优势、落后优势等诸多优势的综合。城市的比较优势、竞争优势、领先优势、落后劣势分别从不同维度影响城市价值体系，它们之间又有兼容交叉。

城市所拥有的资源要素有些可能既影响比较优势，又影响竞争优势，竞争优势、比较优势、领先优势、落后劣势、绝对优势等因素综合形成的力量即是城市竞争力。

二　城市竞争力的概念框架

城市竞争力是个相对概念，主要是指一个城市在竞争和发展过程中同其他城市相比较所具有的多快好省地创造财富和价值收益的能力。城市价值收益的获得及获得的多少决定于城市创造价值的能力，决定于城市的竞争力。城市竞争力可以从表现和解释两个方面来理解和把握。

（一）城市竞争力的显示框架

本报告根据城市价值收益状况是城市竞争能力的表现的假定，分别从不同的维度表现城市竞争力的六个关键性指标，综合构成显示性城市竞争力的指标体系。城市综合竞争力 = F（增长、规模、效率、效益、结构、质量）。

增长——综合经济增长速度。城市竞争是贸易竞争，更是增长的竞争。城市吸引、占领、争夺、控制资源和市场创造价值的能力、潜力及持续性决定于 GDP 的长期增长。GDP 增长速度反映了城市价值扩展的速度及潜力。但问题在于，有些产业虽有增加值，但实际并不创造价值。

规模——综合市场占有率。市场占有率反映一个城市的产品在全部城市产品市场中的份额，反映了一个城市创造价值的相对规模。

效率——综合生产率。它是城市创造价值的投入产出效率的一个集中表现。本报告认为，地均非农增加值、人均 GDP 和地均 GDP 可以较准确地表达城市的综合生产率。

效益——综合环境资源成本节约。环境资源成本节约反映了城市创造价值时所节约的能源量以及环境的保护。

结构——科技创新产业结构水平。科技创新是城市创造价值的增长点或是潜力增长点，因此科技创新产业的结构水平也反映了城市创造价值的潜能。

质量——综合人均收入水平。居民收入的综合性反映了城市在域内和域外创造价值的状况。它能把城市的域外收益表现出来，能反映城市的对外吸引和控制能力。本报告认为，质量大体反映了城市居民的生活质量水平，而居民的生活水平一部分体现为自己的收入水平，一部分体现在享受公共服务的质量，因此报告中的质量包括城市人均可支配收入和城市人均财政收入。

（二）城市竞争力解释框架*

城市竞争力是一个混沌的系统，它由许多子系统组成，同时又是更大系统的子系统。城市竞争力系统的构成是复杂的，其众多的要素和环境系统以不同的方式存在，又处在不同的维度和层次上，它们共同集成、构成城市综合竞争力，决定城市的价值收益。因此，可以从多角度来概括表达。

城市竞争力是城市创造价值的能力，城市的价值是由人、企业、产业和公共部门创造的。人、企业、产业和公共部门创造价值和财富，对内依靠人才、企业、产业和公共部门的自身水平，对外依据其所处的外部环境，外部环境又包括本市的环境、区域环境、本国环境和国际环境。从内外系统层次来分，可以把城市竞争力系统从里到外分成三大层次：

本体竞争力，包括人才本体竞争力、企业本体竞争力、主要产业本体竞争力、公共部门竞争力；

城市内部环境竞争力，包括生活环境竞争力、商务环境竞争力、创新环境竞争力和社会环境竞争力；

城市外部环境竞争力，包括城市所在区域、国家的竞争力和国际环境。

城市竞争力（UC）＝F（外部竞争力、内部竞争力、核心竞争力）＝F（人力资本竞争力、企业管理竞争力、产业发展竞争力、公共部门竞争力、生活环境竞争力、商务环境竞争力、创新环境竞争力、社会环境竞争力、区域国际竞争力）

其中，人才本体竞争力是指同其他城市相比，本市市民整体的外在、内在创造财富的能力以及拥有财富的水平。包括市民的身体、心理素质，知识技能，观念文化以及拥有的财富水平等方面。

企业本体竞争力是指同其他城市相比，本市企业整体的外在、内在的素质能力的大小。包括企业的成长、制造、营销、创新等外在优势的大小，以及管理、文化、制度等内在优势的大小。

主要产业本体竞争力是指同其他城市相比，本市产业整体发展水平的高低，发展专业化的程度。一个城市的产业主要包括工业和服务业，服务业水平是衡量

---

* 详细解释见《中国城市竞争力报告 No. 1》，社会科学文献出版社，2003。

城市发展的重要指标。在指标体系中，我们按照服务业的产业性质，分为：物流服务业，包含运输仓储邮政业，这是城市物资融通的动脉产业；消费性服务业，包含批发零售业、住宿餐饮业和居民服务等其他有关提供消费的产业；社会性服务业，包含教育、卫生、社会救助保障、文化体育娱乐和公共管理等城市内提供公共服务的产业；生产性服务业，包含信息传输、计算机软件业、金融保险、房地产和其他商务服务业，这是城市财富生产能力的源泉产业。通过比较各城市以上各产业的规模、增长速度和专业化程度的内在优势的大小，可基本判断城市产业本体竞争力的大小。

公共部门竞争力是指同其他城市相比，本市公共部门内在的服务水平的高低。主要比较城市司法机构、行政机构、文化教育、医疗卫生以及科研机构这些提供公共服务部门的工作质量、工作效率、收费状况和市民对其满意度的优势的大小。

生活环境竞争力是指同其他城市相比，本市市民享受的生活质量水平及其所产生的经济吸引力的大小，包括居住环境、购物环境、出行环境、教育环境、保健环境和生态环境。

商务环境竞争力是指同其他城市相比，城市企业经营、产业发展的潜在能力的大小。包括企业生产、产业发展的基本要素条件、市场的需求环境、商务基础设施的硬环境，以及企业、产业发展的制度、文化、对外联系等软环境。

创新环境竞争力是指同其他城市相比，城市创新能力发展的潜力，包括科技研发资源、信息基础设施的硬环境和创新服务体系，以及创新的氛围、制度、生态环境等软环境。

社会环境竞争力是指同其他城市相比，城市的社会凝聚力大小和协调程度。这是构成城市社会稳定发展的和谐因素，包括社会公平、社会协调、城乡协调、社会保障、文化和秩序等。

区域国家竞争力是各个城市在经济社会发展上的互补进步，在区位上的相互接近，构成了一个个区域城市群，一个区域竞争力的提升与区域内各城市因子的贡献是分不开的，而整个区域竞争力的增加势必牵引着区域内各城市竞争力的提升，城市所在区域和国家的商务和生活环境的提升，同时也包括城市所面临的国际机遇与挑战。

从图 3－1 可以看出各系统的相互关系，其中人才、企业、产业和公共部门

本体竞争力居于城市竞争力的核心地位。任何系统都包含和包括它，它也是任何系统的一部分。城市生活、商务、创新、社会环境是人才、企业、产业和公共部门的重要环境条件。以上的城市本体和环境竞争力构成了一个城市的竞争力。区域和国家的环境是城市环境的重要外部背景，同时也是由各城市具体的生活、商业、创新、社会环境所组成。这些内外环境互相作用、互相影响，构成城市竞争力的一个混沌系统。

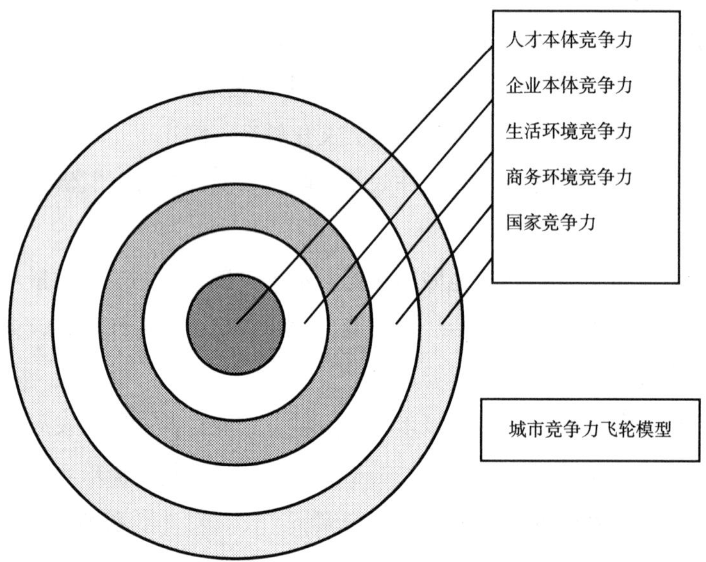

图 3-1　竞争力飞轮模型

第三部分 区域报告

PART Ⅲ REGIONAL REPORT

对中国294个城市整体比较具有重要意义，但是不同区域、不同省区的城市竞争性和可比性较弱，相反，对同一区域、同一省份的城市进行比较分析更有价值和政策意义。因此，本报告将中国城市竞争力的区域报告作为本年度的重点，试图通过区域内和省区内的城市研究比较，为中央、省和城市政府提供决策参考。借鉴世界银行对中国城市的区域划分，我们将中国34个省、直辖市、自治区、特别行政区分为以下六大区域：

东南地区①：福建、广东、浙江、江苏、上海、香港②、澳门、台湾地区（63个城市）

环渤海地区：北京、天津、山东、河北（30个城市）

东北地区：黑龙江、吉林、辽宁（34个城市）

中部地区：河南、江西、安徽、湖南、湖北、山西（81个城市）

西南地区③：重庆、广西、海南、四川、贵州、云南、西藏（47个城市）

西北地区：内蒙古、甘肃、新疆、陕西、青海、宁夏（39个城市）

对六大区域的分析，我们是基于294个城市六项指标合成的竞争力指数，合成方法见附录。在对六大区域简要分析的基础上，我们对22个省（区）的竞争力进行了分析和比较，形成了相对完整的省区竞争力报告。

---

① 香港、澳门和台湾地区六个城市在总报告中是作为一个单独的单元进行分析的，在本部分中由于他们经济之间的紧密联系，所以统一放在东南区域。

② 由于香港的独特地位及重要性，在粤港澳的基础上单独写作一章中国（香港）城市竞争力报告来分析香港的竞争力。

③ 由于西藏的统计数据不全，所以西南地区叙述中不包括西藏。

第四章

中国（东南地区）城市竞争力报告

一　中国（东南）城市竞争力报告

东南地区包括直辖市上海，江苏、浙江、福建、广东、台湾五个省份，香港、澳门两个特别行政区，共涵盖63个城市。其中广东省包括广州、深圳、东莞等21个城市，江苏省包括南京、苏州、无锡等13个城市，浙江省包括杭州、宁波、温州等11个城市，福建省包括福州、厦门、泉州等9个城市，台湾地区包括台北、高雄等6个城市。

1. 综合竞争力：总体遥遥领先，省份差异较大

同全国其他5个区域进行总体比较发现：东南地区的综合竞争力在全国名列第一。东南地区综合竞争力排名前10位的城市中，粤港澳地区占据了一半席位，远远超过其他省份，江苏占据2席，浙江和福建各占据1席（见图4－1、表4－1）。东南地区2/3城市的综合竞争力都排在前100名，其余大部分分布在100～200名之间，只有3个城市排在200名之后。可见，东南地区城市综合竞争力的整体优势十分明显。

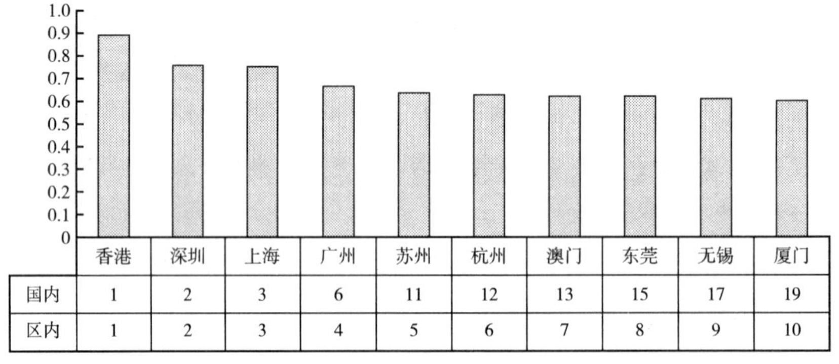

	香港	深圳	上海	广州	苏州	杭州	澳门	东莞	无锡	厦门
国内	1	2	3	6	11	12	13	15	17	19
区内	1	2	3	4	5	6	7	8	9	10

图4－1　东南地区综合竞争力前十强城市

表 4－1　东南地区各分项竞争力增长最快十名城市

	综合增长		经济规模		经济效率		发展成本		产业层次		收入水平	
	5 年	2 年	5 年	2 年	5 年	2 年	5 年	2 年	5 年	2 年	5 年	2 年
1	揭阳	梅州	清远	三明	清远	揭阳	佛山	佛山	云浮	连云港	湛江	清远
2	宁德	肇庆	河源	河源	东莞	三明	江门	东莞	宁德	莆田	清远	三明
3	肇庆	揭阳	舟山	扬州	河源	肇庆	漳州	泰州	梅州	韶关	河源	淮安
4	阳江	宁德	东莞	盐城	舟山	衢州	东莞	南京	湖州	东莞	舟山	阳江
5	汕尾	龙岩	佛山	龙岩	梅州	清远	中山	韶关	汕尾	宿迁	惠州	河源
6	龙岩	三明	莆田	清远	汕尾	河源	深圳	深圳	连云港	澳门	宿迁	惠州
7	漳州	漳州	扬州	徐州	南通	龙岩	阳江	扬州	龙岩	舟山	肇庆	龙岩
8	三明	南平	南通	泰州	汕头	中山	舟山	江门	舟山	揭阳	徐州	宿迁
9	澳门	福州	揭阳	肇庆	深圳	镇江	南京	徐州	南平	湖州	淮安	肇庆
10	福州	惠州	徐州	湛江	三明	扬州	河源	常州	衢州	台州	连云港	连云港

注：表中 5 年和 2 年分别表示过去 5 年和过去 2 年，下同。

2. 历史回溯：总体保持稳定，综合增长略有下降

从综合竞争力看：在过去 2 年中，东南地区各省份的名次没有任何变化；在过去 5 年中，东南地区各省份的名次变动也不大，其中粤港澳表现相对较好，名次上升了 2 位。总体来说，东南地区综合竞争力排名比较稳定。从分项竞争力看：在过去 5 年中，东南地区除了综合增长竞争力有所削弱外，其余各项竞争力都没有发生变化（见图 4－2）。

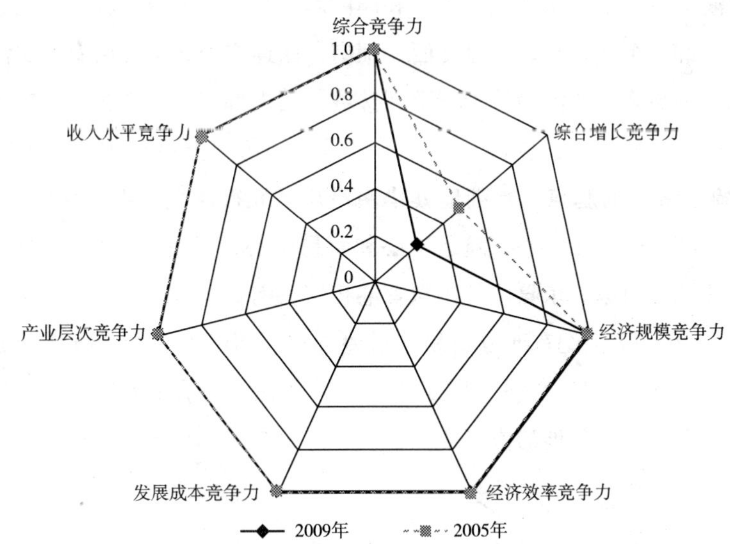

图 4－2　东南城市竞争力历史回溯

3. 结论与政策建议

东南地区除了在综合增长竞争力这项分指标中稍显劣势外，在综合竞争力及经济规模竞争力、经济效率竞争力、发展成本竞争力、产业层次竞争力、收入水平竞争力这五项分指标中均高居全国榜首，表现极其优异。东南地区竞争力之所以能够遥遥领先于其他地区，与该地区优越的区位条件、雄厚的产业基础、开放的思想观念都有密不可分的关系；然而，在总体实力雄踞全国榜首的同时，东南地区也正面临着经济增速减缓、发展后劲疲软的困境，而产生该问题的主要原因是该地区在经历了20多年的高速增长后，已经进入对原有经济结构进行重大战略性调整的阶段，产业结构优化升级的压力正与日俱增。因此，东南地区今后如要继续稳固保持其领先地位，除了巩固、发扬传统比较优势外，还必须努力推动经济发展模式转变、积极寻求创新突破，从而实现新的飞跃。

建议，一般企业和求职者多关注东西区域的三线、四线城市，高端产业和高端人才多关注东南区域的二线、三线城市。

二　中国（粤港澳①）城市竞争力报告

粤港澳地区包括广东省以及香港和澳门两个特别行政区。其中广东省地处中国内地最南部，东邻福建，北接江西、湖南，西连广西，南临南海，珠江三角洲东西两侧分别与香港、澳门特别行政区接壤，西南部与海南省相望。广东省是我国现代工业和民族工业的发源地之一，也是中国历史上最早的通商口岸之一和“海上丝绸之路”的起点。香港地处华南沿岸，北接深圳，南临珠海万山群岛，是亚太乃至国际的金融中心、航运中心和贸易中心，具有不可替代的优越地位。澳门位于珠江口西岸，东隔伶仃洋与香港相望，南临南海，位居东南亚航路的中继点，曾是16、17世纪东西方贸易的重要港口。伴随着中国的改革开放，澳门与香港及广州连成经济起飞的三角地带，以中西文化融合的独特魅力和优越的地理位置，吸引着世界各地的投资商和观光客。

---

① 由于香港、澳门与广东经济的紧密联系，故将香港、澳门与广东省城市放在一起写作，组成粤港澳地区。

1. 综合竞争力：总体实力强，发展差距大

粤港澳地区的平均综合竞争力指数为0.511，排在全国第3名①，综合竞争力总体优势明显；综合竞争力基尼系数为0.147，排在全国第22名②，内部发展极其不平衡。粤港澳地区共有8个城市排在前50名，有3个城市排在51～100名之间，有7个城市排在101～150名之间，有3个城市排在151～200名之间，有2个城市排在200名之后（见图4－3）。粤港澳地区综合竞争力排名比较靠前的城市香港、深圳、广州等都集中于珠江三角洲地区，它们都是人口稠密的特大型城市，工业化程度高；相比之下，粤东、粤西、粤北地区城市由于发展基础较差、工业化程度较低，综合竞争力相对较弱。可见，总体实力强、发展差异大是粤港澳地区城市综合竞争力的一个显著特征。

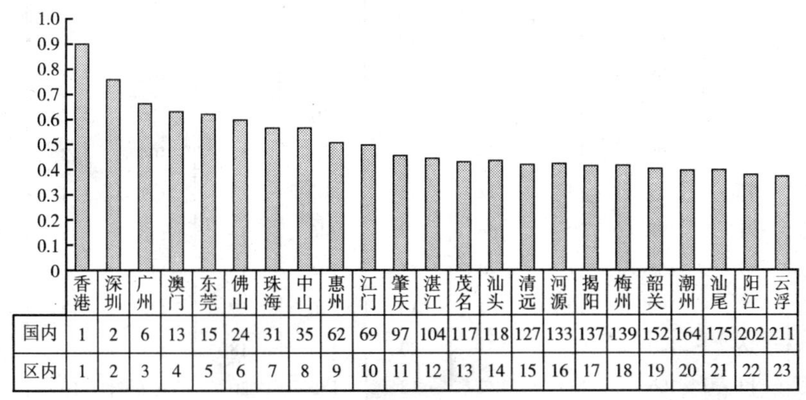

	香港	深圳	广州	澳门	东莞	佛山	珠海	中山	惠州	江门	肇庆	湛江	茂名	汕头	清远	河源	揭阳	梅州	韶关	潮州	汕尾	阳江	云浮
国内	1	2	6	13	15	24	31	35	62	69	97	104	117	118	127	133	137	139	152	164	175	202	211
区内	1	2	3	4	5	6	7	8	9	10	11	12	13	14	15	16	17	18	19	20	21	22	23

图4－3 粤港澳城市综合竞争力排名

2. 历史回溯：总体保持稳定，香港蝉联榜首

从综合竞争力看，香港、深圳、广州这三个中心城市的排名变动不大，始终处于全国前10强的位置，尤其是香港连续5年蝉联榜首，地位无可撼动。5年来，综合竞争力排名提升最快的城市是清远和阳江，两者的排名分别大幅提升了71位和62位（见表4－2）。

① 四大直辖市以及青海、宁夏、贵州、海南、新疆、西藏这6个省（自治区）不参与省区排名，因此省区中的各项平均竞争力指数和竞争力基尼系数排名只包含22个省区。

② 由于基尼系数越小，发展平衡程度越高，因此基尼系数按照升序排名，排名越靠后不平衡程度越高。

表 4－2 粤港澳城市综合竞争力历史排名

城市	2005 年		2006 年		2007 年		2008 年		2009 年	
	区内排名	国内排名	区内排名	国内排名	区内排名	国内排名	区内排名	国内排名	区内排名	国内排名
香港	1	1	1	1	1	1	1	1	1	1
深圳	2	3	2	3	2	2	2	2	2	2
广州	3	8	3	7	3	7	3	6	3	6
澳门	5	23	5	22	5	20	5	15	4	13
东莞	8	46	8	37	6	24	6	18	5	15
佛山	4	22	4	15	4	16	4	14	6	24
珠海	6	29	6	31	7	29	7	29	7	31
中山	7	44	7	36	8	33	8	32	8	35
惠州	9	63	9	71	9	64	9	60	9	62
江门	10	83	10	81	10	73	10	61	10	69
肇庆	11	98	14	114	14	113	13	108	11	97
湛江	14	116	11	96	11	97	11	95	12	104
茂名	12	99	12	99	12	108	12	104	13	117
汕头	15	139	13	112	13	109	14	111	14	118
清远	21	198	20	166	17	146	16	133	15	127
河源	17	158	17	148	15	134	15	126	16	133
揭阳	18	160	19	164	16	140	17	141	17	137
梅州	16	149	18	152	20	174	18	142	18	139
韶关	13	106	15	134	18	155	20	152	19	152
潮州	19	161	16	140	19	158	19	150	20	164
汕尾	20	188	21	184	21	176	21	179	21	175
阳江	23	264	22	219	22	203	23	206	22	202
云浮	22	210	23	209	23	208	22	201	23	211

3. 分项竞争力指标综合分析：增长速度一般，产业层次分化大

尽管香港、深圳、广州的综合竞争力遥遥领先于其他城市，在经济规模、经济效率、发展成本、产业层次和收入水平上也有较大优势，但是这三个城市在综合增长竞争力上的表现不佳，皆排在全国中下游的位置，尤其是香港仅排在第288 名。佛山是粤港澳地区各项竞争力发展最为均衡的城市，所有指标都排在前100 名，最强的经济规模竞争力排在第 8 名，最弱的产业层次竞争力排在第 90名（见表 4－3）。

表 4-3　粤港澳城市分项竞争力排名

城　市	综合增长		经济规模		经济效率		发展成本		产业层次		收入水平	
	区内排名	国内排名	区内排名	国内排名	区内排名	国内排名	区内排名	国内排名	区内排名	国内排名	区内排名	国内排名
香　港	23	288	1	1	1	1	1	4	1	1	1	1
深　圳	12	132	2	4	3	7	6	64	2	5	3	4
广　州	15	165	3	5	7	17	2	32	4	19	5	27
澳　门	7	44	13	115	2	6	4	57	3	12	2	2
东　莞	5	32	5	10	4	10	11	133	5	48	8	53
佛　山	3	22	4	8	6	16	8	77	13	90	7	49
珠　海	14	148	7	48	8	30	7	75	7	52	4	22
中　山	11	104	6	35	5	14	13	144	9	69	6	43
惠　州	6	33	9	53	9	76	14	164	16	104	9	57
江　门	10	94	10	58	10	77	10	116	15	101	12	106
肇　庆	9	82	15	140	11	94	21	220	11	79	11	84
湛　江	19	225	11	69	14	112	3	56	20	195	15	141
茂　名	13	144	12	94	13	99	12	139	21	204	19	175
汕　头	20	258	8	50	20	172	9	93	18	156	23	221
清　远	1	7	16	147	12	97	20	218	22	230	14	123
河　源	4	30	19	245	15	149	15	173	12	81	16	142
揭　阳	8	67	18	193	16	153	17	206	8	60	20	201
梅　州	17	171	21	253	17	164	18	211	10	72	10	67
韶　关	21	260	14	130	19	171	22	222	19	179	13	115
潮　州	22	280	22	255	21	173	19	216	6	51	17	147
汕　尾	2	12	20	251	22	178	16	175	17	128	22	211
阳　江	16	167	17	182	18	168	5	63	23	279	21	202
云　浮	18	187	23	273	23	200	23	245	14	96	18	152

粤港澳的综合增长竞争力全国排名第 9，增长速度一般，综合增长竞争力基尼系数是 0.116，全国排名第 20，不同城市间经济增长速度的差距很大。清远和汕尾在综合增长竞争力上的表现非常优异，发展潜力很大。粤港澳的平均产业层次竞争力全国排名第 2，基尼系数为 0.467，是全国产业层次竞争力发展最不均衡的省区，其中港澳和粤南城市的产业层次竞争力普遍较强，而粤西和粤北城市的产业层次竞争力明显偏弱。

4. 结论与政策建议

粤港澳地区的综合竞争力较强，在经济规模竞争力、经济效率竞争力、产业层次竞争力和收入水平竞争力四项分指标中表现优异，而在综合增长竞争力、发展成本竞争力两项分指标中处于中游偏上水平（见图4－4）。可见，通过培育新的经济增长点来加快经济发展、通过节能减排降低发展成本，是粤港澳地区今后的主要努力方向。

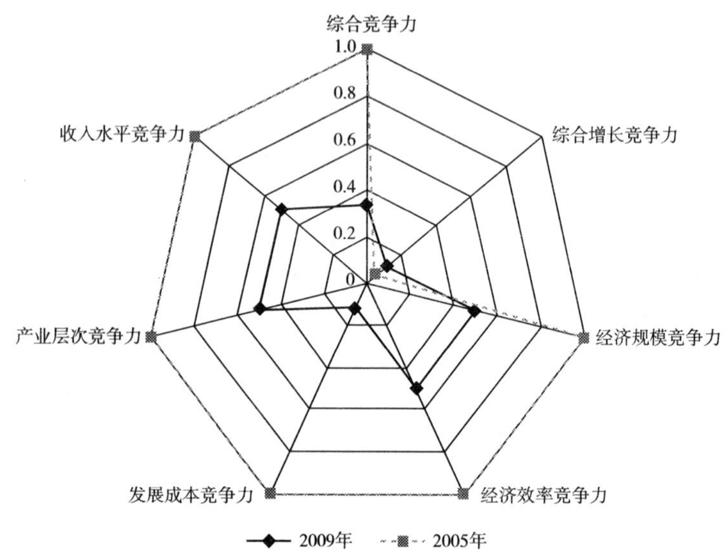

图4－4　粤港澳城市竞争力历史回溯

粤港澳地区城市发展差距非常大，特别是在综合竞争力与产业层次竞争力两项指标上，该地区的不平衡程度为全国最高。因此，促进区域内各城市的均衡发展，是粤港澳地区迫切需要解决的问题，粤港澳应以当前实施“双转移”战略为重点，带动落后城市加快发展。

粤港澳地区综合竞争力排名第一的香港，这表明香港在各方面已经达到全国领先水平，今后香港应当继续保持优势，进一步加强与珠江三角洲其他城市的融合，实现新的跨越。广州作为广东省的省会，是粤港澳地区的中心城市之一，但与同省的副省级城市深圳相比有一些差距，尤其是在经济效率、产业层次和收入水平方面，因此广州有必要通过加快产业优化升级、促进集约发展努力提升竞争力水平，更好地发挥中心城市功能。

建议投资者和求职者把握住广东产业转移机遇，抢先登陆成本低、环境好、交通便利的粤东、西、北城市，如惠州、江门、肇庆、湛江、汕头等。省委、省政府要大力支持云浮、阳江、汕尾发展。

三　中国（福建）城市竞争力报告

福建位于中国东南沿海，隔台湾海峡与台湾相望，东北与浙江省毗邻，西北与江西省交界，西南与广东省相连。福建地势西北高，东南低，丘陵多，平原少，海岸线曲折，长达3300公里，居全国第2位。福建的行政区域面积为12.34万平方公里，占全国的1.29%，总人口为0.341亿人，占全国的2.8%。福建拥有众多的天然良港，森林、水利和旅游资源都非常丰富。改革开放以来，福建充分抓住机遇，突出自主创新，挖掘发展优势，调整产业结构，促使经济发展驶入快车道，该省GDP占全国的3.12%，城市化率为49.90%，都排在全国中等偏上的位置。

1. 综合竞争力：总体位列全国上游，厦门福州省内领先

福建的平均综合竞争力指数为0.465，排在全国第6名；综合竞争力基尼系数为0.10，排在全国第12名。福建共有2个城市排在前50名，有3个城市排在51~100名之间，有2个城市排在101~150名之间，有1个城市排在151~200名之间，有1个城市排在200名之后（见图4-5）。厦门与福州是福建综合竞争力最强的城市，福州是福建省政治、经济与文化中心，厦门是全国著名经济特区，沿海重点开放的港口城市，它们都是人口众多的特大型城市，且都位于沿海地区，其中厦门已经进入工业化后期，而福州处于工业化中期阶段。作为福建的两大中心城市，厦门和福州的综合竞争力遥遥领先于省内其他城市，在全国也是名列前茅。

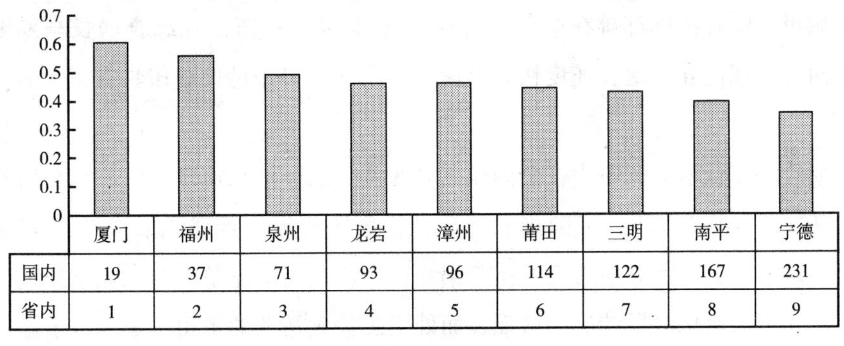

	厦门	福州	泉州	龙岩	漳州	莆田	三明	南平	宁德
国内	19	37	71	93	96	114	122	167	231
省内	1	2	3	4	5	6	7	8	9

图4-5　福建城市综合竞争力排名

2. 历史回溯：厦门福州排名稳定，龙岩提升最快

近5年来，厦门、福州和泉州稳固保持省内综合竞争力前三名的位置，而南平和宁德则一直处于省内末两位。龙岩和泉州是综合竞争力排名变动最大的两个城市，龙岩从2005年的第110名上升到2009年的第93名，泉州从2005年的第56名下降到2009年的第71名（见表4-4）。

表4-4　福建城市综合竞争力历史排名

城　市	2005年		2006年		2007年		2008年		2009年	
	省内排名	国内排名	省内排名	国内排名	省内排名	国内排名	省内排名	国内排名	省内排名	国内排名
厦　门	1	20	1	19	1	15	1	16	1	19
福　州	2	35	2	35	2	36	2	34	2	37
泉　州	3	56	3	64	3	57	3	56	3	71
龙　岩	5	110	4	101	4	95	5	99	4	93
漳　州	4	109	5	117	5	106	4	97	5	96
莆　田	6	119	7	130	6	127	6	116	6	114
三　明	7	123	6	119	7	129	7	132	7	122
南　平	8	159	8	147	8	163	8	168	8	167
宁　德	9	240	9	211	9	224	9	225	9	231

3. 分项竞争力指标综合分析：泉州发展最为均衡，莆田发展潜力较大

总体来看，厦门和福州是竞争力最强的两大城市，除了综合增长竞争力外，其余各项竞争力都远远超过省内其他城市；泉州是福建省各项竞争力发展最为均衡的城市，所有指标都排在第70名到第110名之间；莆田在综合增长与发展成本方面的表现优异，增长速度快、发展成本小的优势条件使莆田具有很大的发展潜力。

福建的综合增长竞争力在全国排名第8位，总体增长速度一般，综合增长竞争力基尼系数是0.039，全国排名第3位，表明各城市经济增长速度的差距不大。福建的产业层次竞争力全国排名第6位，产业层次竞争力与工业化程度显著相关，处于工业化后期的厦门最强，而处于工业化初期的莆田、南平、宁德比较弱（见表4-5）。

表 4－5　福建城市分项竞争力排名

城　市	综合增长		经济规模		经济效率		发展成本		产业层次		收入水平	
	省内排名	国内排名	省内排名	国内排名	省内排名	国内排名	省内排名	国内排名	省内排名	国内排名	省内排名	国内排名
厦　门	4	100	1	32	1	34	2	58	1	29	1	8
福　州	8	177	2	44	2	54	3	78	2	32	2	42
泉　州	2	73	3	71	6	85	4	81	3	100	6	108
龙　岩	3	99	5	134	4	79	8	200	4	113	3	46
漳　州	5	109	6	146	5	81	5	149	6	134	5	64
莆　田	1	63	4	82	7	140	1	31	9	177	8	206
三　明	7	160	7	195	3	70	9	250	5	122	4	61
南　平	9	203	8	213	8	169	7	180	8	151	7	164
宁　德	6	130	9	258	9	204	6	179	7	135	9	259

4. 结论与政策建议

福建的综合竞争力较强，在全国名列前茅。从分项竞争力看，福建在产业层次竞争力和收入水平竞争力方面表现良好，均名列全国第 6 位，而在发展成本竞争力方面，福建表现平平。总体来说，福建在各项竞争力上的发展比较均衡，相对而言，发展成本竞争力是其弱项（见图 4－6）。今后福建应该继续保持与增强

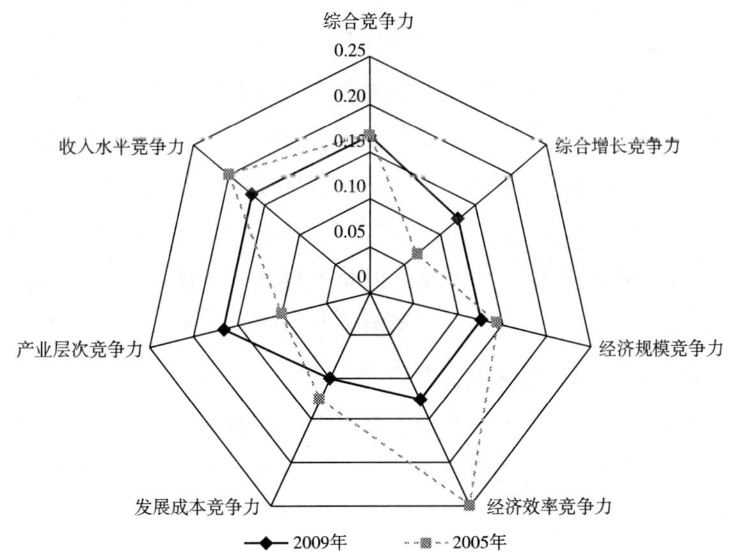

图 4－6　福建城市竞争力历史回溯

传统优势，同时通过加大节能减排力度、努力降低发展成本，来进一步提升自身竞争力水平。

福建省综合竞争力排名第一的厦门，除了综合增长竞争力和发展成本竞争力外，其他四个分项竞争力也都排在省内第一。厦门明显的竞争优势和该城市优越的区位条件、完善的基础设施、发达的产业体系，以及优美的自然环境有着密不可分的联系，它所具备的这些条件是省内其他城市所不可企及的。福州作为福建省会，是省内仅次于厦门的中心城市，但与厦门相比，在各方面都有一定差距，今后福州应该扩大对外开放力度，找准自身优势，挖掘潜力，实施赶超战略，争取进一步提升各方面的竞争力。三明、南平与宁德是福建省较为落后的三个城市，三明与南平位于山区，交通不便，发展受到很大限制，而宁德是新兴城市，同时也是全国最大的畲族聚居区，发展基础相对较薄弱，要改变这三个城市的落后面貌，关键是完善交通基础设施、加大政策支持力度。

建议一般企业投资和创业者重点关注龙岩、漳州和莆田。高端产业和人才重点关注厦门、福州和泉州。省委、省政府要大力支持三明、南平、宁德的发展。

四　中国（江苏）城市竞争力报告

江苏位于中国东部沿海的中心，东濒黄海，东南与浙江和上海毗邻，西连安徽，北接山东，扼长江入海门户，是长江中下游地区交通运输的通道。京杭大运河纵贯南北，陇海铁路横贯北部，沪宁铁路连接苏南各市。江苏是我国地势最低平的一个省份，平原面积辽阔，河网密布，湖泊众多。该省的行政区域面积为10.29平方公里，仅占全国的1.07%，但总人口有0.7亿人，占全国的6.06%。江苏是中国古代吴越文化的发源地，旅游资源丰富，农业生产历史悠久，商品化程度高，是重要的商品粮棉基地，世称“鱼米之乡”。改革开放以来，江苏抓住机遇，勇于开拓，逐步形成了全方位、多层次、宽领域的对外开放格局，“苏南模式”长期以来是很多地区跟进学习的榜样。江苏省GDP占全国的8.81%，城市化水平为54.3%，排在全国第8名。

1. 综合竞争力：总体实力超群，苏南城市较强

江苏的平均综合竞争力指数为0.516，排在全国第2名，综合竞争力优势

突出；综合竞争力基尼系数为 0.085，排在全国第 6 名，内部发展比较均衡。江苏共有 6 个城市排在前 50 名，有 4 个城市排在 51 ~ 100 名之间，有 2 个城市排在 101 ~ 150 名之间，有 1 个城市排在 151 ~ 200 名之间（见图 4 -7），没有城市排在 200 名之后。江苏综合竞争力排名比较靠前的城市是苏州、无锡、南京、常州，这些城市都是人口较多的特大型城市，且都位于苏南地区。这四个城市既是著名的旅游城市，也是工业城市和综合性中心城市，其中苏州是国际闻名的园林旅游城市；无锡是江南历史文化名城，著名的“鱼米之乡”；南京是江苏省的政治、经济和文化中心，也是华东地区最重要的交通和通信枢纽之一；常州是我国近代工业发祥地之一，是江苏省重要的工业城市。这些城市的地区生产总值与人均收入水平在全国名列前茅，工业化程度都非常高，其中苏州和无锡已经进入工业化后期，南京与常州处于工业化中期。南通、扬州、镇江、徐州与泰州是江苏省综合竞争力排名处于中游的城市，其中南通、扬州和泰州都位于苏中地区。总体而言，江苏的综合竞争力优势极其显著；从空间分布特征看，苏南城市要强于苏中城市，而苏中城市又强于苏北城市。

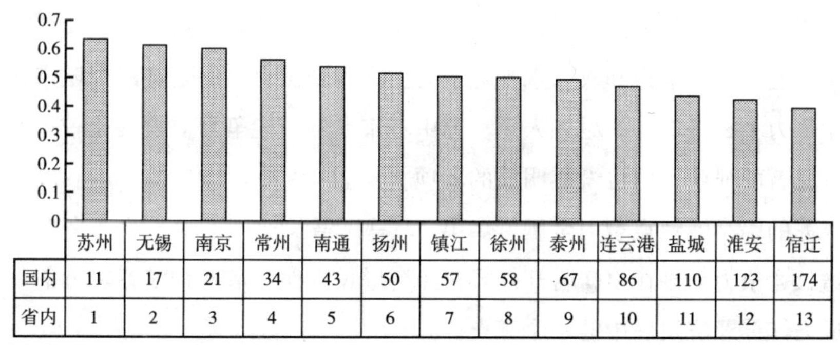

	苏州	无锡	南京	常州	南通	扬州	镇江	徐州	泰州	连云港	盐城	淮安	宿迁
国内	11	17	21	34	43	50	57	58	67	86	110	123	174
省内	1	2	3	4	5	6	7	8	9	10	11	12	13

图 4 -7　江苏城市综合竞争力排名

2. 历史回溯：苏北变动较大，宿迁提升最快

近 5 年来，苏南与苏中地区城市的综合竞争力排名变动不大，综合竞争力排名变动幅度较大的城市主要集中在苏北地区。宿迁是江苏省综合竞争力提升最快的城市，5 年内提高了 26 名；而排名下降最多的是盐城，从 2005 年的第 90 名跌落到 2009 年的第 110 名（见表 4 -6）。

表 4-6　江苏城市综合竞争力历史排名

城　市	2005 年		2006 年		2007 年		2008 年		2009 年	
	省内排名	国内排名	省内排名	国内排名	省内排名	国内排名	省内排名	国内排名	省内排名	国内排名
苏　州	1	13	1	11	1	9	1	10	1	11
无　锡	2	14	2	13	2	13	2	13	2	17
南　京	3	19	3	20	3	19	3	21	3	21
常　州	4	31	4	32	4	30	4	30	4	34
南　通	5	49	5	42	5	39	5	40	5	43
扬　州	7	50	7	58	6	50	6	51	6	50
镇　江	6	47	6	57	7	54	7	53	7	57
徐　州	8	52	8	63	8	59	8	59	8	58
泰　州	9	65	9	72	9	69	9	65	9	67
连云港	10	80	10	79	10	81	10	87	10	86
盐　城	11	90	11	94	11	92	11	105	11	110
淮　安	12	125	12	132	12	124	12	121	12	123
宿　迁	13	200	13	183	13	184	13	184	13	174

3. 分项竞争力指标综合分析：苏中三市发展均衡，发展成本优势显著

苏州、无锡、南京和常州在经济规模竞争力、经济效率竞争力、发展成本竞争力、产业层次竞争力和收入水平竞争力上都表现出众，但是这四个城市在综合增长竞争力上的表现却不尽如人意。苏中三市在各项竞争力上发展比较均衡，虽然没有显著的强项，但也没有明显的弱项（见表 4-7）。

江苏的综合增长竞争力全国排名第 7，总体增长速度不快，绝大多数城市的综合增长竞争力都排在 100 名开外。在经济增长方面，宿迁在江苏省可谓一枝独秀，成为江苏经济发展中的一个亮点。

江苏的平均发展成本竞争力在全国排名第 2 位，发展成本竞争力基尼系数为 0.614，名列全国榜首。可见，在发展成本竞争力上，江苏具有绝对的优势地位，不仅平均水平高，而且各个城市间的发展十分均衡。

江苏的收入水平总体优越，收入水平竞争力较强，但是，盐城、淮安与宿迁三个城市落后较多，这些城市都位于苏北地区，与苏南和苏中相比，该地区的交通相对不便、基础设施相对薄弱、居民收入水平相对较低，这是造成收入水平竞争力不强的主要原因。

表 4-7　江苏城市分项竞争力排名

城　市	综合增长		经济规模		经济效率		发展成本		产业层次		收入水平	
	省内排名	国内排名	省内排名	国内排名	省内排名	国内排名	省内排名	国内排名	省内排名	国内排名	省内排名	国内排名
苏　州	6	110	2	17	2	21	6	54	1	16	1	19
无　锡	9	143	3	19	1	18	7	66	3	38	2	24
南　京	11	147	1	12	9	63	10	76	2	21	5	33
常　州	7	133	4	30	3	32	11	90	4	61	4	32
南　通	5	107	8	68	4	33	12	105	5	62	3	26
扬　州	4	106	6	56	5	45	5	50	8	92	7	48
镇　江	8	135	7	64	6	50	13	124	7	87	9	54
徐　州	3	103	5	45	8	57	3	44	10	144	10	79
泰　州	2	101	11	99	7	55	4	49	9	118	6	37
连云港	13	185	12	120	10	129	8	67	6	86	8	52
盐　城	12	175	10	89	11	176	1	21	11	161	11	165
淮　安	10	145	9	72	12	196	9	73	12	211	12	169
宿　迁	1	40	13	149	13	229	2	36	13	239	13	196

4. 结论与政策建议

江苏的综合竞争力很强，在全国名列第2。从分项竞争力看，江苏在经济规模竞争力、经济效率竞争力、发展成本竞争力、收入水平竞争力方面都表现优异（见图4-8），进入全国三强之列；相对而言，综合增长竞争力是江苏的弱项，为此，必须加快技术创新和制度创新，努力突破制约经济增长的瓶颈；江苏的产业层次竞争力排名全国第4，也有继续提升的空间，今后应通过发展高端服务业，推动产业结构进一步优化升级。

江苏省城市在发展过程中形成了各自不同的相对优势，例如，南京在经济规模上遥遥领先，无锡在经济效率上表现突出，苏州的产业层次和收入水平很高，宿迁的经济增长速度一枝独秀，盐城的发展成本较低。江苏各城市需要认清自身优势与不足，扬长避短，走差异协同与优势互补的发展道路。

苏州、无锡、常州的综合增长竞争力排名在近5年来呈现持续下降的趋势，这说明以外向型经济为主要特征的“苏南模式”正在面临可持续发展的严峻挑战。苏南三市必须通过制度创新与经济结构调整，探索新的发展道路、实现新的跨越。

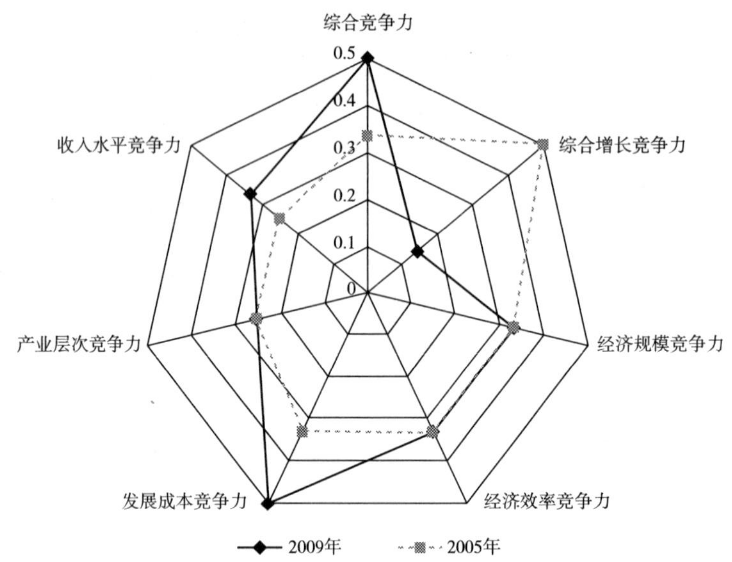

图 4－8　江苏城市竞争力历史回溯

城市间发展不平衡是江苏经济发展中的另一个突出问题。总体而言，苏南城市的竞争力普遍强于苏中城市，而苏中城市又强于苏北城市。今后江苏应当加快苏南、苏中、苏北区域一体化进程，增强苏中、苏北地区承接苏南产业转移的能力，促进区域协调均衡发展。另外，江苏还应紧紧把握住"江苏沿海地区发展规划"的政策机遇，将江苏沿海地区建设成为中国东部地区重要的经济增长极。

建议，高端产业和高端人才重点关注苏州、无锡、南京等城市，一般企业和人才重点关注苏中、苏北城市。

五　中国（浙江）城市竞争力报告

浙江省地处东海之滨，长江三角洲南翼，南接福建，西与江西、安徽相连，北与上海、江苏接壤，水陆交通便利，是中国著名的旅游胜地。浙江省的行政区域面积为 10.41 万平方公里，占全国的 1.08%，总人口为 0.51 亿人，占全国的 3.83%。浙江历史上是中国重要的粮仓和商品经济发达地区，素有"鱼米之乡、丝茶之府、文物之地"的美称，丝绸、制瓷、造纸、印刷和造船业等均居当时中国领先地位。改革开放以来，浙江在发展社会主义市场经济的过程中走出了一条具有浙江特色、符合浙江实际的发展路子，成为中国市场经济最为活跃的地区之一。目前浙江的 GDP 占全国的 6.44%，排在全国第 4 名，城市化率为 57.20%，排在全国第 6 名。

1. 综合竞争力：总体实力全国一流，杭州宁波省内最强

浙江的平均综合竞争力指数为 0.510，排在全国第 4 名，综合竞争力总体较强；综合竞争力基尼系数为 0.070，也排在全国第 4 名，是内部发展最为均衡的省份之一。浙江城市综合竞争力排名均比较靠前，共有 3 个城市排在前 50 名，有 6 个城市排在 51 ~ 100 名之间，有 2 个城市排在 101 ~ 150 名之间（见图 4 -9），没有城市排在 150 名之后。浙江综合竞争力较强的城市都位于浙北和浙东沿海地区，而浙西南地区城市的综合竞争力相对较弱。

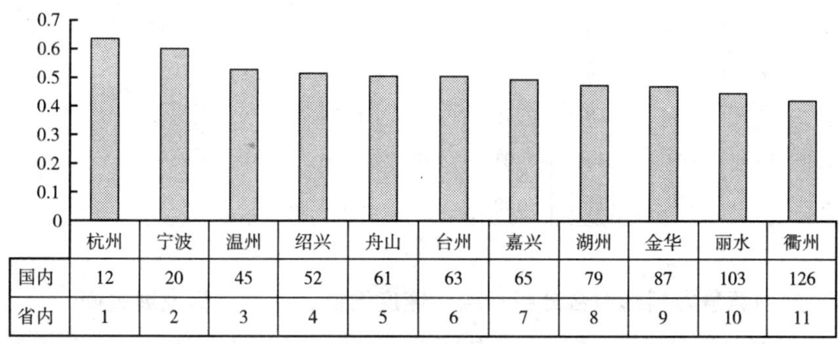

	杭州	宁波	温州	绍兴	舟山	台州	嘉兴	湖州	金华	丽水	衢州
国内	12	20	45	52	61	63	65	79	87	103	126
省内	1	2	3	4	5	6	7	8	9	10	11

图 4 -9　浙江城市综合竞争力排名

杭州、宁波、温州是浙江综合竞争力最强的三个城市，这三个城市都是人口众多的沿海开放城市，杭州和宁波都是特大型城市，温州是大型城市。杭州是全省的政治、经济与文化中心，著名的旅游城市，同时也是我国东南沿海的经济强市；宁波是我国重要的对外贸易口岸，浙江东部最大的工商业中心和水陆交通枢纽；温州是浙江南部的经济、文化、交通中心，旅游资源极为丰富，也是改革开放较早的前沿城市，商业经济相当发达，“温州模式”闻名全国。这三个城市的工业化程度都很高，其中杭州已经进入工业化后期，宁波与温州处于工业化中期。

2. 历史回溯：杭州、宁波地位稳固，舟山上升最快

近 5 年来，杭州与宁波这两个中心城市的综合竞争力始终位居国内前 20 名行列，地位比较稳固。舟山的综合竞争力提升速度很快，从 2005 年的第 92 名迅速提高到 2009 年的第 61 名，发展潜力较大（见表 4－8）。

表 4－8　浙江五年综合竞争力排名

城　市	2005 年		2006 年		2007 年		2008 年		2009 年	
	省内排名	国内排名	省内排名	国内排名	省内排名	国内排名	省内排名	国内排名	省内排名	国内排名
杭　州	1	11	1	10	1	11	1	11	1	12
宁　波	2	16	2	17	2	17	2	19	2	20
温　州	3	40	3	44	3	43	3	43	3	45
绍　兴	4	45	4	45	4	45	4	46	4	52
舟　山	9	92	7	75	7	67	7	67	5	61
台　州	5	57	5	60	5	60	5	63	6	63
嘉　兴	6	58	6	62	6	63	6	66	7	65
湖　州	8	85	9	82	8	77	8	77	8	79
金　华	7	78	8	76	9	78	9	80	9	87
丽　水	10	102	10	103	10	96	10	94	10	103
衢　州	11	130	11	129	11	123	11	125	11	126

3. 分项竞争力指标综合分析：增长速度偏慢，各项指标发展失衡

从总体来看，浙江很多城市在各项竞争力指标上的发展不太均衡。例如，杭州、宁波、温州在经济规模、经济效率、产业层次、收入水平上的表现优良，但在综合增长、发展成本上的表现不佳；台州、湖州在经济规模、经济效率、发展成本、产业层次上表现良好，但在综合增长、收入水平上表现欠佳。舟山是浙江省在各项指标上发展最均衡的城市，6 个分项竞争力排名基本上都处于上游偏后的位置（见表 4－9）。

浙江的综合增长竞争力全国排名第 13 位，总体增长速度偏慢，但舟山的表现一枝独秀。浙江的平均经济效率竞争力全国排名第 6 位，经济效率竞争力基尼系数为 0.147，均衡程度全国领先，浙江城市的经济效率与城市规模关系密切，杭州、宁波作为特大型城市，经济效率优势明显，而丽水作为小城市，经济效率相对较差。浙江平均产业层次竞争力全国排名第 3 位，总体发展水平高，但是衢州滞后明显。

表 4－9　浙江城市分项竞争力排名

城　市	综合增长		经济规模		经济效率		发展成本		产业层次		收入水平	
	省内排名	国内排名	省内排名	国内排名	省内排名	国内排名	省内排名	国内排名	省内排名	国内排名	省内排名	国内排名
杭　州	6	194	1	9	1	28	10	154	1	11	2	25
宁　波	9	219	2	22	2	31	8	135	3	24	1	15
温　州	8	211	3	46	4	75	7	126	4	34	6	65
绍　兴	11	241	7	102	3	66	11	169	2	15	3	41
舟　山	1	45	8	107	5	84	1	38	9	65	4	51
台　州	10	228	4	57	7	95	3	80	7	55	7	105
嘉　兴	4	184	6	90	6	89	6	115	8	57	5	62
湖　州	7	196	5	86	8	102	4	82	10	80	9	119
金　华	5	192	9	117	9	154	2	48	6	54	8	118
丽　水	3	115	11	222	11	177	5	97	5	37	10	125
衢　州	2	112	10	155	10	167	9	138	11	131	11	160

4. 结论与政策建议

浙江的综合竞争力很强，排名全国第 4。从分项竞争力看，除了综合增长竞争力外，在其余各项竞争力上皆表现优秀，处于全国第 3 名到第 6 名之间的位置（见图 4－10）。另外，省内各个城市发展相对均衡也是浙江省的一个显著特征，

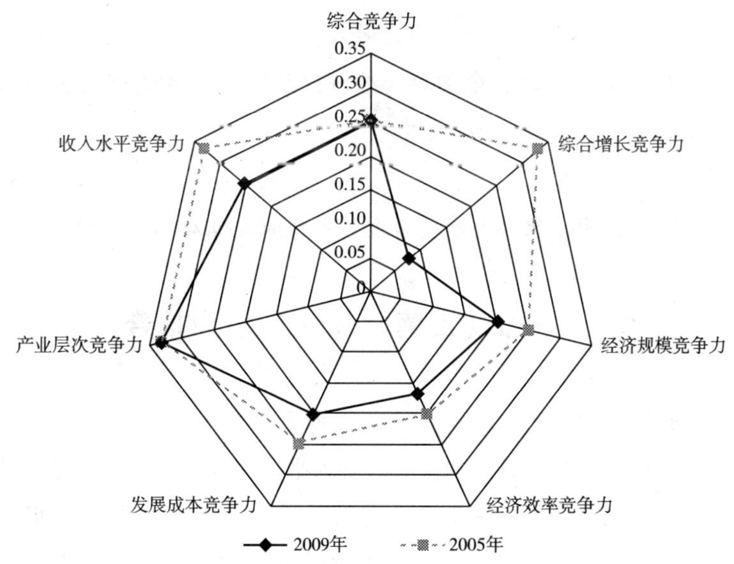

图 4－10　浙江城市竞争力历史回溯

尤其是在经济效率竞争力、发展成本竞争力、产业层次竞争力、收入水平竞争力四个指标上，浙江省的均衡度都名列全国第2。浙江的劣势主要在于综合增长竞争力，因此，如何寻找新的经济增长点、加快经济发展步伐是浙江当前所面临的最紧迫的问题。在实现经济快速增长方面，舟山的表现可圈可点，浙江其他城市可以向舟山学习借鉴相关经验，争取驶上新的快车道。

作为浙江省的两大中心城市，杭州与宁波的总体竞争能力远远超过省内其余城市，但是在发展成本竞争力指标上，两个城市却排在下游位置，这在一定程度上说明了这两个城市的经济运行仍然没有摆脱传统的“高能耗、高排放”的发展模式。杭州和宁波要克服这一发展劣势，必须坚持走低碳的发展道路，因地制宜地调整产业结构，加快压缩淘汰“两高一资”行业，积极推动现代服务业发展，有效减轻资源环境压力，努力提高城市的资源环境承载能力，促进城市实现长期可持续发展。

近5年来，舟山在浙江省内异军突起，这个看似不起眼的群岛城市，紧紧围绕“海”字做文章，通过充分挖掘与发挥自身独特的区位优势和海洋资源优势，因势利导地调整与优化产业结构，逐步形成了以临港工业、港口物流、海洋旅游、现代海洋渔业为支柱产业的开放型经济体系，在短期内实现了跨越式发展。今后舟山应当再接再厉，继续大力发展海洋经济，深入推进“以港兴市”战略，接轨大上海、融入长三角，开发大港口、发展大产业，保护海洋海岛生态，努力把舟山建设成为全国海洋经济典范城市、最适宜人居的海上花园城市。

建议高端投资和高端人才重点关注杭州、宁波、绍兴、温州，一般投资和人才重点关注舟山、台州、嘉兴，建议省委、省政府加强对浙西城市的支持。

六 中国（台湾）城市竞争力报告

台湾位于我国东南海域，东临太平洋，西与福建相望，南与菲律宾群岛接壤，北向东海，扼西太平洋航道的中心，是太平洋地区各国海上联系的重要交通枢纽。台湾自古为中国领土的一部分。台湾总面积为3.59万平方公里，是我国最大的岛屿，总人口为0.23亿人，在本报告中重点考察了台湾具有示范意义的城市，包括台北、高雄、台中、基隆、台南和新竹6个城市。

台湾气候宜人、土地肥沃、资源丰富。台湾从 20 世纪 80 年代起开始发展轻化工工业，其制造业种类较多，在亚洲地区位居前列。近年来随着经济的快速发展，服务业逐渐崛起，其占 GDP 的比重逐渐超过工业，成为经济发展中最重要的产业，现已形成以加工外销为主的海岛型工商经济。台湾交通体系发达，业已形成了由航空、铁路、公路、海运等构成的多层次立体交通网络。

1. 综合竞争力：处在样本省区前列，区内台北独占鳌头

台湾的平均综合竞争力指数为 0.600，处在 22 个样本省区前列；综合竞争力基尼系数为 0.065，内部发展均衡程度名列全国第 2。从综合竞争力全国排名看，台湾所有城市都进入前 50 强行列（见图 4－11）。台北和高雄是台湾综合竞争力最强的城市，它们都是人口众多的特大型城市，经济发达，交通便利，且工业化程度高，均处于后工业化阶段。其中台北位于台湾岛的北部，是台湾最大的城市，是台湾的政治、经济、文化中心，台湾的工业门类齐全，工商业高度发达；而高雄位于台湾岛西南沿海，是台湾第二大城市，工业以重工业为主，高雄港是台湾最大的港口。

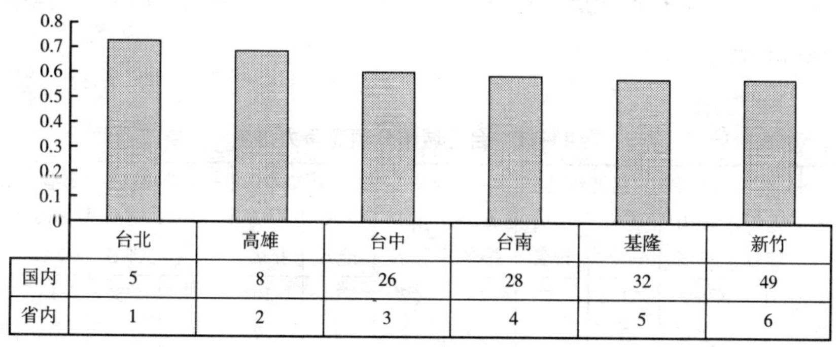

	台北	高雄	台中	台南	基隆	新竹
国内	5	8	26	28	32	49
省内	1	2	3	4	5	6

图 4－11　台湾城市综合竞争力排名

2. 历史回溯：台北、高雄稳居前十，新竹、基隆有所下滑

近 5 年来，台北与高雄这两大中心城市的综合竞争力始终位居全国前 10 名行列，地位非常稳固。新竹和基隆的综合竞争力排名有所下降，2006 年前，两个城市都进入全国前 10 名，而从 2007 年开始都跌出了前 10 名行列（见表 4－10）。

表 4－10　台湾综合竞争力历史排名

城　市	2005 年		2006 年		2007 年		2008 年		2009 年	
	省内排名	国内排名	省内排名	国内排名	省内排名	国内排名	省内排名	国内排名	省内排名	国内排名
台　北	1	4	2	6	1	5	1	5	1	5
高　雄	2	6	1	5	2	6	2	7	2	8
台　中	6	17	6	23	4	26	3	20	3	26
台　南	5	10	5	16	5	28	5	31	4	28
基　隆	4	9	3	8	3	14	4	25	5	32
新　竹	3	7	4	9	6	31	6	41	6	49

3. 分项竞争力指标综合分析：综合增长全国最弱，产业层次优势突出

台湾的综合增长竞争力排在全国末位，可见，台湾在经济增长方面面临着严峻的挑战。台湾的平均经济规模竞争力在全国排名第一，特大型城市优势显著，省内台北最强。台湾的平均经济效率竞争力位列全国榜首，台湾的经济效率遥遥领先于其他省份，而各个城市间发展非常均衡。台湾的平均发展成本竞争力在全国表现最佳，但是新竹的发展成本竞争力很弱，排在 200 名开外，远远落后于省内其他城市。台湾在产业层次竞争力上的绝对优势非常突出，国内 10 强中台湾城市独占 6 席（见表 4－11）。

表 4－11　台湾城市分项竞争力排名

城　市	综合增长		经济规模		经济效率		发展成本		产业层次		收入水平	
	省内排名	国内排名	省内排名	国内排名	省内排名	国内排名	省内排名	国内排名	省内排名	国内排名	省内排名	国内排名
台　北	1	289	1	7	1	2	3	19	1	3	1	5
高　雄	2	290	2	20	2	3	2	12	3	7	3	9
台　中	5	293	3	31	4	5	5	40	4	8	6	20
台　南	4	292	4	49	5	9	4	26	6	10	5	14
基　隆	3	291	6	79	6	11	1	10	5	9	4	12
新　竹	6	294	5	60	3	4	6	214	2	4	2	7

4. 结论与政策建议

台湾的综合竞争力极强，高居全国首位。从分项竞争力看，除了综合增长竞争力外，在其余 5 项竞争力指标上也都名列全国第一，尤其是在经济效率竞争力、产业层次竞争力和收入水平竞争力这三个指标上，台湾都远远超过内地其他省份，具有绝对的领先优势（见图 4－12）。另外，从各项竞争力指标的基尼系数看，台湾各个城市的发展水平也比较均衡。

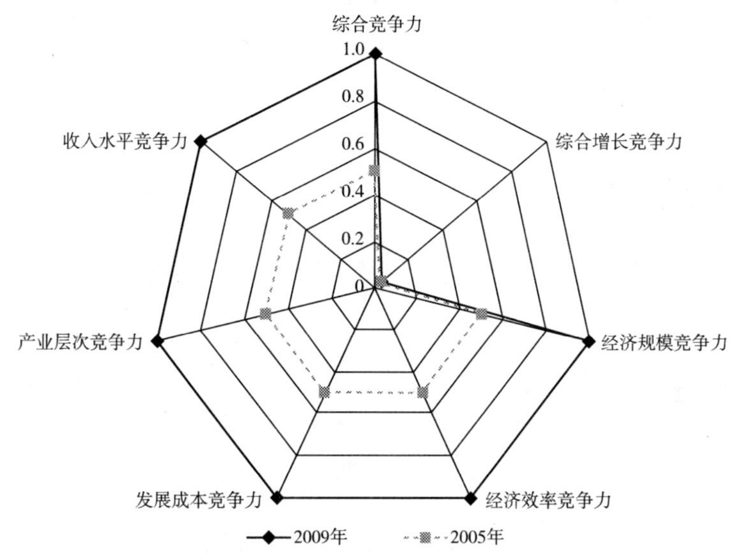

图 4－12　台湾城市竞争力历史回溯

综合增长竞争力是台湾唯一的“软肋”。台湾 6 个城市之所以在综合增长竞争力指标中处在全国倒数 6 名，除了进入后工业化阶段后经济增速趋缓的一般规律性因素外，产业结构调整不到位是主要症结所在。从 20 世纪 80 年代末以来，台湾产业结构经历了一次大调整，一方面，服务业迅速崛起，成为产业构成的主导部门；另一方面，制造业由劳动力密集产业向技术及资本密集产业转型升级，电子信息产业成为台湾产业的主流。这种以服务业为主干、制造业占重要地位的产业结构，在 20 世纪 90 年代支撑了 10 年台湾经济的稳定中速增长。但进入 21 世纪后，受民间需求持续疲弱与国际金融危机冲击的双重影响，服务业总体发展缓慢，再加上服务业内部结构升级不足、服务贸易发展滞后、服务水平质量不高等因素，导致服务业对经济增长的带动作用明显减弱，使以服务业为主的产业结构对经济的支撑力量日益削弱。可见，服务业比重高但发展水平偏低是当前制约台湾经济增长的主要原因。今后台湾要重振经济，必须加大力度优化服务业内部结构、提升服务业质量和水平，而要达此目的，积极提振内需、创造服务业发展的良好环境、放宽政策限制是必要条件。

台湾是中国不可分割的一部分，台湾与内地经济、科技、文化等互有优势，密不可分。因此，扩大海峡两岸在经济、文化、技术、人才等方面的交流合作，实现两岸一体化发展，是台湾保持长期稳定繁荣的根本所在。

建议投资者与创业者重点关注上升较快的台中和台南，高端投资和创业关注台中，一般投资和创业关注台南。

第五章

中国（环渤海地区）城市竞争力报告

一　中国（环渤海地区）城市竞争力报告

本报告中的环渤海地区包括北京、天津 2 个直辖市，河北、山东 2 个省份，共计 30 个城市。其中，河北省包括石家庄、唐山、秦皇岛等 11 个城市，山东省包括济南、青岛、威海等 17 个城市，在本报告中，北京和天津为直辖市，我们只在总体部分进行竞争力分析说明，不再做专门的讨论。

1. 综合竞争力：中心城市优势明显，山东表现优于河北

在六大区域的总体比较中，环渤海地区的综合竞争力平均指数为 0.489，排在全国第 2 名，总体表现较好。在该地区 30 个城市中，综合竞争力前 10 强的城市分别是：北京、天津、青岛、东营、济南、烟台、石家庄、淄博、唐山、威海（见图 5－1）。

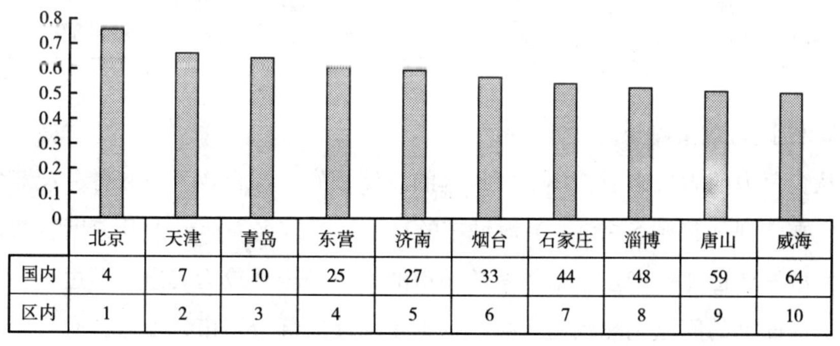

	北京	天津	青岛	东营	济南	烟台	石家庄	淄博	唐山	威海
国内	4	7	10	25	27	33	44	48	59	64
区内	1	2	3	4	5	6	7	8	9	10

图 5－1　环渤海地区综合竞争力前十强城市

直辖市和省会城市竞争力依然强劲，沿海经济中心城市也表现不俗。排名靠前的城市中，山东占据了较大份额，但与排名靠后的城市相比，两省数目差别并不大。虽然平均竞争力方面山东要强于河北，但整个环渤海区域城市之间的发展仍然是较为均衡的。

2. 历史回溯：河北、山东维持不变，天津排名上升较快

过去5年，环渤海地区的河北、山东两省的综合竞争力排位一直没有变动。两座直辖市表现较好，天津在5年中一直在上升，从5年前的全国第15位进入十强，北京除了2006、2007年上升1位外，一直保持在全国第4位。从整个区域看，环渤海地区的资源型城市和处于工业化前初期的城市，综合竞争力排名增幅非常明显，这些城市的排名大部分靠后（见表5－1）。而竞争力排名靠前的城市上升幅度不大。不过，也有靠后的城市排名仍然不断下降。

表5－1　环渤海地区各分项竞争力增长最快十名城市

	综合增长		经济规模		经济效率		发展成本		产业层次		收入水平	
	5年	2年	5年	2年	5年	2年	5年	2年	5年	2年	5年	2年
1	青岛	承德	沧州	日照	日照	日照	泰安	临沂	聊城	济宁	德州	唐山
2	泰安	天津	日照	邢台	临沂	沧州	邯郸	邯郸	菏泽	张家口	滨州	菏泽
3	东营	张家口	济宁	承德	济宁	莱芜	北京	泰安	廊坊	沧州	日照	保定
4	德州	日照	菏泽	济宁	沧州	唐山	枣庄	枣庄	东营	菏泽	莱芜	石家庄
5	聊城	枣庄	聊城	菏泽	莱芜	菏泽	唐山	唐山	张家口	聊城	唐山	德州
6	枣庄	保定	滨州	潍坊	枣庄	石家庄	烟台	东营	邢台	滨州	廊坊	沧州
7	天津	临沂	临沂	临沂	北京	保定	莱芜	莱芜	沧州	邯郸	承德	承德
8	邯郸	烟台	烟台	莱芜	德州	承德	日照	青岛	莱芜	烟台	张家口	东营
9	廊坊	东营	邢台	石家庄	聊城	邯郸	青岛	烟台	承德	潍坊	烟台	烟台
10	沧州	德州	青岛	唐山	滨州	滨州	东营	天津	日照	东营	北京	张家口

3. 结论与政策建议

从竞争力的表现来看，环渤海地区的总体较好，综合竞争力和各分项竞争力均有上乘表现（见图5－2），沿海城市的竞争力或排名靠前或上升速度较快，外向型经济发展迅速、产业基础较好的城市的竞争力表现较为突出。不过，环渤海地区目前面临的问题仍然较为严峻。特别是河北的部分城市，虽然拥有一定的工业基础，但其经济结构框架已基本成形，难以寻找到新的经济增长点，而且粗放的生产方式和较为封闭的商业环境使发展成本居高不下，这些问题的解决将有助于提升环渤海地区整体的竞争力。所以，寻找经济增长点、降低发展成本是环渤海地区的当务之急。

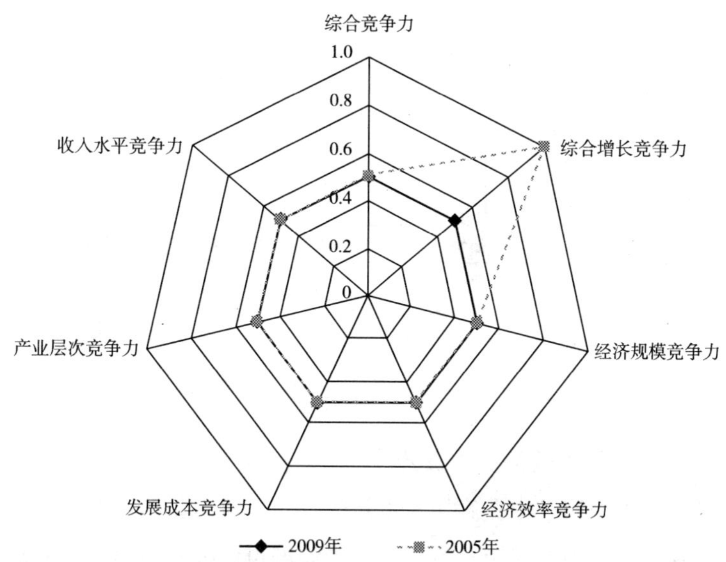

图 5－2　环渤海城市竞争力历史回溯

报告显示，环渤海二级城市尤其是一级城市周边的城市，具有较大发展潜力，应为投资者和创业者重点关注。

二　中国（河北）城市竞争力报告

河北省位于环渤海地区的中心地带，与日本、韩国隔海相望，是唯一环抱两座直辖市的省份。河北省面积为 18.77 万平方公里，人口 0.70 亿人，GDP 产值 13725.3 亿元，分别占到全国总量的 1.96%、5.77% 和 4.74%。河北城镇化率为 40.25%，低于全国平均水平。该省拥有丰富的资源禀赋，是我国主要的能源供应基地，有深厚的产业基础，已基本形成较为合理的工业结构布局。

1. 综合竞争力：整体实力不好不坏，城市排名不前不后

河北省城市综合竞争力平均指数是 0.451，排在全国第 8 名，位于全国中上游位置，尚有较大的提升空间。该区域综合竞争力发展较为均衡。该省没有特别靠前的城市，核心城市的优势并不明显，但也没有特别靠后的城市（见图 5－3）。较为靠前的石家庄和唐山都是人口众多的特大型城市，其中石家庄是河北的省会，是全省政治、文化、经济中心，而唐山则是中国北方重要的资源型城市，也是历史悠久的沿海重工业城市。

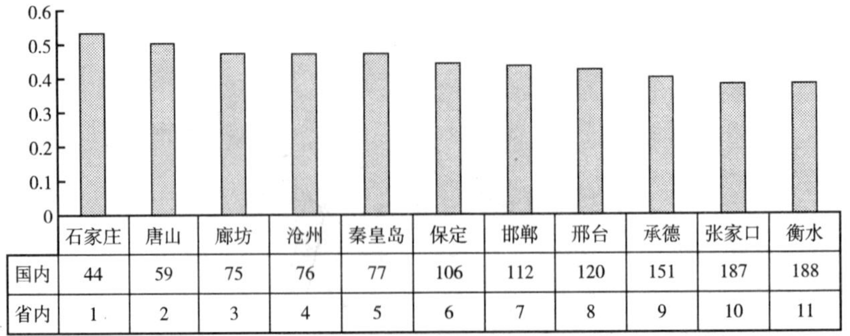

图5－3　河北城市综合竞争力排名

2. 历史回溯：区位优势助力提升、产业升级拉动明显

而在对近5年的回溯中，廊坊、沧州的综合竞争力排名上升迅速，这两座都是处于工业化初期的中等城市。沧州市是沿海城市，拥有著名的黄骅港。廊坊则处于北京与天津两个直辖市之间，两个城市的排名上升与它们有效利用良好的区位优势进行产业升级密切相关。

与2008年相比，2009年张家口、唐山排名上升的幅度最大，张家口的排名上升与产业升级和投资拉动的经济增长相关，而唐山作为排名靠前的资源型城市，降低发展成本是它得以整体排名上升的重要因素。另一座特大型资源城市——邯郸也与唐山相似（见表5－2）。

表5－2　河北城市综合竞争力历史排名

城　市	2005年		2006年		2007年		2008年		2009年	
	省内排名	国内排名	省内排名	国内排名	省内排名	国内排名	省内排名	国内排名	省内排名	国内排名
石家庄	1	36	1	39	1	40	1	45	1	44
唐　山	3	69	2	66	2	68	2	68	2	59
廊　坊	5	103	6	88	5	88	4	79	3	75
沧　州	6	105	4	83	4	87	5	82	4	76
秦皇岛	2	61	3	69	3	72	3	74	5	77
保　定	4	94	5	86	6	90	6	98	6	106
邯　郸	10	143	9	133	8	118	8	115	7	112
邢　台	9	136	7	100	7	103	7	110	8	120
承　德	7	128	10	161	10	150	9	151	9	151
张家口	11	164	11	191	11	187	11	197	10	187
衡　水	8	131	8	120	9	139	10	170	11	188

3. 分项竞争力指标分析：省内城市多有短板，部分指标分化明显

河北各城市在分项竞争力方面均有不同程度的短板，这也是造成河北没有全国排名靠前城市的重要原因。各分项竞争力大致均衡的城市是保定，但其发展成本在全国位置上偏低。此外，经济基础较为薄弱的衡水各分项排名普遍靠后（见表5-3）。

表5-3 河北城市分项竞争力排名

城市	综合增长		经济规模		经济效率		发展成本		产业层次		收入水平	
	省内排名	国内排名	省内排名	国内排名	省内排名	国内排名	省内排名	国内排名	省内排名	国内排名	省内排名	国内排名
石家庄	10	247	2	41	2	44	3	113	1	30	9	117
唐山	4	172	1	29	1	38	8	229	9	111	4	98
廊坊	1	89	8	156	9	128	2	88	2	41	5	99
沧州	5	182	7	151	3	52	1	74	8	109	1	40
秦皇岛	9	236	4	87	4	59	5	181	6	95	3	66
保定	6	202	5	100	7	104	9	251	3	78	6	104
邯郸	3	162	3	85	5	92	4	122	11	243	8	111
邢台	7	222	9	161	6	101	7	225	5	93	10	120
承德	2	123	10	180	11	150	10	277	4	85	2	60
张家口	8	227	6	129	8	121	11	292	7	99	7	107
衡水	11	284	11	206	10	138	6	194	10	149	11	174

河北全省在收入水平、经济效率、产业层次竞争力方面较为均衡，经济规模竞争力有一定的分化，有不少城市全国排名靠前。河北的经济增长竞争力与发展成本竞争力分化较明显，排名靠后的城市较多。

4. 结论与政策建议

河北的综合竞争力一直处于较为靠后的位置，但该省的产业层次竞争力、经济效率竞争力、经济规模竞争力等在全国仍具备一定优势，城市收入水平竞争力整体也处于中游水平（见图5-4）。

河北省综合增长竞争力、发展成本竞争力水平较弱是综合竞争力靠后的重要原因，这也是环渤海地区经济增长乏力、发展成本较高的重要原因。河北省应对其经济发展的强弱特点进行全面分析，发挥优势并克服缺陷，促进综合竞争力提升。

建议投资者、创业者和求职者将京津周边城市作为选择的重点，包括唐山、

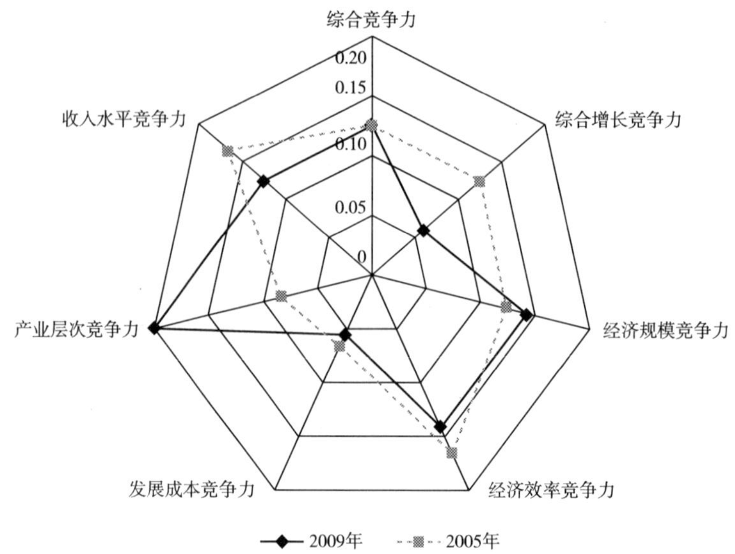

图 5－4　河北城市竞争力历史回溯

廊坊、沧州、秦皇岛、保定，同时政府应加大对承德、张家口和衡水的政策支持力度。

三　中国（山东）城市竞争力报告

山东位于中国东部沿海、黄河下游、京杭大运河的中北段，古代为齐鲁之地，是中华文明的发祥地之一。山东省陆地总面积 15.71 万平方公里，近海域面积 17 万平方公里，人口 0.94 亿，总产值 33805.3 亿元。该省城镇化率达到了 48.3%，高于全国平均水平。该省农业发达，工业体系完备，近几年来经济发展位于全国前列。

1. 综合竞争力：中心城市遥遥领先，东中西部格局明显

山东省城市综合竞争力平均指数是 0.489，排在全国第 5 名，整体表现较好。该区域发展较为均衡，没有排名特别低的城市（见图 5－5）。与山东长期以来的发展格局相似，综合竞争力的表现在区域之间呈现明显的差异，其基本特点是由东向西呈梯次分布。东部地区比较发达，西部相对滞后，而中部在东部和西部之间起着过渡作用。青岛作为中国重要的经济中心城市、港口城市和外贸口岸，其综合竞争力遥遥领先。

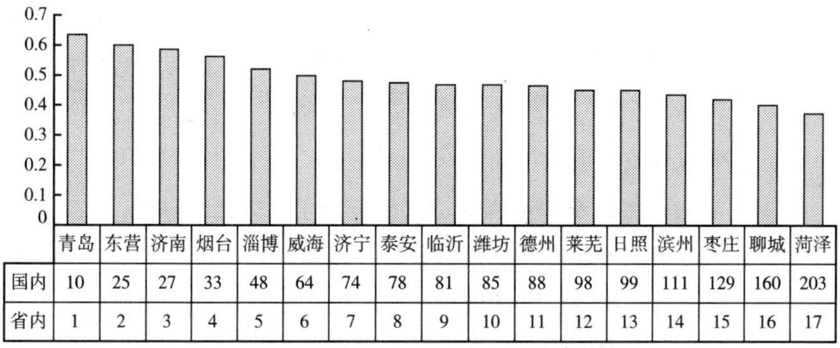

图 5－5 山东城市综合竞争力排名

2. 历史回溯：沿海乏力内陆活跃、整体上升趋势放缓

对近 5 年的回溯中，山东超过 2/3 的城市排名上升，内陆城市的综合竞争力排名上升迅速，但绝对排名依然比较靠后。上升较快的城市是日照，它是目前山东沿海较有潜力的城市，其经济增长竞争力近年来非常迅速。另外，不少排名省内靠前的城市国内排名有所下降（见表 5－4）。

表 5－4 山东城市综合竞争力历史排名

城 市	2005 年		2006 年		2007 年		2008 年		2009 年	
	省内排名	国内排名	省内排名	国内排名	省内排名	国内排名	省内排名	国内排名	省内排名	国内排名
青 岛	1	12	1	14	1	8	1	8	1	10
东 营	3	32	3	27	3	25	3	27	2	25
济 南	2	21	2	25	2	23	2	26	3	27
烟 台	4	41	4	41	4	37	4	35	4	33
淄 博	5	43	6	47	6	48	5	47	5	48
威 海	6	48	5	46	5	44	6	49	6	64
济 宁	7	64	8	84	9	82	10	85	7	74
泰 安	10	84	11	98	11	86	8	78	8	78
临 沂	11	86	9	87	8	80	11	92	9	81
潍 坊	8	74	7	73	7	74	9	81	10	85
德 州	9	76	10	90	10	85	7	76	11	88
莱 芜	13	126	14	121	14	107	12	96	12	98
日 照	14	148	13	108	12	102	13	102	13	99
滨 州	12	120	12	105	13	104	14	109	14	111
枣 庄	15	171	15	157	15	132	15	136	15	129
聊 城	16	204	16	169	16	167	16	165	16	160
菏 泽	17	229	17	195	17	202	17	217	17	203

与2008年相比，山东只有1/2左右的城市排名上升，内陆城市依然保持上升势头。处于工业化前期的内陆城市菏泽上升幅度较大，这与综合增长竞争力的大幅拉动有关。排名上升幅度较大的还有济宁和临沂，它们均处于工业化前期，两年中经济效率均有较大提高。

3. 分项竞争力：经济规模与增长构成山东竞争力的强劲基础

各分项竞争力表现均较好的城市是青岛、东营、烟台（见表5－5），它们都是沿海城市。另外一些表现较好的城市，有不同程度的短板，如济南的经济增长较为乏力。部分城市虽整体排名较为靠后，但单项竞争力突出，如山东省内经济基础较差的菏泽、日照经济增长竞争力较强。

表5－5　山东城市分项竞争力排名

城　市	综合增长		经济规模		经济效率		发展成本		产业层次		收入水平	
	省内排名	国内排名	省内排名	国内排名	省内排名	国内排名	省内排名	国内排名	省内排名	国内排名	省内排名	国内排名
青　岛	6	41	1	18	2	20	4	28	2	25	1	21
东　营	3	24	4	33	1	8	3	25	4	76	2	29
济　南	16	151	2	21	6	53	5	34	1	23	6	72
烟　台	1	18	5	34	3	40	2	24	3	71	4	56
淄　博	12	84	3	28	4	41	16	155	8	132	9	91
威　海	10	57	11	80	5	46	7	84	11	153	3	38
济　宁	9	56	12	81	8	78	14	143	9	138	5	63
泰　安	8	52	10	76	14	127	1	23	5	107	14	153
临　沂	2	23	6	54	11	109	17	188	7	120	12	138
潍　坊	17	191	7	62	12	111	10	117	6	114	10	122
德　州	5	29	14	128	7	72	9	107	10	145	7	77
莱　芜	11	76	13	92	10	103	15	150	14	165	11	133
日　照	4	26	9	73	9	96	8	106	16	225	13	150
滨　州	14	93	15	141	13	119	13	136	15	178	8	80
枣　庄	13	85	8	67	15	146	6	45	17	268	16	182
聊　城	15	142	16	170	16	218	11	118	12	160	15	170
菏　泽	7	47	17	190	17	262	12	123	13	163	17	214

从整体的竞争力表现来看，山东各城市在经济规模竞争力和经济增长竞争力方面普遍靠前，构成山东强劲竞争力的重要基础。发展成本竞争力表现一般但较为均衡，在经济效率和收入水平竞争力方面部分城市较为靠后，而产业层次竞争

力排名靠后的城市则较多。

4. 结论与政策建议

山东省城市综合竞争力整体水平较高，城市均衡度较高，位次相对靠前，但近几年来一直未能继续提升。

从分项上看，综合增长、发展成本、经济效率、经济规模等方面均具有较好的表现（见图 5－6）。但在产业层次竞争力指标上明显处于劣势，且有不断下降的趋势，所以提升产业层次是山东的当务之急。

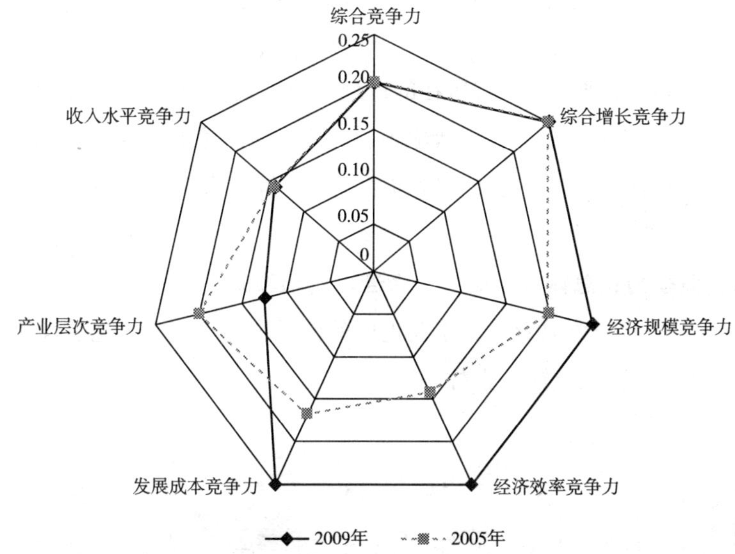

图 5－6　山东城市竞争力历史回溯

另外如日照、滨州等东部沿海城市，虽竞争力提升迅速，但排名依然较为靠后，尚有较大的提升空间，所以在西部落后城市开始实现竞争力提升跨越的同时，继续挖掘沿海城市的潜力，是山东竞争力再提升的关键。

建议投资者、创业者重点关注近年来竞争力提升较快的东营、日照、滨州、德州、聊城等城市。

第六章

中国（东北地区）城市竞争力报告

一　中国（东北）城市竞争力报告

东北地区是指中国东北三省所在的区域，分别是辽宁、吉林和黑龙江，一共包括34个城市。其中，辽宁省包括沈阳、大连、鞍山等14个城市，吉林省包括长春、吉林等8个城市，黑龙江省则包括了哈尔滨、大庆、齐齐哈尔等12个城市。

1. 综合竞争力：总体水平居中，大连、沈阳领先

从图6－1中我们可以看出，东北地区的区域十强分别是大连、沈阳、长春、哈尔滨、大庆、鞍山、盘锦、吉林、锦州和松原。

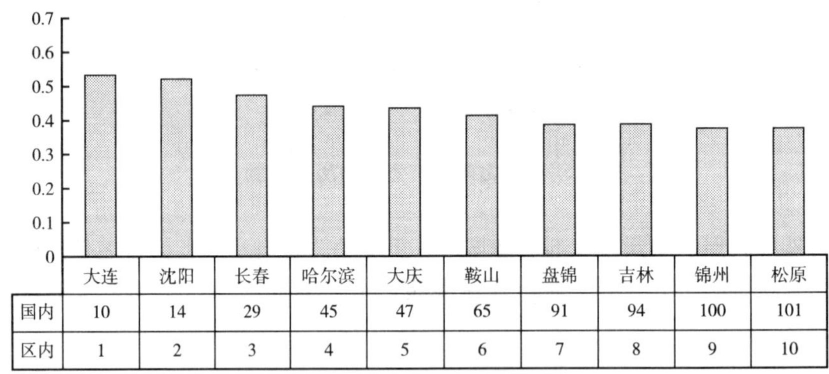

	大连	沈阳	长春	哈尔滨	大庆	鞍山	盘锦	吉林	锦州	松原
国内	10	14	29	45	47	65	91	94	100	101
区内	1	2	3	4	5	6	7	8	9	10

图6－1　东北地区综合竞争力前十强城市

同其他5个地区的综合竞争力相比较，东北地区排在全国第3名。从国内的范围来考虑，综合竞争力排名比较靠前的城市为大连、沈阳、长春、哈尔滨和大庆，这几个城市均排在全国的前50位。其中，辽宁省有2个城市，吉林省有1个城市，黑龙江省也有2个城市。城市间综合竞争力差距较大，大连、沈阳较强。总体处于中等水平，发展不平衡。三个省份从强到弱排列依次为辽宁、吉林、黑龙江。

2. 历史回溯：总体发展较快，名次变化不大

过去5年，该区域综合竞争力上升名次按从大到小排依次是黑龙江、辽宁、吉林。过去2年中，该区域综合竞争力上升名次按从大到小依次是辽宁、吉林、黑龙江。总的来说，东北地区过去几年综合竞争力排名变化都不显著（见表6－1）。

表6－1　东北地区各分项竞争力增长最快前十城市

	综合增长		经济规模		经济效率		发展成本		产业层次		收入水平	
	5年	2年	5年	2年	5年	2年	5年	2年	5年	2年	5年	2年
1	通化	吉林	白山	四平	营口	四平	松原	松原	鸡西	牡丹江	四平	长春
2	丹东	长春	辽源	七台河	松原	通化	大连	辽阳	阜新	辽阳	丹东	黑河
3	本溪	七台河	营口	通化	辽源	七台河	白城	白城	牡丹江	松原	营口	朝阳
4	白山	白城	松原	双鸭山	通化	长春	沈阳	牡丹江	朝阳	朝阳	双鸭山	营口
5	辽源	绥化	通化	本溪	吉林	吉林	辽阳	大连	丹东	吉林	辽源	七台河
6	朝阳	四平	朝阳	朝阳	本溪	双鸭山	通化	大庆	松原	鸡西	七台河	双鸭山
7	白城	丹东	吉林	白山	鹤岗	辽源	辽源	哈尔滨	四平	白城	鸡西	鸡西
8	绥化	大连	辽阳	鞍山	辽阳	本溪	鸡西	通化	七台河	辽源	松原	白山
9	松原	沈阳	锦州	阜新	丹东	丹东	大庆	佳木斯	沈阳	佳木斯	黑河	牡丹江
10	七台河	松原	本溪	大连	锦州	朝阳	四平	沈阳	抚顺	黑河	朝阳	四平

3. 结论与政策建议

从图6－2中可以看到，东北地区的城市竞争力在综合增长竞争力方面发展很快，在全国六大地区的排名从2005年的第5位上升到2009年的第1位，可见综合增长的势头之猛。而在其他六个方面，综合竞争力、收入水平竞争力、产业层次竞争力、发展成本竞争力、经济效率竞争力和经济规模竞争力，2009年与2005年相比，名次差别不大。

东北地区在过去5年的时间，综合增长竞争力的上升速度很快，优势明显。在经济规模竞争力、经济效率竞争力以及收入水平竞争力方面，东北地区均处于全国的平均水平。另外，在产业层次竞争力方面，东北地区的发展低于全国平均水平，应该着力提高产业层次，加大在高新技术和科研方面的投入，大力发展新兴产业。东北地区的发展成本比较高，竞争力相对较弱，应该加强对这方面的重

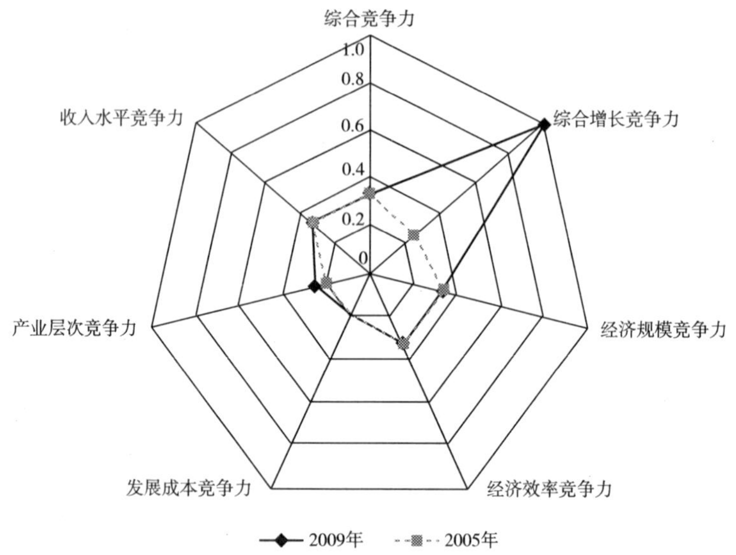

图 6－2　东北地区城市竞争力历史回溯

视程度，减少工业污染，增加环境保护方面的投入。

建议投资者和创业者重点关注东北地区交通便利、资源丰富和工业基础好的城市，如大连、沈阳、长春、吉林、通化、丹东等。

二　中国（辽宁）城市竞争力报告

辽宁省位于我国东北地区的南部，简称“辽”，是东北经济区和环渤海经济区的重要结合部。辽宁是东北地区通往关内的交通要道，也是东北地区和内蒙古通向世界、连接欧亚大陆桥的重要门户和前沿地带。

1. 综合竞争力：整体发展良好，大连、沈阳领先

从图 6－3 中可以看出，2009 年辽宁省的城市竞争力从强到弱排名依次为：大连、沈阳、鞍山、盘锦、锦州、营口、抚顺、辽阳、本溪、丹东、葫芦岛、铁岭、阜新、朝阳。辽宁省的城市竞争力除了大连和沈阳表现比较抢眼之外，其他几个城市的综合竞争力都处于中间水平，铁岭、阜新和朝阳的名次相对靠后。全国的平均综合竞争力指数为 0.428，辽宁省的这一指标为 0.458，排在全国第 7 位，其综合竞争力的基尼系数为 0.094，排在全国第 8 位。

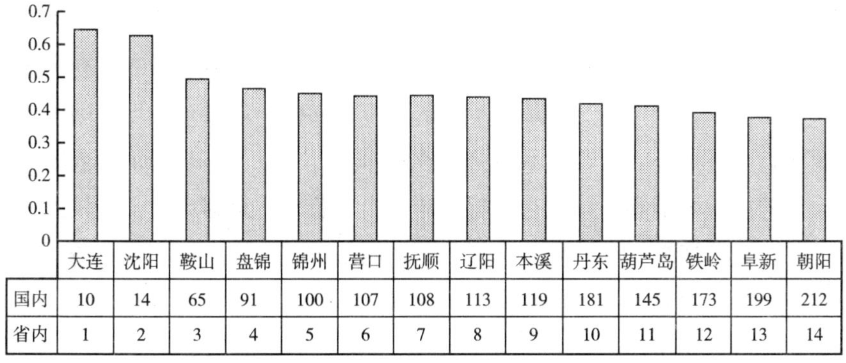

图 6-3 辽宁城市综合竞争力排名

2. 历史回溯：总体发展势头良好，南部增长快于北部

从综合竞争力看，中心城市沈阳和大连的排名都在逐步上升，已经分别从 2005 年的第 28 位和第 18 位上升到 2009 年的第 14 位和第 9 位。丹东、营口、锦州和辽阳的排名也有所上升，其中丹东和营口的上升幅度很大，分别上升了 55 位和 25 位。抚顺、盘锦和朝阳的名次变化幅度不大（见表 6-2）。

表 6-2 辽宁城市综合竞争力历史排名

城 市	2005 年		2006 年		2007 年		2008 年		2009 年	
	省内排名	国内排名	省内排名	国内排名	省内排名	国内排名	省内排名	国内排名	省内排名	国内排名
鞍 山	3	42	3	55	3	65	3	57	3	66
本 溪	6	108	7	122	8	114	7	113	9	119
朝 阳	14	207	14	197	14	206	14	216	14	212
大 连	1	18	1	18	1	12	1	12	1	9
丹 东	13	186	11	160	9	144	10	129	10	131
抚 顺	5	107	5	104	5	105	5	101	7	108
阜 新	12	176	12	172	13	179	13	177	13	199
葫芦岛	8	115	9	131	6	110	9	122	11	145
锦 州	7	114	6	111	7	111	6	106	5	100
辽 阳	9	122	13	181	12	170	11	156	8	113
盘 锦	4	95	4	74	4	75	4	84	4	91
沈 阳	2	28	2	28	2	21	2	17	2	14
铁 岭	11	153	10	154	11	154	12	161	12	173
营 口	10	132	8	125	10	147	8	114	6	107

3. 分项竞争力指标综合分析：综合增长发展最快，其他指标稍逊一筹

从横向来看，在六个分项指标下，各项都比较突出的城市是大连和沈阳。沈阳是辽宁省的省会，也是东北地区最大的城市，同时，还是东北地区的政治、经济、商业，军事中心，有资源和人才优势，工业化程度较高。而大连是东北之窗，重要的旅游城市和港口城市，近几年进出口总额和游客人数都有较大幅度的增长，工业化程度高。而六项指标都较平均的城市有丹东、抚顺和阜新，这三个城市在各个方面的发展都比较均衡（见表6－3）。

表6－3　辽宁城市分项竞争力排名

城市	综合增长		经济规模		经济效率		发展成本		产业层次		收入水平	
	省内排名	国内排名	省内排名	国内排名	省内排名	国内排名	省内排名	国内排名	省内排名	国内排名	省内排名	国内排名
鞍　山	6	38	3	42	2	22	13	283	3	91	2	30
本　溪	4	15	5	88	8	91	12	271	13	207	5	71
朝　阳	3	13	13	215	12	193	14	284	8	136	13	148
大　连	10	64	2	15	1	19	2	33	1	27	1	13
丹　东	11	65	11	152	10	133	10	252	6	116	11	131
抚　顺	12	157	4	78	9	107	9	243	7	124	9	124
阜　新	13	197	12	200	14	216	11	258	4	98	14	188
葫芦岛	7	51	10	131	11	175	5	215	11	202	12	140
锦　州	8	53	8	104	6	87	7	239	5	103	10	128
辽　阳	9	55	9	112	7	88	6	234	10	187	6	82
盘　锦	14	286	6	91	3	24	3	95	12	206	4	47
沈　阳	5	17	1	14	4	35	1	18	2	39	3	35
铁　岭	1	1	14	238	13	201	8	241	9	162	8	102
营　口	2	6	7	97	5	80	4	165	14	266	7	88

从纵向来看，辽宁省在综合增长竞争力方面的表现非常抢眼，尤其值得一提的是铁岭、营口、本溪和朝阳，这4个城市综合增长竞争力在过去5年的发展突飞猛进，在全国的排名均在20名以内。经济效率竞争力方面，盘锦的表现也可圈可点，2009年盘锦的经济效率竞争力为0.396，排在全国第24位。收入水平竞争力方面，鞍山也表现不俗，其指数为0.304，远高于全国平均水平。

4. 结论与政策建议

首先，辽宁省的综合增长竞争力增长迅速，远远高于其他指标（见图6－4），表明最近5年以来，辽宁省的增长很快。

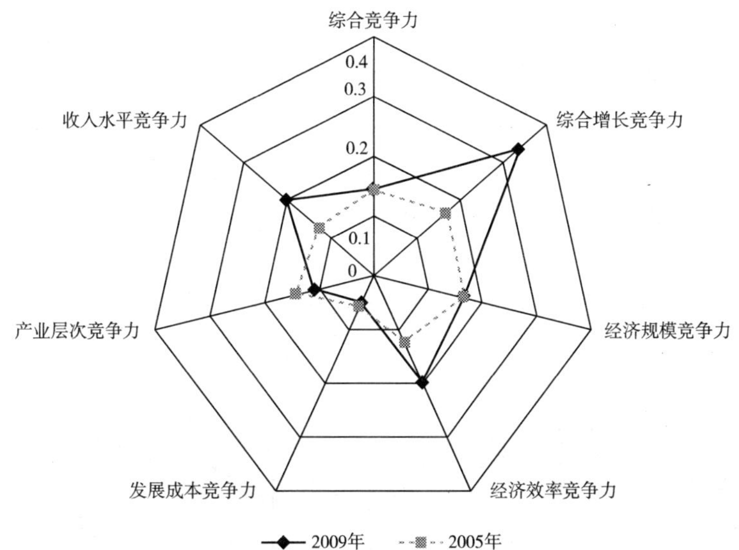

图 6－4 辽宁城市竞争力历史回溯

其次，在收入水平竞争力、经济效率竞争力和产业层次竞争力方面，发展相对缓慢，说明在人均可支配收入、第二和第三产业增加值以及在高新技术和科研方面的投入方面，进步较慢，在未来的发展中，应该在加强基础产业的同时，大力发展高新技术产业和服务行业，增加这些方面的投入，改善人民生活，增加居民可支配收入。

另外，在综合竞争力、经济规模竞争力和发展成本竞争力方面，辽宁省在最近 5 年的变化不明显，在未来的发展中，应该在这些方面提高重视程度，加大环境保护，减少工业污染，大力发展优势产业，提高 CDP 规模。

建议投资者和创业者重点关注沈阳、大连、丹东、营口等城市。

三 中国（吉林）城市竞争力报告

吉林，来源于女真语，汉译为“沿着松花江的土地”，位于中国东北地区中部，北连黑龙江省，南连辽宁省，西与内蒙古自治区为邻，东南有图们江、松花江为界河与朝鲜半岛相隔。松花江是东北的主要大河，发源自长白山天池西北，是省内最大的河流。吉林省面积为 18.74 万平方公里，占全国总面积的 2%。人口总数达到了 0.2400 亿人，占全国总人口的 2.04%，全省除汉族外，有 43 个少数民族，少数民族人口总数在全国排名第9。

1. 综合竞争力：城市差距较小，长春省内第一

吉林省的综合竞争力从强到弱的排名依次为长春、吉林、松原、通化、四平、辽源、白城和白山（见图6-5）。在这些城市中，除了长春排名比较靠前以外，吉林、松原、通化、四平处于中间水平，而辽源、白城和白山排名相对靠后。全国的平均综合竞争力指数为0.428，吉林省的这一指标为0.418，在全国排名第11位。吉林省的综合竞争力的基尼系数为0.106，全国排名第14位。

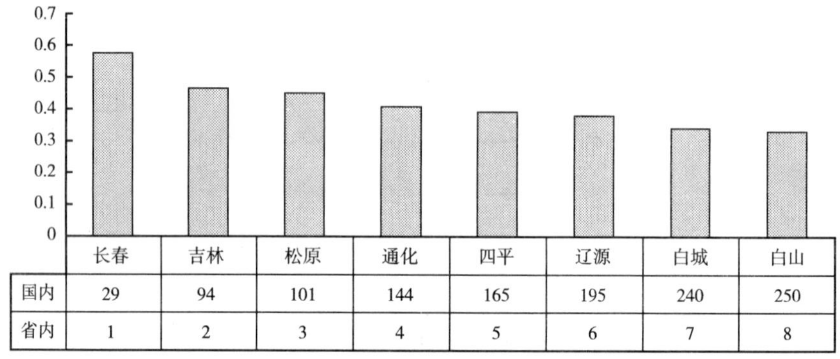

图6-5 吉林城市综合竞争力排名

2. 历史回溯：整体排名较差，辽源、松原上升最快

从综合竞争力看，除了长春和白城的排名有所下降之外，其他的城市在2009年的排名相对于2005年均有所上升，其中四平和辽源分别上升了60位和61位，而松原更是大幅度地上升了86位（见表6-4）。

表6-4 吉林城市综合竞争力历史排名

城市	2005年		2006年		2007年		2008年		2009年	
	省内排名	国内排名	省内排名	国内排名	省内排名	国内排名	省内排名	国内排名	省内排名	国内排名
白城	5	216	6	245	8	255	8	248	7	240
白山	8	268	7	256	7	249	7	241	8	250
吉林	2	104	2	138	2	136	2	112	2	94
辽源	7	256	5	236	6	201	6	189	6	195
四平	6	225	8	257	5	196	5	180	5	165
松原	3	187	4	202	3	138	3	120	3	101
通化	4	192	3	180	4	160	4	158	4	144
长春	1	24	1	33	1	41	1	39	1	29

3. 分项竞争力：综合增长一枝独秀，其他指标发展缓慢

从横向来看，六大竞争力指标中，各项都表现较好的城市是长春（见表6－5）。作为吉林省的省会，长春是全省的政治、经济、文化和交通中心，中国最大的汽车工业城市，也是东北地区中部最大的中心城市。发展较为均衡的城市为吉林，它则是唯一的与省重名的城市，是吉林省的第二大城市。长春和吉林都属于特大型城市，也都处于工业化中期。

表6－5　吉林城市分项竞争力排名

城　市	综合增长		经济规模		经济效率		发展成本		产业层次		收入水平	
	省内排名	国内排名	省内排名	国内排名	省内排名	国内排名	省内排名	国内排名	省内排名	国内排名	省内排名	国内排名
白　城	6	25	8	267	8	258	3	89	4	193	8	244
白　山	4	8	6	199	7	231	8	288	8	254	7	185
吉　林	8	75	2	59	3	120	5	230	2	74	4	163
辽　源	2	4	5	194	5	126	6	270	6	219	6	171
四　平	5	20	7	203	6	188	7	272	3	119	1	86
松　原	3	5	3	139	2	71	2	59	5	215	3	134
通　化	1	1	4	185	4	125	4	145	7	228	5	168
长　春	7	66	1	26	1	60	1	9	1	44	2	93

从纵向来看，吉林省在综合增长竞争力方面的表现非常突出，尤其是通化、辽源、松原和白山的国内排名均处于全国前10，分别为第1位、第4位、第3位和第8位。表明这些城市的GDP在近5年增长速度很快，发展势头很猛。

4. 结论与政策建议

首先，在综合增长竞争力方面，吉林省的表现非常突出（见图6－6），说明在国家振兴东北老工业基地战略的带动下，吉林省努力促进经济振兴和产业结构升级，保持了良好的经济增长态势。

其次，在其他几个方面，吉林省的发展速度均不是很快，应该在未来的发展过程当中，加强对这些方面的重视，比如，大力发展优势产业，扩大GDP规模；努力提高第二、第三产业的增加值；加大环境保护力度，减少工业废气和废水的排放；加大对高新技术和科研的投入；努力增加人均可支配收入，不断提高人民生活水平。

最后，与其他两个东北的省份不同，吉林省大部分城市是中等城市，发展较为均衡，从这方面来说，对于其整体的转型和提升都非常有利，因此，各个城市

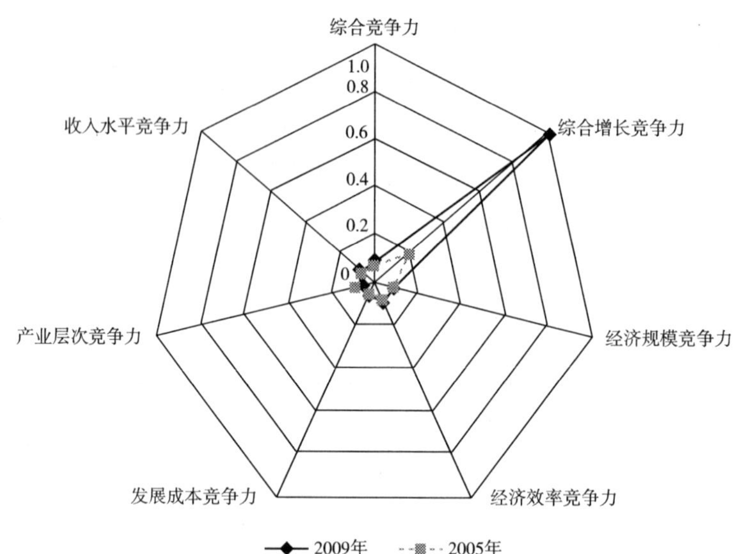

图 6－6　吉林城市竞争力历史回溯

应该充分挖掘自身的资源，加强城市间合作，共同发展。

另外，建议投资者、创业者、求职者重点关注吉林、通化、辽源、松原和白山等城市。

四　中国（黑龙江）城市竞争力报告

黑龙江，中国最东北的省份。北部、东部以黑龙江、乌苏里江为界，与俄罗斯相望；西部与内蒙古自治区毗邻；南部与吉林省接壤。黑龙江省土地总面积47.3万平方公里，占全国土地总面积的4.9%。人口总数为0.37亿人，占全国总人口的3.1%。黑龙江的土地质量居全国之首，总耕地面积和可开发的土地后备资源均占全国1/10以上，人均耕地和农民人均经营耕地是全国平均水平的3倍左右。同时，黑龙江省的自然资源也十分丰富，矿产资源、森林资源、动植物和水资源的储备都在全国名列前茅。

1. 综合竞争力：总体水平较差，城市差距明显

黑龙江省的综合竞争力排名从强到弱依次为哈尔滨、大庆、齐齐哈尔、佳木斯、牡丹江、七台河、鸡西、鹤岗、双鸭山、黑河、伊春和绥化（见图6－7）。

其中，处于前50位的城市是哈尔滨和大庆，其他城市的排名都比较靠后。全国的平均综合竞争力指数为0.428，黑龙江省的这一指标为0.368，在全国的排名为第18位。黑龙江省综合竞争力的基尼系数为0.132，全国排名第19位。

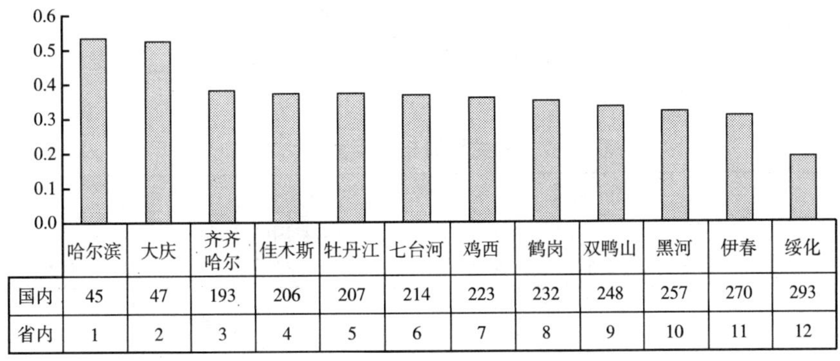

图6－7　黑龙江城市综合竞争力排名

2. 历史回溯：整体排名较差，大庆黑龙江领先

从综合竞争力看，鸡西、鹤岗、七台河和大庆均有所上升，但是幅度不是很大，其他几个城市的名次都有不同程度的下降，齐齐哈尔、佳木斯、牡丹江和黑河的下降幅度尤为显著，2009年的排名与2005年相比分别下降了38位、41位、29位和45位（见表6－6）。

表6－6　黑龙江城市综合竞争力历史排名

城　市	2005年		2006年		2007年		2008年		2009年	
	省内排名	国内排名	省内排名	国内排名	省内排名	国内排名	省内排名	国内排名	省内排名	国内排名
大　庆	2	55	2	52	2	49	2	55	2	47
哈尔滨	1	30	1	38	1	46	1	50	1	45
鹤　岗	9	237	7	223	7	228	6	230	8	232
黑　河	6	212	9	231	10	251	10	258	10	257
鸡　西	11	258	10	255	8	232	5	229	7	223
佳木斯	4	165	4	185	4	200	4	207	5	206
牡丹江	5	178	5	200	5	225	7	231	4	207
七台河	7	218	6	218	6	226	8	233	6	214
齐齐哈尔	3	155	3	153	3	180	3	185	3	193
双鸭山	8	223	8	224	9	242	9	244	9	248
绥　化	12	290	12	293	12	294	12	294	12	293
伊　春	10	257	11	266	11	270	11	274	11	270

3. 分项竞争力：多数指标有所增长，综合增长最为显著

从横向来看，黑龙江省发展相对较好的城市是哈尔滨，作为省会城市，哈尔滨特殊的地理位置和历史进程造就了这座具有异国情调的美丽城市，它不仅荟萃了北方少数民族的历史文化，而且融合了中外文化。除此之外，黑龙江另外一些城市的发展也很均衡，比如，鹤岗、黑河、齐齐哈尔和绥化等（见表6－7）。

表6－7 黑龙江城市分项竞争力排名

城市	综合增长		经济规模		经济效率		发展成本		产业层次		收入水平	
	省内排名	国内排名	省内排名	国内排名	省内排名	国内排名	省内排名	国内排名	省内排名	国内排名	省内排名	国内排名
大庆	11	274	2	25	1	13	1	83	7	214	1	39
哈尔滨	3	134	1	23	2	93	3	147	1	56	2	100
鹤岗	5	186	9	231	7	235	7	182	8	237	9	208
黑河	10	261	12	289	9	264	6	174	4	125	6	186
鸡西	7	200	7	228	10	272	12	253	3	77	8	203
佳木斯	1	77	4	173	3	199	5	153	6	190	10	254
牡丹江	12	285	6	218	8	238	9	205	2	64	7	190
七台河	2	87	5	214	4	202	8	204	9	261	3	162
齐齐哈尔	8	213	3	123	6	223	10	228	5	182	5	183
双鸭山	4	150	10	234	5	222	11	240	11	289	4	177
绥化	6	198	11	285	12	293	4	148	12	294	12	291
伊春	9	252	8	230	11	282	2	121	10	262	11	263

从纵向来看，经济效率竞争力方面，大庆的表现一枝独秀，其2009年的数据为0.486，排在全国的第13位。经济规模竞争力的发展就要数哈尔滨了，排名全国的第23位，其2009年的数据为0.33。而佳木斯则是在综合增长竞争力方面的表现比较抢眼，其指数为0.793，远高于全国平均水平。另外，在产业层次竞争力方面，牡丹江在整个黑龙江省的范围内表现不俗，2009年的数据为0.174。

4. 结论与政策建议

首先，在综合增长竞争力、收入水平竞争力和产业层次竞争力方面，黑龙江省5年来的变化不大（见图6－8），在未来的发展中，对这些方面的发展要加以重视，比如，增加人均可支配收入，加大在高新技术以及科研方面的投入等。

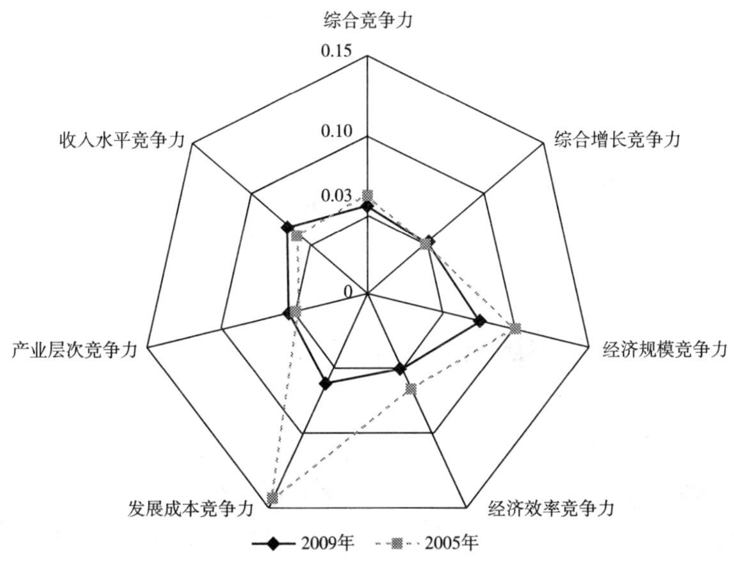

图 6－8　黑龙江城市竞争力历史回溯

其次，经济效率竞争力和经济规模竞争力方面，黑龙江省 2009 年的数据与 2005 年相比，有稍许退步，在今后的发展中，应该加大产业发展力度，提高 GDP 规模及增长速度。

最后，发展成本竞争力较 2005 年有较大退步，因此，要加大环境保护力度，减少废水、废气等工业污染物的排放，大力开发清洁能源，发展低碳产业。

建议投资者和求职者重点关注竞争力提升较快的一些城市。

第七章
中国（中部地区）城市竞争力报告

一　中国（中部）城市竞争力报告

中部地区包括山西、安徽、江西、河南、湖南、湖北六个省，共有 81 个城市，其中山西包括太原、大同、阳泉等 11 个城市，安徽包括合肥、芜湖、蚌埠等 17 个城市，江西包括南昌、九江、景德镇等 11 个城市，河南包括郑州、开封、洛阳等 17 个城市，湖北包括武汉、襄樊、黄石等 12 个城市，湖南包括长沙、株洲、湘潭等 13 个城市。

1. 综合竞争力：区域相对均衡，省会相对较强

同全国其他 5 个区域进行总体比较发现：2009 年中部的综合竞争力排在全国第 4 名。中部综合竞争力排名靠前的城市有：长沙、武汉、合肥、南昌、郑州、马鞍山、太原、芜湖、洛阳、株洲（见图 7－1）。总体来看中部地区城市综合竞争力都分布在 120～250 名之间，各省的省会在本省都遥遥领先。值得注意的是前十名中安徽省有三个城市，河南和湖南各占两席，这三个省就出现了一超多强的格局。与之对应的，安徽、河南和湖南的综合竞争力基尼系数排名在全国

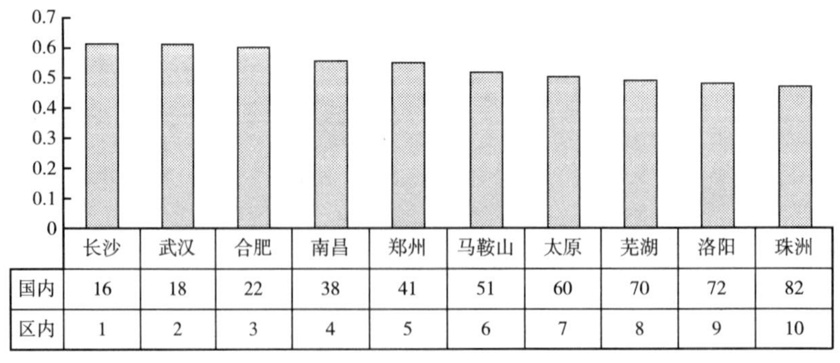

	长沙	武汉	合肥	南昌	郑州	马鞍山	太原	芜湖	洛阳	株洲
国内	16	18	22	38	41	51	60	70	72	82
区内	1	2	3	4	5	6	7	8	9	10

图 7－1　中部地区综合竞争力前十强城市

也靠前。

2. 历史回溯：分项竞争力基本不变，发展成本略有升高

过去5年，该区域所有省综合竞争力上升名次按从大到小排依次是湖北、河南、湖南、安徽、江西、山西。过去2年中，该区域所有省综合竞争力上升名次按从大到小依次是河南、江西、湖南、安徽、山西、湖北。总体来说中部地区过去几年省份综合竞争力排名变化都不显著。中部地区依然有较大的增长空间。过去5年中部地区综合竞争力、收入水平竞争力、经济规模竞争力和经济效率竞争力没有明显变化，综合增长竞争力和发展成本竞争力有所削弱。中部地区分项竞争力增长最快的十名城市见表7－1。

表7－1　中部地区分项竞争力增长最快十名城市

	综合增长		经济规模		经济效率		发展成本		产业层次		收入水平	
	5年	2年	5年	2年	5年	2年	5年	2年	5年	2年	5年	2年
1	三门峡	三门峡	新余	九江	朔州	九江	宜春	咸宁	新乡	荆州	吕梁	吕梁
2	益阳	咸宁	朔州	新余	新余	朔州	张家界	黄冈	黄山	衡阳	朔州	景德镇
3	咸宁	池州	张家界	赣州	吕梁	吕梁	吉安	吉安	郴州	岳阳	赣州	赣州
4	池州	鄂州	赣州	朔州	张家界	平顶山	邵阳	宜春	张家界	巢湖	池州	合肥
5	朔州	黄冈	鹤壁	益阳	萍乡	淮北	襄樊	鄂州	九江	九江	晋城	鹰潭
6	宜春	新乡	马鞍山	淮北	太原	鹤壁	赣州	邵阳	临汾	咸宁	滁州	岳阳
7	黄石	益阳	铜陵	淮南	平顶山	许昌	池州	荆州	上饶	铜陵	许昌	池州
8	萍乡	南阳	芜湖	抚州	鹤壁	新余	吕梁	鹰潭	吕梁	张家界	铜陵	大同
9	鹤壁	株洲	合肥	平顶山	襄樊	鄂州	咸宁	吕梁	马鞍山	晋城	新余	朔州
10	鄂州	萍乡	长沙	晋城	岳阳	襄樊	萍乡	九江	平顶山	荆门	平顶山	周口

3. 结论与政策建议

从整体上看，在综合竞争力方面，中部地区城市的综合竞争力低于全国平均水平。各省的经济发展各有特色：河南是我国第一农业大省；山西是传统的能源大省；而湖北则是我国工业的重点建设区；江西和湖南靠近珠三角，安徽靠近长三角，在承接东部地区产业转移方面具有优势。

中部地区的综合增长竞争力排名要弱于综合竞争力（见图7－2），表明虽然中部地区也在迅速发展，但和其他地区相比，速度仍稍慢。各省会城市的GDP明显突出，相比其他城市具有绝对的优势。中部地区产业结构中第一产业占比偏高，现阶段虽以第二产业为主体，但是第二产业的优势不明显，且第三产业主要

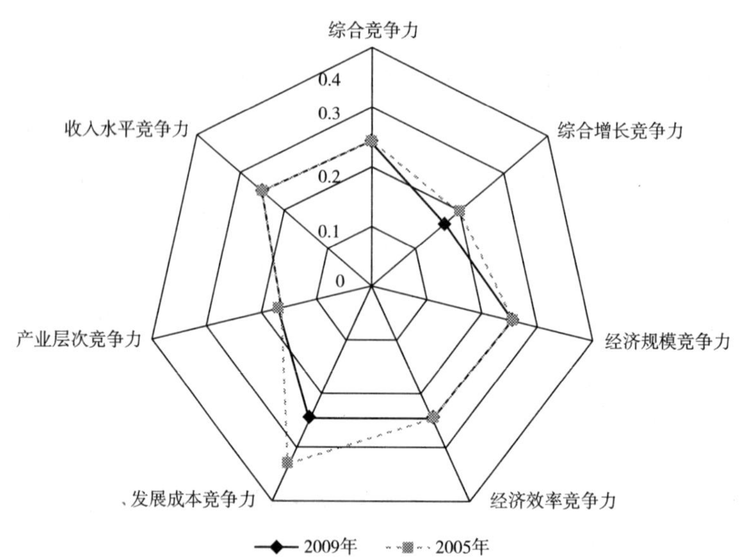

图 7－2　中部城市竞争力历史回溯

以传统的流通和服务业为主，不具有特别的竞争优势。山西由于能源丰富，相关产业发展较快，产业层次竞争力相对较强。在发展成本竞争力方面，中部地区资源城市较多，资源环境压力不断加大，生态建设与环境保护工作力度有待加强。安徽省近年来积极探索区域循环经济发展模式，整个省份的发展成本都较低，在中部领先。在经济效率竞争力方面，六个省份均低于全国的平均水平。值得指出的是湖南省积极支持原创型创新、集成创新和再创新项目，并促进科学成果转化，推动了经济效率的提高。因此湖南经济效率竞争力区域最强。在收入水平竞争力方面，中部地区除河南省接近全国平均水平之外，其他五个省份收入水平竞争力均不强。

建议投资者和求职者重点关注省会城市、交通便利城市和城市群内城市。

二　中国（湖北）城市竞争力报告

湖北省，简称鄂，位于我国中南部，地处长江中游，洞庭湖之北。省会武汉。湖北省交通便利，铁路和水路较为通畅。同时拥有众多质量较高的大学和科研机构，人才优势明显，城市化水平达到了45%。《武汉城市圈资源节约型和环境友好型社会建设综合配套改革试验总体方案》已获国务院正式批复，进入全面实施阶段。

1. 综合竞争力：鄂西总体高于鄂东，一强多弱省会领先

2009 年全国综合竞争力指数为 0.428，湖北的这一指标为 0.392，在全国的排名为第 14 位。湖北省城市总体上呈现一强多弱的格局。省会武汉位于江汉平原东部，城市沿江分布，地理位置优越，是中部地区的交通枢纽，也是我国的特大型综合性城市之一，人口密集，工业化程度较高，处于工业化中期，近年来发展步伐较快，综合竞争力远远领先其余城市。其他大部分城市的综合竞争力较弱，在全国的排名较为靠后，6 个城市排在了 200 名以后（见图 7－3）。综合竞争力基尼系数为 0.097，低于全国的平均水平，但高于中部的平均水平，排在第 9 位。表明湖北省内城市的发展均衡程度高于全国的平均水平，但相对于中部其他省份而言，均衡程度相对较低。从城市的地域分布来看，鄂东地处大别山区，经济基础薄弱，所以整体较落后；而鄂西水力、旅游资源丰富，十堰—襄樊已经和省会武汉形成了汽车工业走廊，鄂西城市整体发展水平要高于鄂东。

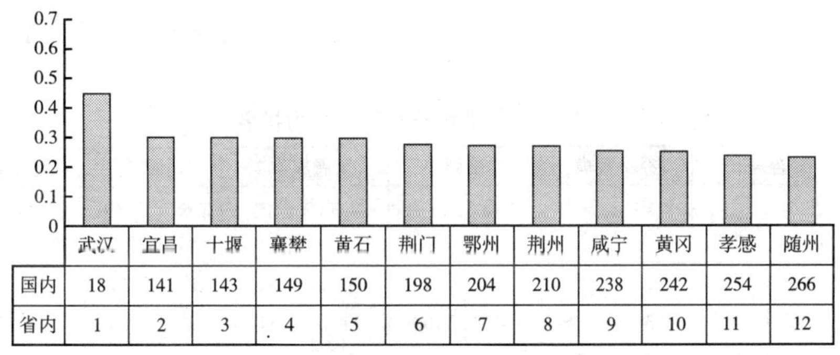

	武汉	宜昌	十堰	襄樊	黄石	荆门	鄂州	荆州	咸宁	黄冈	孝感	随州
国内	18	141	143	149	150	198	204	210	238	242	254	266
省内	1	2	3	4	5	6	7	8	9	10	11	12

图 7－3　湖北城市综合竞争力排名

2. 历史回溯：省会武汉进步明显，多数城市涨跌互现

从综合竞争力看：武汉、咸宁总体排名前进了约 10 名左右，武汉最近 5 年进步很明显，地位无可撼动。5 年来，综合竞争力排名下降较快的城市包括宜昌、荆门、孝感，特别是宜昌和荆门，排名分别下降了 64 位和 53 位（见表 7－2）。近 2 年来，湖北省的大多数城市综合竞争力都更上一个台阶，十堰和荆州增长较快，只有孝感和荆门延续了前几年下降的趋势。

表 7－2　湖北城市综合竞争力历史排名

城市	2005 年		2006 年		2007 年		2008 年		2009 年	
	省内排名	国内排名	省内排名	国内排名	省内排名	国内排名	省内排名	国内排名	省内排名	国内排名
十堰	3	121	4	126	6	173	5	162	3	143
荆州	8	189	8	215	8	222	8	227	8	210
黄冈	10	224	7	206	12	269	11	253	10	242
鄂州	7	181	9	226	7	214	7	213	7	204
宜昌	2	77	2	77	3	133	2	148	2	141
咸宁	12	248	11	233	10	246	9	243	9	238
武汉	1	27	1	24	1	32	1	23	1	18
随州	11	234	12	259	11	263	12	271	12	266
黄石	4	127	5	162	5	159	4	154	5	150
襄樊	5	129	3	115	4	145	3	149	4	149
孝感	9	221	10	227	9	238	10	246	11	254
荆门	6	145	6	198	2	115	6	186	6	198

3. 分项竞争力：整体偏弱分化显著，武汉发展均衡领先

从表 7－3 湖北城市分项竞争力排名中可以看出，湖北省类似于其他中部省份，各项竞争力都呈现一强多弱的格局。按照各城市的竞争力表现可以将湖北的

表 7－3　湖北城市分项竞争力排名

城市	综合增长		经济规模		经济效率		发展成本		产业层次		收入水平	
	省内排名	国内排名	省内排名	国内排名	省内排名	国内排名	省内排名	国内排名	省内排名	国内排名	省内排名	国内排名
武汉	2	95	1	13	1	42	5	65	1	17	1	55
宜昌	9	268	3	75	4	100	11	224	7	234	4	157
十堰	11	278	4	125	3	83	8	142	6	229	3	154
襄樊	8	220	2	70	5	157	2	13	8	248	8	232
黄石	4	139	5	126	2	65	12	264	5	217	2	139
荆门	5	199	9	181	7	194	9	183	3	189	6	212
鄂州	3	118	6	138	6	170	7	128	11	284	7	225
荆州	10	269	7	163	9	220	10	219	2	106	9	237
咸宁	1	70	11	252	11	249	6	114	4	198	11	247
黄冈	6	201	12	272	8	219	4	52	9	263	5	210
孝感	12	282	10	233	10	247	3	42	10	274	10	243
随州	7	215	8	168	12	276	1	7	12	288	12	282

城市分成三类。第一类各项指标在省内优秀的城市，省会武汉。作为资源节约型和环境友好型社会建设综合配套改革试验区的中部特大型城市和定位于中部中心城市的武汉，各项竞争力发展继续趋好。第二类各项竞争力指标均衡发展的城市：黄冈、荆州、鄂州、荆门、襄樊、十堰、宜昌、黄石。各项竞争力虽无亮点但是各部分均衡发展。第三类单项竞争力突出的城市：随州，表现出比较强的发展成本优势，随州位于湖北省北部，经济相对比较落后，污染较少；咸宁，综合增长率名列前茅。虽然咸宁经济也较为落后，但其毗邻武汉，交通便利，区位优势明显，随着武汉的辐射效应日渐明显，武汉经济圈逐渐发挥作用，其经济综合增长速度加快。

对各项竞争力指标纵向分析发现，湖北的经济效率竞争力指数是0.184，全国排名第13，工业化程度不高，城市经济效率也相对不高。基尼系数为0.263，在全国排名第14，城市之间的差距相对较大。但有三个城市比较突出，即武汉、十堰、黄石。它们都是湖北省重要的工业城市。其中武汉作为省会城市，行政优势突出，是武汉城市圈的极核。十堰的汽车制造业发达，工业化程度稍低，仍处于工业化初期，但城市的经济效率竞争力较强。黄石人口数量和建成区面积在武汉城市圈中仅次于武汉，规模较大，发展空间也较大，是城市圈的副中心城市，经济效率也较高。

湖北的发展成本竞争力指数是0.546，全国排名第7，总体排名在国内靠前。随州全国排名第7，优势非常明显，旅游资源丰富，是正在崛起的现代化新型城市；襄樊虽然发展成本竞争力排名靠前，但二氧化硫排放量大，制约了发展成本竞争力的进一步提升。

4. 结论与政策建议

首先，在所有的竞争力中，湖北省的发展成本竞争力较强（见图7－4），排名强于其综合竞争力，发展成本较低可以增强以后发展的潜力，这一优势应继续保持。在其他指标里，综合增长竞争力排名弱于其他指标，其发展速度也是中部六省中最慢的。发展较慢已经成为制约湖北省城市继续发展的一个重要因素，而且增速有放缓的迹象。其次，产业结构不合理是制约湖北省城市综合竞争力提高的另一个重要因素，除武汉外，其他11个城市的结构竞争力排名大都低于其综合竞争力排名，表明产业结构不合理是湖北城市发展的瓶颈。湖北省目前也正在不断制定相关规划、加快电子信息、汽车、钢铁等支柱产业的发展。再次，区位优势、交通条件、行政资源、经济基础是影响城市综合竞争力的重要因素。湖北省综合竞争力较强的城市，这些优势也较为明显，而其他城市优势较少，综合竞争力较弱。

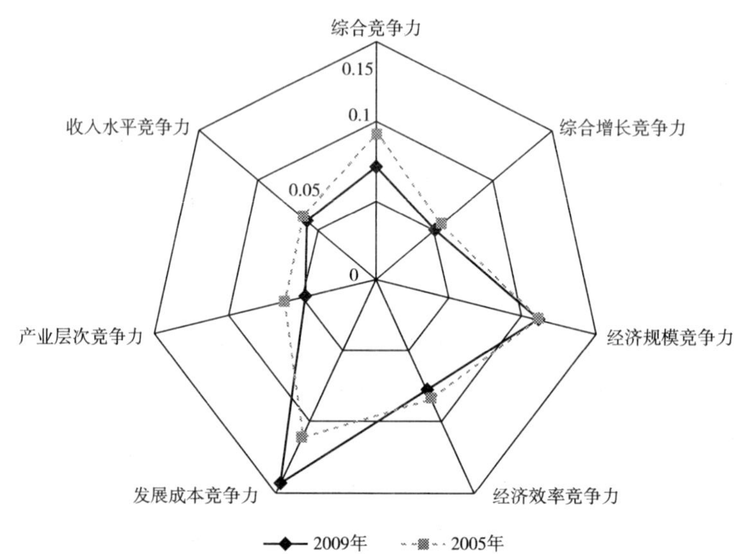

图 7－4　湖北城市竞争力历史回溯

从整体上看，湖北省应该加快产业结构调整，发展新型实用产业，协调城市发展。省会武汉各项竞争力都较强，各项竞争力与其他城市间的差距较大，这说明武汉作为武汉城市群的中心，有着较强的凝聚力和集聚功能，但是辐射效应较差，其他城市也应加快发展，合理配置资源，避免形成一家独大的情况。

建议高端投资和高端人才应重点关注武汉，一般投资和人才应重点关注城市群内城市，省委、省政府应加大对城市群以外城市的政策支持力度。

三　中国（湖南）城市竞争力报告

湖南省，简称“湘”，地处中国中南部，长江中游，地理上属于华中地区，省会为长沙；因地处洞庭湖以南得名“湖南”。

1. 综合竞争力：整体中游，长株潭领先

2009 年度全国的平均综合竞争力指数为 0.428，湖南的这一指标为 0.420，在全国的排名为第 10 位。大部分城市的综合竞争力较弱，在全国的排名较为靠后，有 1 个城市排在全国前 50 名，4 个城市排在了 200 名以后（见图 7－5）。综合竞争力基尼系数为 0.087846，低于全国的平均水平，也低于中部的平均水平，排在第 7 位。表明湖南省内城市的发展均衡程度高于全国的平均水平，且相对于中部其他省份而言，均衡程度仍然较高。其中，长株潭城市群的综合竞争力较强，其他城市较弱。湖南省综合竞争力排在前 4 名的城市分别是长沙、株洲、岳阳、湘潭。湖南的长株潭城市群总面积达 4.3 万平方公里，总人口 1860 万，经济总量占湖南全省 48% 多。长沙是省会城市，同时也是全省的政治、经济、文化、交通中心，处在工业化中期，是人口密集的大型城市。近年来，长沙发展迅速，综合竞争力排在中部第一。株洲地理位置优越，交通运输发达，是我国南方重要的交通枢纽，和许多伟人的故乡——湘潭一样，人均可支配收入较高，都是湖南省的大城市，但工业化程度较低，仍处在工业化初期。岳阳是一个新型工业城市，且地处环洞庭湖经济圈，交通便捷，自然资源丰富，是长江沿岸第二大经济贸易中心，是湖南唯一通江达海的口岸。所以近年来岳阳综合竞争力稳步上升。

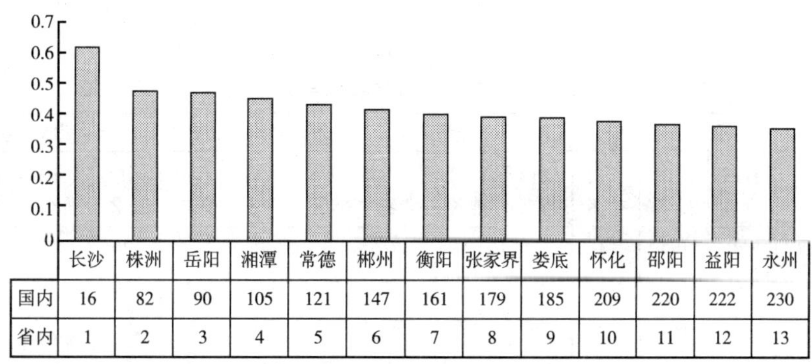

	长沙	株洲	岳阳	湘潭	常德	郴州	衡阳	张家界	娄底	怀化	邵阳	益阳	永州
国内	16	82	90	105	121	147	161	179	185	209	220	222	230
省内	1	2	3	4	5	6	7	8	9	10	11	12	13

图 7－5 湖南城市综合竞争力排名

2. 历史回溯：张家界进步明显，主要城市排名向前

从综合竞争力看，5 年中长沙、株洲、衡阳、张家界、永州总体排名前进。张家界最近 5 年进步很明显，共前进了 49 位（见表 7－4）。5 年来，综合竞争力排名下滑的城市包括湘潭、邵阳、岳阳、常德、怀化、娄底。

3. 分项竞争力：长株潭带动全省，一强多优成本下降

从表 7－5 湖南城市分项竞争力排名中可以看出，湖南有长株潭城市集群带

表 7-4　湖南城市综合竞争力历史排名

城　市	2005 年		2006 年		2007 年		2008 年		2009 年	
	省内排名	国内排名	省内排名	国内排名	省内排名	国内排名	省内排名	国内排名	省内排名	国内排名
长　沙	1	26	1	21	1	18	1	22	1	16
株　洲	5	93	3	93	3	99	2	91	2	82
湘　潭	3	68	4	102	4	100	3	100	4	105
衡　阳	7	172	8	190	8	191	8	182	7	161
邵　阳	10	190	11	212	11	213	11	218	11	220
岳　阳	4	81	2	92	2	98	4	103	3	90
常　德	2	66	7	158	6	143	5	140	5	121
张家界	12	228	9	196	9	193	9	192	8	179
益　阳	11	227	12	222	12	223	12	222	12	222
郴　州	6	166	5	139	5	135	6	147	6	147
永　州	13	239	13	247	13	231	13	232	13	230
怀　化	9	182	10	210	10	204	10	208	10	209
娄　底	8	180	6	150	7	161	7	174	9	185

表 7-5　湖南城市分项竞争力排名

城　市	综合增长		经济规模		经济效率		发展成本		产业层次		收入水平	
	省内排名	国内排名	省内排名	国内排名	省内排名	国内排名	省内排名	国内排名	省内排名	国内排名	省内排名	国内排名
长　沙	4	105	1	27	1	26	3	15	1	26	1	28
株　洲	6	140	4	93	3	61	10	192	2	110	2	90
岳　阳	8	181	3	84	2	56	6	119	9	183	3	92
湘　潭	5	129	5	108	4	74	8	157	7	171	5	129
常　德	1	59	2	83	5	113	1	8	13	286	7	161
郴　州	13	266	7	164	7	155	11	197	4	139	4	116
衡　阳	3	88	6	148	9	190	12	235	6	143	8	180
张家界	7	166	13	256	10	225	2	11	3	115	10	200
娄　底	10	214	10	205	6	134	9	168	10	201	9	193
怀　化	12	253	12	242	8	185	13	246	5	142	6	156
永　州	9	189	9	186	13	245	5	112	11	216	13	251
邵　阳	11	221	11	240	11	230	4	71	8	181	11	220
益　阳	2	81	8	166	12	232	7	120	12	253	12	234

动全省的发展，表现出一强多优的格局。按照各城市的竞争力表现可以将湖南的城市分成三类。第一类各项指标均在省内优秀的城市：长沙、株洲。长沙是特大型城市，经济规模总量庞大，地区生产总值位于全省第一，遥遥领先于其他城市，并且工业化程度较高，处在工业化中期。株洲和长沙同为全国资源节约型和环境友好型社会建设综合配套改革试验区，是大城市，交通便利，人均可支配收入较高。

第二类各项竞争力指标均衡发展，某几项靠前的城市：常德、岳阳。常德在综合增长、经济规模和发展成本上都表现出较强的竞争力。岳阳经济效率较高。

第三类单项竞争力突出的城市：张家界，表现出比较强的发展成本优势。它位于湖南西北部，澧水中上游，属武陵山脉腹地，为中国最重要的旅游城市之一。被联合国教科文组织列入《世界自然遗产名录》。益阳，综合增长率靠前。虽然益阳目前经济较为落后，但水陆交通便利，水资源丰富，土地质量较好，其经济综合增长速度加快。

对各项竞争力指标纵向分析发现，湖南的综合增长竞争力指数是0.707，全国排名第12，总体增长速度快于全国平均水平，常德最强。综合增长竞争力比2008年有所提高。除长沙原来发展水平较高外，益阳和衡阳增长竞争力都进入全国前100位。从区域上看，排名靠前的城市都位于湖南的中北部，这表明湖南在城市发展速度上也出现了区域性的不平衡，北部较快，南部较慢。湖南省综合增长竞争力排在前三名的城市分别是常德、益阳、衡阳，这三个城市都地处湖南中部，交通便利，区位优势明显。其中常德是湖南省重要的农业基地，但近年来不断加快工业化步伐，交通运输和现代物流业得到了较快发展，现代服务业也迅猛发展，益阳、衡阳也不断招商引资，发展非公有经济，和省会城市长沙一起进入了城市发展的快车道。

湖南的平均经济规模竞争力指数是0.104，全国排名第17，总体经济规模位居全国中游，但城市间差距很大。最强的长沙和最弱的张家界相差229位。湖南省经济规模竞争力排在前三名的城市分别是长沙、常德、岳阳。这三个城市都位于湖南北部，GDP总量较大，都排在全国前100名。常德是人口较多的大城市，处在工业化初期，发展前景十分广阔，岳阳风景秀丽，有旅游名胜洞庭湖和岳阳楼，是一座旅游和文化名城。

湖南的平均发展成本竞争力指数是0.546，全国排名第10，总体排名靠前，

常德名列区内第一，全国排名第8，优势非常明显。湖南省发展成本竞争力排在前三名的城市分别是常德、张家界、长沙，都处在全国前15名，其中常德位于湖南省西北部，地处长江中游，东据洞庭湖，文化历史悠久，是湘西北重要的交通枢纽、能源基地和政治文化中心。而张家界是有名的旅游城市，景区、景点繁多，资源利用较为合理，发展成本较低。长沙作为省会城市，享有较多的行政优势，发展成本也较低。

4. 结论与政策建议

首先，在所有的竞争力指标中，湖南的发展成本竞争力最强（见图7-6）。和湖北省类似，湖南省水资源丰富，发展成本较低。综合增长竞争力偏弱，排名要弱于综合竞争力指标，说明湖南省的发展速度仍然较慢，应继续推动优势产业的发展，提升发展速度。

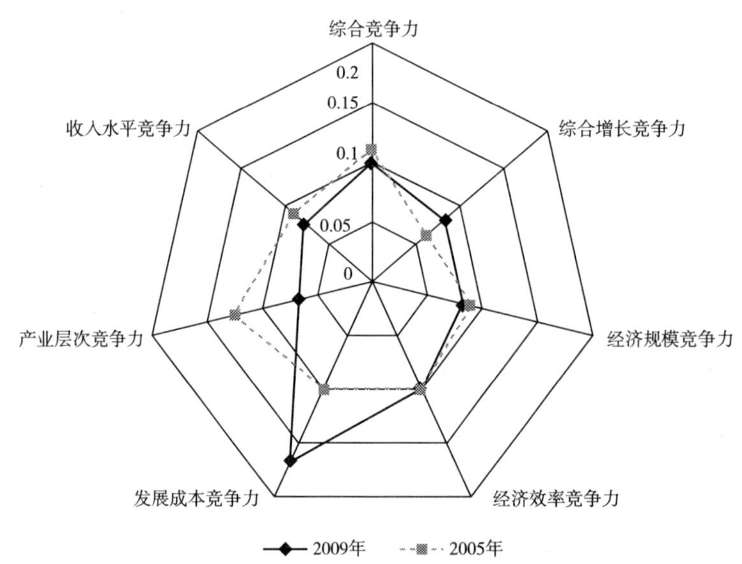

图7-6 湖南城市竞争力历史回溯

其次，相对其他指标，湖南省较弱的竞争力为产业层次竞争力。在全国的排名有所下滑。湖南省其他的指标都比较好，说明产业结构已成为限制湖南省综合竞争力提升的一个重要因素，因此在保证农业产量的前提下，应继续推进工业化进程，以促进第三产业的发展，达到调整、升级并优化产业结构的目的。

最后，长株潭城市群具有较多特色，其区位优势突出，增长潜力强大，科教资源密集，产业基础雄厚，是湖南省的经济发展核心区。和其他城市群相比，城市较少，扩容也正排上日程。同时也应继续充分发挥这些优势，大力推进新型工业化，突出重大项目建设，提高经济外向度水平，更好地发挥辐射效应，带动周边城市的发展。

四　中国（江西）城市竞争力报告

江西省，简称赣，地处长江中下游南岸。江西区位优越、交通便利。航空和水运便捷。

1. 综合竞争力：全省总体偏弱，昌九相对较强

江西省综合竞争力的平均指数为0.387，低于全国平均水平，在全国排名第15位。各城市在全国的排名较为靠后，综合竞争力偏弱。其基尼系数为0.099，排在第10位。江西省城市发展不平衡，主要表现在东北部的城市综合竞争力较强，尤其是南昌附近的城市排名靠前，而南部的城市排名靠后。江西省城市综合竞争力排在前三名的城市分别是南昌、九江和新余（见图7－7）。其中南昌是省会城市，地处长江中下游，是唯一与长江三角洲、珠江三角洲和闽东南经济区毗邻的省会城市，承东启西、纵贯南北，区位优势明显，近年来南昌加快经济发展速度，取得了一定的成效。九江和新余都是中等规模城市，发展迅速，综合竞争力较强。

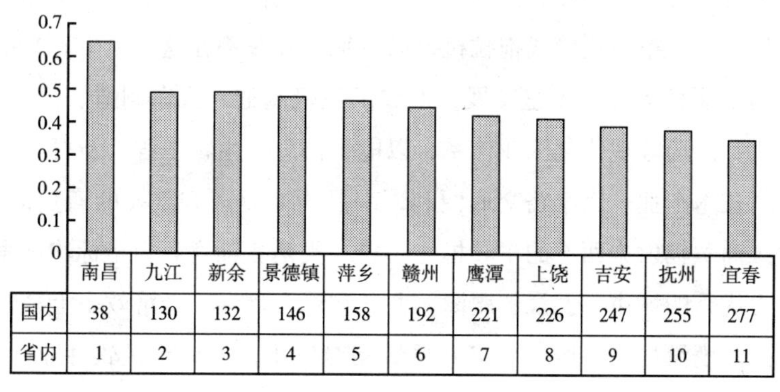

	南昌	九江	新余	景德镇	萍乡	赣州	鹰潭	上饶	吉安	抚州	宜春
国内	38	130	132	146	158	192	221	226	247	255	277
省内	1	2	3	4	5	6	7	8	9	10	11

图7－7　江西城市综合竞争力排名

2. 历史回溯：部分城市进步明显，省会南昌变化不大

从综合竞争力看，5 年中九江、新余、萍乡、赣州、吉安和宜春总体排名都有所前进。近 2 年来赣州、新余进步明显，其中赣州进步最明显，5 年中共前进了 49 位（见表 7－6）。省会南昌变化不大。

表 7－6 江西城市综合竞争力历史排名

城市	2005 年		2006 年		2007 年		2008 年		2009 年	
	省内排名	国内排名	省内排名	国内排名	省内排名	国内排名	省内排名	国内排名	省内排名	国内排名
南昌	1	34	1	29	1	34	1	36	1	38
九江	3	138	3	116	3	119	2	134	2	130
新余	4	162	5	170	5	166	4	146	3	132
景德镇	2	112	2	113	2	117	3	137	4	146
萍乡	5	184	4	163	4	156	5	159	5	158
赣州	9	241	8	220	7	215	7	209	6	192
鹰潭	7	211	7	208	8	229	6	202	7	221
上饶	6	208	6	199	6	199	8	210	8	226
吉安	10	259	10	243	9	239	9	250	9	247
抚州	8	236	9	239	10	253	10	265	10	255
宜春	11	286	11	283	11	282	11	280	11	277

3. 分项竞争力：经济规模国内靠后，各项指标逐渐趋好

从表 7－7 江西城市分项竞争力排名中可以看出，江西省类似于其他中部省份，表现出一强多弱的格局。从横向指标分析，可以将江西的城市分成三类。第一类是各项竞争力指标均在省内优秀的城市，省会南昌。南昌工业基础好，新中国的第一架飞机、第一辆轮式拖拉机、第一辆摩托车都在这里诞生。改革开放以来，南昌的工业经济有了飞速发展，形成了飞机制造、汽车制造、冶金、机电、纺织、化工、医药等现代化工业体系，以电子信息、生物工程、新材料等为代表的新兴高新技术产业。因水路交通便利，南昌历来是南方重要的商贸流通城市，是沿海地区商贸辐射中西部的中转枢纽。第二类是各项竞争力指标均衡发展，某几项竞争力优秀的城市：九江、鹰潭。九江在综合规模、经济效率上都表现出较强的竞争力。鹰潭虽是小城市，GDP 总量相对较小，但计算机软件业、金融业、地质勘探业等高端服务业比较发达。鹰潭的高端服务业占 GDP 比指标极具竞争力。鹰潭产业层次和收入水平较高。第三类是单项竞争力突出的城市：新余，表

现出比较强的经济增长率。新余位于江西中部，近年来发展迅猛，光伏、钢铁、新材料、电力四大支柱产业日趋凸显，是一座正在崛起的工业城市。

对各项竞争力指标纵向分析发现，江西省经济规模竞争力的平均指数为0.078，低于全国平均水平0.133，在全国排名第20位。江西省的城市规模较小，人口较少，除南昌为特大型城市外，其他城市都为中小城市，经济规模较小，竞争力较弱。城市之间差距较大。工业化程度较高的城市，如南昌和新余，经济规模也较大，其他城市的工业化程度较低，该项竞争力也较弱。

江西省经济效率竞争力的平均指数为0.179，低于全国平均水平0.221，在全国排名第14位。各城市的经济效率竞争力较弱，在全国的排名也较为落后，大部分城市都在150名以后。大部分城市处于工业化前期，南昌效率最高。

江西省城市经济规模竞争力和经济效率竞争力排在前三名的城市是南昌、九江、新余（见表7-7）。它们也是江西省城市综合竞争力较强的三个城市，工业化程度较高，人均可支配收入较高，经济运行的效率也较高。其中南昌属于特大型城市。九江旅游资源丰富，市内有鄱阳湖水域，且有旅游景点庐山，近年来，随着南昌—九江工业走廊的继续发展，经济规模正日益扩大。新余和九江都是中等城市，但新余工业化程度较高，已处于工业化中期，九江则处于初期。

表7-7　江西城市分项竞争力排名

城市	综合增长		经济规模		经济效率		发展成本		产业层次		收入水平	
	省内排名	国内排名	省内排名	国内排名	省内排名	国内排名	省内排名	国内排名	省内排名	国内排名	省内排名	国内排名
南昌	2	80	1	43	1	37	1	51	1	46	1	74
景德镇	4	97	5	189	4	130	3	131	8	220	3	132
萍乡	3	92	4	157	5	145	5	134	9	260	5	159
九江	10	174	2	106	2	64	11	237	3	140	7	199
新余	1	36	3	113	3	110	10	232	7	208	4	151
鹰潭	6	116	11	290	8	241	8	195	2	49	2	130
赣州	11	195	6	198	6	184	9	199	5	159	6	194
吉安	5	98	10	268	10	255	7	158	6	168	9	256
宜春	8	136	8	254	11	280	2	55	10	265	11	283
抚州	7	131	7	207	9	252	4	132	11	276	10	267
上饶	9	153	9	264	7	214	6	137	4	152	8	242

4. 结论与政策建议

首先，江西省城市的规模竞争力较弱，排名要落后于综合竞争力，这与江西省中等城市较多，缺少特大型城市有着密切的关系，同时也说明了城市规模过小是制约江西省城市发展的一个重要因素，从图 7-8 也可以看出 5 年来经济规模竞争力没有大的增长，因此要适当扩大城市规模，这样有利于发挥规模效应，也有利于城市综合竞争力的提升。

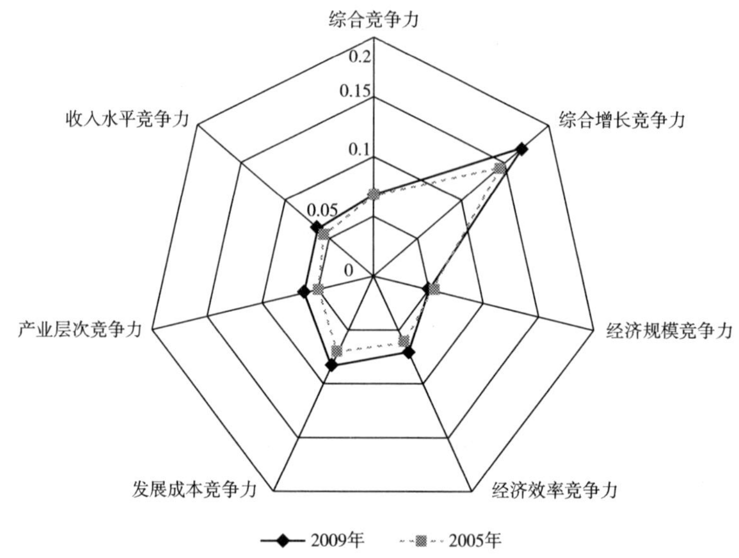

图 7-8　江西城市竞争力历史回溯

其次，江西省城市收入水平竞争力的排名表明，全省整体收入水平竞争力较弱，5 年中虽有所提高，但这个指标严重制约了全省城市的综合竞争力。江西亟待加快经济发展，增加居民可支配收入，改善民生，提升城市的发展水平。

再次，和其他省份相比，江西省城市的经济效率和综合增长竞争力相对于其综合竞争力较有优势，这两个竞争力指标 5 年来都有显著提高。江西省近年来积极发展外向型经济，保持了较强的增长势头，对外开放已经成为江西发展的主导动力。随着外贸产业的发展，江西省的经济效率也得到了提高。应保持这一势头，实现江西崛起新跨越的良好局面。

建议投资者重点关注京九沿线的九州、赣州等，以及资源型城市新余等。

五　中国（河南）城市竞争力报告

河南，简称豫，位于我国中部偏东、黄河中下游，既是传统的农业和人口大省，又是新兴的经济和工业大省。其行政面积达 16.49 万平方公里，占全国的 1.72%；人口 1.02 亿，占全国的 8.43%；2008 年生产总值 1.84 万亿元，占全国的 6.13%。改革开放以来，河南省的农业继续保持领先地位，粮食产量连续八年稳居全国第一，工业也由弱变强，逐步形成了较为完备的工业经济体系。经济总量不断扩大，综合实力显著增强。经济结构不断调整，工业化进程加快推进，原煤、有色金属、食品等主要工业品产量均位居全国前列，伴随着工农业的发展，以郑州为中心的中原城市群地位更为突出，集聚效应不断显现，城市综合竞争力实现了历史性的跨越。

1. 综合竞争力：总体位居全国中游，豫北强豫南弱

河南省综合竞争力的平均指数为 0.408，低于全国平均水平，在全国排名第 12 位，大部分城市的综合竞争力在全国处于中等水平。其综合竞争力基尼系数为 0.069，排在第 3 位，低于全国均值和中部均值，表明河南省的城市之间差距较小，发展较为均衡。相对而言，北部城市综合竞争力强，提升速度快，而南部城市的综合竞争力不如北部城市，而且发展较慢。河南省城市综合竞争力排在前三名的城市分别是郑州、洛阳、新乡（见图 7－9）。这三个城市都属于中原城市群。其中郑州是省会城市，地处中原腹地，北临黄河，南依嵩山，西邻洛阳，东邻开封，属于内陆城市和历史文化名城，是全国重要的交通、通信和能源枢纽，

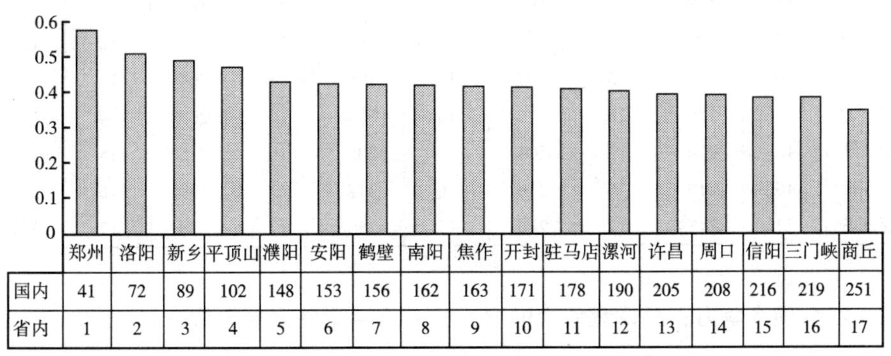

	郑州	洛阳	新乡	平顶山	濮阳	安阳	鹤壁	南阳	焦作	开封	驻马店	漯河	许昌	周口	信阳	三门峡	商丘
国内	41	72	89	102	148	153	156	162	163	171	178	190	205	208	216	219	251
省内	1	2	3	4	5	6	7	8	9	10	11	12	13	14	15	16	17

图 7－9　河南城市综合竞争力排名

区位优势明显。同时郑州也是人口众多的特大型城市，处在工业化中期阶段，城市综合竞争力较强，领先于省内其他城市；洛阳也是特大型城市，旅游自然丰富，同时也是传统的工业城市，处在工业化中期，工业较发达，综合竞争力名列省内第二。新乡是豫北重要的交通枢纽，近年来坚持项目带动和人才强市战略，发展迅速，基础设施有了明显改善。

2. 历史回溯：总体竞争力变化不大，省会郑州独领风骚

从综合竞争力看，5 年中新乡、平顶山、鹤壁、信阳总体排名前进，其他城市的竞争力变化不大。综合竞争力排名略有下降的城市包括许昌、周口，省会郑州变化不大（见表 7－8）。

表 7－8　河南城市综合竞争力历史排名

城　市	2005 年		2006 年		2007 年		2008 年		2009 年	
	省内排名	国内排名	省内排名	国内排名	省内排名	国内排名	省内排名	国内排名	省内排名	国内排名
郑　州	1	33	1	34	1	35	1	37	1	41
洛　阳	2	67	2	61	2	66	2	69	2	72
新　乡	4	113	3	97	3	94	3	88	3	89
平顶山	9	141	5	128	4	112	4	107	4	102
濮　阳	6	124	4	123	5	116	5	131	5	148
安　阳	5	117	6	142	7	168	7	160	6	153
鹤　壁	14	183	14	201	12	192	6	157	7	156
南　阳	11	154	9	175	9	175	8	163	8	162
焦　作	7	135	7	143	8	172	9	167	9	163
开　封	12	157	11	189	11	186	12	187	10	171
驻马店	13	179	12	192	10	182	11	181	11	178
漯　河	3	97	8	146	6	164	10	178	12	190
许　昌	10	147	13	194	14	198	15	204	13	205
周　口	8	140	10	179	13	195	14	203	14	208
信　阳	16	226	15	203	15	205	16	215	15	216
三门峡	15	219	16	216	16	217	13	199	16	219
商　丘	17	243	17	246	17	236	17	238	17	251

3. 分项竞争力：总体竞争力偏弱，收入水平竞争力中部第一

从表 7－9 中可以看出，类似于其他中部省份，各项竞争力都呈现出一强多弱的格局。其中郑州和洛阳大部分指标在省内城市中均靠前。郑州和洛阳都是特

大型城市，都处在工业化中期，地区生产总值较高，其中省会城市郑州经济规模位居全省第一位。郑州交通、通信发达，邮政、电信业务总量居全国前列，并且商贸发达，拥有较多辐射全国的商品集散市场，第三产业较发达，人均第三产业增加值位列全省第一。洛阳位于河南省西部，是一座历史文化古城，也是大中型骨干企业集中的工业城市，经济规模位列全省的第二位。各项竞争力都较强。从各单项指标来分析：鹤壁，在省内表现出比较强的综合增长优势；濮阳，综合效率名列前茅；漯河，处在工业化初期，城市的工业发展还不充分，但是发展成本较低，存在着巨大的发展潜力。

表7-9　河南城市分项竞争力排名

城市	综合增长		经济规模		经济效率		发展成本		产业层次		收入水平	
	省内排名	国内排名	省内排名	国内排名	省内排名	国内排名	省内排名	国内排名	省内排名	国内排名	省内排名	国内排名
郑州	10	206	1	38	4	98	11	193	1	13	1	34
开封	9	176	13	192	15	213	5	127	7	170	12	173
洛阳	13	232	2	65	3	90	16	261	2	28	5	87
平顶山	5	138	3	103	2	82	12	198	6	164	4	83
安阳	11	210	6	122	6	136	13	203	12	247	6	109
鹤壁	1	39	12	184	8	144	9	176	11	235	10	143
新乡	3	60	7	133	7	143	6	141	3	50	9	135
焦作	16	273	11	169	11	189	15	255	4	105	7	112
濮阳	15	265	8	142	1	67	10	190	14	259	8	114
许昌	17	283	15	223	5	115	7	160	16	287	3	78
漯河	6	141	5	118	9	156	1	22	17	290	15	215
三门峡	2	48	17	263	10	165	17	289	5	126	2	70
南阳	7	154	4	110	14	211	8	171	8	172	14	209
商丘	14	243	10	165	17	254	14	233	15	277	16	230
信阳	8	161	9	158	16	234	2	60	13	249	17	235
周口	12	217	16	257	13	209	3	69	9	186	13	181
驻马店	4	114	14	211	12	203	4	125	10	200	11	172

对各竞争力指标纵向分析发现：河南省大部分城市处于前工业化阶段，整体竞争力偏弱，中心城市的经济效率要高于其他城市，资源城市的经济效率要高于非资源城市。河南省经济效率竞争力的平均指数为0.189，低于全国平均水平，在全国排名第12位。河南省人口较多，人均土地面积较小，但最近几年整体的

效率竞争力有所提高，在全国的排名处于中等水平。文明古都洛阳、石油城市濮阳经济效率都较高，位于全国前100名。产业层次竞争力方面总体水平较弱，城市差距明显。河南省产业层次竞争力的平均指数为0.108，低于全国平均水平，在全国排名第12位，排名居中。省内大部分城市的产业层次竞争力在全国处于中下游，大都排在150名之后。相对而言，中原城市群的产业层次更为合理，竞争力也较强，其他城市则较弱。收入水平竞争力河南省总体水平中部区域第一，城市之间差距较小。河南省收入水平竞争力的平均指数为0.408，略低于全国平均水平，在全国排名第11位。省内大部分城市的人均财政收入较高，收入水平竞争力较强，在全国处于中等水平。相对而言，大城市的收入水平竞争力较高，中小城市的收入水平较低。河南省城市收入水平竞争力排在前三名的城市分别是郑州、三门峡、许昌，三个城市都位列全国前100强。其中三门峡位于河南省西部，河南、山西、陕西三省交界处，拥有三门峡水利枢纽，是一座正在崛起的一座新兴城市。三个城市中，郑州的人均财政收入和人均可支配收入都排在全省的第一位，收入水平竞争力的排名也领先于其他城市。

4. 结论与政策建议

河南省2009年各项竞争力指标中收入水平指标最好，并且高于综合竞争力排名（见图7－10）。河南省的产业层次竞争力和经济效率竞争力排名也较好，

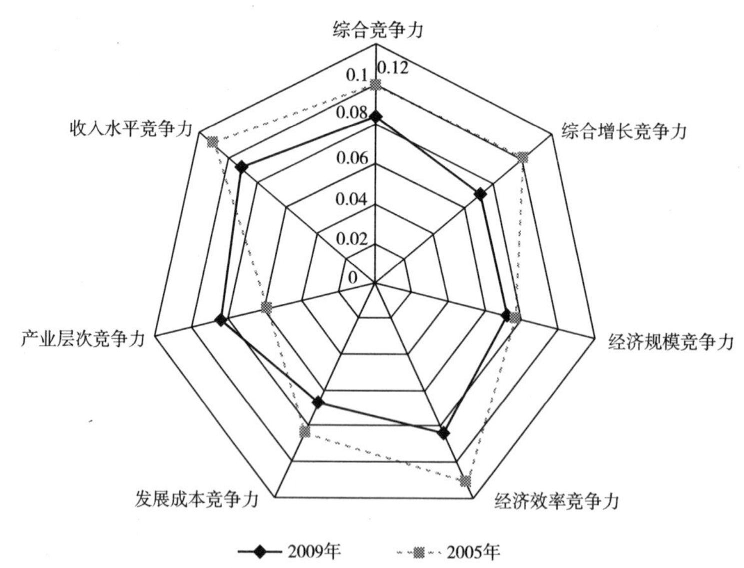

图7－10　河南城市竞争力历史回溯

和综合竞争力排名较为相当。这些指标的排名说明河南省作为全国的人口大省，收入水平较高，产业层次也较为合理，经济效率有一定的优势。河南省各项指标在中部地区的排名也较为靠前，它的快速发展对中部崛起也会有巨大的贡献。

在所有的指标中，河南省的发展成本竞争力排名最为靠后。河南省的其他几项竞争力排名都比较靠前，不存在特别弱的竞争力项，因此应着力于提高资源的利用率并减少污染物的排放，这些措施对于提高河南省城市的竞争力有着重要作用。城市化水平较低是限制河南省发展的另一要素。河南省人口众多，但城镇人口占总人口的比重较小，只达到了34%，远低于全国平均水平45%，但城市化水平较低也预示河南省拥有更大的发展潜力。

建议投资者和创业者关注发展较快的郑州、开封、洛阳、新乡、平顶山等城市。

六　中国（山西）城市竞争力报告

山西，简称晋，位于太行山之西，黄河以东。其行政区域面积达15.70万平方公里，占全国的1.64%，人口为0.34亿，占全国的2.79%。山西矿产资源分布广、种类多、储量丰富，煤炭是山西省最主要的矿产，地质储量达8700亿吨，已探明储量为2700亿吨，占全国煤炭探明储量的30%，是中国煤炭储量最多的省份。2008年生产总值为0.732万亿元，占全国的2.44%。改革开放以来，山西加快转变经济发展方式，经济运行质量明显提高，经济结构继续优化，不断谱写经济社会科学发展的新篇章。

1. 综合竞争力：整体水平不强，城市差距较大

2009年山西省综合竞争力的平均指数为0.377，低于全国平均水平，在全国排名第17位，排名较为靠后。省内大部分城市的综合竞争力较弱，在全国的排名也较为靠后。大城市的综合竞争力较强，其他城市则较弱。山西省城市综合竞争力排在前3名的城市分别是太原、晋城、大同（见图7－11）。其中太原是省会城市，位于山西省境中央，是以冶金、机械、化工、煤炭为支柱的能源重化工城市，同时也是特大型城市，处在工业化中期阶段，城市综合竞争力较强，领先于省内其他城市；大同和晋城都是资源城市，其中大同是特大型城市，人口众多，综合竞争力较强。

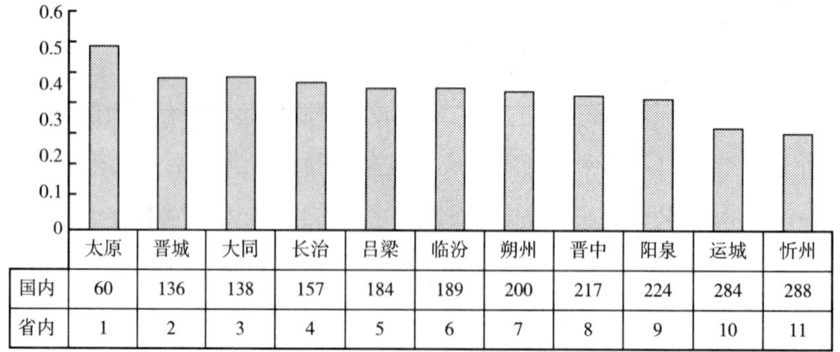

图 7－11　山西城市综合竞争力排名

2. 历史回溯：大部城市有所前进，省会太原遥遥领先

从综合竞争力看，省会太原的综合竞争力遥遥领先（见表 7－10）。其他城市在全国总体排名中后，但是 5 年中大部分城市排名都有所前进。

表 7－10　山西城市综合竞争力历史排名

城市	2005 年		2006 年		2007 年		2008 年		2009 年	
	省内排名	国内排名	省内排名	国内排名	省内排名	国内排名	省内排名	国内排名	省内排名	国内排名
太原	1	71	1	53	1	56	1	62	1	60
晋城	4	151	4	156	4	149	4	145	2	136
大同	3	150	3	137	3	142	2	117	3	138
长治	2	142	2	107	2	101	3	130	4	157
吕梁	10	271	9	221	7	210	9	221	5	184
临汾	6	201	6	186	5	178	5	176	6	189
朔州	8	215	8	217	9	221	7	200	7	200
晋中	7	214	7	213	8	219	8	211	8	217
阳泉	5	177	5	174	6	190	6	194	9	224
运城	9	246	10	250	10	279	10	284	10	284
忻州	11	289	11	289	11	289	11	287	11	288

3. 分项竞争力：资源城市优势突出，发展成本相对较高

按照各城市的竞争力表现可以将山西的城市分成三类。第一类是大部分指标在省内优秀的城市：太原、吕梁、朔州（见表 7－10）。太原是山西省的省会，是特大型城市，濒临汾河，三面环山，是山西省的政治、经济、文化、教育、科技、交通、信息中心，是以冶金、机械、化工、煤炭为支柱，以输出能源、原材料、矿山机械产品为主要特征的全国重要的能源重化工城市，是我国北方最著名的历史名城之一，地区生产总值最高，占全省 GDP 的比重较高。朔州和吕梁都属于小城市。其中朔州是全国新型的能源重化工基地，传统主导产业和新兴产业项目不断，有力促进了新型工业化的加速发展，是一座正在崛起的北方生态园林工业城市。吕梁原先的经济基础较为薄弱，但资源十分丰富，含煤面积占全市国土面积的 54.3%，在重工业的拉动下，工业经济快速增长。第二类是各竞争力指标均衡发展的城市：运城、忻州、阳泉和长治等，各项竞争力虽无亮点但是各部分均衡发展。第三类是单项竞争力突出的城市：临汾、吕梁和晋中在省内表现出比较强的发展成本优势。它们都是中小城市，临汾和吕梁煤炭资源丰富，位于山西省的西南部。晋中则是世界文化遗产平遥古城的所在地，其农业生产条件优越，是山西省粮食、蔬菜的主要产区之一，三个城市都处在工业化初期，工业发展尚不充分，污染相对较少，发展成本竞争力排在省内前列，但山西省总体产业表现出了高能耗、高污染的态势，所以三座城市都排在 150 名以后。

表 7－11 山西城市分项竞争力排名

城市	综合增长		经济规模		经济效率		发展成本		产业层次		收入水平	
	省内排名	国内排名	省内排名	国内排名	省内排名	国内排名	省内排名	国内排名	省内排名	国内排名	省内排名	国内排名
太原	3	190	1	37	1	73	7	259	1	40	5	85
大同	9	276	2	95	4	147	6	257	5	130	7	127
阳泉	7	264	5	172	5	151	11	291	8	167	6	113
长治	6	235	4	171	3	139	5	244	10	192	4	81
晋城	4	209	8	250	6	160	4	242	2	68	2	31
朔州	1	43	3	160	2	114	8	268	11	292	3	59
晋中	5	226	7	244	9	227	3	217	3	88	8	218
运城	11	287	9	259	10	253	10	287	9	180	10	274
忻州	8	267	11	284	11	284	9	286	7	166	11	275
临汾	10	281	6	191	7	198	1	162	4	94	9	222
吕梁	2	91	10	283	8	221	2	184	6	146	1	18

对各竞争力指标纵向分析发现，山西省经济效率竞争力指数为 0.169，低于全国平均水平，在全国排名第 15 位。省内各城市在全国的排名也较为靠后，表明山西省的经济效率竞争力有待提高。北部城市的经济效率较高，南部城市的经

济效率较低，这一规律和经济规模竞争力类似。山西省城市经济效率竞争力排在前三名的城市分别是太原、朔州、长治。太原的综合地均 GDP 最高，但其效率竞争力的排名落后于综合竞争力的排名。长治市位于山西省东南部，是中华民族的发源地之一，而朔州有着丰富的煤炭资源，经济效率较高。

山西收入水平竞争力城市间差距较大，小城市领先大城市。山西省收入水平竞争力的平均指数为0.192，高于全国平均水平，在全国排名第10位，处于中上等水平。省内一些城市的排名在全国较为靠前，竞争力较强。中部城市的收入水平竞争力较强，而两端的城市人均财政收入较低，竞争力则较弱。山西省城市收入水平竞争力排在前三名的城市分别是吕梁、晋城、朔州。

4. 结论与政策建议

相对于其他指标，山西省的产业层次竞争力和收入水平竞争力排名较为靠前。综合增长、经济效率和经济规模三个竞争力指标较为相当，发展成本竞争力排名最为靠后（见图7－12）。总体上来讲，山西的发展速度仍然较慢，仍需不断提高资源利用率，发展相关产业，继续提升发展速度。山西省煤炭资源丰富，因此规模竞争力和质量竞争力较强的城市大多是资源城市，而发展成本竞争力最弱的也是资源型城市。为了长远的发展，山西省应不断提高产业技术含量，减少环境污染，并发展接续产业，以保持经济长期有效的增长。在中部的六个省份

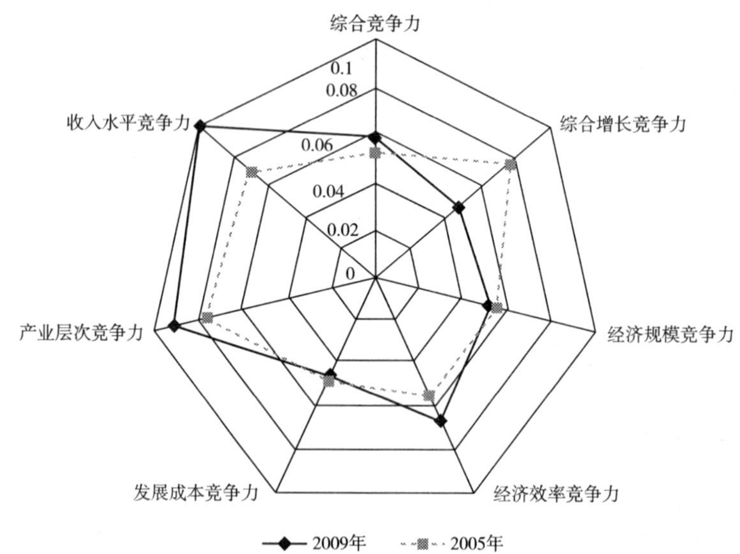

图7－12　山西城市竞争力历史回溯

中，山西产业层次竞争力是最强的。与其他五省第一产业较为优先不同的是，山西省第二产业明显优先，是中部六省中一个重要而特殊的增长极。以后应逐步形成多元化的新型支柱产业，建设成为国家的新型能源和工业基地，并在非国有经济、轻工等领域迈出实质性步伐。

七　中国城市竞争力（安徽）报告

安徽，简称皖，位于华东腹地，跨长江、淮河中下游，东连江苏、浙江，西接湖北、河南，南邻江西，北靠山东，行政区域面积 13.90 万平方公里，占全国的 1.45%，人口 0.66 亿，占全国的 5.48%，2008 年生产总值为 0.887 万亿元，占全国 2.95%。安徽省是我国主要的粮食产区之一，经济作物产量高。近年来，安徽省抢抓东南沿海产业转移机遇，参与泛长江三角区域分工协作，并努力提高自主创新能力，全省已逐步形成以煤炭、电力、冶金、机械制造、石油化工、纺织、食品等为主体，门类较齐全的现代工业生产体系。安徽在承接长三角产业转移上具有无可比拟的区位优势。

1. 综合竞争力：城市间差距较大，皖江城市群较强

2009 年度安徽省综合竞争力平均指数为 0.394，低于全国平均水平 0.428，在全国排名第 13 位。省内大部分城市的综合竞争力较弱，在全国的排名较为靠后，处于全国的中游。皖江城市群的综合竞争力较强，其他城市的综合竞争力较弱。安徽省城市综合竞争力排在前三名的城市分别是合肥、马鞍山、芜湖（见图 7－13），它们的综合竞争力都位列全国前 100 强，其中合肥是省会城市，位

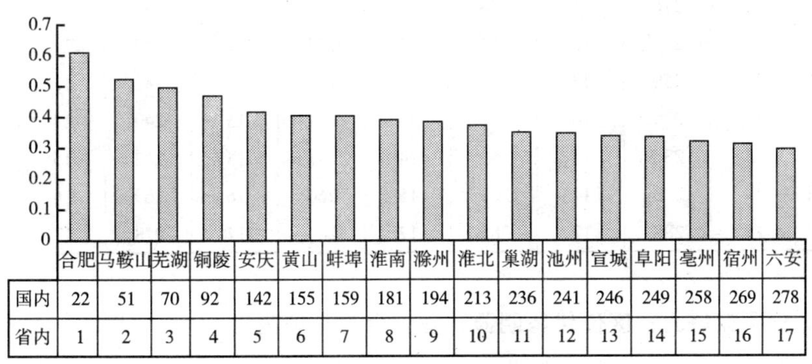

	合肥	马鞍山	芜湖	铜陵	安庆	黄山	蚌埠	淮南	滁州	淮北	巢湖	池州	宣城	阜阳	亳州	宿州	六安
国内	22	51	70	92	142	155	159	181	194	213	236	241	246	249	258	269	278
省内	1	2	3	4	5	6	7	8	9	10	11	12	13	14	15	16	17

图 7－13　安徽城市综合竞争力排名

于我国中部，地处长江淮河之间，具有承东启西、接连中原、贯通南北的重要区位优势，处在工业化中期，是特大型城市，综合竞争力最强；马鞍山和芜湖都是大中型城市，其中马鞍山是资源型城市，芜湖工业发展比较充分，处在工业化中期，发展较快，增长势头强劲。

2. 历史回溯：东部总体强于西部，南部总体强于北部

从综合竞争力看，最近5年安徽省大部分城市的综合竞争力变化不大。省会合肥的综合竞争力稳步提高，东部总体强于西部，南部总体强于北部。其中巢湖提高最多，提高了40位（见表7－12）。滁州和淮北下降最多。最近2年的变化和最近5年的变化趋同。

表7－12　安徽城市综合竞争力历史排名

城市	2005年		2006年		2007年		2008年		2009年	
	省内排名	国内排名	省内排名	国内排名	省内排名	国内排名	省内排名	国内排名	省内排名	国内排名
合肥	1	37	1	30	1	27	1	28	1	22
马鞍山	3	75	2	51	2	51	2	48	2	51
芜湖	2	62	3	59	3	71	3	73	3	70
铜陵	4	91	4	91	4	84	4	89	4	92
安庆	5	96	5	110	5	120	5	135	5	142
黄山	10	191	8	159	7	153	7	155	6	155
蚌埠	6	118	6	118	6	130	6	138	7	159
淮南	8	152	9	167	8	165	8	183	8	181
滁州	7	134	10	171	9	188	9	193	9	194
淮北	9	156	7	155	10	197	10	212	10	213
巢湖	16	276	11	244	13	247	14	251	11	236
池州	13	267	12	251	11	233	12	247	12	241
宣城	12	250	13	254	12	244	11	245	13	246
阜阳	15	274	16	278	16	261	13	249	14	249
亳州	11	233	15	269	14	257	15	262	15	258
宿州	14	273	14	261	15	260	16	269	16	269
六安	17	288	17	285	17	281	17	278	17	278

3. 分项竞争力：区位优势明显，省会合肥各项突出

合肥、马鞍山和芜湖大部分指标在省内城市中均优秀。合肥属于特大型城市，工业基础较好，处在工业化中期，地区生产总值高。马鞍山和芜湖都是大城

市，地区GDP较高。马鞍山位于长江下游南岸、安徽省东部，人均可支配收入全省最高，是资源城市，钢铁工业较为发达，近年来高新技术产业发展较快，带动了全市的发展。芜湖市位于安徽省东南部，是重要的沿江重点开放城市，是长江上重要的港口，地处长江下游南岸，三大支柱产业汽车及零部件、电子电器、新材料带动全市经济迅速发展，经济规模也日益扩大。单项竞争力突出的城市是亳州，在省内表现出比较强的发展成本优势。亳州盛产优质白芍，中药材贸易规模较大，同时也是中国优秀旅游城市，工业化程度不高，处于工业化初期。作为小城市，它的发展成本较低，竞争力较强。安徽省的其余大多数城市，各项竞争力虽无亮点但是各部分均衡发展（见表7－13）。

表7－13　安徽城市分项竞争力排名

城　市	综合增长		经济规模		经济效率		发展成本		产业层次		收入水平	
	省内排名	国内排名	省内排名	国内排名	省内排名	国内排名	省内排名	国内排名	省内排名	国内排名	省内排名	国内排名
合　肥	1	27	1	39	2	48	3	20	1	31	2	17
芜　湖	3	71	2	74	4	69	5	41	6	129	4	73
蚌　埠	12	237	7	153	7	186	9	101	5	127	12	226
淮　南	6	152	4	116	10	217	12	146	10	242	10	198
马鞍山	2	46	3	77	1	23	17	236	2	82	1	16
淮　北	14	250	5	135	5	163	8	100	16	291	9	192
铜　陵	5	111	6	136	3	49	16	178	7	141	3	50
安　庆	16	272	8	167	6	181	15	166	3	108	6	145
黄　山	13	238	16	239	9	212	2	14	4	123	5	137
滁　州	17	279	12	224	8	206	10	103	8	176	7	155
阜　阳	9	223	10	187	16	279	7	79	11	245	14	252
宿　州	15	263	9	178	14	267	6	61	17	293	16	261
巢　湖	8	205	13	226	12	244	11	130	12	255	11	217
六　安	7	179	15	236	17	289	13	151	13	281	13	246
亳　州	10	224	11	217	15	274	1	2	14	282	17	277
池　州	4	79	17	248	11	240	14	163	15	285	8	178
宣　城	11	234	14	235	13	260	4	27	9	233	15	255

对各项竞争力指标纵向分析发现，安徽省产业层次竞争力总体水平较差，合肥优势突出。安徽省产业层次竞争力平均指数为0.086，低于全国平均水平，在全国排名第20位，排名较为靠后。省内城市的产业层次竞争力偏弱，大部分城

市在全国的排名较为靠后。大城市的产业层次竞争力较强，小城市的产业层次竞争力较弱。省会合肥的第三产业较发达，人均第三产业增加值遥遥领先于省内其他城市，产业层次竞争力较高。安庆市则位于安徽省西南部，长江下游北岸，是长江沿岸著名的港口城市，农业发达，工业初步形成了石油化工、轻纺、建材、机械四大支柱产业，同时安庆也是旅游城市，第三产业也较为发达，产业层次竞争力较强。收入水平竞争力方面城市间差距较大，皖江城市收入水平较高。安徽省收入水平竞争力的平均指数为 0.164，低于全国平均水平，在全国排名第 14 位，较为靠后。南部城市的收入水平竞争力较强，北部较弱。除省会合肥外，资源型城市收入水平竞争力优势明显。

4. 结论与政策建议

从图 7－14 看出，安徽省的发展成本竞争力优势尤为明显，且城市之间差距较小，是安徽省各项竞争力中指标最好的，也是中部六省中发展成本竞争力最强的。其他指标相对较为均衡，差别较小。相对来说，安徽省的产业层次竞争力较弱，是发展的瓶颈之一。经济效率竞争力省内各城市之间差距较大，省内排名第一的马鞍山与排名最末的六安国内排名相差 266 位。马鞍山、合肥、芜湖和铜陵，这四个城市的各项指标和综合竞争力指标表现较为一致，且 5 年内的情况变化都不大，是安徽省发展的排头兵。安徽省应继续大力发展这些先进城市，同时

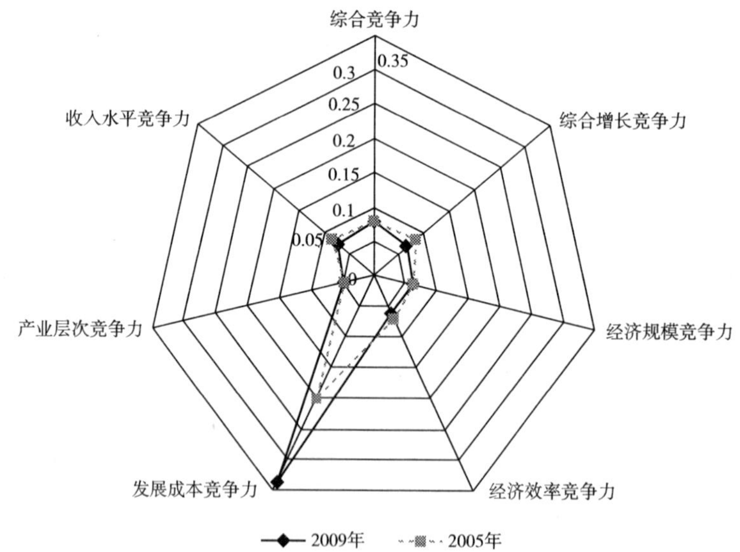

图 7－14　安徽城市竞争力历史回溯

注意辐射作用，先进带动落后，达到均衡发展。

安徽省紧邻长三角，地处东部沿海通往中西部的“咽喉”，山灵水秀，具有独特能源、人文等优势，对外开放区位优势明显。国务院近日正式批复《皖江城市带承接产业转移示范区规划》。以合肥和芜湖两市为“双核”，以滁州和宣城两市为“双翼”，构筑“一轴双核两翼”产业分布的新格局。安徽省应抓住这个历史机遇，在中部崛起的大环境下，加快经济结构战略性调整，推进新型工业化进程，促进区域协调与合作发展，培育经济增长极，强化能源资源节约和生态环境保护，增强可持续发展能力，建设一个山川秀美的新安徽。

建议投资者和求职者关注皖江中心城市合肥、芜湖、马鞍山，京九、京沪铁路沿线城市阜阳，以及旅游城市黄山等。建议省委、省政府加大对皖北城市的政策支持力度。

第八章
中国（西南地区）城市竞争力报告

一　中国（西南）城市竞争力报告

西南地区包括直辖市重庆以及广西、海南、四川、贵州、云南五个省份，共46座城市。其中，四川有成都、绵阳、攀枝花等18个城市；广西有南宁、柳州、桂林等14个城市；云南有昆明、玉溪、曲靖等8个城市；海南有海口和三亚2个城市；贵州有贵阳、遵义、六盘水、安顺4座城市。

1. 综合竞争力：总体水平比较偏低，中心城市优势明显

同全国其他6个区域总体相比，西南地区的综合竞争力排在全国第5名。从图8－1中我们可以看出，西南地区的区域综合竞争力前十强的城市从强到弱依次是：成都、重庆、南宁、昆明、柳州、海口、桂林、贵阳、绵阳、玉溪。从全国范围来看，综合竞争力比较靠前的城市为成都、重庆，这两个城市均排在全国的前50名，南宁和昆明这两个城市在全国排名也比较靠前，分别排在第53和第55位。本区域排名在全国前100名的城市有8个，其中，广西有3座城市，数量最多，分别是南宁、柳州、桂林。另外5个排名前100的城市均为省会城市或者

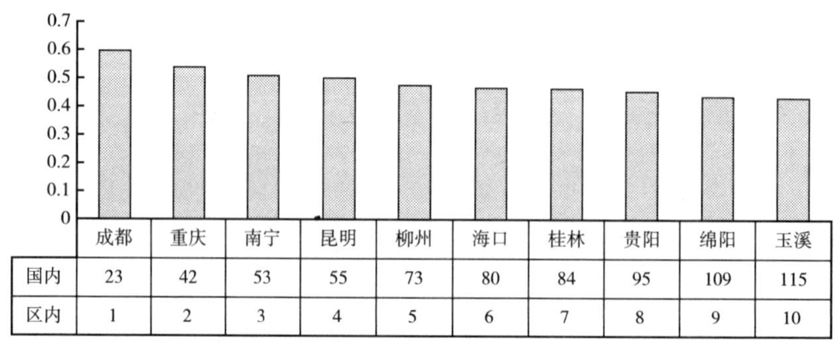

	成都	重庆	南宁	昆明	柳州	海口	桂林	贵阳	绵阳	玉溪
国内	23	42	53	55	73	80	84	95	109	115
区内	1	2	3	4	5	6	7	8	9	10

图8－1　西南地区综合竞争力前十强城市

直辖市。

总体来看，西南地区的城市具有一个显著的特点：中心城市独强，总体水平较差，发展极不平衡。西南地区8座城市排名在全国前100名；16座城市排名在100~200名之间；剩下的23个城市排名在200名以后，占了西南地区城市总数的一半。除直辖市重庆外，海南只有海口、三亚2座城市，贵州省城市也不多：贵阳、遵义、六盘水、安顺，因此，本报告在省份综合竞争力排序时未将贵州、重庆、海南考虑在内。广西、四川、云南三个省区综合竞争力从强到弱依次是：广西（16）、四川（19）、云南（20）。

2. 历史回溯：各项指标，各个城市，各领风骚

过去5年，该区域所有省区综合竞争力上升名次按从大到小排依次是广西、云南、四川。过去2年中，该区域综合竞争力变化的只有云南省，下降2名，四川和广西分别保持在全国第16名和第19名不变。总体来说西南地区过去几年综合竞争力排名变化都不显著。西南地区各分项竞争力增长最快前十城市见表8-1。

表8-1 西南地区各分项竞争力增长最快前十城市

	综合增长		经济规模		经济效率		发展成本		产业层次		收入水平	
	5年	2年	5年	2年	5年	2年	5年	2年	5年	2年	5年	2年
1	防城港	来宾	三亚	防城港	防城港	防城港	三亚	崇左	崇左	河池	三亚	百色
2	崇左	玉溪	贵港	六盘水	百色	成都	内江	安顺	临沧	崇左	百色	广元
3	钦州	河池	防城港	资阳	乐山	贺州	北海	北海	丽江	贺州	宜宾	宜宾
4	攀枝花	北海	六盘水	内江	广安	钦州	钦州	内江	玉溪	巴中	六盘水	三亚
5	贵港	三亚	百色	北海	贺州	乐山	安顺	曲靖	防城港	三亚	贺州	柳州
6	河池	泸州	乐山	贺州	柳州	六盘水	保山	广安	贵阳	梧州	资阳	贺州
7	自贡	遂宁	柳州	德阳	三亚	内江	梧州	来宾	钦州	昭通	昭通	南宁
8	三亚	内江	贺州	攀枝花	攀枝花	攀枝花	广安	普洱	遵义	来宾	乐山	六盘水
9	资阳	普洱	攀枝花	成都	曲靖	柳州	绵阳	绵阳	柳州	海口	南充	玉林
10	来宾	南充	资阳	柳州	贵港	德阳	遂宁	保山	昭通	玉林	遂宁	乐山

与2005年相比，2009年西南地区综合竞争力和经济规模竞争力在全国的排名保持不变；收入水平竞争力、综合增长竞争力和发展成本竞争力在全国排名有所提升，产业层次竞争力和经济效率竞争力的排名略有下降。

3. 结论与政策建议

从整体上看，在综合竞争力方面，西南地区城市的综合竞争力处于全国下游水平（见图8－2）。各省的经济发展既有相似之处，又相互区别。西南地区城市发展的突出特点是不平衡，不仅省与省之间发展不平衡，省内发展也不平衡。直辖市重庆得益于其经济规模竞争力、经济效率竞争力、产业层次竞争力在全国的领先地位，其综合竞争力处于全国前列，在西南地区更是一枝独秀。经济特区海南省城市较少，但是海口和三亚的竞争力在全国均位处中上水平，因此海南省的综合竞争力排名也远高于西南地区的其他省份。剩下的四个省和自治区的综合竞争力都在全国排名靠后。在剩下的四个省中，各省会城市表现突出，相比其他城市具有绝对的优势。

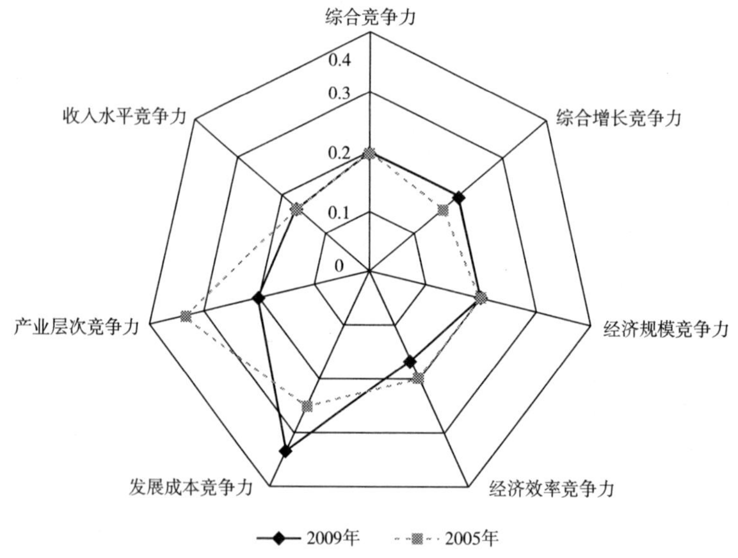

图8－2　西南城市竞争力历史回溯

西南地区综合增长、经济规模、经济效率、产业层次、收入水平竞争力也处于全国下游。西南地区受制于其工业化水平，这些指标表现普遍偏低。除了海口、成都、昆明、玉溪处在工业化初期以及攀枝花、广元、达州、六盘水这四个传统的资源型城市外，其他城市均处在工业化初期或者前工业化阶段，整个区域整体经济发展缺乏强有力的增长点。由此导致了经济规模无法扩大、产业层次提升乏术、人民收入水平和地方财政状况提高无门。

虽然综合竞争力西南地区比较薄弱，但是其发展成本竞争力在全国处于中上水平，仅次于东南和环渤海地区。

建议投资者和创业者关注西南沿海城市、大区域中心城市和环境优美的城市。

二　中国（四川）城市竞争力报告

四川省，简称川或蜀，位于我国中西部，是我国的四大盆地之一。在中国历史上占有重要的地位。四川盆地气候温暖湿润，素有“天府之国”的美誉。进入现代，尤其是重庆作为直辖市划出四川之后，四川抓住改革开放的机遇，凭借其优越的地理和经济条件，快速发展。四川面积为48.5万平方公里，占全国的5.1%，居第5位；人口0.81亿，占全国的6.72%，居河南、山东之后，列第3位。城市化水平达到了35.6%。

1. 综合竞争力：一强多弱，阶梯分布

全国的平均综合竞争力指数为0.428，四川省的这一指标为0.366，排在全国第19位。四川省18个城市发展总体上呈现阶梯分布。从图8－3中可以看出，2009年四川省的城市竞争力从强到弱排名依次为：成都、绵阳、攀枝花、宜宾、自贡、乐山、泸州、德阳、资阳、内江、南充、广安、遂宁、达州、眉山、广元、雅安和巴中。其中，成都处在第一阶梯，在全国的排名是第23位，遥遥领先。绵阳、攀枝花、宜宾、自贡、乐山、泸州和德阳的排名在100~200名之间，资阳、内江、南充、广安、遂宁、达州、眉山、广元、雅安和巴中发展相对比较落后，排名在200名以后。综合竞争力的基尼系数为0.113，排在全国第15位。排名较为靠后，发展不太均衡。从城市的地域分布来看，四川中心城市独强，总

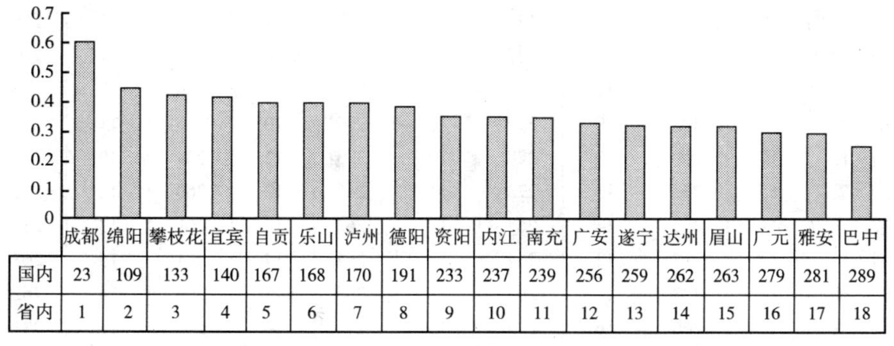

	成都	绵阳	攀枝花	宜宾	自贡	乐山	泸州	德阳	资阳	内江	南充	广安	遂宁	达州	眉山	广元	雅安	巴中
国内	23	109	133	140	167	168	170	191	233	237	239	256	259	262	263	279	281	289
省内	1	2	3	4	5	6	7	8	9	10	11	12	13	14	15	16	17	18

图8－3　四川城市综合竞争力排名

体水平较差，发展极不平衡。成都处在四川盆地中部的平原地带，占据得天独厚的地理位置，气候优越，加上省会城市的优越地位，发展程度很高，而成都周边的城市中，发展良好的城市不多。绵阳工业的特点是高科技产业，因此虽然处在工业化初期，其城市竞争力较其他工业化初期的城市高；攀枝花是传统的资源型城市；宜宾虽然处于前工业化阶段，但是宜宾充分利用其处于长江之滨的优势，大力发展大林业开发、水利水电改革发展、生态农业开发等项目，这些产业对其竞争力的提高发挥了很大作用。除了这些排名在全国150名以前的城市，其他城市受制于地形特点等原因，发展相对落后，从而四川省不同城市发展总体呈现阶梯状态。

2. 历史回溯：前三名保持稳定，中游城市竞争激烈

从综合竞争力看，过去五年成都排名稳定在20~26名，综合竞争力排在前6位的攀枝花、宜宾、自贡、乐山的综合竞争力排名在近五年中都有所上升，其中宜宾和乐山进步很大，2009年的综合竞争力较2005年分别提升了23名和31名（见表8-2）。

表8-2　四川城市综合竞争力历史排名

城市	2005年		2006年		2007年		2008年		2009年	
	省内排名	国内排名	省内排名	国内排名	省内排名	国内排名	省内排名	国内排名	省内排名	国内排名
成都	1	25	1	26	1	22	1	24	1	23
绵阳	2	89	2	95	2	93	2	93	2	109
攀枝花	3	144	3	124	3	126	3	123	3	133
宜宾	4	163	5	149	4	148	4	153	4	140
德阳	6	169	4	145	5	169	5	169	8	191
自贡	7	173	7	182	8	189	6	173	5	167
乐山	8	197	8	187	6	177	7	175	6	168
泸州	5	168	6	177	7	181	8	190	7	170
资阳	13	235	11	234	11	243	9	234	9	233
南充	9	203	10	229	9	234	10	235	11	239
内江	10	209	9	228	10	235	11	239	10	237
广安	15	262	15	273	14	265	12	260	12	256
遂宁	14	252	14	267	12	262	13	261	13	259
眉山	12	232	12	264	13	264	14	264	15	263
达州	11	222	13	265	15	266	15	267	14	262
雅安	16	266	16	279	16	274	16	275	17	281
广元	17	280	17	280	17	285	17	285	16	279
巴中	18	285	18	288	18	288	18	289	18	289

从分项指标来看，综合经济增长竞争力方面，自贡、攀枝花、资阳和遂宁增长较快，分别比2005年提高了136、157、130、99位；经济规模竞争方面，大部分城市变化不大，乐山、资阳、攀枝花提升较大，分别比2005年提升14、11、10名；经济效率竞争力方面，乐山表现最好，从2005年第227名上升到2009年第191名；发展成本竞争力方面，成都排名最高，为全国第五，内江近五年发展成本竞争力提升最快，从2005年第162名上升到2009年第30名，广安和绵阳发展成本竞争力提升也较快，分别较2005年提升81、94位。

3. 分项竞争力指标综合分析：指标差异大，城市差距大

从四川城市分项竞争力排名中可以看出，省会成都综合表现最好，在六项分项指标中有四个分项指标居省内第一，全国前列。其中发展成本竞争力指标在全国排名第5（见表8－3）。

表8－3 四川城市分项竞争力排名

	城市	综合增长		经济规模		经济效率		发展成本		产业层次		收入水平	
		省内排名	国内排名	省内排名	国内排名	省内排名	国内排名	省内排名	国内排名	省内排名	国内排名	省内排名	国内排名
1	巴中	17	257	17	266	18	287	5	62	8	236	18	294
2	成都	8	121	1	16	1	51	1	5	1	22	2	94
3	达州	13	163	16	261	8	208	13	186	14	273	13	268
4	德阳	3	86	9	176	4	148	17	209	7	210	7	216
5	广安	14	180	14	232	14	257	9	152	12	250	11	262
6	广元	18	270	15	246	16	275	16	207	16	278	12	264
7	乐山	4	90	6	143	7	191	8	129	9	240	4	184
8	泸州	7	120	7	144	9	210	10	159	5	175	6	213
9	眉山	11	126	13	225	13	242	12	170	18	283	16	276
10	绵阳	15	208	2	109	5	162	6	70	2	67	5	189
11	南充	12	158	8	162	15	265	7	91	10	241	10	257
12	内江	10	125	10	179	11	237	2	30	13	251	14	269
13	攀枝花	2	78	3	114	2	86	18	276	3	150	1	75
14	遂宁	6	108	12	204	17	277	4	37	17	280	15	272
15	雅安	16	240	18	277	12	239	11	161	6	197	17	288
16	宜宾	9	124	5	137	3	123	14	187	11	244	3	103
17	资阳	5	96	11	202	10	233	3	35	15	275	9	245
18	自贡	1	68	4	119	6	182	15	202	4	174	8	231

就横向来看，在六个分项指标下，除了省会成都外，其他城市中攀枝花在各项都表现比较抢眼，在综合增长、经济规模、经济效率、产业层次、收入水平上

均居省内前三，其中收入水平竞争力在四川省排名第一，全国前100以内。

从纵向来看，四川省的各个指标表现大致相似，大多呈阶梯状分布，既有全国排名靠前及处于中游的城市，又有相当一部分排名靠后的城市。在六个分项指标中，自贡市经济增长竞争力在全省居于第1名，全国第68名，具有较高的经济增长动力。在经济规模和产业层次方面，绵阳市排名也相对靠前，主要原因在于，绵阳是以具有强大实力的国防和电子工业发展起来的工业城市，是国务院批准建设的中国唯一的科技城，素有“西部硅谷”的美誉，是我国重要的国防科研和电子工业生产基地。在收入水平竞争力方面，宜宾表现不俗，其收入水平竞争力指数为0.216，高于全国平均水平。

4. 结论与政策建议

首先，四川省的发展成本竞争力增长迅速，远远高于其他指标（见图8－4），表明最近5年以来，四川省在改善环境、减少污染等方面做了卓有成效的改善。

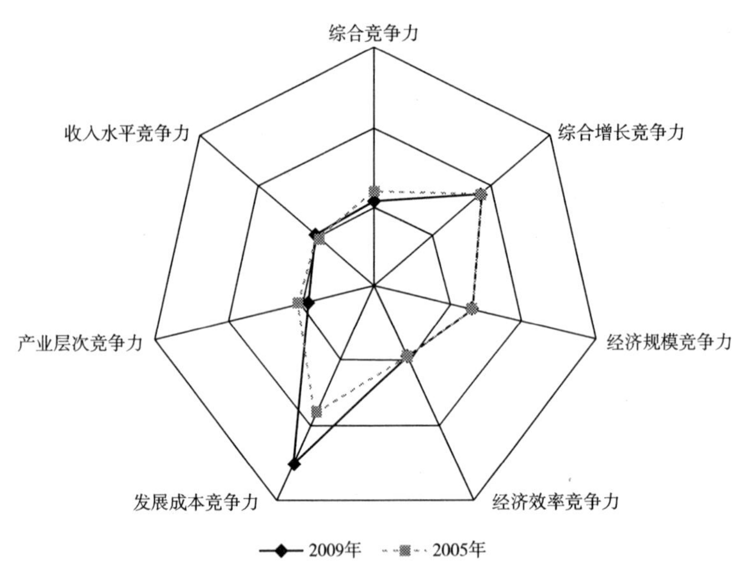

图8－4 四川城市竞争力历史回溯

其次，在经济规模竞争力、综合增长竞争力、收入水平竞争力、经济效率竞争力和产业层次竞争力方面，在最近5年的变化不明显，未来的发展，应该在这些方面提高重视程度，加快经济增长，注重产业层次的提升和经济效率的提高。

建议投资者和求职者关注成都、乐山、攀枝花、宜宾、自贡和乐山等。

三　中国（云南）城市竞争力报告

云南地处低纬度高原，地理位置特殊，地形地貌复杂，所以气候也很复杂。云南省位于中国西南边陲。战国时期，这里是滇族部落的生息之地。云南，即“彩云之南”，另一说法是因位于“云岭之南”而得名。总面积约39万平方公里，占全国面积4.11%，在全国各省级行政区中面积排名第8。总人口0.45亿，占全国人口3.36%，人口排名为第13名。与云南省相邻的省区有四川、贵州、广西、西藏，云南省的3个邻国是缅甸、老挝和越南。北回归线从该省南部横穿而过。其中丽江古城是云南最大、最古老的民族古城。改革开放以来，云南省的国民经济和各项社会事业进入了快速发展时期。云南全省面貌发生了深刻变化，经济实力明显增强。

1. 综合竞争力：省会独强，总体落后

全国的平均综合竞争力指数为0.428，云南省的这一指标为0.364，排在全国第20位。云南城市总共8个，综合竞争力由高到低依次为：昆明、玉溪、曲靖、丽江、普洱、保山、昭通、临沧，其中只有省会昆明在全国的排名为第55位，其他城市均排在100名以后（见图8-5），并且除昆明和玉溪外的6个城市综合竞争力均低于全国平均水平。从城市规模来看，省会昆明为特大型城市，曲靖是中等城市，其他城市均为小城市，发展较不均衡。其综合竞争力的基尼系数为0.126，排在全国第17位。排名较为靠后，均衡程度较低。从城市的地域分布来看，由于云南省地处横断山脉，山地多、平地少，虽然云南省产业层次竞争力在全国排名较为靠前，发展成本竞争力也处在全国平均水平，但是交通业较为不

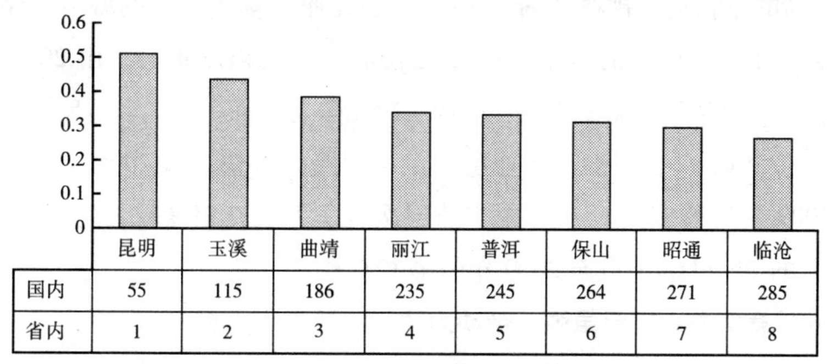

	昆明	玉溪	曲靖	丽江	普洱	保山	昭通	临沧
国内	55	115	186	235	245	264	271	285
省内	1	2	3	4	5	6	7	8

图8-5　云南城市综合竞争力排名

便，各个城市间缺乏合力，先进城市带动后进城市的能力比较欠缺，也在一定程度上限制了云南省整体竞争力的提升。

2. 历史回溯：城市少，变化小

从综合竞争力看，省会昆明长期稳定在第50位左右，是云南省综合竞争力最高的城市。上升最快的城市为玉溪，从2005年的第193位上升至2009年第115位（见表8－4）。

表8－4　云南城市综合竞争力历史排名

	城市	2005年		2006年		2007年		2008年		2009年	
		省内排名	国内排名	省内排名	国内排名	省内排名	国内排名	省内排名	国内排名	省内排名	国内排名
1	昆明	1	53	1	50	1	55	1	54	1	55
2	玉溪	3	193	2	135	2	121	2	119	2	115
3	曲靖	2	174	3	193	3	185	3	196	3	186
4	丽江	5	220	4	207	4	220	4	219	4	235
5	普洱	4	195	5	252	5	258	5	252	5	245
6	保山	6	272	7	274	6	268	6	259	6	264
7	昭通	7	277	6	272	7	271	7	273	7	271
8	临沧	8	279	8	284	8	284	8	286	8	285

从分项指标来看，综合增长竞争力方面，2009年竞争力最强的城市是普洱，全国城市排名第69位，保山和玉溪综合增长竞争力提升较快，分别较2005年提升111位和113位；经济规模竞争力方面，云南省8个城市综合竞争力的排名在近五年来均变化不大；经济效率竞争力方面，2009年省内排名最高的是玉溪，排在全国第25名，也是唯一前100名的城市；发展成本竞争力方面，2009年省内排名最高的是临沧，排在全国第16名，也是唯一前100名的城市，保山是发展成本竞争力进步较快的城市，在过去五年有较大幅度提升，由2005年的第241位上升至2009年的第140位；产业层次竞争力方面，前2名昆明和丽江分别排在第35位和第92位。丽江产业层次竞争力提升较快，从2005年的第199名上升至2009年的第92名。另一个产业层次竞争力上升幅度较大的城市是临沧，从2005年的第234名上升至2009年的第121名。

3. 分项竞争力：省会虽强，带动力弱

从云南城市分项竞争力排名中可以看出，尽管云南省城市只有8座，但是发展各有特色。省会昆明综合表现最好：综合竞争力在全国排名第55位，在六项分项指标中有 3 个分项指标——经济规模、产业层次、收入水平——居省内第一，全国前 50 名（见表 8－5）。

表 8－5　云南城市分项竞争力排名

	城市	综合增长		经济规模		经济效率		发展成本		产业层次		收入水平	
		省内排名	国内排名	省内排名	国内排名	省内排名	国内排名	省内排名	国内排名	省内排名	国内排名	省内排名	国内排名
1	保山	2	155	5	265	7	278	3	140	7	203	6	266
2	昆明	6	246	1	40	3	117	8	231	1	35	1	45
3	丽江	3	164	7	288	4	248	2	109	2	89	2	176
4	临沧	7	254	8	293	8	288	1	16	4	121	7	271
5	普洱	1	69	6	286	5	261	4	177	3	102	4	205
6	曲靖	4	173	3	150	2	116	5	189	8	223	5	229
7	玉溪	5	178	2	111	1	25	6	201	5	155	3	195
8	昭通	8	277	4	260	6	266	7	227	6	188	8	273

除了中心城市昆明外，在六个分项指标中，普洱市综合增长竞争力居全省第一，全国第 69；玉溪市在经济效率竞争力上表现抢眼，居全国第 25 名，在省内更是遥遥领先；在发展成本竞争力方面，临沧市做得相当不错，居于全国第 16 名，省内第 1 名。另外，玉溪和昭通在各个方面发展都比较平衡，发展比较稳定。

总体而言，云南省除了中心城市昆明外，各个城市发展普遍居于全国中下游水平。

4. 结论与政策建议

首先，云南省在过去五年中，发展基本保持稳定。综合增长竞争力这一项略微有所增长（见图 8－6）。

其次，云南省在收入水平竞争力、发展成本竞争力、经济效率竞争力、经济规模竞争力这几方面，最近 5 年无明显变化，在未来的发展中，应该在这些方面提高重视程度，加快经济增长、注重经济效率的提高。

最后，云南省在过去 5 年中产业层次竞争力在全国排名有较明显的下降，尽管云南省也在不断升级自身产业，大力发展第二、第三产业，但是正如“逆水行舟，不进则退”，云南省在今后的发展中要在提升自身的产业层次上多下工夫。

建议投资者、旅游者和创业者重点关注昆明、玉溪、丽江、普洱等城市。建议省委、省政府加大对临沧、昭通、保山等城市的政策支持力度。

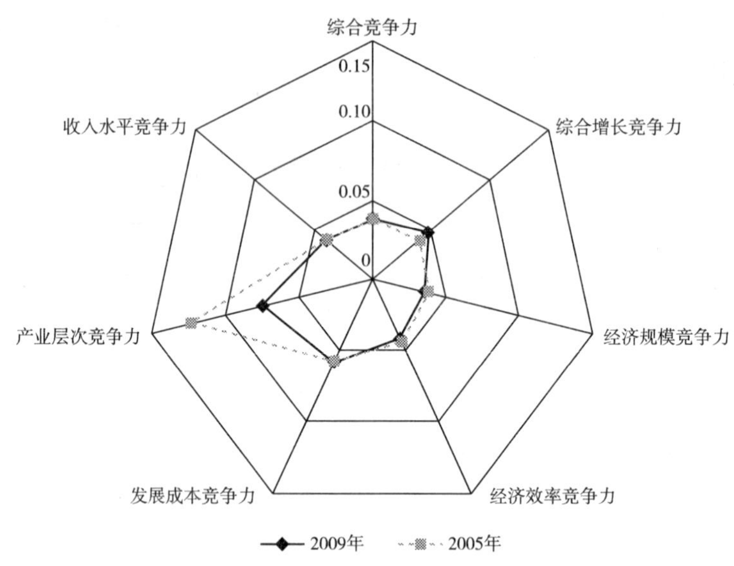

图 8-6　云南城市竞争力历史回溯

四　中国（广西）城市竞争力报告

广西全称广西壮族自治区，简称“桂”。首府南宁是东盟十国和中国团结合作的聚会地点，素有绿城之美称。广西壮族自治区地处祖国南疆，是西南地区最便捷的出海通道，也是中国西部资源型经济与东南开放型经济的结合部，在中国与东南亚的经济交往中占有重要地位。全区土地总面积 23.67 万平方公里，占全国总面积 2.47%。全自治区聚居壮、汉、瑶、苗、侗、仫佬、毛南、回、京、彝、水、仡佬等民族。2008 年末全区总人口 0.5 亿人。

1. 综合竞争力：强弱合理，发展均衡

全国的平均综合竞争力指数为 0.428，广西的这一指标为 0.386，排在全国第 16 位。在竞争力较高的几个城市中，南宁、柳州、桂林三座城市在全国的排名在 100 名以前，分别排在第 53、73、84 名（见图 8-7）。南宁、柳州、桂林、北海、防城港处在工业化初期阶段，梧州、玉林、钦州、百色、崇左、贵港、来宾、河池、贺州处于前工业化阶段。省会南宁为特大型城市，桂林、柳州为大城市，北海、梧州、玉林、贵港是中等城市，其他城市均为小城市。总体而言，广西的综合增长竞争力优势非常明显，相比而言，经济效率、收入水平、经济规模竞争力较差。广西综合竞争力的基尼系数为0.106，排在全国第13位。相对而言还比较均衡。南宁作为省会城市，虽然是全区竞争力最强的城市，但是并非唯一较强的城市，柳州、桂林发展程度也比较高。同时，在第二梯队上有北海、梧州、防城港、玉林等城市，发展程度居于全国平均水平；排名靠后的城市中崇左、钦州、贵港、河池、来宾的综合增长竞争力较强，在一定程度上弥补了总体发展水平落后的劣势，具有较大的发展潜力。

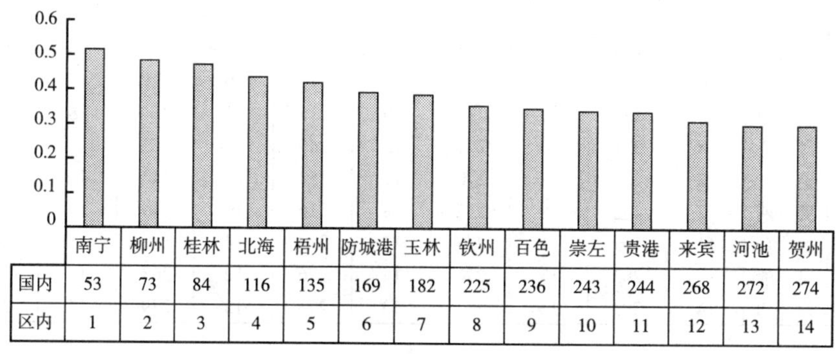

	南宁	柳州	桂林	北海	梧州	防城港	玉林	钦州	百色	崇左	贵港	来宾	河池	贺州
国内	53	73	84	116	135	169	182	225	236	243	244	268	272	274
区内	1	2	3	4	5	6	7	8	9	10	11	12	13	14

图8－7　广西城市综合竞争力排名

2. 历史回溯：前三名保持稳定，中游城市竞争激烈

从综合竞争力看，过去五年中，南宁、柳州、桂林三座城市稳居广西的前3名，并且三座城市在全国的排名也相当稳定。过去五年综合竞争力提升最快的三个城市是：防城港、崇左、钦州，其全国排名分别较2005年提升75、38、28名（见表8－6）。

从分项指标来看，综合经济增长竞争力方面，广西整体表现突出，五年来，防城港、崇左、钦州、贵港、河池、来宾、南宁这几座城市综合增长强劲，其竞争力分别较2005年提升了213、211、187、147、137、114、99位；经济规模竞争力方面，大部分城市都变化不大，贵港、防城港提升较大，分别比2005年提升35、26名；经济效率竞争力方面，防城港表现最好，从2005年第201名上升到2009年的第137名；发展成本竞争力方面，梧州排名最高，为全国第39，北海、钦州、梧州近五年发展成本竞争力提升较快，分别较2005年提升129、126、100名；产业层次竞争力方面，崇左近五年来提升最快，上升了120名。

3. 分项竞争力：三驾马车带广西，沿海发展带腹地

从横向来看，在六个分项指标下，各项都比较突出的城市是南宁和桂林。南

表 8-6　广西城市综合竞争力历史排名

	城　市	2005 年		2006 年		2007 年		2008 年		2009 年	
		区内排名	国内排名	区内排名	国内排名	区内排名	国内排名	区内排名	国内排名	区内排名	国内排名
1	南　宁	1	51	1	65	1	62	1	64	1	53
2	柳　州	2	82	2	80	2	76	2	75	2	73
3	桂　林	3	87	3	89	3	83	3	86	3	84
4	北　海	5	111	4	106	5	128	4	118	4	116
5	梧　州	4	101	5	109	4	122	5	139	5	135
6	防城港	9	244	7	225	7	207	7	188	6	169
7	玉　林	6	167	6	188	6	171	6	171	7	182
8	钦　州	10	253	9	237	9	218	8	214	8	225
9	百　色	8	231	10	241	10	240	9	223	9	236
10	崇　左	12	281	12	270	11	254	11	242	10	243
11	贵　港	7	230	8	235	8	216	10	240	11	244
12	来　宾	11	269	11	258	12	273	14	282	12	268
13	河　池	13	283	13	276	14	276	12	268	13	272
14	贺　州	14	292	14	282	13	275	13	279	14	274

宁是广西的省会，也是广西最大的城市。而桂林是传统的旅游城市，近几年的游客人数有较大幅度的增长，是以旅游业、服务业这类第三产业立足的城市，对环境的保护也做得很好。而六项指标都较平均的城市有贺州、玉林等几个城市，这些城市在各个方面的发展都比较均衡。

从纵向来看，广西在综合增长竞争力和发展成本竞争力方面表现非常突出，尤其值得一提的是防城港、百色、钦州、北海，这 4 个城市综合增长竞争力在过去 5 年突飞猛进，在全国的排名均在 50 名以内。经济规模、经济效率以及收入水平竞争力方面，柳州的表现也可圈可点，2009 年柳州的经济规模竞争力指数为 0.164，经济效率竞争力为 0.280，分别排在全国的第 66 和第 68 位。收入水平竞争力方面，柳州位居全区第一，在全国也排名前 100 以内（见表 8-7）。

4. 结论与政策建议

首先，广西城市的综合增长竞争力增长迅速，远远高于其他指标，表明最近 5 年以来，广西的增长很快。

其次，在产业层次竞争力、发展成本竞争力、经济效率竞争力、经济规模竞争力方面，发展相对缓慢，说明广西第二和第三产业增加值以及在高新技术和科研方面的投入方面进步较慢，同时经济效率和经济规模停留在过去的水平。

表8－7 广西城市分项竞争力排名

	城市	综合增长		经济规模		经济效率		发展成本		产业层次		收入水平	
		区内排名	国内排名	区内排名	国内排名	区内排名	国内排名	区内排名	国内排名	区内排名	国内排名	区内排名	国内排名
1	百色	2	19	12	249	7	192	13	275	9	191	7	204
2	北海	4	35	4	174	5	159	6	96	5	112	4	149
3	崇左	7	74	14	282	12	251	3	72	7	147	9	241
4	防城港	1	16	8	201	4	137	2	43	11	231	8	223
5	贵港	5	54	6	177	14	268	8	156	12	238	12	265
6	桂林	13	218	3	132	2	108	5	86	2	58	2	96
7	河池	10	146	13	275	9	224	14	282	6	133	13	270
8	贺州	14	262	11	221	11	250	12	269	13	256	11	260
9	来宾	8	117	9	216	10	236	11	223	14	258	14	281
10	柳州	11	169	2	66	1	68	9	185	3	83	1	95
11	南宁	6	61	1	51	3	135	7	98	1	43	3	110
12	钦州	3	31	7	183	13	259	4	85	10	226	10	250
13	梧州	12	207	10	219	6	183	1	39	4	84	5	158
14	玉林	9	119	5	175	8	205	10	196	8	158	6	197

另外，在收入水平竞争力方面，广西城市的竞争力在近五年中有所下降（见图8－8），地方政府要在提高人民收入水平上多做努力。

建议投资者、旅游者和创业者重点关注沿海城市与内陆环境优美城市，包括南宁、柳州、防城港、桂林、钦州等。

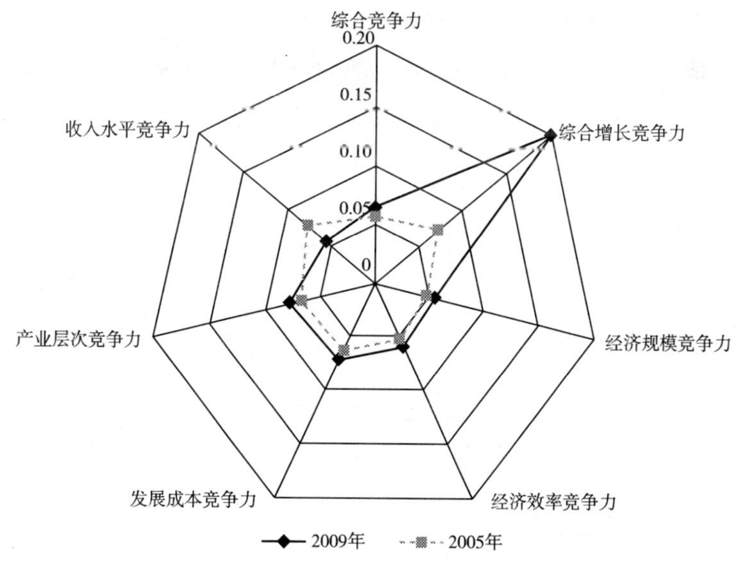

图8－8 广西城市竞争力历史回溯

第九章
中国（西北地区）城市竞争力报告

一　中国（西北地区）城市竞争力报告

西北地区包括甘肃、陕西、青海三个省和宁夏、新疆、内蒙古三个民族自治区，共涵盖39个城市。其中，甘肃包括兰州、金昌、白银等12个城市，陕西包括西安、咸阳、宝鸡等10个城市，内蒙古包括包头、鄂尔多斯、呼和浩特等9个城市，新疆包括乌鲁木齐和克拉玛依2个城市，宁夏包括银川、石嘴山等5个城市，青海则只有西宁一个省会城市。在本报告中，新疆、宁夏、青海所包含的城市较少，我们只在总体部分进行竞争力分析说明，不做专门的分省份讨论。

1. 综合竞争力：整体优势不明显，内蒙古一枝独秀

西北地区的综合竞争力排名全国第六。西北地区近2/3城市的综合竞争力都排在200名之后，其余城市分布在100～200名之间，只有8个城市排在100名之前。西北地区综合竞争力排名前10位的城市中（见图9－1），内蒙古占有4个席位，陕西和新疆各占2席，甘肃和宁夏各占1席。宁夏、新疆、青海的综合竞争力排名则在全国靠后的位置。可见，西北地区城市综合竞争力整体较弱。

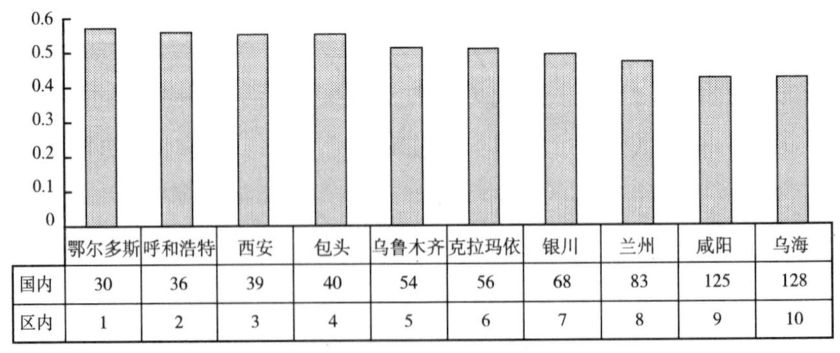

	鄂尔多斯	呼和浩特	西安	包头	乌鲁木齐	克拉玛依	银川	兰州	咸阳	乌海
国内	30	36	39	40	54	56	68	83	125	128
区内	1	2	3	4	5	6	7	8	9	10

图9－1　西北地区综合竞争力前十强城市

2. 历史回溯：秦陇稳健发展，内蒙古增长迅速

在过去2年中，西北地区各省份的名次变动不大，只有内蒙古的综合竞争力排名上升了3名。在过去5年中，西北地区各省份名次基本保持不变。从分项竞争力看：在过去5年中，西北地区除了产业竞争力有较大提升外，其余各项竞争力都没有较大提升（见表9－1、图9－2）。

表9－1 西北地区各分项竞争力增长最快前十城市

	综合增长		经济规模		经济效率		发展成本		产业层次		收入水平	
	5年	2年	5年	2年	5年	2年	5年	2年	5年	2年	5年	2年
1	宝鸡	渭南	鄂尔多斯	榆林	嘉峪关	呼伦贝尔	延安	呼和浩特	固原	铜川	庆阳	庆阳
2	铜川	庆阳	嘉峪关	石嘴山	呼伦贝尔	石嘴山	呼和浩特	汉中	汉中	呼伦贝尔	赤峰	乌鲁木齐
3	渭南	武威	榆林	咸阳	延安	乌鲁木齐	汉中	榆林	乌海	延安	乌海	呼和浩特
4	赤峰	中卫	延安	呼伦贝尔	榆林	榆林	咸阳	安康	中卫	嘉峪关	金昌	延安
5	榆林	商洛	西宁	通辽	鄂尔多斯	咸阳	安康	包头	包头	鄂尔多斯	鄂尔多斯	榆林
6	中卫	通辽	银川	西宁	西宁	通辽	庆阳	西安	铜川	乌海	吴忠	石嘴山
7	呼伦贝尔	铜川	呼伦贝尔	银川	银川	乌海	包头	广阳	平凉	巴彦淖尔	榆林	包头
8	石嘴山	咸阳	石嘴山	赤峰	金昌	西宁	西安	赤峰	鄂尔多斯	乌兰察布	呼和浩特	金昌
9	巴彦淖尔	西宁	金昌	克拉玛依	通辽	西安	武威	商洛	庆阳	包头	铜川	赤峰
10	咸阳	酒泉	乌海	鄂尔多斯	乌海	赤峰	商洛	平凉	呼伦贝尔	定西	通辽	鄂尔多斯

3. 结论与政策建议

西北地区综合竞争力处于全国中下游水平，而在分项指标中，除产业竞争力表现较好外，其他各个分项竞争力均没有太大优势。西北地区处于东亚与中亚的结合部，通过陇海、兰新铁路沟通沿海和边境口岸，双向参与国际经济交流，具有良好的对外开放前景。同时，该地区自然资源丰富，开发潜力大，是我国重要的能源、原材料工业后备基地。而制约西北经济发展的两大因素：水资源和交通问题，正在逐步解决。经过几十年的建设，该地区基本形成了以能源、有色金

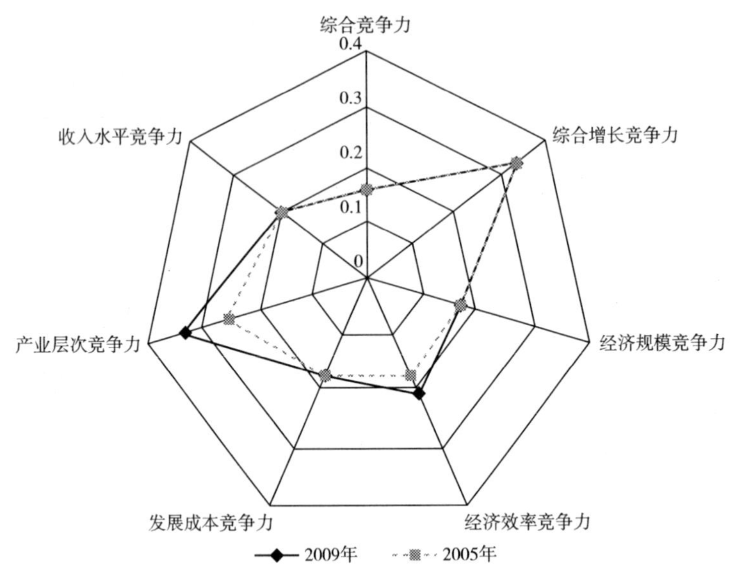

图 9-2　西北城市竞争力历史回溯

属、石油化工、机械电子为主体的工业体系，该地区的旅游资源也很丰富。因此，充分发挥西北地区的优势，增强创新能力，发展特色优势产业，是提升西北地区竞争力水平的关键。

建议投资者和求职者关注竞争力提升较快的大区域中心城市、交通便利城市以及密集城市。

二　中国城市竞争力（内蒙古）报告

内蒙古自治区简称内蒙古，位于中国北部边疆，西北紧邻蒙古和俄罗斯，是西北地区诸省（或自治区）中经济发展水平最高的地区。该区是我国国界线最长的省级行政区，区域面积 66 万平方公里，全国第 3 位，2008 年末全区常住人口 0.24 亿人，全年生产总值 0.776 亿元，比上年增长 17.2%。呼和浩特是其首府，包头、赤峰、乌兰察布、乌海、呼伦贝尔、通辽、鄂尔多斯则是该自治区内的主要城市。经过多年的发展与经济转型战略的提出，内蒙古自治区主要经济指标在全国各省区市的位次明显提升，西北地区排名第一，经济发展水平显著提高。

1. 综合竞争力：西南综合实力突出，中心城市势头强劲

内蒙古综合竞争力指数是0.435，位列西北地区第1名，全国第9名，综合竞争力尚有较大的提升空间。综合竞争力基尼系数为0.130，全国第18名，区域内部各城市发展不均衡。主要城市鄂尔多斯、呼和浩特、包头均属于资源性城市，其综合竞争力指标排名逐年都有不同程度的提高。此外，其他城市的综合竞争力在全国的排名分列中游和下游。乌海、海拉尔、赤峰排名为100～200名：乌海是新兴的资源型工业城市，近年来工业发展较快；海拉尔交通便利，有一定的区位优势；赤峰则是环渤海经济圈的重要组成部分，易接受北京、天津、沈阳等几个中心城市的辐射。通辽、巴彦淖尔和乌兰察布则在200～300名之间，均为工业城市，已逐步建立起相对完备的工业体系，具有一定的经济增长潜力。可见，内蒙古城市总体实力较强（见图9－3），中心城市发展势头强劲是该区综合竞争力的一个显著特征。

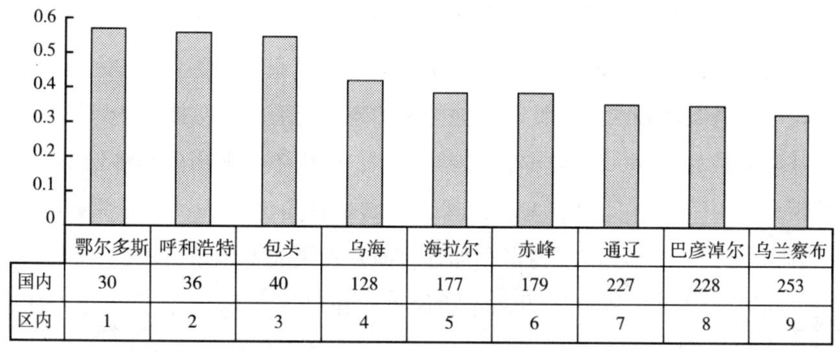

	鄂尔多斯	呼和浩特	包头	乌海	海拉尔	赤峰	通辽	巴彦淖尔	乌兰察布
国内	30	36	40	128	177	179	227	228	253
区内	1	2	3	4	5	6	7	8	9

图9－3　内蒙古城市综合竞争力排名

2. 历史回溯：乌海经济发展迅速，鄂尔多斯稳健上升

近年来，乌海在综合增长竞争力上表现较佳，排在全国第34名的位置，其综合增长竞争力提升速度领先于区内其他城市。目前，该市是呼包银经济带的重要支点，已经形成了以能源、化工等为主体，城郊型农业和第三产业相配套的经济格局，发展前景看好。其次，资源性城市鄂尔多斯的综合竞争力排名也有较大提升，经济实力稳步提升。而5年来，综合竞争力排名下降较快的城市只有通辽、乌兰察布，排名分别下降了28位和36位。与2008年相比，2009年内蒙古的大多数城市综合竞争力都有所上升，赤峰上升较快，只有通辽、巴彦淖尔和乌兰察布延续了近几年的下降趋势（见表9－2）。

表 9-2 内蒙古城市综合竞争力历史排名

城市	2005 年		2006 年		2007 年		2008 年		2009 年	
	区内排名	国内排名	区内排名	国内排名	区内排名	国内排名	区内排名	国内排名	区内排名	国内排名
呼和浩特	1	70	1	48	1	47	3	52	2	36
鄂尔多斯	2	73	2	56	2	52	1	38	1	30
包头	3	79	3	67	3	58	2	44	3	40
通辽	4	199	7	230	7	227	8	228	7	227
乌海	5	202	4	151	4	137	4	124	4	128
呼伦贝尔	6	205	5	173	5	194	5	195	5	177
赤峰	7	213	6	214	6	211	6	198	6	179
乌兰察布	8	217	8	249	9	252	9	256	9	253
巴彦淖尔	9	238	9	275	8	237	7	220	8	228

3. 分项竞争力：区内城市发展不均，各项指标显著分化

内蒙古除综合增长竞争力全国排名第 2 以外，其余竞争力排名都处于全国中游水平，城市经济发展较快，但比起其他区域的省份还有一定差距。内蒙古综合增长竞争力基尼系数为 0.040098，排在全国第 4 位，区内不同城市间经济增长速度存在较大差距。从内蒙古自身发展来看，其综合增长竞争力最强，近年来经济发展较快。综合竞争力次之，经济实力得到加强，但其发展成本竞争力较弱，经济发展成本较高；而产业层次竞争力最弱，除呼伦贝尔市外其他城市第三产业占比较低，产业结构不尽合理；收入水平竞争力不强，区内地方财政收入分化较大。

按照内蒙古各城市的竞争力表现可以将内蒙古的城市分成三类。第一类各项指标在区内优秀的城市：呼和浩特、鄂尔多斯、包头。包头属于资源性城市，总体经济规模位居全国上游，其在发展经济的同时重视城市环境保护，城市发展潜力较大；第二类个别单项竞争力指标突出的城市：呼伦贝尔的综合增长竞争力全国排名第 14 位，产业层次竞争力全国排名第 45 名，其余指标都排在全国 100 名以后（见表 9-3）。第三类各项竞争力表现一般的城市如赤峰、通辽、乌兰察布和巴彦淖尔。巴彦淖尔位于内蒙古西北部，其风能、太阳能和生物质能资源丰富，有利于发展可再生能源产业。近年来，风力发电发展迅猛，已经有国电电力等多家大型国有电力公司在巴彦淖尔投资。

4. 结论与政策建议

内蒙古自治区在经济规模竞争力、经济效率竞争力、产业层次竞争力和收入

表9－3　内蒙古城市分项竞争力排名

城　　市	综合增长		经济规模		经济效率		发展成本		产业层次		收入水平	
	区内排名	国内排名	区内排名	国内排名	区内排名	国内排名	区内排名	国内排名	区内排名	国内排名	区内排名	国内排名
呼和浩特	9	58	2	52	3	43	2	87	1	36	3	44
包　　头	2	9	1	36	2	29	3	208	4	66	2	36
乌　　海	7	34	6	154	4	105	6	262	6	173	4	68
赤　　峰	4	11	4	121	8	197	5	260	8	224	5	179
通　　辽	6	28	5	145	6	152	9	285	7	212	7	238
鄂尔多斯	1	1	3	101	1	27	1	17	3	53	1	10
呼伦贝尔	5	14	8	247	5	142	7	265	2	45	8	240
巴彦淖尔	3	10	7	227	9	207	8	278	5	148	6	224
乌兰察布	8	50	9	271	7	195	4	221	9	269	9	248

水平竞争力、发展成本竞争力等，明显不均衡，其中综合增长竞争力最强，增长也较快，而发展成本竞争力最弱（见图9－4）。其他竞争力指标并无明显优势，有待进一步提高和改善，以实现均衡发展。此外虽然内蒙古自治区的综合竞争力在西北地区首屈一指，但发展成本竞争力排名较低，经济发展成本较高，这将会影响以后经济发展的潜力，亟须从降低发展成本着手，积极开发清洁能源，转变经济增长方式，以实现经济的可持续发展。

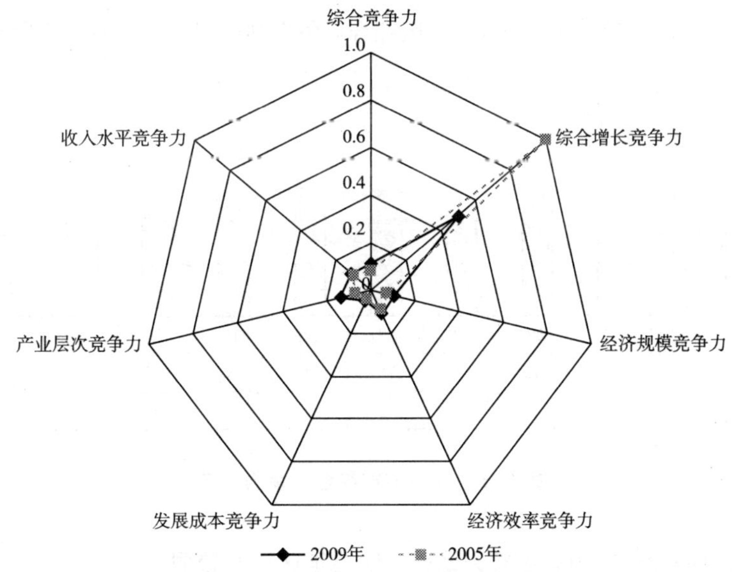

图9－4　内蒙古城市竞争力历史回溯

建议投资者、创业者重点关注呼和浩特、鄂尔多斯、包头、通辽、乌海等竞争力提升较快的城市。

三　中国城市竞争力（陕西）报告

陕西省简称秦，位于黄河中上游和长江上游，历史悠久，文化底蕴深厚，自古就是民族融合的“绳结区域”，区域面积21万平方公里，由北向南可分为地理、历史、文化、气候、语言截然不同的三大地区：陕北、关中、陕南。陕北为关中城市群向北的延伸和辐射区域；关中是中原文化的发源地；陕南则是中国革命的圣地。改革开放30年来，陕西省对外开放程度日益加大，经济正在崛起。2008年末全省常住人口0.38亿人，全省生产总值0.685亿元，比上年增长15.6%。

1. 综合竞争力：整体水平不强，古都独占鳌头

陕西省的综合竞争力指数是0.358，排在全国第21名；综合竞争力基尼系数为0.143，同样排在全国第21名。陕西省城市总体上呈现一强众弱的格局：省会西安排在全国第39名，其余城市则排在全国100~300名（见图9－5）。省会城市西安处于关中城市群的中心，现正在建设城际轨道交通网，城市发展前景看好。2009年关中地区的生产总值占到陕西省全省生产总值的87%以上，其经济实力省内最强，其次为陕南地区，而陕北地区综合竞争力则最弱，经济发展较为落后。

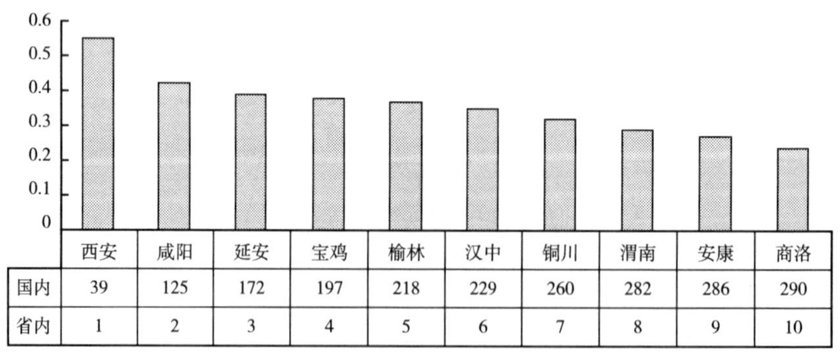

	西安	咸阳	延安	宝鸡	榆林	汉中	铜川	渭南	安康	商洛
国内	39	125	172	197	218	229	260	282	286	290
省内	1	2	3	4	5	6	7	8	9	10

图9－5　陕西城市综合竞争力排名

2. 历史回溯：关中地区实力最强，陕北地区相对较弱

近5年来，省会西安的排名一直处于省内第一的位置。此外，延安进步显

著，综合竞争力排名提升了34名，但总体经济实力仍较弱。其他城市除安康排名小有下滑外，都有一定程度的上升但上升幅度较小，表明这些地区的城市经济发展较为缓慢（见表9－4）。与2008年相比，位于陕西省南部素有西北“小江南”之称的汉中排名提升较快，其次是位于关中经济带重要组成部分的铜川。

表9－4　陕西省城市综合竞争力历史排名

城市	2005年		2006年		2007年		2008年		2009年	
	省内排名	国内排名	省内排名	国内排名	省内排名	国内排名	省内排名	国内排名	省内排名	国内排名
西安	1	39	1	40	1	42	1	42	1	39
宝鸡	2	137	2	127	2	125	3	143	4	197
咸阳	3	146	3	141	3	131	2	127	2	125
延安	4	206	4	176	4	162	4	172	3	172
榆林	5	245	5	232	5	241	6	237	5	218
汉中	6	261	7	242	6	245	5	236	6	229
铜川	7	265	6	238	7	259	7	272	7	260
安康	8	284	9	287	8	286	9	288	9	286
渭南	9	287	8	286	9	287	8	283	8	282
商洛	10	291	10	290	10	290	10	290	10	290

3. 分项竞争力：西安分项指标最强，其余城市发展不均

陕西省的综合增长竞争力排名名列全国第10位，而其他分项指标排名则较为靠后，其中经济效率竞争力、收入水平竞争力、综合竞争力排名仅高于甘肃省。陕西省综合增长竞争力提升最快，经济实力不断提高；发展成本竞争力和综合竞争力次之；产业层次竞争力变化最小，产业结构变动不大；收入水平比起国内其他地区明显偏低。

陕西省城市各项竞争力呈现发展非均衡的格局。按照各城市的竞争力表现可以将陕西省的城市分成两类：第一类综合增长竞争力较弱而其他分项竞争力指标较强的城市：西安、咸阳、延安、汉中。西安综合增长竞争力仅排在全国第159名，但其他分项竞争力指标排名则较为靠前（见表9－5）。其中，西安产业层次竞争力排名全国第18，其与科学技术相关的各项支出全省第一，预示其具有较强的发展潜力。第二类各项指标都表现一般的城市，如渭南、榆林、安康、商洛等。

表 9-5　陕西城市分项竞争力排名

城市	综合增长		经济规模		经济效率		发展成本		产业层次		收入水平	
	省内排名	国内排名	省内排名	国内排名	省内排名	国内排名	省内排名	国内排名	省内排名	国内排名	省内排名	国内排名
西安	5	159	10	24	1	106	3	47	1	18	1	144
铜川	3	83	4	243	7	256	10	279	4	209	5	227
宝鸡	2	62	9	98	4	179	9	248	10	272	4	207
咸阳	8	212	8	124	2	118	1	6	5	222	3	187
渭南	4	122	5	241	8	273	7	226	6	227	9	286
延安	6	183	7	229	3	122	2	29	7	252	2	167
汉中	9	249	2	270	6	246	4	99	2	70	7	253
榆林	1	21	6	237	5	226	6	167	3	184	6	233
安康	10	255	3	262	9	285	5	110	9	267	10	290
商洛	7	193	1	287	10	290	8	238	8	264	8	285

4. 结论与政策建议

陕西省除发展成本竞争力、综合增长竞争力以外，经济规模竞争力、经济效率竞争力、综合竞争力、收入水平竞争力和产业层次竞争力等指标优势均不明显（见图 9-6）。陕西省需要发挥当地资源和交通优势，以及关中城市群及其辐射力的优势，综合考虑并解决经济的增长、规模、效率、效益和结构问题，以逐渐提高综合竞争力。

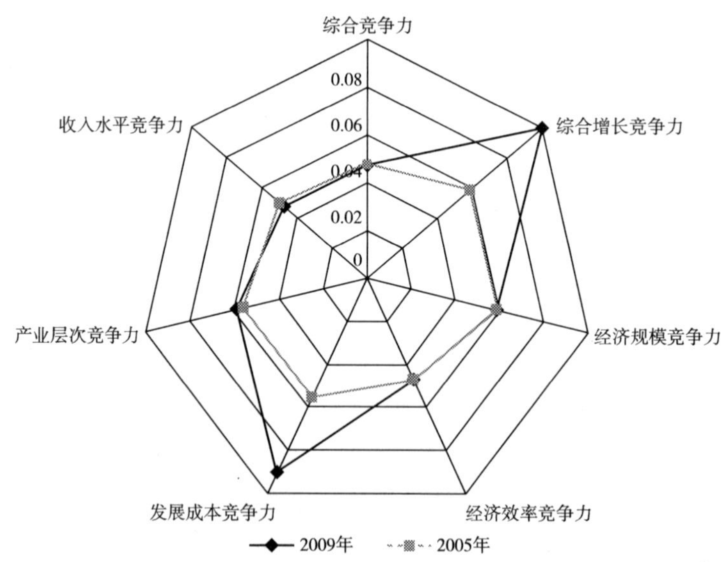

图 9-6　陕西城市竞争力历史回溯

建议投资者、创业者关注西安、咸阳、延安、宝鸡等城市，建议省委、省政府加强对商洛、安康、渭南等城市的政策支持力度。

四 中国城市竞争力（甘肃）报告

甘肃简称为甘或陇，省会兰州，天水、嘉峪关、平凉、庆阳、酒泉、张掖、金昌、白银是其主要城市。甘肃地处黄河上游，其东接陕西，南控巴蜀青海，西倚新疆，北扼内蒙古、宁夏，是古丝绸之路的黄金路段，地区面积45.37万平方公里，甘肃自然资源丰富，尤其是可再生利用资源如光能、风力资源等。2008年末全省常住人口为0.26亿人，其中少数民族人口占全省总人口的8.7%且增长较快，全省生产总值达0.318万亿元，比上年增长10.1%。

1. 综合竞争力：整体水平不高，城市发展缓慢

甘肃省综合竞争力指数为0.313，排在全国第22名，综合竞争力较弱。综合竞争力基尼系数为0.135，排在全国第20名，经济发展水平不高但省内城市发展相对均衡。甘肃省城市竞争力总体上较弱，只有省会兰州排在全国100名以内，嘉峪关一个城市排在200名以内，其余城市则都排在全国200名以外（见图9－7）。相对而言，目前陇南市发展最快，城镇建设发展较快，尤其是在“5·12”大地震之后，政府积极进行恢复性建设工作，其效果显著。其次是天水，天水地处陕、甘、川交界地带和西安至兰州两大城市的中点，是陕、甘、川地区重要的交通枢纽，正在修建的天平铁路（天水—平凉线），将会进一步加强天水及周边地区交通联系，增强天水对周边地区的辐射力、带动力。

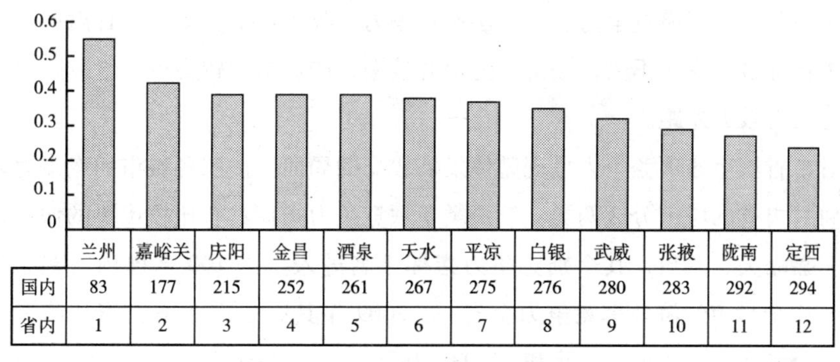

	兰州	嘉峪关	庆阳	金昌	酒泉	天水	平凉	白银	武威	张掖	陇南	定西
国内	83	177	215	252	261	267	275	276	280	283	292	294
省内	1	2	3	4	5	6	7	8	9	10	11	12

图9－7 甘肃城市综合竞争力排名

2. 历史回溯：大中城市表现不佳，金昌、庆阳有所提升

近五年来，甘肃省内75%的城市排名都有不同程度的下滑。省内大中城市发展并不尽如人意，而省会兰州的排名从2005年的第72位下滑至2009年的第83位（见表9－6）。但省内小城市则发展较快，排名有所上升，处于前工业化阶段的庆阳市排名提高了27位。此外，属于资源型城市的金昌排名上升了30位。

表9－6 甘肃城市综合竞争力历史排名

城市	2005年		2006年		2007年		2008年		2009年	
	省内排名	国内排名	省内排名	国内排名	省内排名	国内排名	省内排名	国内排名	省内排名	国内排名
兰州	1	72	1	70	1	79	1	72	1	83
嘉峪关	2	170	2	144	2	151	2	166	2	177
金昌	11	282	4	240	4	230	3	224	4	252
白银	5	251	6	262	10	280	5	257	8	276
天水	4	249	5	253	5	256	6	263	6	267
武威	9	275	7	263	8	277	9	276	9	280
张掖	7	260	9	271	7	272	10	277	10	283
平凉	8	270	10	277	9	278	8	270	7	275
酒泉	6	254	8	268	6	267	7	266	5	261
庆阳	3	242	3	204	3	212	4	226	3	215
定西	10	278	11	291	11	291	11	292	12	294
陇南	12	293	12	294	12	293	12	293	11	292

3. 分项竞争力：大中城市发展缓，庆阳、金昌提升较快

甘肃省的各项竞争力都处于全国较低水平，相比较而言综合增长竞争力在各项指标中最有优势，而其他分项指标由强到弱依次为：发展成本竞争力、经济效率竞争力、经济规模竞争力、产业层次竞争力、收入水平竞争力。甘肃省的各项竞争力指标排名变化不大，经济实力提升较慢，产业结构较为单一，收入水平与其他地区有较大差距。

甘肃省城市各项竞争力呈现整体发展较弱的局面。按照各城市的竞争力表现可以将甘肃省的城市分成两类：第一类单项竞争力指标具有比较优势的城市，如金昌、嘉峪关、兰州，其个别竞争力指标排名进入全国100名以内（见表9－7），其中金昌市经济效率竞争力全省一，2009年其第二产业增加值和第三产业增加值分别达到1393466万元和178931万元。省会兰州的收入水平竞争力全省第一，2009年地方财政收入占全省财政收入的55.55%。

表 9－7 甘肃城市分项竞争力排名

城市	综合增长		经济规模		经济效率		发展成本		产业层次		收入水平	
	省内排名	国内排名	省内排名	国内排名	省内排名	国内排名	省内排名	国内排名	省内排名	国内排名	省内排名	国内排名
兰州	9	233	1	55	3	124	4	191	1	59	3	146
嘉峪关	2	127	4	209	2	62	10	281	6	199	1	76
金昌	1	102	3	197	1	58	11	290	12	271	5	236
白银	10	244	2	196	4	180	12	294	9	232	4	191
天水	8	231	6	220	9	281	3	104	8	218	8	280
武威	3	170	5	212	6	243	5	212	11	270	11	289
张掖	11	256	7	269	7	263	7	254	7	205	7	279
平凉	6	229	9	278	10	283	8	256	2	73	6	278
酒泉	7	230	8	276	8	270	1	46	3	97	9	284
庆阳	5	204	10	280	5	228	2	92	5	194	2	97
定西	12	271	12	294	12	294	6	249	10	246	10	287
陇南	4	188	11	292	11	291	9	280	4	137	12	293

4. 结论与政策建议

甘肃省的综合增长竞争力、经济规模竞争力、经济效率竞争力、发展成本竞争力和收入水平竞争力等都较弱（见图 9－8），经济发展动力不足，经济增长速度较为缓慢，亟须调整经济发展思路，充分利用资源，尤其是清洁能源，通过相关政策扶持来促进经济快速发展，逐步提高经济发展水平和人民的收入水平。

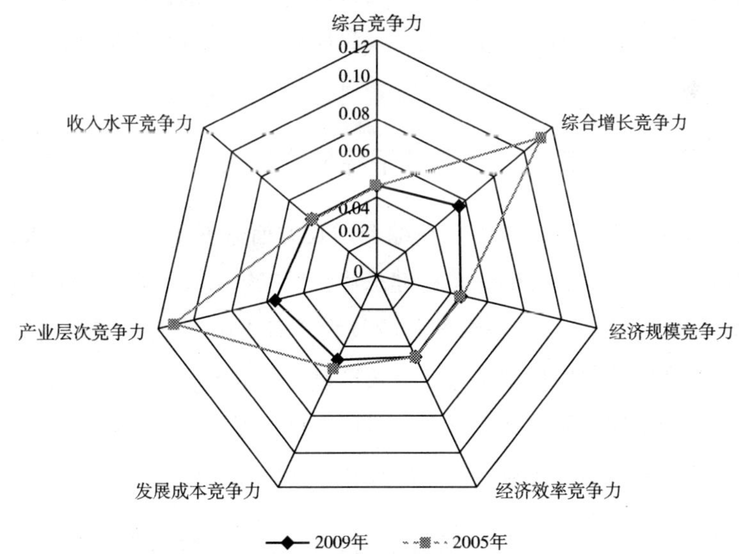

图 9－8 甘肃城市竞争力历史回溯

第十章 中国（香港特区）城市竞争力报告

一 香港城市竞争力总体表现

香港经过百年的发展特别是回归十多年来的发展，已经从一个渔村一跃成为区域性世界城市，具备了建设全球城市的内在条件。香港拥有天然深水港，毗邻珠三角城市群，背靠中国内地，位于亚太地区的中心，同时是连接北美洲与欧洲的桥梁，区位条件十分优越。香港是东西方的桥梁，特区拥有高度自主权，国际交往软硬基础设施条件十分优越。

在与中国294个城市的比较中，香港连续多年一直保持第一，但内地领先城市与其的差距越来越小。从近五年的中国城市综合竞争力排名来看：香港以其强大的竞争力一路领跑中国城市，相比国内其他城市，香港在综合竞争力上具有绝对优势，尽管近年来内地的北京、上海、深圳等城市发展势头强劲，但短期内都无法超越香港。

（一）综合增长竞争力：自身平稳较快增长，与内地差距较大

香港经济规模大，基础雄厚，在综合增长方面近五年（2005～2009年）来排名均靠后，但综合增长依旧保持稳健态势，近三年来其综合竞争力指数一直保持在0.25以上。经济危机对香港的影响较大，但2009年香港仍保持0.27以上的综合增长指数，同时内地城市综合增长迅速，鄂尔多斯持续五年第一，近三年河源、清远等中小城市保持0.9以上的增长指数。改革开放以来，中国内地城市在综合增长方面具有后发优势，经济增长和社会发展取得长足进步。

（二）经济规模竞争力：规模优势小，即将被超越

从近五年的规模竞争力指数来看，香港的经济规模优势有弱化趋势，并且越

来越明显。上海在经济规模上已有赶超之势，2005～2009 年香港和上海的竞争力指数差距在逐年减小，五年的差距分别为 0.26、0.20、0.17、0.13、0.09。近年来香港经济规模增长速度远低于上海，特别是上海致力于建设国际金融和航运中心，世博会即将召开，众多境外投资指向上海，上海的经济规模增长空间仍然巨大，注意到 2009 年上海的 GDP 数据首次超过香港，香港要保持经济规模优势仍需努力。①

（三）经济效率竞争力：水平远高内地，堪称全球典范

经济效率高意味着有限资源的优化配置。香港土地面积稀少，资源稀缺，而人口众多，这客观上要求香港在资源配置上具有高效性。从近五年的排名看，香港在经济效率上远远高于内地城市，深圳作为内地经济效益排名最高的城市在 2006～2009 年与香港的差距依次为 0.52、0.49、0.47、0.44，差距虽然有微弱的减小趋势，但总体差距依然明显，香港的经济高效率值得内地城市学习和借鉴。内地城市经济的发展模式应尽快从低人力成本推动的外延式粗放型增长模式向集约型内涵式发展转变。

（四）发展成本竞争力：发展与成本同优先，内地城市无可及

发展成本竞争力主要是指城市发展过程中对资源的消耗和环境污染的依赖程度，体现了经济发展的质量。近五年来，香港在该项指标的排名上具有相对优势，但弱化趋势明显，与海口相比，2005～2009 年两者之间的得分差距分别为 0.04、0.01、－0.097、－0.13、－0.17，香港的发展成本得分逐年下降，排名由第二下降到第四，而海口得分逐年上升并保持第一。虽然不敌海口，但香港的发展成本整体水平仍较高。海口发展水平相对较低，是一种低水平的成本竞争力。

（五）产业层次竞争力：暂时处于领先，北京有赶超之势

科学的产业层次意味着资源在各经济部门的合理分布，产业之间协调能力的

---

① 2009 年的排名是使用 2008 年的数据计算的，故在我们计算的 2009 年城市竞争力排名中，香港仍未被被上海超越。

加强和关联水平的提高。香港产业结构从 20 世纪 80 年代便开始了向服务型产业结构的转变，90 年代即呈现服务型产业结构状态，目前服务性产业已是香港的主导产业。但香港的高科技产业所占比重较小，产业升级缓慢。从近五年的数据来看，香港的产业层次竞争力呈弱化趋势，内地产业结构最优的北京与香港的差距在逐步缩小，近四年的差距分别为 0.21、0.20、0.15、0.03。北京的产业升级迅速，有后来者居上的趋势。

（六）收入水平竞争力：城市功能完善，居民收入水平最佳

城市的最基本功能之一是为市民提供最优的生活空间和社会福利。判断一座城市的好坏的一个重要内容是居民生活的舒适度。香港具有较高的居民收入和公共收入，居民的生活条件和质量较高，并且可以提供高质量的公共服务设施。香港以其良好的社会法制环境等高居全国第一，远超内地城市。近五年来，上海作为内地城市收入水平最高的城市与香港仍有较大差距，五年来的差距分别为 0.56、0.52、0.51、0.45、0.50，其竞争力指数大体上只有香港的一半。

2005～2009 年香港城市竞争力显示性指标得分和排名情况见表 10－1。

表 10－1　2005～2009 年香港城市竞争力显示性指标得分和排名情况

年份＼指标	综合竞争力		综合增长		经济规模		经济效率		发展成本		产业层次		收入水平	
	排名	得分	排名	得分	排名	得分	排名	得分	排名	得分	排名	得分	排名	得分
2005	1	0.862	289	0.127	1	1	1	1	2	0.952	1	1	1	1
2006	1	0.899	288	0.243	1	1	1	1	2	0.957	1	1	1	1
2007	1	0.896	288	0.259	1	1	1	1	3	0.884	1	1	1	1
2008	1	0.897	288	0.275	1	1	1	1	3	0.862	1	1	1	1
2009	1	0.895	289	0.279	1	1	1	1	4	0.829	1	1	1	1

二　香港城市竞争力基本构成

城市竞争力基本构成分两部分：本体和环境。本体由人才本体、企业本体、主要产业主体、公共部门主体组成；环境由生活环境、商务环境、创新环境、社会环境组成。

（一）人才本体竞争力：人才济济，人力资源优势明显

从决定人才本体的各项指标排名来看，香港人才本体综合竞争力领跑全国，比位列第二、第三的北京和深圳得分分别高出0.06 和0.257。其中，香港的人力财富水平、人才知识水平、人才技术水平均在全国前三之列，这表明人力资源质量相对较高，特别是香港的人力高度财富化是吸引众多高级人才的重要决定因素之一（见表10－2）。

表10－2　2009 年香港与其他部分城市人才本体竞争力排名情况

指标 城市	人才本体		人才健康		人才知识		人才技术		人力财富		人才技能		人才观念	
	排名	得分	排名	得分	排名	得分	排名	得分	排名	得分	排名	得分	排名	得分
香港	1	1	7	0.726	3	0.917	3	0.82	1	1	4	0.903	22	0.897
北京	2	0.94	4	0.744	2	0.922	5	0.386	5	0.386	1	1	27	0.88
上海	5	0.743	5	0.636	6	0.811	8	0.361	8	0.361	6	0.895	12	0.94
广州	15	0.568	15	0.633	27	0.548	29	0.203	4	0.396	10	0.861	14	0.932
深圳	3	0.761	3	0.73	24	0.559	6	0.664	3	0.438	2	0.958	4	0.972
澳门	6	0.673	1	1	35	0.493	9	0.42	7	0.365	13	0.855	11	0.941

注：所选对比城市一般为特大城市，并已进入工业化后期阶段，城市竞争力较强。

人才竞争是城市竞争力的核心，人才竞争归功于教育，香港历来重视对人才的培养。香港著名学府林立，同时香港也很注重职业教育。近年来香港推出了众多的优惠政策吸引内地优秀人才来港学习和工作，香港在未来的城市竞争中将抢先占领人才高地。

（二）企业本体竞争力：制度化管理一流，注重文化积淀

虽然香港企业本体综合竞争力排名第20（见表10－3），但其企业成长潜力和管理水平一流，企业文化深厚仍然是其他城市借鉴的榜样。注意到香港企业的研发能力和研发能力增长率指数排名在40 名之后，企业研发能力和研发能力增长率是企业核心产品竞争力和创新能力的重要体现，这可能是造成香港企业创新能力排名相对落后的重要原因之一。

香港经济具有高度的开放性，众多大型跨国集团纷纷将亚洲地区总部设立于

此，并具有先进的企业管理水平和完善的企业制度，注重企业文化的建设和企业凝聚力。另外，香港企业的制造能力较为落后，香港产业已经顺利转型，以第三产业为主导，制造业在香港的经济格局中比例逐年下降。

表 10－3　2009 年香港与其他部分城市企业本体竞争力比较

城市＼指标	企业本体		企业成长		企业创新		企业制造		企业营销		企业管理		企业文化		企业制度	
	排名	得分	排名	得分	排名	得分	排名	得分	排名	得分	排名	得分	排名	得分	排名	得分
香港	20	0.745	1	1	28	0.147	55	0.107	11	0.705	4	0.89	3	0.979	3	0.797
北京	5	0.83	43	0.503	5	0.444	12	0.615	44	0.568	12	0.86	22	0.885	38	0.629
上海	1	1	34	0.536	4	0.526	1	1	33	0.617	31	0.773	17	0.901	25	0.67
广州	6	0.827	32	0.543	19	0.182	7	0.764	8	0.767	33	0.764	33	0.85	47	0.584
深圳	4	0.865	4	0.51	6	0.366	3	0.806	27	0.631	1	1	27	0.88	41	0.613
澳门	45	0.626	13	0.644	56	0.014	56	0.033	6	0.804	2	0.98	9	0.931	2	0.8

（三）主要产业本体竞争力：旅游休闲天堂，社会性服务业提升空间巨大

香港是一个典型的消费型旅游城市，其产业本体竞争力位列全国第 5（见表 10－4）。其中消费性服务产业和生产性服务产业竞争力均在前三，凸显其第三产业的巨大优势。凭借其良好的区位优势和城市基础设施，其物流服务业发展潜力巨大。其生产性服务业和金融业发达，但社会性服务业排名相对靠后。香港已具备建设国际现代物流中心的基础条件。而其制造业竞争力排名靠后，这与香港工业化后期产业结构调整过程密切相关。香港生产要素的比较优势是发展高级服务业，并且有冲刺世界现代物流中心的条件，政府相关部门应提前做好相关规划。

表 10－4　2009 年香港与其他部分城市主要产业本体竞争力比较

城市＼指标	产业本体		建筑业		制造业		物流服务业		消费性服务业		社会性服务业		生产性服务业	
	排名	得分	排名	得分	排名	得分	排名	得分	排名	得分	排名	得分	排名	得分
香港	5	0.757	15	0.467	55	0.214	6	0.856	2	0.87	18	0.375	3	0.728
北京	1	1	9	0.646	25	0.528	1	1	3	0.851	2	0.67	1	1
上海	3	0.79	37	0.286	2	0.841	3	0.937	7	0.551	3	0.527	6	0.583
广州	9	0.686	27	0.32	11	0.628	5	0.922	13	0.443	8	0.443	14	0.422
深圳	12	0.641	24	0.352	3	0.733	25	0.581	12	0.45	10	0.419	7	0.497
澳门	29	0.53	25	0.34	51	0.251	41	0.417	1	1	54	0.153	31	0.319

（四）公共部门竞争力：政府高效廉洁，司法公正，科研医疗事业需加强

作为“亚洲四小龙”之一，香港多年来一直是世界最具竞争力的城市之一，除了经济自由度较高之外，还得益于有一个高效廉洁的政府和完整的司法体系。高度的自由化要求一个高效的政府和司法公正与之相匹配。香港公共部门竞争力位列全国第4（见表10－5），其司法机构竞争力和行政机构竞争力均排第1，显示香港政府办公的高效性和司法公正。香港在科研机构上远不及北京、上海等内地大城市，排名第27。良好的科研环境是吸引顶尖级科研人员的必要条件。而在医疗卫生和科研机构竞争力两项上均排在20名之后，这与香港整体竞争力是不相匹配的。政府需要在财政上给予科研和公共医疗更多的投入，以改善医疗和科研竞争力水平。

表10－5　2009年香港与其他部分城市公共部门本体竞争力比较

指标/城市	公共部门本体		司法机构		行政机构		文化教育		医疗卫生		科研机构	
	排名	得分	排名	得分	排名	得分	排名	得分	排名	得分	排名	得分
香港	4	0.84	1	1	1	1	32	0.836	25	0.641	27	0.098
北京	2	0.946	4	0.738	9	0.821	7	0.906	1	1	3	0.531
上海	1	1	2	0.941	43	0.656	3	0.928	2	0.888	2	0.633
广州	12	0.651	12	0.563	42	0.661	39	0.801	11	0.702	11	0.175
深圳	2	0.704	5	0.625	24	0.737	49	0.779	50	0.538	6	0.323
澳门	8	0.679	9	0.585	2	0.998	15	0.882	10	0.704	56	0.004

（五）生活环境竞争力：总体环境全国领先，居住和教育环境有待改变

香港的购物环境排全国第1，不愧为“购物天堂”，同时生态环境和出行设施均排第2（见表10－6）。香港虽小，但便捷的公共交通就有诸多方面值得借鉴。香港是世界上道路交通最繁忙的地区之一，但少见大都市的堵塞，这得益于香港完善的公共交通系统。香港已经进入工业化后期，经济增长的背后往往是生

态环境的巨大代价，而香港历来重视环保，极力保持经济社会的发展和生态环境的协调。发达的市场经济，合理的制度设计，宜居的生态环境和便捷的出行，轻松幽雅的购物环境，造就了香港这座消费服务型城市，也成为香港吸引更多人才来港学习和工作的一张王牌。

表 10－6　2009 年香港与其他部分城市生活环境本体竞争力比较

城市\指标	生活环境		居住条件		购物环境		出行设施		教育环境		保健娱乐		生态环境	
	排名	得分	排名	得分	排名	得分	排名	得分	排名	得分	排名	得分	排名	得分
香港	3	0.827	42	0.717	1	1	2	0.808	13	0.564	34	0.422	2	0.957
北京	1	1	38	0.728	2	0.866	1	1	3	0.927	2	0.726	28	0.754
上海	2	0.856	29	0.742	4	0.712	3	0.795	6	0.823	15	0.571	44	0.68
广州	4	0.79	20	0.769	5	0.633	6	0.623	2	0.996	49	0.343	56	0.377
深圳	16	0.626	50	0.681	7	0.6	4	0.792	30	0.19	22	0.492	1	1
澳门	8	0.727	53	0.66	8	0.577	17	0.491	17	0.454	1	1	9	0.803

（六）商务环境竞争力：商务设施最优，全球联系度最高

香港在商务环境竞争力的主要构成指标商务需求环境、市场竞争环境、全球联系等方面均遥遥领先中国内地和澳门、台湾地区，凸显了香港良好的商务环境和健康的市场化体系，但营商环境排名相对落后（见表 10－7）。良好的商务环境可优化投资环境，是吸引国外资本流入的基本条件；而良好的市场竞争环境又为境外资本和企业提供了市场化的保证；高度的全球联系为香港拓展全球市场开辟了道路。随着中国综合经济实力的提升，香港的窗口作用将会得到强化，香港国际金融中心地位和国际竞争力将得到进一步提升。

表 10－7　2009 年香港与其他部分城市商务环境本体竞争力比较

城市\指标	商务环境		商务经营要素		市场需求环境		商务基础设施		市场竞争环境		营商环境		全球联系	
	排名	得分	排名	得分	排名	得分	排名	得分	排名	得分	排名	得分	排名	得分
香港	1	1	7	0.769	1	1	9	0.791	1	1	23	0.85	1	1
北京	19	0.625	17	0.693	4	0.587	34	0.452	44	0.834	3	0.967	7	0.293
上海	2	0.852	11	0.749	2	0.685	1	1	21	0.923	3	0.967	6	0.332
广州	13	0.693	12	0.744	9	0.564	10	0.768	55	0.783	44	0.79	11	0.213
深圳	5	0.767	3	0.852	11	0.558	5	0.873	33	0.877	49	0.733	7	0.293
澳门	7	0.75	2	0.895	5	0.583	22	0.572	18	0.927	14	0.886	3	0.44

（七）创新环境竞争力：科技服务体系健全，创新和激励机制需提升

创新活动离不开适宜的创新环境。该项指标上香港落后于中国内地的上海、北京等大城市，注意到香港的科技服务体系和信息基础设施分列全国第一和第二，在创新的硬件和软件条件上均具有优势，但香港的创新氛围和激励制度方面存在缺陷，这两项分指标排名靠后（见表10－8），特别是科研资源占有率排名垫底，创新环境已经成为创新活动的重要影响因素，不可忽视。

表10－8　2009年香港与其他部分城市创新环境本体竞争力比较

城市＼指标	创新环境		科技资源程度		信息基础设施		科技服务体系		创新氛围		激励制度		环境优美度	
	排名	得分	排名	得分	排名	得分	排名	得分	排名	得分	排名	得分	排名	得分
香港	4	0.823	8	0.316	2	0.997	1	1	16	0.869	16	0.871	7	0.954
北京	2	0.947	1	1	3	0.794	30	0.785	22	0.856	29	0.822	21	0.9
上海	1	1	2	0.979	1	1	36	0.76	12	0.876	21	0.845	45	0.834
广州	5	0.716	6	0.49	5	0.703	46	0.724	37	0.816	45	0.763	56	0.744
深圳	3	0.826	4	0.579	4	0.791	22	0.807	1	1	21	0.845	29	0.882
澳门	18	0.526	55	0.048	22	0.332	23	0.803	6	0.913	1	1	1	1

（八）社会环境竞争力：社会协调公平，秩序有待提升

良好的社会环境是经济社会发展的必要保证。香港具有良好的社会和城乡协调关系、社会包容度，三项指标均高居全国第一，同时具有完备的社会保障体系（见表10－9）。良好的社会、城乡协调发展关系造就和谐和公平的社会环境，较

表10－9　2009年香港与其他部分城市社会环境本体竞争力比较

城市＼指标	社会环境本体		社会公平		社会协调		城乡协调		社会保障		社会包容		社会秩序	
	排名	得分	排名	得分	排名	得分	排名	得分	排名	得分	排名	得分	排名	得分
香港	1	1	12	0.823	1	1	1	1	5	0.773	1	1	33	0.796
北京	12	0.763	55	0.544	14	0.603	49	0.649	8	0.646	21	0.859	20	0.841
上海	14	0.758	43	0.683	25	0.543	28	0.746	11	0.557	18	0.889	24	0.832
广州	46	0.657	53	0.6	19	0.584	53	0.631	27	0.39	22	0.858	50	0.677
深圳	8	0.782	49	0.631	56	0.269	43	0.68	1	1	5	0.963	56	0.597
澳门	6	0.79	19	0.795	25	0.543	2	0.904	9	0.621	13	0.911	53	0.663

高的社会包容度意味着对新生事物的开放和乐观态度，这些因素对于提升香港城市竞争力均有积极意义。

注意到香港在社会秩序这一指标排名相对靠后，良好的社会秩序对于建设完备的市场经济体系有重要作用，相信以高效著称的香港政府能进一步改善社会秩序。

三 香港城市竞争力优势与劣势分析

（一）香港城市竞争力优势分析

1. 独特的区位优势，深厚的经济基础

香港背靠祖国，面向亚洲和世界，具有世界优良的深水港，具备良好的海外通商条件。多年来香港都是连接内地与世界的经济桥梁，依托加工贸易和转口贸易实现了香港经济的起飞。香港城市已经积累了巨大的经济基础，于是香港提出，要快速融入珠三角城市群的发展，积极推动深港一体化，加强窗口和服务业的提升。香港多年来在金融服务业积累了众多人才和深厚的商业文化优势，良好的区位和经济基础为香港在未来的全球城市竞争中取得优势提供了条件。

2. 政府高效廉洁，服务和创新取胜

香港经济以自由而著称，高度发达的市场经济体系不仅要求政府在市场中担负传统的监管和引导责任，而且注重政府职能转变，并向服务型和创新型政府迈进。香港政府历来以其高效和廉洁而闻名于世，其政府效率和廉洁度历年保持全国第一，高效的政府能减少交易成本并引导市场走向社会福利最大化。政府是创新的主体之一，政府制度创新是政府高效的必要条件，政府廉洁是基础。另外，香港政府的创新工作也一直走在世界城市前列，特别重视对公务员工作效率和创新意识的培训，制度创新使香港城市管理更具有灵活性。

3. 人才科技信息强市，培育和发挥文化优势

现代城市竞争力归根结底是人才和科技的竞争，香港历来重视人才的培养和对外人才引进，为将来更加激烈的城市竞争占领了人才高地。香港已将高科技产业列入六大支柱产业之一。香港能够发展成为国际商业和金融中心的必备

条件之一是通信和信息发达、流通快速、不受阻隔。城市的某些文化可成为市民共同认同的一种精神上的价值取向，从而可以提升整个城市的凝聚力。“自强不息、敬业乐业、精益求精”，这是香港社会价值的主要体现。文化优势不仅成就了香港人的自信、自励、爱港、爱国，直接推动香港文化产业的发展，更使香港的文化影响力远播亚洲乃至世界，为香港的产品创造了显著的需求市场与竞争优势。

（二）香港城市竞争力劣势分析

1. 生产要素成本高，环境门槛较高

香港地少人多，土地资源稀缺，同时企业面临劳动力成本过高和原材料价格上涨的压力，这些均是提升香港经济长远发展的制约因素。企业进入市场的环境门槛越来越高，在激烈的市场竞争中企业的竞争优势逐渐倾向低成本取胜。若企业受生产成本压力而将产业向生产营运成本低的珠三角城市转移，若沿袭香港传统的“前店后厂”模式，深圳等地具有低廉劳动力、优惠的产业政策支持，且已经具备独立将产品推向国际市场的能力，可以不经过香港的“前店”，香港“前店后厂”的经济发展模式值得重新思考和定位。

2. 软件接轨遥远，硬件联通狭窄

香港对外开放，对内地相对封闭。在软件上，除了经济和金融体系差异外，香港与内地在人员、货物、服务、货币、资金、技术、信息的自由流动和平等使用有许多制度和技术障碍；在硬件上，铁路、公路、水路、航空、资讯等基础设施还不能无缝隙、低成本的连接。这一方面影响内地利用香港吸引全球资源、开拓世界市场、影响全球发展，另一方面也影响香港利用内地资源、服务内地企业、开发内地市场。

3. 科技投入不足，产学研一体化程度低

区域商业都市而不是全球商业都市的定位，在一定程度上影响了香港发展高科技和知识经济的决心和志向。首先，香港政府对科技缺乏重视，近年来政府的科研投入不足，科技投资一般来源有三：政府、学院、产业界，香港只来自学院；科技基金较少，缺乏大胆的支持科技的计划，也缺乏有利于科技创新的激励和奖掖制度。民间赚钱氛围比较浓厚，科技创新氛围不足，急功近利，担心科研有风险，不愿进行研发投入，研发力量薄弱，这是香港产业升级缓慢的主要原

因。香港科研实力近年来提升较快，但是科学研究一直脱离产业，科技转化能力弱，致使知识产业发展缓慢。

四　香港提升城市竞争力面临的挑战与机遇

（一）香港提升城市竞争力面临的机遇

经济全球化使生产要素在全球范围内加速流动，国际分工水平的提高以及国际贸易的迅速发展，推动了世界范围内资源配置效率的提高，为各国经济提供了更加广阔的发展空间。香港应把握好这一有利时机，积极参与经济全球化和全球竞争，保持多元化的发展和互信多边利益共同体。

1. 经济全球化，全球分工加深，要素集聚化明显

当今经济全球化已成大趋势，各国均积极参与全球竞争和世界分工。随着全球分工的进一步明细化，各个国家和地区分工明确，每个国家和城市在全球经济大背景下均具有特定功能和定位。同时，分工明确化使要素在全球范围内流动性加强，要素在全球范围内重新分配。香港作为世界重要的开放性城市，在全球化和全球分工背景下，将是一个有利于香港提升全球城市竞争力的重要因素。香港凭借良好的经济基础、金融贸易条件和经营环境，将在全球要素竞争中获得更多的话语权，人才、资本、技术将可能进一步向香港集聚。高度的要素集聚将使香港规模经济和经济效率进一步提升。

2. 全球经济格局重构，亚洲和中国崛起，香港趁势而上

当前全球经济重心已经开始由西方发达国家向亚洲转移，亚洲是世界上人口最多的区域，具有全球最大的市场，特别是近年来内地整体经济实力迅速提升，香港中心城市的地位将得到进一步巩固，世界的科学技术文化交流活动将在香港更加频繁的出现，特别是跨国公司总部和国际性组织纷纷向香港抛橄榄枝，这些均给香港提供了难得的机遇。香港背靠祖国，面向亚洲和世界，具有世界优良的深水港，具备良好的海外通商条件。香港一直是中国对外的最重要的窗口，而随着中国综合国力的提升，内地与香港的经济互动更加频繁，两者之间经济上具有众多的互补性。

3. 世界城市呈现大都市化趋势，香港将大有作为

随着经济全球化的深入，全球城市呈现大都会趋势明显，世界超级城市在大区域范围内形成特定的增长极，极化效益明显。区域之间的贸易早已突破行政规划的限制，极化效益不断强化，相近区域的经济趋于同质性，各城市之间形成互补的综合竞争体，要素和分工在几个地理相近的城市间形成大都市群和城市带。香港已经成为泛珠三角城市带的区域经济增长极，香港制造业和服务业向深圳等地的成功转移进一步加深了香港与内地的经济一体化进程，深港经济合作进一步加深，深粤合作将成就一个新的世界大都会——珠三角都会区。

4. 全球产业知识化和服务化，香港产业优势将凸显

知识经济日益明显的今天，粗放型、初级加工和转口贸易产业已经向发展中国家转移，产品核心竞争力已经趋向高科技、高附加值和个性化服务。城市之间的竞争归根于人才和知识的竞争。香港已经进入工业化后期阶段，产业结构布局合理，并有进一步优化的趋势，其第三产业已经成为主导产业。

同时，全球城市环境压力日益加大，人口、经济、社会、生态的协调发展已经成为世界性的重大课题，循环经济模式得到广泛支持。香港的环境压力较小，高耗能、高污染产业已经逐步淘汰和整合升级，并极力发展循环经济，以服务业见长的香港将有更多的产业机会。

5. 全球政治格局多元化，香港将成为对话交流地

当今世界，政治格局是影响经济格局的重要因素。和平与发展已经成为全球发展的主题，但国家对抗和民族矛盾仍然存在，香港“一国两制”的高度自治和其高度开放包容，使其可能成为国家和地区间政治、经济、文化对话交流地，这给香港带来了巨大的机遇。既可以提升香港的国际政治影响力，又可以迎来新的经济发展。

以上五个优势相互作用、相互依赖，共同推动香港城市的持续繁荣。经济全球化和经济格局变化等为香港提升全球城市竞争力提供了重大发展机遇，亚洲崛起和综合国力的提升为香港的发展提供了强大的保障，并为香港在多元化经济格局下提供了城市定位的依据，同时强化了香港作为中国对外的窗口作用。

（二）香港提升城市竞争力面临的挑战

香港的竞争优势十分明显，但经济全球化将使世界越来越多的城市进入世界分工体系，并进行世界范围内的竞争，香港在未来世界城市竞争中将面临众多挑战。

1. 技术创新不足，高端要素流失严重

虽然香港具有强大的人才吸引力和良好的人才引进政策，但面临全球人才竞争的大环境，技术支持跟不上经济发展要求。高级管理人才流失，人才资本大量流入内地。虽然香港已经具备良好的技术引进能力，并利用新技术发挥最大经济效益，但是其科技创新能力严重不足。香港在技术创新上的瓶颈可能在将来的全球城市竞争力中更加明显。

2. 面临国际和国内城市的竞争

香港将面临新加坡、首尔等亚洲中心城市的强力竞争，特别是金融和贸易中心的争夺依然激烈，同时也面临国内城市特别是珠三角城市群的竞争。改革开放以来，上海、深圳等港口城市发展迅速，香港已不再是中国对外的唯一窗口，长三角地区和珠三角地区的海港和空港的崛起，使香港作为贸易和航运中心的优势正在逐渐减退。2009 年香港 GDP 萎缩 2.7%，总值为 2107 亿美元，而上海的 GDP 却增长 8.2%，总值达 2183 亿美元，上海的 GDP 首度超越香港，同时国务院已经决定，未来十年将把上海建成与国家实力相匹配的国际金融中心，这对香港国际金融中心的地位可能产生冲击。全球化可能使香港面临更加严重的人才流失。

3. 全球产业升级较快，香港产业升级相对缓慢，竞争优势下降

香港定位不变，缺乏宏伟的产业政策，使香港产业升级缓慢。一般制造业中原有的优势产业，如玩具、制衣、家具等市场逐渐萎缩。高科技制造业中新材料、新能源几乎空白，生物制药刚刚起步，电子产业发展艰危。一般服务业中贸易、航运、物流、商业服务、房地产、旅游比例高，知识含量低，升级慢，国际和区域地位开始下降。知识服务业中金融服务、创意文化、教育培训、医疗保健、信息服务总体发展优势明显，但结构不尽合理，与纽约、伦敦相比比例较低，与新加坡、首尔、曼谷等亚洲城市相比有些发展不够快。

五　香港未来的目标：定位与战略构想

根据以上分析，建议将香港建设为全球城市。所谓全球城市，是指能够对全球政治、经济、文化、科技产生重大影响的城市。

（一）香港建设全球城市的战略构想

未来香港作为全球城市，就是要发展成为与北美的纽约、欧洲的伦敦相匹敌，并远远超过其他世界城市，影响全球政治、经济、科技、文化发展的国际一流大都会。香港未来应成为国际交往中心、信息资讯中心、文化创意中心、管理决策中心、科技创新中心、国际金融中心、国际贸易中心，成为全球各类精英人才聚居地。

香港建成全球城市后，全球、亚洲、中国和珠三角的城市体系将发生重要变化。全球城市体系将可能演化成亚洲的香港、北美的纽约、欧洲的伦敦三足鼎立，综合功能同处于顶级，具体功能各有领先，三者共同引领世界城市发展，既相互竞争，又互有分工，相互合作。

在亚洲，香港将超越东京，位居亚洲之首，亚洲城市体系将可能演化为一个全球城市和若干区域层级的世界城市。中国城市体系将可能演化为香港是一级世界城市，上海是二级世界城市，其他一些城市可能是三级世界城市或区域性国际化城市。

香港可以借鉴伦敦模式，香港有条件扮演伦敦的角色，既依托内地，又不局限于内地，致力于服务亚洲和世界，成为亚洲和世界跨国公司的总部集中地、世界金融中心。上海、北京可以借鉴东京、芝加哥的模式，发挥类似于东京、芝加哥的角色，主要依靠本国经济及跨国公司总部聚集，以及其他跨国公司的国家办事处，发挥影响世界的作用。

（二）香港建设全球城市的必要性

1. 应对全球竞争，支持中华民族复兴

进入新世纪以来，全球化与地方化也变得越来越明显，城市在全球活动和地方事务中的作用变得更加重要，城市竞争成为国家竞争的重要体现，更加直接而激烈。由于世界城市对国家在世界经体系中的作用非常重要，建设全球城市成为许多国家重要的竞争战略。

中国要从世界经济大国快速成为世界经济强国，无疑需要高级别的世界城市作为发动机带动，在全球尤其亚洲其他城市的竞争激烈，资本和生产要素流动便利，市场信心至关重要的情况下，中国必需既要抢占先机又应有根据地提出，将

中国香港建设成为全球城市。这有利于提高香港地位和信心，有利于吸引全球资源要素，有利于中国在全球及其亚洲的经济竞争中争取主动。

2. 保持香港的长期繁荣，保持香港和内地的互利共赢

香港经过百年的发展特别是回归十年的发展，已经从一个渔村一跃成为区域性世界城市，面对全球化的竞争和内地城市崛起，香港要保持持续的繁荣和进步，实现“香港明天会更好”就必须：走得更快，继续保持领先地位；站得更高，迈向新的境界；看得更远，开辟新的、更加广阔的市场。

国际的竞争，中国的崛起，香港的未来，决定香港不进则退，决定香港若不建成全球城市，就将被边缘化，因此，必须将香港建成全球城市。

（三）香港建设全球城市的可行性

1. 亚洲区域未来必将出现全球城市

全球城市仅可能产生在世界经济增长的重心区域。自 20 世纪后半期，亚洲国家渐次起飞，未来将全面起飞。目前，日本已成为发达国家，韩国、新加坡、中国台湾和香港等正在向发达地区迈进，东盟各国经济开始渐次起飞，中国和印度两个古老的大国迅速崛起，并带动周边国家及地区迅速增长，多为发展中的亚洲国家，在信息化、全球化、城市化、工业化高速推进中，未来将带动亚洲全面崛起。亚洲的经济规模已经占世界 30%，预计到 2025 年，亚洲的 GDP 将占世界 GDP 近 50% 的份额。

2. 香港拥有建设全球城市的优势条件

香港经过百年的发展特别是回归祖国后十多年的发展，已经从一个渔村一跃成为区域性世界城市，具备了建设全球城市的内在条件。

香港拥有天然深水港，毗邻珠三角城市群，背靠中国内地，位于亚太地区的中心，同时是连接北美洲与欧洲的桥梁，区位条件十分优越。香港的核心优势，在于高度国际化的城市、便利营商的环境、法治体制、自由贸易制度、自由流通的信息。

3. 香港拥有建设全球城市的国家基础

全球城市最有可能产生于世界经济体系的核心国家内，而中国的崛起和内地与香港更紧密的关系，为香港政治、经济、文化业务量，以及管理、决策地位奠定了坚实的基础。

中国正在向核心国家迈进。中国在迅速融入世界经济体系的同时，国际贸易、国际投资、技术知识引进和吸收不断增长，跨国公司逐步形成，中国在消费、生产、贸易、原材料、就业、收入水平、资本市场等方面，深刻影响世界经济。香港与内地的关系越来越紧密。一体化使中国的巨大和快速的增长，能成为香港建设全球城市的坚实基础。港珠澳一体将有力地支撑香港全球城市。港澳与珠江三角洲地区实际上已经形成面积约 4.8 万平方公里、人口 2700 万人的大珠江三角洲经济合作区域，是世界最具活力的经济成长区之一，并且正趋向一体化发展。

4. 香港拥有东西方所认同的文化优势

建设全球城市主要决定自身国家的力量，但是全球的力量也不容忽视。中国提出将香港建成全球城市，可以更多地利用全球之利。

香港建设全球城市，为东西方文化所认同，香港具有创新精神、自由，以及地理和文化交汇的特质。前香港总督彭定康认为（1996），香港是代表了一个东西方都感到宽心和自在的亚洲；香港正处在黄金时期，它面前有一道桥，一端作为一个位置优越、通往内地的门户，另一端作为一个顶尖的国际金融中心。

六　香港未来的路径战略与对策措施

（一）路径战略：高端引领

高端引领战略是指香港应瞄准影响全球经济、科技、文化当前和未来发展的最关键领域，重点发展，达到和保持一流，进而带动香港全面持续繁荣，并引领和带动全球其他城市的经济发展。

未来香港成为全球城市，大珠三角将成为世界最大的都市区之一，区内分工合作会更加明显，香港应该成为珠三角的龙头和核心城市，主要发展金融中心、管理中心、服务中心；深圳将与香港“合为一体”，担当高科技和创新中心的功能；澳门为亚洲娱乐中心；广州为区域性国际城市，综合服务南中国和东南亚的中端市场，其他城市为世界制造基地，它们相互配合，融为一体。

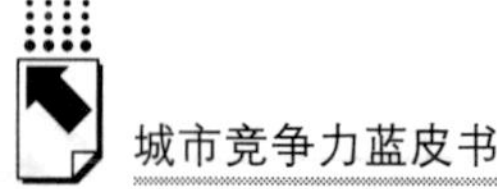

（二）对策措施

1. 统筹全国规划，重新定位香港

在全球化和地方化使城市愈益重要、竞争更加激烈、中国城市化迅猛发展和中国和平崛起的背景下，中央及各级政府应着眼应对全球城市竞争，谋求全国城市共赢发展，迅速调整大中国城市体系规划，将香港、澳门纳入新的全国城市体系规划。

中央政府应与特区政府等沟通，对香港进行重新定位：将香港建设成全球城市。香港按照“世界一流，引领全球”的标准，为香港建设全球城市创造外部环境，支持全球城市的载体建设；利用国家信誉与香港特区政府携手，向世界共同营销香港。积极争取中央政府将香港纳入国家“十二五”规划，确认香港世界顶级城市规划，香港自身也要制定长期战略规划，使香港本地规划和国家整体规划相衔接。

2. 提升产业素质，领导关键产业

全球城市要担负起管理、控制、引领全球经济的角色，不仅总体产业素质高于一般国际大都市，而且要在一些关键知识产业最具全球竞争力。

香港政府应该制定清晰而有效的产业发展规划及政策，通过税收优惠和行业标准鼓励企业采用新技术、新工艺、新方法、新创意提升一般制造业和一般服务业的技术含量和产品服务质量，淘汰落后产业，促进香港产业整体素质逐步提升；对于知识产业，香港政府应创造环境、提供条件，有重点地扶持和吸引关键高科技制造业和知识性服务业，对于一些战略性的知识产业和企业，政府应着眼于长远发展和全局发展，不计一时一地之得失进行帮助和直接参与争夺。

3. 促进软件接轨，加快硬件直通

香港要建设全球城市，既需要内地经济国际化的支撑，也需要更大的总量和发展空间。为此，中央政府与香港特区政府及社会各界要共同努力扩大香港与内地的相互开放，加快与内地，尤其是珠三角的一体化。

推进软件一体化。逐步丰富和完善 CEPA，不仅逐步实现人员、货物、服务、货币、资金、技术、信息的自由流动，而且降低两地居民居留权的限制，人民币和港币自由兑换、使用和经营，资金自由的融通，技术、信息无障碍、无差异利用。参考加拿大与美国的办法，实施“一地两检”，最终向共同市场和一体

化迈进。

推进硬件一体化。在硬件方面，必须两地合作，尽快将香港纳入全国基础设施规划、建设和运营体系，加快、加密和扩大香港与内地尤其是珠三角地区的铁路、公路、航海、航空、桥梁、资讯等基础设施的规划、建设和运营，尽快实现基础设施的无缝链接和直通，尽量减少两地人员、货物、服务、信息流动的时间和成本，并简化手续。

4. 建设教育枢纽，改善生活环境

香港建设全球城市必须拥有：普遍高素质的全体市民，庞大的中端专业技术和企业经营阶层，数量可观的世界一流的精英人才。为此，要发展教育体系，确保人人皆才。充分利用内地和香港的教育资源，建设教育枢纽。建立适合香港发展的高水准的市民终身教育体系；普及高等教育，重视创新和能力培养，改革大学课程使之适合市场需求。一方面，香港应把握未来高端人才对生活环境需求和生活方式变化的动向，精心打造适宜高端人才工作、休闲、创意、娱乐的居住环境；另一方面，内地与香港密切合作，探讨共赢机制，共同治理城市和区域环境污染，保护并分享资源环境及生活空间。

5. 提高科技地位，引领知识经济

全球城市应该是全球技术创新的中心和知识经济的制高点。香港应将以前建成东北亚创新科技中心的定位改变为全球创新科技中心。

重视科技创新，营造创新氛围。香港政府应制定“建设创新型城市”的战略，在资金投入、制度设计、文化营造上采取大胆和激进策略，支持香港科学和技术的基础研究和应用研究。要创造有利于创新的营商环境，使自主创新成为推动香港经济成功转型和知识经济发展的重要动力。

建设数码香港，领导信息革命。香港应充分把握信息革命所带来的机遇，修改并加快实施建设数码港的计划，率先将香港建成世界智能城市，为全岛、全国居民提供信息化的生活、工作、学习、创新服务，并通过发达的全球网络领导世界信息革命。

6. 推动国际交往，加强安全防务

全球城市应该是国际交往中心。国际交往中心既可以产生国际经济、政治、文化活动，又能吸引相关高端人才。中央政府支持并帮助香港争取更多的国际经济、政治、文化和社会组织总部或办事处落户；承办更多国际经济、政治、文化的国际论坛和会议；为了维护香港及国家的安全，确保中国和平崛起和香港世界城市建成，必须构建信息时代的与全球城市相适应的安全防务网络体系，强化香港的安全防务。

在经济日益全球化的今日，国家和城市要保持竞争力，广泛参与竞争与合作已经成为大趋势。香港作为中国最具城市竞争力的城市，参与国际竞争既代表了香港作为一个独立的经济体参与全球化进程，也代表了中国融入世界经济的积极态度。香港今后的经济发展挑战与机遇并存，内地的迅速崛起，使香港拥有越来越强大的经济后盾，相信“一国两制”的高度自治、高效和睿智的政府将可以化挑战为机遇，香港的将来会更加美好！

第四部分 重点城市报告

PART Ⅳ MAIN CITIES REPORT

第十一章 中国未来十年最具潜力城市案例报告

课题组根据过去五年全国城市发展的格局，以及未来全球、中国发展的主导力量及其趋势，比较各城市内外环境，从 294 个城市中遴选了若干城市进行深入的案例研究分析。判断一个城市在未来十年是否具有潜力主要从以下四个方面考虑。第一，外部环境，包括区域政策、宏观经济环境、全球和国内区域重构等；第二，产业状况，产业集群发展情况，主导产业与企业的情况；第三，城市的要素与基础设施；第四，政府领导人的魄力与政府政策。

最后，从城市的规模角度把这些城市分成三类，分别为一线（4 个城市）、二线（10 个城市）、三线（10 个城市），共计 24 个城市，形成本部分报告。需要指出的是：这三个类别的城市具有不可比性；无论是哪个类别，都有多个城市具有跨越的可能；该判断是基于课题组在定量研究基础上的定性判断，其准确性还有待检验。

建议这些城市政府把握机遇，加快跨越，建议国内外企业和人才在进行投资、创业和就业方面的决策时，重点考虑这些城市的未来机会。

一线城市

北京：今朝首善之地，明日世界城市

北京“环沧海而拥太行，枕居庸而襟河济”，战略位置十分重要。首都北京被称为“首善之地”，是中国政治、文化、科技和外交中心。在全球化浪潮中，北京已具备建设世界城市的潜力。

全球格局变化，中国迅速崛起。全球化正在改变世界政治经济格局，中国崛起，未来中国将成为世界中心。中国是全球最具潜力的经济体之一，未来20年是中国的战略机遇期，伴随中国崛起，北京必将“水涨船高”，迎来新的大发展。目前人均GDP已突破1万美元，迈入建设国际城市的门槛。

大国首都优势，全球联系紧密。北京以首都的地位对内辐射全国，汇聚全国资源，有广阔的国内市场腹地；对外作为国际交流中心联系全球，有广泛的国际联系。中国500强有94家总部在北京，世界500强有161家在北京设分公司。奥运会的成功举办进一步扩大了北京国际影响。北京承接内外，全球控制力越来越强，潜力巨大。

城市膨胀迅速，政府战略高远。随着北京城市化进程加快，城市迅速膨胀。但目前北京城乡差距较大，环渤海城市群尚未形成整体聚集效用，未来发展空间很大。北京市政府立足现实，着眼全球，高瞻远瞩提出建设世界城市的构想。我们相信，今日首善之地北京，未来必将建成享誉全球的世界城市。

上海：借重中国崛起，建设世界中心

20世纪30、40年代的大上海，曾是远东地区的经济金融中心，有“东方巴黎”之美誉。改革开放以来，尤其是浦东开发开放以来，上海重新走上快速发展道路，成为引领中国经济发展的领头羊。在未来十年中，上海将建成国际经济、金融、贸易、航运中心，开创新的辉煌。

经济全球化发展，世界格局大调整。在全球经济一体化背景下，开放的国际

市场大大拓宽了上海获取资源的途径与潜在发展空间；此外，随着世界格局发生深刻变化，亚太地区重要性不断提升，中国正走向和平崛起，上海作为中国的第一大城市，其全球战略地位将日益突出。

城市集群实力强劲，区域一体化加速发展。长三角城市群代表我国城市群发展的最高水平，经济规模大、市场活力强、城市体系完善；近年来长三角区域一体化进程加快，区域协同效应日趋显著，今后通过深化分工协作、扩大资源整合，长三角城市群有望向世界第六大城市群迈进，上海作为长三角中心城市也将崛起成为世界级大都市。

优质资源聚集高地，主办世博如虎添翼。上海是汇聚全国乃至全球优质资源的战略高地，世博会的举办能推动产业结构升级、促进消费需求增长、催生新兴技术诞生、提高区域辐射效应，从而进一步提升上海的国际影响力，吸引更多高端要素流向上海，给上海插上腾飞的翅膀。

天津：机遇优势集于一身，北方中心指日可待

元人王懋德所写“东吴转海输粳稻，一夕潮来集万船”的诗句，形象地展现了当年大直沽漕运的繁荣景象。经过对近 5 年的竞争力研究回顾，我们认为，天津可能会成为国家中心城市之一，理由如下。

区位优势奠定基调，战略倾向引导飞腾。沿海之区位优势使“天子渡口”充分发挥功效，京津都市圈的形成和京津同城化的趋势也紧密了天津与京城的通力合作。在发展战略上，滨海新区成为国家级综合改革配套试验区，腹地广阔，资源丰富，投资环境优良，并于 2010 年成立滨海新区政府。区位的先天优势与国家战略上的引导共同助推天津的飞腾之势。

基础和要素储备雄厚，机遇与发展环境绝佳。天津的旧有工业基础雄厚，并逐步走出了一条嫁接、改造、调整的创新之路，传统产业得到优化升级。电子信息产业成为第一大支柱产业，生物技术与现代医药、新能源、化工等骨干行业发展势头强劲。教育优势形成的人才与科技储备也为天津的进一步崛起创造了条件。而中国崛起的大趋势也必将带动作为“北方经济中心”的战略要地——天津的崛起。

2007 年，天津尚未进入中国最具竞争力城市的前 10 名，2008、2009 年则分别为第 10 和第 8 位——我们已经明显看到这一城市发展潜力的爆发！

重庆：老树逢春发新花，迈向国际大都会

古人有诗“自古全川财富地，津亭红烛醉东风”，位于嘉陵江和长江黄金水道交汇处的重庆自古就是繁盛之地，目前重庆已成为中国西部重要的大都市。在对近五年的竞争力回溯中，我们认为在未来十年，重庆极有可能成为国际大都会，理由如下。

战略地位显赫，政策支持有力。作为中西部唯一的直辖市，从胡锦涛总书记的“3·14”部署到国务院2009年3号文件，都以国家战略的形式将重庆定位为西部的重要增长极、长江上游的经济中心，这意味着重庆将获得有力的政策支持，也使其成为世界瞩目的焦点。

产业基础雄厚，要素环境优越。在沿海工业梯度转移以及重工业加速的双重机遇下，作为老工业基地，重庆将来可以依托雄厚基础进行产业升级。加之低廉的要素成本，完备的金融体系，正在高速建设的基础设施，这些将构成重庆未来十年高速发展的重要基础。

城乡统筹发展，拉动强劲内需。城乡统筹发展的推进可能使目前迅猛的城市化势头在未来的十年继续保持，以庞大农业人口基础带动的城市化将培育巨大的西部城市群，并带来强劲的国内需求，有力地助推重庆成为国际大都会。

二线城市

台中：把握产业转型机遇，营造优质文化新都

台中自古即为重要的国际海上交通枢纽，台中特殊的地理位置将使其成为亚洲经济文化交流中心。随着台中经济实力地位的提高，台中行政区划将与台北、高雄并列成为台湾三大县级市，这将成为台中经济腾飞的重要平台。

地理区域位置居中，产业转型出现端倪。台中地理区域位置居中，使其成为亚洲各类国际经济合作的中心。在区域发展多样化的今天，台湾本土出现产业空洞化现象，产业转型是台湾进一步发展的必然选择。台中抓住亚洲区域合作中的机遇，积极推进产业转型，发展知识经济，文化产业的繁荣已初露端倪。

优美和谐的生态环境，璀璨夺目的多样性文化。台中城市环境优美，四季气

候宜人。台湾文化综合原住民文化、汉文化、日据时代遗留文化以及西方文化，地区文化特征上具有包容性。多样性的历史文化与城市空间和谐交融，奠定了台中文化产业发展的基础。同时，台中地区优美的生活环境以及文化的包容性极易吸引各地创新性人才，这为台中高科技和文化产业的发展积累了人力资本。

政府政策目标明确，行政区划战略调整。政府对台中进行行政区划的战略性调整，将台中提升为台湾第三大县级市，为台中的经济转型和发展创造了前所未有的机遇。行政区划的调整，使地处台湾中部的台中，能够充分利用南北地区外部经济的优势，在更大的范围内整合资源，加之民众对高效政府的支持以及当地政治人物的个人魅力，台中将实现跨越式发展。

成都：昔日“中华天府之城”，明日“世界田园之都”

成都自古以来土地肥沃、物产富饶，被誉为“天府之城”。改革开放以来尤其是进入新世纪后，成都发生了翻天覆地的变化，成为中西部地区重要的中心城市。成都的发展潜力很大，有望在未来实现新的飞跃。

战略目标宏伟，发展方向明确。在全球经济一体化、中国和平崛起与西部大开发的背景下，成都提出了建设“世界现代田园城市”的全球定位和长远目标。这一战略决策受到成都广大干部群众的热烈拥护，随着该战略目标的分步实施与推进，成都将实现跨越式发展。

区域政策倾斜，外部驱动强劲。西部大开发战略的继续贯彻落实将使成都明显受益，此外，全国统筹城乡综合配套改革试验区的建设也将进一步加快成都城乡一体化发展步伐。

历史文化浓郁，生态环境优越。文化和生态是城市持久发展的动力，成都历史悠久、文化氛围浓厚、生活轻松惬意，同时有优美的自然环境和良好的生态条件，凭借上述有利因素，成都有望成为一座极富有吸引力的宜居宜业城市。

信息技术发展，区位结构变化。信息技术革命削弱了内陆地区在运输成本上的传统劣势，全球服务业发展、国内需求扩大和东部产业转移也为内陆地区创造了有利条件，成都因此而赢得了与沿海地区城市相近的发展机会。

沈阳：借振兴东北机遇，展“东方鲁尔”雄风

沈阳，历史文化名城，素有“一朝发祥地，两代帝王城”之称。作为经济、

文化、交通和商贸中心，有着其独特的发展优势。

基础条件良好，城市环境优美。一方面，作为老工业基地，沈阳工业门类已达到14200多个，规模以上工业企业33533多家；另一方面，城市建设、环境保护等方面的配套基础设施也很完善。

市场化改革完成，使企业轻装上阵。国有企业率先完成体制改革，成为沈阳振兴的主力军；民营企业也从最初生产零部件，到自主研发、拥有自主知识产权，再到与国际接轨，有的还占领了国外市场。

国际投资和国内产业转移，为腾飞提供硬件支持。市场化改革的完成，有助于吸引国际投资，已有40多家世界500强企业落户沈阳；同时，也有利于国内的产业转移，全面提升整体产业结构，推进区域经济发展。

辽宁沿海经济带发展规划，为崛起提供难得的机遇。客观上，沈阳拥有东北地区最大的民用航空港，全国最大的铁路编组站和最高等级的“一环五射”高速公路网，并且，沟通世界各大港口的大连港、正在开发建设的营口新港和锦州港，距沈阳均不超过400公里，使其对周边乃至全国都有较强的吸纳力、辐射力和带动力。2009年7月1日，辽宁沿海经济带发展规划纳入国家战略，为沈阳实现跨越式发展提供了良好契机。

南京：科教发达奠基础，制度创新促活力

“虎踞龙盘今胜昔，天翻地覆慨而慷。”一代伟人毛泽东这两句诗充分突出了南京在古今历史上的地位。在对南京近五年的竞争力回溯中，我们认为在未来十年，南京如果转型成功，将成为长江中下游的国际大都市。

基础坚实，发展平台完善。一方面，南京是省会所在，基础设施建设、现代化交通体系非常完善，为经济腾飞打下了坚实的基础。另一方面，南京具备经济发展所需要的各种生产要素条件。南京高校林立，人才、教育、科技资源为经济转型提供了充分的准备，使南京未来发展极具后劲。

市场化改革空间巨大，城市活力即将激发。一方面，受过去体制等因素的限制，企业与市场的活力没有得到充分的激发。通过市场化的改革，各种资源将得到进一步有机整合。另一方面，在新一届市政府领导班子的领导下，大胆而稳健的改革将会使市场化改革和民营企业发展走上一条高速路，在今后十年极大地激发出南京的发展潜力。

辐射苏皖，联动长江中下游城市群整体发展。南京是长三角城市群最西部的城市。向东看，南京地处上海都市区辐射的边缘，可以分享上海大都市圈的外部经济效应；向西看，紧邻安徽，离合肥的距离不到一个半小时，是长江下游苏皖两省的中心城市。大交通的发展，将加速推进南京都市圈的形成。在中国城市化加速推进的背景下，以南京为中心的城市群未来可能会有一个大发展。

合肥：承接转移高歌猛进，全面创新破浪前行

古时合肥曾是兵家必争的战略要地，有“淮右襟喉，江南唇齿”之称。在过去的若干年中，合肥险些成为鸡肋之地。经过对近五年的竞争力回溯，我们认为在未来十年，合肥极有可能成为中国经济的战略要地，理由如下。

产业承接转移，区位化劣为优。作为皖江城市带的核心，合肥拥有良好的产业基础，低廉的要素成本，较强的配套能力。基础设施建设使其成为承东启西，连南起北的区域交通枢纽。因此，在沿海向内陆产业转移的大背景下，合肥将成为承接转移的战略要地。

引领自主创新，产业不断升级。合肥在其丰富的科教资源基础上，以市场为导向，不断完善创新机制，促进创新成果转化，提升城市自主创新能力，发展高新技术产业，培育新兴的产业集群，借助城市较好的工业基础，将推动合肥在新型工业化进程中高歌猛进。

推动体制创新，政府效能革命。在过去的几年中，合肥积极推动体制创新，打造办事效率最高、服务意识最强的城市，改革的覆盖面涉及城市发展的各个方面，实现了合肥政府效能的革命，长此以往将是合肥未来发展的有力保障。

武汉：乘国家多重战略之势，展黄鹤青云直上之翼

“十里帆樯依市立，万家灯火彻宵明”，是古人对同临两江黄金水道的繁华汉口之写照。目前武汉已成为我国中部地区的中心城市，我们认为未来十年武汉具有成为国际性城市的巨大潜力。

交通网络快捷发达，区位优势得天独厚。武汉素有“九省通衢”之称，有着承东启西、贯通南北的独特优势，而多条高速铁路的投产建成，更加强化了其交通枢纽的战略地位，使之成为全国最大的流通中心和货物集散地，激活内生型

经济活力，促进中部地区的崛起与内需的不断扩大，给作为中部中心城市的武汉带来了新的机遇。

工业基础实力雄厚，城市集群效应显著。未来十年湖北将进入工业化与城市化的加速期，武汉将依托城市圈的资源丰富、成本竞争力突出的城市群优势，结合传统工业与先进制造业，优化城市工业结构体系，提升现代工业技术水平，促进产业结构升级。

引领中部整体崛起，“两型社会”和谐发展。武汉结合城市水资源领先优势，打造滨江滨湖生态城市，切实起到城市化与生态环境协调发展的示范作用，实现区域经济与环境保护“双赢”发展，引领中部地区走上经济可持续发展之路。

打造科教文化中心，人力资本无限增值。武汉拥有全国第二大智力密集区的光谷和丰富的科技文化教育资源，能够吸引和培育大量的高端创新型人才，为武汉未来创新资源的聚集、创新驱动发展奠定了坚实的基础。

长沙：集约发展助升级，两型都市占先机

“湘泪浅深滋竹色，楚歌重叠怨兰丛”，古楚长沙是中部地区的交通枢纽，历史悠久，文化温婉细腻，一直是荆湘之地的中心城市之一。通过对长沙过去五年的城市竞争力回溯，我们相信在未来十年中，长沙将发展成为以“两型都市”为特色的现代化大型城市。其理由如下。

区域一体化雏形已成，社会形态转型获得国家支持。长株潭一体化趋势越来越显著，在劳动力市场、产品市场方面已渐有融合之势，地区分工逐渐清晰、各地增长的正外部性显现，资源的密度、质量以更快的速度提升，集聚效应显著。文化优势明显，是国家“两型都市”建设试点城市，新城市形态的建设正在展开。

区位优势明显，内需持续增强。长沙是两个三角洲至西北、西南的必经之路，是产业由沿海向内陆转移的重要节点。长沙位于中国腹地，运输条件便利，无论沿海还是内地，其物流成本都较为低廉，宏观经济形势逐渐转好后，长沙的产品可以非常便捷地运往全国各地，这将是长沙发展的重要外部条件。

具有较为完备的工业基础。长沙具有较为成熟的装备制造业，在基础设施、引资体系、销售物流、人力资源储备方面初具规模，所有制结构多样化，市场化程度较高，可以顺畅地承接产业转移。

南昌：产业转移促增长，绿色生态谋崛起

南昌素有“物华天宝，人杰地灵”之誉。作为江西省省会和鄱阳湖生态经济区内最大的城市，它极有可能在中部城市中率先实现绿色崛起，主要理由如下。

优良的自然生态环境与低碳生态经济兴起的历史机遇。南昌位于赣江、抚河下游，鄱阳湖西南部，城市临山依水而建，境内湖泊众多，赣江穿城而过，有“落霞与孤鹜齐飞，秋水共长天一色”之美。由于没有走先污染、后治理的道路，绿水青山与现代城市得以共存。随着低碳经济时代的临近，南昌的自然生态环境将对低碳产业和高端人才产生较大的吸引力。

卓越的地理位置与产业梯度转移的大背景。从与沿海发达地区的区位关系看，南昌是唯一的同时与长三角、珠三角和闽东南三大经济区相毗邻的省会城市。从全国看，南昌处于中国中部腹地，承东启西、沟通南北。南昌目前的经济发展水平与它的区位优势很不相称，在国际及沿海发达地区产业向中国中西部地区梯度转移的大背景下，它很有可能成为下一个资本、人才流入的“洼地”。

正确的发展战略与较高的目标定位。当地政府较早地意识到生态环境的价值，多年来连续投入巨资进行环境保护与治理。红谷滩新区的建设使城市发展形成了一江两岸的格局，随着地铁的开工建设，城市框架将进一步拉开。

宁波：港通天下添虎翼，书藏古今奠基石

“溯本追源思甬地，三江相汇五洲通”，地处“长三角”南翼的宁波自古就是人杰地灵、令人称颂之地，近代以来的“宁波帮”则是蜚声中外。而历经30年改革开放的洗礼和积淀，宁波在接下来的十年中拥有了充足的实现新跨越的理由，主要有以下几个方面。

民营创新领新潮，奠定跨越新基石。宁波素有“工商皆本”的传统，改革开放以来，宁波民营经济迅速崛起，借助产业聚集、自主创新和治理结构改善等途径成就包括服装、电表、厨具在内的一批执国内产业牛耳的旗舰级品牌企业。宁波民企强调实体产业为本，在做大做强的基础上，始终将创新投资与创新实践走在全国前列，为其持续健康发展提供保障。

天然良港优势强，杭州湾大桥再添翼。宁波港是中国货物吞吐量第一，集装箱吞吐量第四的天然港口，杭州湾大桥的成功架设使宁波如虎添翼，进一步凸显

其交通腹地优势，推进其与长三角经济圈的经济联系，为宁波今后十年的新跨越提供近乎永恒的翅膀。

科教投资力度大，政府支持保障足。自2005年以来，市政府就开始力推宁波经济增长方式、经济体制和社会结构的战略转型，并在教育、科技等方面加大投入力度。2009年受理专利申请18549件，授权9831件，在长三角经济圈中名列前茅。

苏州：官民齐心促发展，古韵今风新姑苏

“姑苏城外寒山寺，夜半钟声到客船。”张继的一首《枫桥夜泊》令苏州从此名声在外。目前苏州已经成为中国东部最重要的经济文化中心之一。通过对苏州近五年的竞争力回溯，我们认为在未来十年，苏州的转型发展将有巨大的空间和潜力。

人文底蕴深厚，创新意识强烈。作为中国最早开放的城市之一，苏州人历来具有兼收并蓄的胸怀和人文精神。现在“崇文、融和、创新、致远”已经被明确为苏州城市精神。小企业看老板，中企业看制度，大企业看文化。城市和国家更需要看文化！苏州从政府到老百姓以创新精神为核心的人文素质将是转型能否成功的关键因素。

外资、民企充满活力，内生增长动力强劲。近年来，苏州不断完善和提升创业便利度和金融服务水平，为民营企业的发展创造了良好的外部环境。外资企业在苏州已经落地生根，发挥自身创新优势。在走出有效利用外资的道路后，苏州正积极探索利用内资的道路，找出富民的根本措施。

在县级市多点开花的同时，加大整合力度，整体提升苏州发展潜力。苏州的五个县级市全部进入全国百强县前十名，在此基础上，进一步完善政府管理、合理协调并促进中心与周边的均衡发展，则整个苏州竞争力的提升将指日可待。

三线城市

三亚：瞄准国际旅游市场，争创国际旅游城市

“旅游胜地属三亚，风光无限画中看”，经过多年建设，三亚逐渐成为具有国际知名度的旅游城市，中央力争把三亚建设成世界最美的海滨城市之一。国际

旅游岛发展战略的提出，似一缕春风一丝春雨，为地处“天之涯，海之角”的三亚市描绘了美丽的未来图景。

滨海风光优美独特，旅游资源得天独厚。“春幡春胜，一阵春风吹酒醒。不似天涯，卷起杨花似雪花”。三亚气候宜人，阳光、海水、沙滩、绿色植被、洁净的空气使其成为我国唯一的热带滨海旅游度假胜地，被联合国评为“世界最适合人类居住的城市”。此外，市内的名胜古迹也使人流连忘返。

亚太中国经济起飞，休闲旅游市场扩大。随着亚太地区经济腾飞，旅游业升至龙头地位已是必然。目前中国人均收入水平处于世界平均水平之下，但随着中国经济的发展，中国人均国民收入可望达到中等发达国家水平。届时，中国人口老龄化带来的度假需求以及休闲体制的改革，都将进一步促进旅游市场的扩大。

城市发展起点较低，国家战略定位较高。经过几十年的努力，三亚从一个海滨小渔镇，成长为中国著名的旅游度假胜地。而中央“海南国际旅游岛战略规划”的高定位，为三亚经济发展搭建了广阔的平台，在未来10年里，三亚将以此为契机实现跨越性发展。

东营：而立之年黑金城，高效生态增长极

“黄河尾间、渤海之滨”，东营这片共和国最年轻的土地，因兼具东部沿海经济实力与西部地区资源优势而引人注目，其良好的发展态势与难得的发展契机为未来十年的腾飞增添砝码。

经济发展提速，生态特色突出。油区产业聚集效应与地方开放引资效益，持续提升东营经济实力；人均收入跻身全省翘楚，显现巨大内需潜力；珍稀湿地生态系统配合黄河口文化资源，引擎特色生态旅游业，联合生态农业建设，加速资源型向综合型的城市转型。

国家政策关注扶持，配套建设助力跨越。国务院批复《黄河三角洲高效生态经济区发展规划》，以国家战略的形式赋予东营新的发展机遇，高速完善中的科技金融平台及城市基础设施建设再塑营商环境，助力未来经济跨越发展。

资源雄厚升级，区位强化转型。东营陆地连通京津塘、半岛经济区，万吨级海港对接东北亚，日臻完善的物流中心定位推进优势油气资源产业链联动，加速升级国际化石油工业中心步伐；天然土地资源丰富，加工制造业成本比较优势突出，推动高效循环经济发展与新型工业化道路进程。

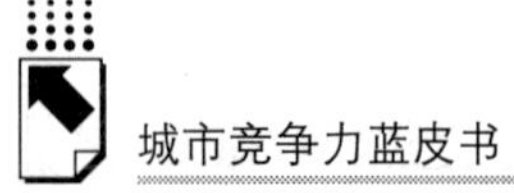

唐山："北方深圳"助飞跃，环渤中心展新颜

"天翻地覆谁得知，如今正南看北斗"，唐山作为一座震后新建的城市，丰厚的历史文化底蕴与坚忍不拔的人文精神使其在短短30余年，迅速崛起成为国内重要的沿海重工业城市。通过对唐山的竞争力回溯，我们认为在未来十年，唐山发展潜力巨大，理由如下。

要塞港口交相映，京津区域引腾飞。唐山市地处环渤海湾中心地带，南临渤海，北依燕山，东与秦皇岛市接壤，西与北京、天津毗邻，是连接华北、东北两大地区的咽喉要地和极其重要的走廊，也是环渤海城市群的重要港口城市，具备工业化和城市化的地理优势。同时依托北京、天津国际化都市平台的大发展，唐山可以乘势而上，成为环渤海城市群实现工业化与城市化最重要的空间载体之一，实现未来区域工业化、城市化的跨越式发展。

工业发祥孕升级，资源丰厚助跨越。唐山是中国近代工业发祥地之一，被誉为"中国近代工业的摇篮"和"中国北方瓷都"，雄厚的工业基础为唐山未来十年实现区域工业化、城市化的跨越式发展提供了"飞翔的翅膀"。唐山不仅是全国焦煤主要产区，而且是全国三大铁矿区之一，拥有亚洲最大盐场，石油、天然气、石灰岩、黄金等储量也十分巨大，这些更为唐山实现区域工业化、城市化的跨越式发展打下坚实的"基础平台"。

吉林：内部基因借壳发展，工业基地重振威风

有诗"延绵行万里，峰顶驻天池"，吉林市经济、环境容量大。在《福布斯》中文版公布的中国内地最宜开设工厂城市中名列榜首。2009年吉林市城市综合竞争力排名为第94位。如果充分发挥内部优势、利用外部环境，吉林市将在未来十年重振昔日的威风。

日益显现的区位优势，给内部发展动力加油。长吉一体规划为实现跨越式发展提供良好的平台，共享长春的人才、公共环境等资源，使其更好地融入东北产业分工和区域协作体系。《中国图们江区域合作规划纲要》得到批复，吉林有望成为东北亚重要的制造业基地和物资集散地。

雄厚的产业基础和现代化工业城市框架。吉林市是"一五"时期建设的老工业基地，国企的改革、绿色产业和新兴产业发展，促进了产业升级，形成了门

类齐全、结构协调、布局合理的现代化工业城市框架。如此雄厚的产业基础，使其具备较强的生产制造能力和综合配套能力，并能够广泛地吸引和承接国内外产业的转移。

丰富的自然资源和人力资源。水、矿产、森林等资源丰富，并且生态资源潜质较好，生态功能恢复能力较强，环境容量巨大。此外，人力资源也是一大优势。人口平均受教育程度相对较高，专业技术人才多，还有很多城镇和农村富余人员，并且劳动力成本低。

柳州：天然盆景市，宜居工业城

有古诗“山川盘秀地，文物迥风流”，百里柳江奇石连绵，柳州自古以来地灵人杰。自古到今柳州是西南地区的商贸中心。如果柳州继续实施环境保护与经济发展的双赢战略，未来10年的前景十分美好，鱼和熊掌可兼得。

优越的人文、自然环境是独有的绿色产业基础，发展现代服务业的空间很大。柳州市是古人类“柳江人”的发祥地，具有深厚的多民族传统文化沉积。在以柳州为圆心的250公里半径范围内集中了广西80%的4A级以上旅游风景区。

优良的工业发展基因促进产业的发展与集聚。汽车行业已形成规模经济，中国一汽、日产、通用等汽车巨头都落户在柳州。柳州已形成汽车及零部件、建材、日用品等大型批发市场，食糖批发市场是全国最大的食糖实物交易市场。有些行业已具有名牌产品和独有的技术优势。部分产业的集聚和品牌优势有利于发展其他相关产业，拉长产业链，提升产业发展潜力。此外，注重工业发展的传统和文化情结也是柳州能拥有辉煌的过去、战胜各种挑战的重要因素。

良好的政府机制，保障多元化发展。柳州探索出环境保护与经济发展的双赢模式，不仅挺过了国企最困难时期，也为今后的多元发展作了铺垫，提升城市美誉度和竞争力。

东莞：以转型再促发展，以升级再塑辉煌

100多年前“虎门销烟”的壮举让世人知道了东莞，而东莞过去30年迅速发展成世界工厂的奇迹则再次震惊了世界。目前，东莞人立志转型升级的高瞻远瞩又一次让世人期待与瞩目。

受益珠三角地区改革发展国家规划和粤港澳经济一体化进程。《珠三角地区

改革发展规划纲要》将珠三角地区作为“探索科学发展的试验区”，让珠三角地区再次站在了一个发展的新起点，同时，粤港澳经济一体化程度越来越明显，这些都保证东莞具有制度优势和区域优势。

开拓创新精神和转型升级战略使东莞获得了持续不断的发展动力。东莞本着勇于开拓的精神，力图通过转型升级战略进行产业结构调整，克服过度依赖外向型经济的劣势。产业结构的转型升级，高新技术和服务业的发展将会促进东莞城市制造功能、物流功能、商务功能甚至金融功能的改善，为城市持续发展提供源源不断的动力。

雄厚的经济基础保证了东莞再发展的高起点。东莞 2008 年地区生产总值在金融危机的冲击下依然保持了 14.1% 的增长速度，人均国内生产总值达到 53285 元。雄厚的经济基础保证了东莞有财力和有胆略重新选择更高级、更科学的发展道路。

规模巨大的产业集群为东莞转型升级提供良好的产业环境。东莞制鞋、塑胶等 30 个行业都形成了巨大规模，上下游企业配套比较完善。产业集群强大的集聚能力有利于区域内企业的稳定，有利于企业的就地转型和升级，有利于自由品牌的培育。

开封：乘天时地利之势，再现古都之繁华

开封古称汴京，是北宋时期中国最开放的政治、经济、文化和交通中心，是当时当之无愧的世界顶级城市。然而“暖风熏得游人醉，直把杭州作汴州”又仿佛让我们感受到古开封由盛而衰的悲壮和凄凉。如今在郑汴一体化的带动下，开封正走上复兴的快速通道。

城市群加速发展，区位优势凸显。中原城市群规模虽大，但布局合理、联系紧密。开封地处城市群中心区，紧邻郑州，郑东新区和开封新区的合并更是将开封推向全省经济社会发展的核心增长极和中原城市群的核心区，其在城市化加速和中原城市群隆起中的区位优势已经凸显，极有可能成为未来中心城市。

产业布局优化，复兴准备充分。相比郑州，开封具有成本洼地优势，一体化将使开封分享郑州的人才、劳动力、资金、技术等各类资源；国家的崛起需要并带动中部共同崛起，开封作为中部的中心城市，其区位优势将更加突出。

全省工业化提速，开封乘势而起。开封处于工业化前期，起点低，但近几年

露出快速增长的态势，发展空间巨大。河南省资源、劳动力、土地的成本比较优势突出，开封更坐拥独特的千年历史和璀璨文化形成的巨大吸引力。在扩大内需和产业布局调整的大背景下，开封可借天时地利，乘势而起，再现古都繁华。

嘉兴：昔日璀璨富庶地，明朝美丽创新城

“闻道南湖曲，芙蓉似锦张，如何一夜雨，空见水茫茫”，嘉兴因一弯南湖秀美引得历代文人顿步歌咏，革命摇篮的积淀又为嘉兴秉礼勤劳、工巧好学的民风渲染一抹进取求是的光彩，当今的嘉兴在灿烂历史文化的背后重新焕发出经济转型发展的强大潜力。

襟沪带杭承便利，秀水奇潮聚才俊。嘉兴市身居长江三角洲杭嘉湖平原腹心，处江海湖河交会之位，半小时经济圈内辐射沪、杭、苏、湖各大城市，蒙受上海金融便利及杭州财富优势，区位优势卓越。

区域升级享带动，后起之秀待增长。长江三角洲作为我国经济发展现状及潜力最佳的经济板块，全球最大活力城市群的崛起助力区域的全新再升级，作为区域重要城市的嘉兴因兼具优厚的投资环境与巨大的经济增长空间成为区域快速发展中有潜力的亮点，滨海新区的高速完善建设将推动城市跨越式发展。

创新推动逆势上行，城乡统筹和谐发展。金融危机之际，嘉兴经济创新改革，在融资、生产、市场等方面科学实践，屡开国内先河，带动地区经济逆势上扬，“U”形回升明显，同时着力开发农村消费市场，政策推手释放消费潜力，拉动内需兼具城乡统筹，效果明显。

佛山：激发民企创新精神，尽显空间发展优势

“敢为人先，崇文务实”，佛山这座荣耀千年的商贸名城，在改革开放的今天同样创造出足以自豪的辉煌成就。2008 年、2009 年佛山市连续两年被评为《福布斯》中国内地十佳商业城市。珠江三角洲地区改革发展规划纲要“珠三角一体化，广佛先行”发展战略的提出，为佛山经济腾飞搭建了广阔的平台。

区域地理位置优越，经济发展空间广阔。佛山是珠江三角洲城市群中的重要城市之一，距离华南中心城市广州近在咫尺。这使佛山能够利用广州外部经济中的人才、技术、资源和基础设施等高端要素，搭借“珠三角一体化，广佛先行”政策之优势，积极推进同城化建设，成功扩展经济发展空间。

民营企业实力强劲，企业创新能力突出。佛山民营企业实力强劲，民营企业自主创新能力较强，政府企业重视对科技创新的投入。据统计2009年，佛山的民营企业已经超过4万户，净增3369户，同比增长13.5%，连续5年保持12%以上的高速增长。随着民营企业实力迅速发展，佛山民营企业进入世界500强将指日可待。

坚持发展实业理念，产业转型成功在望。在政府坚持发展实业理念的指导下，佛山城市虚拟经济和实体经济、工业与房地产业和谐发展，有利于“精细发展第一产业，优化发展第二产业，大力发展第三产业”产业转型升级路径的实施，将为佛山经济的跨越性发展创造有利条件。

咸阳：千年古城逢新机，敢比夸父试逐日

古有诗云：“渭水天开苑，咸阳地献原”。咸阳位于关中平原中部，渭河北岸，是中原地区通往大西北的要冲之地。咸阳是中国第一个统一的封建王朝——秦朝的都城，是历史悠久的文化古城，是中华民族五千年文明史上一颗璀璨夺目的明珠。经过几十年的发展，咸阳已然成为一个新兴的工业城市，形成了门类齐全的工业体系。通过近五年来对咸阳城市竞争力的认真研究，我们相信咸阳是西北地区最有发展潜力的城市之一，理由如下。

西咸一体，关中之中。咸阳与西安一水之隔，仅相距17公里，能充分享受西安的优惠政策和发展成果。咸阳是关中城市群的重要城市，也是多条公路和铁路干线的汇合处，区位优势明显。国务院于2009年出台了《关中—天水经济区发展规划》，作为关中—天水经济区的核心城市，咸阳必将获得更多的政策支持，这是咸阳实现跨越式发展的新机遇。

产业基础雄厚，迎接产业转移。咸阳工业体系完善，纺织、电子、煤炭、石油化工、机械等产业强强组合。资源丰富，特别是煤炭资源储量充足，生产要素价格低廉。同时，咸阳基础设施完善，城市功能完备，是西北地区承接产业转移的最佳城市。这有利于咸阳大量吸引外来资金和人才，利用市场化充分整合自身的资源优势，在产业转移的新形势下实现大发展。

发展起步晚，政府目标高。咸阳的经济发展起步较晚，但近几年的发展速度非常迅猛，地方政府以国际化标准谋划发展，打开了建设国际化大都市的良好局面。

第十二章

中国 56 个重点城市竞争力对标

中国经济的高速发展造就了一个个以城市为中心的经济亮点，它们在祖国的版图上交相呼应、熠熠生辉。以下按综合竞争力排名顺序给出中国 56 个重要城市的各项竞争力指标得分与排名（见表 12－1 至表 12－14），以期为政府部门、海内外企业投资者和人才创业提供参考。

表 12－1　港深双星闪耀南方，京沪两强各领千秋

香港		深圳		指标名称	上海		北京	
得分	排名	得分	排名		得分	排名	得分	排名
0.895	1	0.76	2	YY 综合竞争力	0.759	3	0.749	4
0.28	288	0.739	132	Y1 综合增长指数	0.626	239	0.613	248
1	1	0.679	4	Y2 经济规模指数	0.907	2	0.786	3
1	1	0.558	7	Y3 经济效率指数	0.468	15	0.351	39
0.829	4	0.613	64	Y4 发展成本指数	0.622	53	0.573	102
1	1	0.608	5	Y5 产业层次指数	0.601	6	0.97	2
1	1	0.499	4	Y6 收入水平指数	0.507	3	0.462	6
1	1	0.761	3	Z1 人才本体竞争力	0.743	5	0.94	2
0.726	7	0.73	6	Z1.1 人才健康水平	0.636	14	0.744	4
0.917	3	0.559	24	Z1.2 人才知识水平	0.811	6	0.922	2
0.82	3	0.664	6	Z1.3 人才技术水平	0.556	8	1	1
1	1	0.438	3	Z1.4 人力财富水平	0.361	9	0.386	5
0.903	4	0.958	2	Z1.5 人才技能水平	0.895	6	1	1
0.897	22	0.972	4	Z1.6 人才观念水平	0.94	12	0.88	27
0.745	20	0.865	4	Z2 企业本体竞争力	1	1	0.83	5
1	1	0.51	41	Z2.1 企业成长能力	0.536	34	0.503	43
0.147	28	0.366	6	Z2.2 企业创新能力	0.526	4	0.444	5
0.107	55	0.806	3	Z2.3 企业制造能力	1	1	0.615	12
0.705	11	0.631	27	Z2.4 企业营销能力	0.617	33	0.568	44
1	1	0.764	33	Z2.5 企业管理能力	0.86	12	0.89	4
0.979	3	0.88	27	Z2.6 企业文化动力	0.901	18	0.885	23
0.797	3	0.613	41	Z2.7 企业制度动力	0.67	25	0.629	38

续表 12－1

香港		深圳		指标名称	上海		北京	
得分	排名	得分	排名		得分	排名	得分	排名
0.757	5	0.641	12	Z3 主要产业本体竞争力	0.79	3	1	1
0.467	15	0.352	24	Z3.1 建筑业竞争力	0.286	37	0.646	9
0.214	55	0.733	3	Z3.2 制造业竞争力	0.841	2	0.528	25
0.856	6	0.581	26	Z3.3 物流服务业竞争力	0.937	3	1	1
0.87	2	0.45	12	Z3.4 消费性服务业竞争力	0.551	7	0.851	3
0.375	18	0.419	10	Z3.5 社会性服务业竞争力	0.527	3	0.67	2
0.728	3	0.497	7	Z3.6 生产性服务业竞争力	0.583	6	1	1
0.84	4	0.704	5	Z4 公共部门竞争力	1	1	0.946	2
1	1	0.625	5	Z4.1 司法机构竞争力	0.941	2	0.738	4
1	1	0.737	24	Z4.2 行政机构竞争力	0.656	43	0.821	9
0.836	32	0.779	49	Z4.3 文化教育竞争力	0.928	3	0.906	7
0.641	25	0.538	50	Z4.4 医疗卫生竞争力	0.888	2	1	1
0.098	27	0.323	6	Z4.5 科研机构竞争力	0.633	2	0.531	3
0.827	3	0.626	16	Z5 生活环境竞争力	0.856	2	1	1
0.717	42	0.681	50	Z5.1 居住条件	0.742	29	0.728	38
1	1	0.6	7	Z5.2 购物环境	0.712	4	0.866	2
0.808	2	0.792	4	Z5.3 出行设施	0.795	3	1	1
0.564	13	0.19	30	Z5.4 教育环境	0.823	6	0.927	3
0.422	34	0.492	23	Z5.5 保健娱乐环境	0.571	15	0.726	2
0.957	2	1	1	Z5.6 生态环境	0.68	44	0.754	28
1	1	0.767	5	Z6 商务环境竞争力	0.852	2	0.625	19
0.769	7	0.852	3	Z6.1 商务经营基本要素	0.749	11	0.693	17
1	1	0.558	11	Z6.2 市场需求环境	0.685	2	0.587	4
0.791	9	0.873	5	Z6.3 商务基础设施水平	1	1	0.452	34
1	1	0.877	33	Z6.4 市场竞争环境	0.923	21	0.834	44
0.85	23	0.733	49	Z6.5 营商环境	0.967	3	0.853	22
1	1	0.293	7	Z6.6 全球联系	0.332	6	0.293	8
0.823	4	0.826	3	Z7 创新环境竞争力	1	1	0.947	2
0.316	8	0.579	4	Z7.1 科技资源程度	0.979	2	1	1
0.997	2	0.791	4	Z7.2 信息基础设施	1	1	0.794	3
1	1	0.807	22	Z7.3 科技服务体系	0.76	36	0.785	30
0.869	16	1	1	Z7.4 创新氛围	0.876	13	0.856	23
0.871	16	0.845	22	Z7.5 激励制度	0.845	23	0.822	29
0.954	7	0.882	29	Z7.6 环境优美度	0.834	45	0.9	21
1	1	0.782	8	Z8 社会环境竞争力	0.758	14	0.763	12
0.823	12	0.631	49	Z8.1 社会公平	0.683	43	0.544	55
1	1	0.269	56	Z8.2 社会协调	0.543	25	0.603	14
1	1	0.68	43	Z8.3 城乡协调	0.746	28	0.649	49
0.773	5	1	1	Z8.4 社会保障	0.557	11	0.646	8
1	2	0.963	5	Z8.5 社会包容	0.889	18	0.859	21
0.796	33	0.597	56	Z8.6 社会秩序	0.832	24	0.841	20

表12－2　广州天津各展南北大港雄姿，大连青岛对岸渤海滨城风情

广州		天津		指标名称	大连		青岛	
得分	排名	得分	排名		得分	排名	得分	排名
0.666	6	0.652	7	YY 综合竞争力	0.644	9	0.639	10
0.707	165	0.797	72	Y1 综合增长指数	0.813	64	0.861	41
0.667	5	0.585	6	Y2 经济规模指数	0.389	15	0.369	18
0.419	17	0.355	36	Y3 经济效率指数	0.412	19	0.406	20
0.67	32	0.61	68	Y4 发展成本指数	0.662	33	0.677	28
0.308	19	0.304	20	Y5 产业层次指数	0.283	27	0.284	25
0.329	27	0.355	23	Y6 收入水平指数	0.394	13	0.362	21
0.568	15	0.751	4	Z1 人才本体竞争力	0.573	13	0.557	18
0.633	15	0.613	19	Z1.1 人才健康水平	0.638	13	0.62	18
0.548	27	0.575	22	Z1.2 人才知识水平	0.727	9	0.602	15
0.203	29	0.907	2	Z1.3 人才技术水平	0.265	19	0.262	20
0.396	4	0.267	14	Z1.4 人力财富水平	0.198	22	0.197	24
0.861	10	0.763	42	Z1.5 人才技能水平	0.828	21	0.864	9
0.932	14	0.794	48	Z1.6 人才观念水平	0.833	40	0.937	13
0.827	6	0.776	14	Z2 企业本体竞争力	0.726	23	0.773	16
0.543	32	0.564	21	Z2.1 企业成长能力	0.745	6	0.509	42
0.182	20	0.182	19	Z2.2 企业创新能力	0.12	33	0.129	31
0.764	7	0.696	10	Z2.3 企业制造能力	0.425	27	0.612	13
0.767	8	0.55	48	Z2.4 企业营销能力	0.603	37	0.689	14
0.773	31	0.774	29	Z2.5 企业管理能力	0.819	17	0.89	5
0.85	34	0.842	38	Z2.6 企业文化动力	0.883	24	0.875	30
0.584	47	0.654	29	Z2.7 企业制度动力	0.678	24	0.692	15
0.686	9	0.618	15	Z3 主要产业本体竞争力	0.65	11	0.52	32
0.32	27	0.356	23	Z3.1 建筑业竞争力	0.454	16	0.221	45
0.628	11	0.584	16	Z3.2 制造业竞争力	0.599	15	0.576	17
0.922	5	0.645	22	Z3.3 物流服务业竞争力	0.611	24	0.717	17
0.443	13	0.432	15	Z3.4 消费性服务业竞争力	0.554	6	0.317	36
0.443	8	0.473	6	Z3.5 社会性服务业竞争力	0.127	56	0.276	45
0.422	14	0.42	16	Z3.6 生产性服务业竞争力	0.634	5	0.287	43
0.651	12	0.677	10	Z4 公共部门竞争力	0.608	18	0.542	37
0.563	12	0.613	7	Z4.1 司法机构竞争力	0.407	22	0.331	34

续表 12－2

广州		天津		指标名称	大连		青岛	
得分	排名	得分	排名		得分	排名	得分	排名
0.661	42	0.679	36	Z4.2 行政机构竞争力	0.75	21	0.696	30
0.801	39	0.886	14	Z4.3 文化教育竞争力	0.864	19	0.858	21
0.702	11	0.711	9	Z4.4 医疗卫生竞争力	0.696	13	0.656	21
0.175	11	0.147	15	Z4.5 科研机构竞争力	0.135	17	0.081	35
0.79	4	0.684	11	Z5 生活环境竞争力	0.555	26	0.584	20
0.769	20	0.761	23	Z5.1 居住条件	0.704	47	0.734	32
0.633	5	0.525	10	Z5.2 购物环境	0.498	11	0.453	14
0.623	6	0.465	21	Z5.3 出行设施	0.546	11	0.538	12
0.996	2	0.623	11	Z5.4 教育环境	0.321	25	0.349	24
0.343	49	0.545	18	Z5.5 保健娱乐环境	0.351	48	0.469	27
0.377	56	0.693	42	Z5.6 生态环境	0.792	10	0.823	7
0.693	13	0.726	9	Z6 商务环境竞争力	0.701	11	0.757	6
0.744	12	0.672	23	Z6.1 商务经营基本要素	0.674	22	0.721	13
0.564	9	0.592	3	Z6.2 市场需求环境	0.505	31	0.544	15
0.768	10	0.937	3	Z6.3 商务基础设施水平	0.859	6	0.986	2
0.783	55	0.866	36	Z6.4 市场竞争环境	0.928	17	0.954	9
0.79	44	0.835	29	Z6.5 营商环境	0.853	21	0.82	32
0.213	11	0.114	24	Z6.6 全球联系	0.12	22	0.138	18
0.716	5	0.692	6	Z7 创新环境竞争力	0.661	7	0.579	11
0.49	6	0.595	3	Z7.1 科技资源程度	0.512	5	0.161	19
0.703	5	0.424	9	Z7.2 信息基础设施	0.361	19	0.387	14
0.724	46	0.798	25	Z7.3 科技服务体系	0.832	11	0.849	8
0.816	37	0.812	39	Z7.4 创新氛围	0.866	18	0.956	3
0.763	45	0.864	18	Z7.5 激励制度	0.816	31	0.912	3
0.744	56	0.822	48	Z7.6 环境优美度	0.951	8	0.982	3
0.657	46	0.699	36	Z8 社会环境竞争力	0.793	5	0.755	16
0.6	53	0.697	39	Z8.1 社会公平	0.774	25	0.818	14
0.584	19	0.535	27	Z8.2 社会协调	0.643	10	0.395	42
0.631	53	0.695	39	Z8.3 城乡协调	0.717	36	0.762	25
0.39	27	0.43	22	Z8.4 社会保障	0.594	10	0.537	14
0.858	22	0.827	31	Z8.5 社会包容	0.783	47	0.896	17
0.677	50	0.801	30	Z8.6 社会秩序	0.835	23	0.925	9

表12－3　苏州杭州共显天堂之都魅力，澳门沈阳各展南北名城风范

苏州		杭州		指标名称	澳门		沈阳	
得分	排名	得分	排名		得分	排名	得分	排名
0.636	11	0.636	12	YY 综合竞争力	0.63	13	0.627	14
0.758	110	0.674	194	Y1 综合增长指数	0.858	44	0.924	17
0.385	17	0.461	9	Y2 经济规模指数	0.108	115	0.434	14
0.404	21	0.38	28	Y3 经济效率指数	0.59	6	0.359	35
0.621	54	0.519	154	Y4 发展成本指数	0.62	57	0.71	18
0.317	16	0.387	11	Y5 产业层次指数	0.36	12	0.243	39
0.367	19	0.35	25	Y6 收入水平指数	0.611	2	0.295	35
0.508	26	0.669	7	Z1 人才本体竞争力	0.673	6	0.513	25
0.576	33	0.681	9	Z1.1 人才健康水平	1	1	0.526	48
0.549	26	0.851	5	Z1.2 人才知识水平	0.493	35	0.748	7
0.186	31	0.285	15	Z1.3 人才技术水平	0.42	9	0.145	38
0.216	19	0.361	8	Z1.4 人力财富水平	0.365	7	0.165	32
0.834	20	0.858	12	Z1.5 人才技能水平	0.855	13	0.841	17
0.889	25	0.972	5	Z1.6 人才观念水平	0.941	11	0.806	46
0.953	2	0.783	13	Z2 企业本体竞争力	0.626	48	0.695	33
0.444	51	0.832	4	Z2.1 企业成长能力	0.644	13	0.692	9
1	1	0.238	15	Z2.2 企业创新能力	0.014	56	0.1	35
0.544	17	0.408	30	Z2.3 企业制造能力	0.033	56	0.419	28
0.615	34	0.658	22	Z2.4 企业营销能力	0.804	6	0.687	16
0.863	11	0.789	25	Z2.5 企业管理能力	0.98	2	0.857	13
0.845	36	0.952	5	Z2.6 企业文化动力	0.931	9	0.698	56
0.67	26	0.686	20	Z2.7 企业制度动力	0.8	2	0.558	50
0.404	53	0.784	4	Z3 主要产业本体竞争力	0.53	29	0.626	13
0.172	50	0.895	3	Z3.1 建筑业竞争力	0.34	25	0.291	34
0.684	8	0.67	9	Z3.2 制造业竞争力	0.251	51	0.517	27
0.307	51	0.501	33	Z3.3 物流服务业竞争力	0.417	41	0.97	2
0.226	53	0.641	4	Z3.4 消费性服务业竞争力	1	1	0.324	35
0.289	41	0.404	12	Z3.5 社会性服务业竞争力	0.153	54	0.385	15
0.264	48	0.487	9	Z3.6 生产性服务业竞争力	0.319	31	0.37	23
0.597	20	0.683	7	Z4 公共部门竞争力	0.679	8	0.61	17
0.309	43	0.573	11	Z4.1 司法机构竞争力	0.585	9	0.615	6

续表 12-3

苏州		杭州		指标名称	澳门		沈阳	
得分	排名	得分	排名		得分	排名	得分	排名
0.599	53	0.754	20	Z4.2 行政机构竞争力	0.998	2	0.669	39
0.903	9	0.92	4	Z4.3 文化教育竞争力	0.882	15	0.781	46
0.581	39	0.753	4	Z4.4 医疗卫生竞争力	0.704	10	0.558	45
0.341	5	0.124	20	Z4.5 科研机构竞争力	0.004	56	0.091	31
0.486	35	0.711	10	Z5 生活环境竞争力	0.727	8	0.638	15
0.733	33	0.851	4	Z5.1 居住条件	0.66	53	0.727	39
0.443	18	0.606	6	Z5.2 购物环境	0.577	8	0.448	15
0.448	25	0.621	7	Z5.3 出行设施	0.491	17	0.434	30
0.171	34	0.472	15	Z5.4 教育环境	0.454	18	0.454	17
0.396	40	0.643	7	Z5.5 保健娱乐环境	1	1	0.692	5
0.819	8	0.781	17	Z5.6 生态环境	0.803	9	0.78	20
0.796	4	0.601	23	Z6 商务环境竞争力	0.75	8	0.486	51
0.702	16	0.642	29	Z6.1 商务经营基本要素	0.895	2	0.574	42
0.525	26	0.573	8	Z6.2 市场需求环境	0.583	5	0.374	54
0.798	8	0.552	24	Z6.3 商务基础设施水平	0.572	22	0.407	44
0.897	29	0.946	11	Z6.4 市场竞争环境	0.927	18	0.808	52
0.916	12	0.751	47	Z6.5 营商环境	0.886	14	0.832	30
0.51	2	0.129	20	Z6.6 全球联系	0.44	3	0.025	45
0.523	20	0.57	13	Z7 创新环境竞争力	0.526	18	0.52	21
0.241	12	0.211	13	Z7.1 科技资源程度	0.048	56	0.267	9
0.247	37	0.394	11	Z7.2 信息基础设施	0.332	22	0.282	33
0.761	35	0.688	49	Z7.3 科技服务体系	0.803	23	0.733	43
0.818	35	0.97	2	Z7.4 创新氛围	0.913	6	0.789	44
0.835	25	0.823	28	Z7.5 激励制度	1	1	0.753	46
0.93	13	0.991	2	Z7.6 环境优美度	1	1	0.868	34
0.678	43	0.786	7	Z8 社会环境竞争力	0.79	6	0.773	10
0.682	44	0.812	16	Z8.1 社会公平	0.795	19	0.826	10
0.387	45	0.53	29	Z8.2 社会协调	0.543	26	0.811	3
0.768	21	0.809	9	Z8.3 城乡协调	0.904	2	0.691	40
0.375	29	0.547	13	Z8.4 社会保障	0.621	9	0.424	23
0.854	23	0.95	8	Z8.5 社会包容	0.911	13	0.809	38
0.935	7	0.824	28	Z8.6 社会秩序	0.663	53	0.746	41

表12－4　湘粤之地长沙东莞异彩纷呈，黄金水道无锡武汉光芒四射

东莞		长沙		指标名称	无锡		武汉	
得分	排名	得分	排名		得分	排名	得分	排名
0.622	15	0.615	16	YY 综合竞争力	0.613	17	0.613	18
0.88	32	0.762	105	Y1 综合增长指数	0.73	143	0.77	95
0.455	10	0.31	27	Y2 经济规模指数	0.361	19	0.434	13
0.541	10	0.392	26	Y3 经济效率指数	0.415	18	0.339	42
0.534	133	0.725	15	Y4 发展成本指数	0.612	66	0.613	65
0.217	48	0.284	26	Y5 产业层次指数	0.247	38	0.316	17
0.268	53	0.315	28	Y6 收入水平指数	0.351	24	0.264	55
0.657	9	0.607	11	Z1 人才本体竞争力	0.534	22	0.638	10
0.449	56	0.56	42	Z1.1 人才健康水平	0.556	43	0.606	23
0.309	56	0.478	41	Z1.2 人才知识水平	0.531	28	1	1
0.75	4	0.664	7	Z1.3 人才技术水平	0.25	25	0.271	18
0.44	2	0.151	40	Z1.4 人力财富水平	0.195	25	0.197	23
0.774	37	0.84	18	Z1.5 人才技能水平	0.907	3	0.861	11
0.836	39	0.657	56	Z1.6 人才观念水平	0.956	10	0.839	38
0.749	19	0.793	11	Z2 企业本体竞争力	0.75	18	0.825	7
0.84	3	0.551	28	Z2.1 企业成长能力	0.747	5	0.462	48
0.155	25	0.09	39	Z2.2 企业创新能力	0.196	17	0.148	27
0.397	31	0.601	14	Z2.3 企业制造能力	0.394	32	0.705	9
0.493	52	1	1	Z2.4 企业营销能力	0.566	46	0.9	3
0.736	40	0.761	34	Z2.5 企业管理能力	0.87	8	0.817	18
0.85	33	0.882	26	Z2.6 企业文化动力	0.957	4	0.896	19
1	1	0.586	46	Z2.7 企业制度动力	0.721	9	0.644	33
0.868	2	0.603	17	Z3 主要产业本体竞争力	0.477	37	0.719	7
0.153	52	0.626	10	Z3.1 建筑业竞争力	0.22	46	0.708	8
1	1	0.331	47	Z3.2 制造业竞争力	0.697	6	0.381	44
0.74	13	0.469	36	Z3.3 物流服务业竞争力	0.383	44	0.925	4
0.573	5	0.508	10	Z3.4 消费性服务业竞争力	0.387	27	0.522	9
1	1	0.406	11	Z3.5 社会性服务业竞争力	0.29	40	0.363	21
0.856	2	0.449	12	Z3.6 生产性服务业竞争力	0.294	39	0.305	37
0.537	41	0.594	21	Z4 公共部门竞争力	0.533	42	0.65	13
0.429	20	0.444	17	Z4.1 司法机构竞争力	0.317	37	0.543	13

续表 12 - 4

东莞		长沙		指标名称	无锡		武汉	
得分	排名	得分	排名		得分	排名	得分	排名
0. 564	54	0. 83	7	Z4. 2 行政机构竞争力	0. 634	47	0. 702	28
0. 795	42	0. 844	27	Z4. 3 文化教育竞争力	0. 909	6	0. 919	5
0. 604	37	0. 623	30	Z4. 4 医疗卫生竞争力	0. 582	38	0. 745	5
0. 098	28	0. 061	43	Z4. 5 科研机构竞争力	0. 127	18	0. 094	30
0. 558	25	0. 608	18	Z5 生活环境竞争力	0. 509	31	0. 787	5
1	1	0. 743	28	Z5. 1 居住条件	0. 763	22	0. 777	18
0. 386	33	0. 427	21	Z5. 2 购物环境	0. 402	27	0. 416	23
0. 764	5	0. 567	9	Z5. 3 出行设施	0. 447	26	0. 514	15
0. 125	43	0. 432	19	Z5. 4 教育环境	0. 141	41	0. 873	4
0. 707	3	0. 486	24	Z5. 5 保健娱乐环境	0. 588	12	0. 635	8
0. 532	54	0. 743	32	Z5. 6 生态环境	0. 847	6	0. 719	37
0. 7	12	0. 521	41	Z6 商务环境竞争力	0. 683	14	0. 591	25
1	1	0. 652	26	Z6. 1 商务经营基本要素	0. 72	14	0. 791	5
0. 537	19	0. 532	23	Z6. 2 市场需求环境	0. 556	12	0. 517	27
0. 662	16	0. 41	43	Z6. 3 商务基础设施水平	0. 678	14	0. 477	30
0. 812	51	0. 856	41	Z6. 4 市场竞争环境	0. 976	6	0. 941	14
0. 748	48	0. 766	45	Z6. 5 营商环境	0. 937	7	0. 886	16
0. 212	12	0. 032	42	Z6. 6 全球联系	0. 142	17	0. 035	41
0. 591	10	0. 61	8	Z7 创新环境竞争力	0. 525	19	0. 556	14
0. 246	11	0. 357	7	Z7. 1 科技资源程度	0. 146	22	0. 167	17
0. 498	7	0. 366	17	Z7. 2 信息基础设施	0. 248	36	0. 364	18
0. 716	48	0. 773	32	Z7. 3 科技服务体系	0. 866	7	0. 87	5
0. 845	26	0. 916	5	Z7. 4 创新氛围	0. 906	7	0. 861	21
0. 806	37	0. 824	27	Z7. 5 激励制度	0. 948	2	0. 904	5
0. 872	31	0. 947	10	Z7. 6 环境优美度	0. 91	18	0. 884	28
0. 774	9	0. 674	44	Z8 社会环境竞争力	0. 732	21	0. 707	31
0. 685	42	0. 947	2	Z8. 1 社会公平	0. 748	32	0. 811	17
0. 303	55	0. 457	34	Z8. 2 社会协调	0. 361	51	0. 581	20
0. 679	44	0. 858	4	Z8. 3 城乡协调	0. 814	8	0. 782	16
0. 939	2	0. 324	41	Z8. 4 社会保障	0. 512	16	0. 372	30
0. 817	35	0. 759	55	Z8. 5 社会包容	0. 851	24	0. 805	42
0. 665	52	0. 65	54	Z8. 6 社会秩序	0. 941	6	0. 728	44

表12-5　甬鹭双珠炫东南之滨，宁合两城踞江淮要塞

厦门		宁波		指标名称	南京		合肥	
得分	排名	得分	排名		得分	排名	得分	排名
0.61	19	0.604	20	YY 综合竞争力	0.604	21	0.604	22
0.768	100	0.651	219	Y1 综合增长指数	0.727	147	0.894	27
0.282	32	0.347	22	Y2 经济规模指数	0.438	12	0.246	39
0.362	34	0.37	31	Y3 经济效率指数	0.291	63	0.321	48
0.618	58	0.534	135	Y4 发展成本指数	0.6	76	0.7	20
0.269	29	0.288	24	Y5 产业层次指数	0.299	21	0.264	31
0.418	8	0.385	15	Y6 收入水平指数	0.299	33	0.382	17
0.606	12	0.566	16	Z1 人才本体竞争力	0.555	19	0.45	46
0.744	5	0.589	28	Z1.1 人才健康水平	0.499	51	0.489	53
0.589	18	0.622	12	Z1.2 人才知识水平	0.654	11	0.448	44
0.28	17	0.25	24	Z1.3 人才技术水平	0.253	22	0.256	21
0.322	10	0.28	12	Z1.4 人力财富水平	0.189	26	0.129	48
0.865	8	0.854	14	Z1.5 人才技能水平	0.866	7	0.805	27
0.956	9	0.908	20	Z1.6 人才观念水平	1	1	0.688	55
0.621	49	0.709	30	Z2 企业本体竞争力	0.804	10	0.678	38
0.388	56	0.705	8	Z2.1 企业成长能力	0.623	15	0.519	39
0.055	48	0.29	9	Z2.2 企业创新能力	0.161	22	0.09	37
0.343	38	0.328	39	Z2.3 企业制造能力	0.783	4	0.387	33
0.629	30	0.572	43	Z2.4 企业营销能力	0.524	51	0.718	10
0.803	22	0.747	35	Z2.5 企业管理能力	0.775	28	0.881	7
0.901	17	0.877	28	Z2.6 企业文化动力	0.827	42	0.797	47
0.721	10	0.622	39	Z2.7 企业制度动力	0.647	30	0.642	35
0.523	31	0.519	33	Z3 主要产业本体竞争力	0.619	14	0.569	22
0.404	19	0.152	53	Z3.1 建筑业竞争力	0.308	29	0.307	30
0.558	20	0.723	4	Z3.2 制造业竞争力	0.542	23	0.409	40
0.469	35	0.51	32	Z3.3 物流服务业竞争力	0.753	11	0.737	14
0.239	51	0.336	33	Z3.4 消费性服务业竞争力	0.533	8	0.376	29
0.26	48	0.287	42	Z3.5 社会性服务业竞争力	0.367	19	0.388	14
0.49	8	0.462	11	Z3.6 生产性服务业竞争力	0.374	22	0.42	17
0.625	16	0.58	23	Z4 公共部门竞争力	0.538	40	0.559	31
0.581	10	0.473	15	Z4.1 司法机构竞争力	0.326	35	0.311	40

续表 12－5

厦门		宁波		指标名称	南京		合肥	
得分	排名	得分	排名		得分	排名	得分	排名
0.693	31	0.651	45	Z4.2 行政机构竞争力	0.622	49	0.822	8
0.845	25	0.797	41	Z4.3 文化教育竞争力	0.871	18	0.814	37
0.681	16	0.578	40	Z4.4 医疗卫生竞争力	0.679	17	0.73	6
0.059	44	0.141	16	Z4.5 科研机构竞争力	0.097	29	0.052	46
0.583	21	0.49	34	Z5 生活环境竞争力	0.767	6	0.563	24
0.761	24	0.792	12	Z5.1 居住条件	0.717	43	0.74	30
0.721	3	0.447	16	Z5.2 购物环境	0.485	12	0.433	19
0.524	13	0.438	28	Z5.3 出行设施	0.456	23	0.452	24
0.179	32	0.201	28	Z5.4 教育环境	0.848	5	0.397	22
0.467	28	0.377	43	Z5.5 保健娱乐环境	0.422	35	0.452	31
0.896	4	0.768	23	Z5.6 生态环境	0.948	3	0.702	39
0.706	10	0.75	7	Z6 商务环境竞争力	0.614	20	0.556	32
0.686	19	0.621	33	Z6.1 商务经营基本要素	0.678	21	0.714	15
0.496	34	0.54	17	Z6.2 市场需求环境	0.53	25	0.399	53
0.728	13	0.936	4	Z6.3 商务基础设施水平	0.579	19	0.453	33
0.993	3	0.926	19	Z6.4 市场竞争环境	0.911	26	0.862	39
1	1	0.949	6	Z6.5 营商环境	0.859	20	0.967	3
0.187	13	0.186	14	Z6.6 全球联系	0.1	27	0.038	37
0.573	12	0.599	9	Z7 创新环境竞争力	0.513	23	0.48	35
0.181	15	0.261	10	Z7.1 科技资源程度	0.158	20	0.085	44
0.393	13	0.501	6	Z7.2 信息基础设施	0.298	28	0.218	43
0.812	21	0.748	40	Z7.3 科技服务体系	0.814	17	0.887	4
0.892	8	0.831	33	Z7.4 创新氛围	0.864	20	0.82	34
0.908	4	0.806	36	Z7.5 激励制度	0.811	33	0.86	19
0.949	9	0.868	33	Z7.6 环境优美度	0.865	35	0.932	12
0.798	4	0.756	15	Z8 社会环境竞争力	0.741	19	0.718	27
0.773	26	0.693	41	Z8.1 社会公平	0.826	9	1	1
0.4	41	0.476	31	Z8.2 社会协调	0.414	39	0.363	50
0.787	15	0.759	26	Z8.3 城乡协调	0.823	7	0.764	24
0.769	6	0.658	7	Z8.4 社会保障	0.371	31	0.412	25
0.954	7	0.824	32	Z8.5 社会包容	1	1	0.775	52
0.722	45	0.76	38	Z8.6 社会秩序	1	1	0.891	14

表12－6　天府之国南粤名城同显繁荣，齐鲁都市北国春城尽展风华

成都		佛山		指标名称	济南		长春	
得分	排名	得分	排名		得分	排名	得分	排名
0.604	23	0.601	24	YY 综合竞争力	0.585	27	0.572	29
0.746	121	0.915	22	Y1 综合增长指数	0.719	151	0.811	66
0.386	16	0.496	8	Y2 经济规模指数	0.348	21	0.314	26
0.312	51	0.45	16	Y3 经济效率指数	0.305	53	0.299	60
0.819	5	0.6	77	Y4 发展成本指数	0.658	34	0.738	9
0.297	22	0.142	90	Y5 产业层次指数	0.291	23	0.227	44
0.223	94	0.269	49	Y6 收入水平指数	0.242	72	0.224	93
0.533	23	0.503	27	Z1 人才本体竞争力	0.57	14	0.539	20
0.585	29	0.471	55	Z1.1 人才健康水平	0.594	26	0.591	27
0.603	14	0.376	52	Z1.2 人才知识水平	0.612	13	0.914	4
0.337	10	0.307	12	Z1.3 人才技术水平	0.327	11	0.141	39
0.173	31	0.28	13	Z1.4 人力财富水平	0.153	39	0.138	44
0.727	49	0.754	43	Z1.5 人才技能水平	0.848	15	0.752	44
0.733	52	0.919	19	Z1.6 人才观念水平	0.966	7	0.758	51
0.679	37	0.774	15	Z2 企业本体竞争力	0.752	17	0.73	22
0.656	11	0.723	7	Z2.1 企业成长能力	0.521	37	0.524	36
0.244	14	0.151	26	Z2.2 企业创新能力	0.159	24	0.068	45
0.308	41	0.537	18	Z2.3 企业制造能力	0.554	16	0.644	11
0.647	24	0.649	23	Z2.4 企业营销能力	0.68	17	0.67	20
0.738	37	0.717	46	Z2.5 企业管理能力	0.808	19	0.738	38
0.754	53	0.912	13	Z2.6 企业文化动力	0.909	14	0.795	48
0.616	40	0.75	6	Z2.7 企业制度动力	0.679	22	0.645	32
0.7	8	0.412	51	Z3 主要产业本体竞争力	0.655	10	0.491	36
0.867	4	0.311	28	Z3.1 建筑业竞争力	0.712	7	0.294	33
0.525	26	0.552	22	Z3.2 制造业竞争力	0.35	45	0.473	33
0.572	27	0.261	55	Z3.3 物流服务业竞争力	0.732	16	0.467	38
0.43	16	0.291	42	Z3.4 消费性服务业竞争力	0.424	18	0.317	37
0.381	17	0.3	36	Z3.5 社会性服务业竞争力	0.346	27	0.346	26
0.381	21	0.24	50	Z3.6 生产性服务业竞争力	0.366	25	0.421	15
0.586	22	0.637	15	Z4 公共部门竞争力	0.661	11	0.548	35
0.318	36	0.612	8	Z4.1 司法机构竞争力	0.48	14	0.314	39

续表 12－6

成都		佛山		指标名称	济南		长春	
得分	排名	得分	排名		得分	排名	得分	排名
0.703	27	0.637	46	Z4.2 行政机构竞争力	0.817	10	0.759	17
0.794	43	0.848	24	Z4.3 文化教育竞争力	0.893	10	0.839	30
0.713	8	0.634	28	Z4.4 医疗卫生竞争力	0.777	3	0.691	14
0.206	9	0.12	22	Z4.5 科研机构竞争力	0.115	24	0.065	41
0.683	12	0.481	36	Z5 生活环境竞争力	0.639	14	0.575	23
0.723	41	0.789	14	Z5.1 居住条件	0.729	36	0.708	46
0.431	20	0.411	24	Z5.2 购物环境	0.354	41	0.321	50
0.557	10	0.389	41	Z5.3 出行设施	0.42	33	0.458	22
0.641	9	0.145	39	Z5.4 教育环境	0.722	8	0.457	16
0.458	30	0.589	11	Z5.5 保健娱乐环境	0.356	46	0.547	17
0.78	18	0.686	43	Z5.6 生态环境	0.67	45	0.669	46
0.506	46	0.532	39	Z6 商务环境竞争力	0.593	24	0.538	35
0.571	43	0.561	44	Z6.1 商务经营基本要素	0.632	30	0.63	31
0.424	52	0.559	10	Z6.2 市场需求环境	0.531	24	0.446	47
0.425	40	0.428	38	Z6.3 商务基础设施水平	0.577	21	0.464	32
0.819	49	0.907	27	Z6.4 市场竞争环境	0.913	25	0.926	20
0.847	24	0.766	46	Z6.5 营商环境	0.919	10	0.832	30
0.041	36	0.08	30	Z6.6 全球联系	0.023	47	0.031	43
0.536	15	0.503	28	Z7 创新环境竞争力	0.506	27	0.514	22
0.122	31	0.189	14	Z7.1 科技资源程度	0.119	32	0.085	45
0.424	10	0.298	27	Z7.2 信息基础设施	0.291	31	0.393	12
0.789	28	0.743	41	Z7.3 科技服务体系	0.834	10	0.822	12
0.817	36	0.836	29	Z7.4 创新氛围	0.839	28	0.8	42
0.786	41	0.743	48	Z7.5 激励制度	0.885	11	0.812	32
0.929	14	0.86	37	Z7.6 环境优美度	0.862	36	0.87	32
0.705	33	0.685	39	Z8 社会环境竞争力	0.729	22	0.767	11
0.773	26	0.738	33	Z8.1 社会公平	0.782	22	0.82	13
0.33	52	0.395	43	Z8.2 社会协调	0.696	5	0.672	6
0.727	34	0.728	33	Z8.3 城乡协调	0.748	27	0.767	22
0.523	15	0.552	12	Z8.4 社会保障	0.286	48	0.458	20
0.812	36	0.808	39	Z8.5 社会包容	0.917	12	0.78	50
0.876	18	0.645	55	Z8.6 社会秩序	0.829	27	0.817	29

表12－7　珠海烟台临海坐看潮起潮落，常州中山沿江细品云卷云舒

珠海		烟台		指标名称	常州		中山	
得分	排名	得分	排名		得分	排名	得分	排名
0.568	31	0.565	33	YY 综合竞争力	0.564	34	0.563	35
0.726	148	0.922	18	Y1 综合增长指数	0.738	133	0.763	104
0.217	48	0.268	34	Y2 经济规模指数	0.293	30	0.266	35
0.374	30	0.351	40	Y3 经济效率指数	0.367	32	0.476	14
0.603	75	0.683	24	Y4 发展成本指数	0.584	90	0.526	144
0.203	52	0.161	71	Y5 产业层次指数	0.176	61	0.165	69
0.361	22	0.26	56	Y6 收入水平指数	0.3	32	0.287	43
0.56	17	0.494	30	Z1 人才本体竞争力	0.498	29	0.662	8
0.831	2	0.613	21	Z1.1 人才健康水平	0.478	54	0.575	36
0.411	50	0.571	23	Z1.2 人才知识水平	0.481	39	0.383	51
0.295	13	0.145	37	Z1.3 人才技术水平	0.292	14	0.697	5
0.257	15	0.133	45	Z1.4 人力财富水平	0.18	28	0.244	16
0.768	39	0.817	24	Z1.5 人才技能水平	0.784	34	0.898	5
0.971	6	0.96	8	Z1.6 人才观念水平	0.863	32	0.978	3
0.688	34	0.698	32	Z2 企业本体竞争力	0.715	27	0.626	46
0.603	16	0.389	55	Z2.1 企业成长能力	0.67	10	0.548	30
0.038	53	0.215	16	Z2.2 企业创新能力	0.173	21	0.109	34
0.468	22	0.482	21	Z2.3 企业制造能力	0.298	42	0.216	48
0.583	42	0.745	9	Z2.4 企业营销能力	0.694	13	0.612	35
0.74	36	0.807	20	Z2.5 企业管理能力	0.835	16	0.774	30
0.997	2	0.723	54	Z2.6 企业文化动力	0.907	16	0.915	12
0.686	19	0.579	48	Z2.7 企业制度动力	0.762	5	0.786	4
0.469	39	0.384	55	Z3 主要产业本体竞争力	0.432	47	0.44	45
0.277	38	0.102	56	Z3.1 建筑业竞争力	0.141	54	0.124	55
0.694	7	0.573	18	Z3.2 制造业竞争力	0.484	32	0.634	10
0.349	45	0.516	30	Z3.3 物流服务业竞争力	0.512	31	0.457	39
0.313	38	0.077	56	Z3.4 消费性服务业竞争力	0.262	47	0.238	52
0.298	37	0.233	53	Z3.5 社会性服务业竞争力	0.342	29	0.381	16
0.296	38	0.293	40	Z3.6 生产性服务业竞争力	0.313	35	0.285	44
0.558	32	0.52	44	Z4 公共部门竞争力	0.503	49	0.527	43
0.358	30	0.31	41	Z4.1 司法机构竞争力	0.309	44	0.386	24

续表 12－7

珠海		烟台		指标名称	常州		中山	
得分	排名	得分	排名		得分	排名	得分	排名
0.864	5	0.741	23	Z4.2 行政机构竞争力	0.603	52	0.663	41
0.862	20	0.749	51	Z4.3 文化教育竞争力	0.83	34	0.817	35
0.578	42	0.545	49	Z4.4 医疗卫生竞争力	0.562	44	0.486	52
0.044	49	0.123	21	Z4.5 科研机构竞争力	0.113	26	0.118	23
0.499	32	0.449	42	Z5 生活环境竞争力	0.48	37	0.491	33
0.752	25	0.708	45	Z5.1 居住条件	0.729	37	0.835	5
0.444	17	0.404	26	Z5.2 购物环境	0.348	43	0.386	32
0.47	19	0.407	38	Z5.3 出行设施	0.363	48	0.585	8
0.128	42	0.15	38	Z5.4 教育环境	0.178	33	0.089	51
0.565	16	0.354	47	Z5.5 保健娱乐环境	0.583	13	0.51	20
0.755	27	0.788	15	Z5.6 生态环境	0.758	25	0.754	29
0.801	3	0.61	22	Z6 商务环境竞争力	0.549	33	0.502	47
0.843	4	0.531	49	Z6.1 商务经营基本要素	0.618	34	0.557	45
0.576	7	0.33	56	Z6.2 市场需求环境	0.503	32	0.491	36
0.835	7	0.741	12	Z6.3 商务基础设施水平	0.491	28	0.393	47
0.916	24	0.836	43	Z6.4 市场竞争环境	0.856	40	0.862	38
0.922	9	0.844	25	Z6.5 营商环境	0.796	41	0.67	55
0.351	4	0.145	16	Z6.6 全球联系	0.066	31	0.114	23
0.529	16	0.482	33	Z7 创新环境竞争力	0.478	37	0.527	17
0.085	43	0.099	39	Z7.1 科技资源程度	0.129	28	0.125	29
0.434	8	0.264	35	Z7.2 信息基础设施	0.204	45	0.327	24
0.723	47	0.814	18	Z7.3 科技服务体系	0.796	27	0.798	26
0.88	10	0.835	31	Z7.4 创新氛围	0.854	25	0.877	11
0.878	14	0.77	43	Z7.5 激励制度	0.888	10	0.902	6
0.858	38	0.935	11	Z7.6 环境优美度	0.846	43	0.917	17
0.811	3	0.742	18	Z8 社会环境竞争力	0.692	37	0.828	2
0.61	52	0.796	18	Z8.1 社会公平	0.76	29	0.753	31
0.438	37	0.451	35	Z8.2 社会协调	0.475	32	0.377	47
0.739	30	0.867	3	Z8.3 城乡协调	0.789	14	0.845	5
0.857	3	0.361	35	Z8.4 社会保障	0.341	37	0.814	4
0.955	6	0.945	9	Z8.5 社会包容	0.828	30	0.997	3
0.771	36	1	2	Z8.6 社会秩序	0.88	17	0.797	32

表 12－8　草原要塞呼市与南海明珠榕城试比高，英雄之城南昌同千年古都西安欲争锋

呼和浩特		福州		指标名称	南昌		西安	
得分	排名	得分	排名		得分	排名	得分	排名
0.561	36	0.558	37	YY 综合竞争力	0.557	38	0.553	39
0.832	58	0.695	177	Y1 综合增长指数	0.79	80	0.713	159
0.207	52	0.232	44	Y2 经济规模指数	0.233	43	0.319	24
0.331	43	0.303	54	Y3 经济效率指数	0.353	37	0.238	106
0.586	87	0.6	78	Y4 发展成本指数	0.623	51	0.628	47
0.248	36	0.26	32	Y5 产业层次指数	0.22	46	0.316	18
0.281	44	0.287	42	Y6 收入水平指数	0.241	74	0.182	144
0.487	34	0.523	24	Z1 人才本体竞争力	0.457	45	0.493	32
0.58	31	0.613	20	Z1.1 人才健康水平	0.621	17	0.599	25
0.506	31	0.658	10	Z1.2 人才知识水平	0.479	40	0.559	25
0.251	23	0.135	41	Z1.3 人才技术水平	0.202	30	0.233	26
0.13	47	0.236	18	Z1.4 人力财富水平	0.143	42	0.163	33
0.767	40	0.804	28	Z1.5 人才技能水平	0.672	56	0.707	52
0.817	43	0.889	26	Z1.6 人才观念水平	0.763	50	0.785	49
0.64	43	0.647	41	Z2 企业本体竞争力	0.716	26	0.626	45
0.554	27	0.415	53	Z2.1 企业成长能力	0.572	19	0.558	24
0.04	52	0.08	41	Z2.2 企业创新能力	0.044	51	0.133	30
0.483	20	0.269	45	Z2.3 企业制造能力	0.492	19	0.435	26
0.595	38	0.927	2	Z2.4 企业营销能力	0.792	7	0.529	50
0.603	54	0.798	24	Z2.5 企业管理能力	0.724	43	0.626	50
0.834	39	0.819	44	Z2.6 企业文化动力	0.888	21	0.757	52
0.607	42	0.661	27	Z2.7 企业制度动力	0.678	23	0.552	52
0.537	28	0.58	21	Z3 主要产业本体竞争力	0.558	25	0.61	16
0.299	31	0.289	36	Z3.1 建筑业竞争力	0.543	12	0.359	22
0.236	54	0.416	37	Z3.2 制造业竞争力	0.345	46	0.554	21
0.71	18	0.519	29	Z3.3 物流服务业竞争力	0.817	8	0.74	12
0.454	11	0.401	23	Z3.4 消费性服务业竞争力	0.269	46	0.436	14
0.364	20	0.491	4	Z3.5 社会性服务业竞争力	0.351	23	0.358	22
0.425	13	0.671	4	Z3.6 生产性服务业竞争力	0.146	55	0.369	24
0.492	52	0.602	19	Z4 公共部门竞争力	0.507	47	0.474	54
0.279	53	0.462	16	Z4.1 司法机构竞争力	0.287	51	0.256	56

续表 12-8

呼和浩特		福州		指标名称	南昌		西安	
得分	排名	得分	排名		得分	排名	得分	排名
0.884	3	0.772	14	Z4.2 行政机构竞争力	0.771	15	0.54	56
0.686	55	0.881	16	Z4.3 文化教育竞争力	0.8	40	0.793	45
0.484	54	0.638	27	Z4.4 医疗卫生竞争力	0.606	36	0.576	43
0.051	47	0.076	38	Z4.5 科研机构竞争力	0.035	52	0.125	19
0.477	38	0.578	22	Z5 生活环境竞争力	0.599	19	0.715	9
0.676	51	0.781	17	Z5.1 居住条件	0.726	40	0.731	35
0.386	34	0.535	9	Z5.2 购物环境	0.361	38	0.371	37
0.438	29	0.426	32	Z5.3 出行设施	0.476	18	0.517	14
0.246	27	0.266	26	Z5.4 教育环境	0.528	14	0.812	7
0.48	26	0.682	6	Z5.5 保健娱乐环境	0.378	42	0.523	19
0.581	52	0.724	36	Z5.6 生态环境	0.789	14	0.606	51
0.412	55	0.581	27	Z6 商务环境竞争力	0.52	42	0.468	52
0.43	56	0.685	20	Z6.1 商务经营基本要素	0.623	32	0.466	54
0.461	46	0.514	28	Z6.2 市场需求环境	0.485	40	0.479	43
0.267	54	0.469	31	Z6.3 商务基础设施水平	0.401	46	0.393	48
0.819	50	0.943	12	Z6.4 市场竞争环境	0.922	22	0.823	48
0.721	51	0.805	38	Z6.5 营商环境	0.838	27	0.727	50
0.007	56	0.124	21	Z6.6 全球联系	0.019	51	0.037	38
0.401	56	0.489	30	Z7 创新环境竞争力	0.468	43	0.467	44
0.058	53	0.079	46	Z7.1 科技资源程度	0.077	47	0.115	34
0.239	39	0.288	32	Z7.2 信息基础设施	0.351	21	0.357	20
0.623	55	0.817	16	Z7.3 科技服务体系	0.752	39	0.637	54
0.723	53	0.84	27	Z7.4 创新氛围	0.733	52	0.704	55
0.635	56	0.884	12	Z7.5 激励制度	0.738	49	0.689	55
0.838	44	0.856	39	Z7.6 环境优美度	0.815	51	0.892	25
0.647	49	0.68	42	Z8 社会环境竞争力	0.701	35	0.719	24
0.621	50	0.737	34	Z8.1 社会公平	0.641	47	0.639	48
0.428	38	0.557	22	Z8.2 社会协调	0.656	8	0.833	2
0.69	41	0.732	31	Z8.3 城乡协调	0.63	54	0.609	56
0.379	28	0.365	34	Z8.4 社会保障	0.368	33	0.331	40
0.79	44	0.844	25	Z8.5 社会包容	0.783	46	0.778	51
0.844	19	0.701	47	Z8.6 社会秩序	0.885	16	0.829	26

表12-9　包头郑州吟黄河千年传奇，重庆南通颂长江现代文明

包头		郑州		指标名称	重庆		南通	
得分	排名	得分	排名		得分	排名	得分	排名
0.552	40	0.551	41	YY 综合竞争力	0.546	42	0.54	43
0.976	9	0.661	206	Y1 综合增长指数	0.735	137	0.761	107
0.258	36	0.251	38	Y2 经济规模指数	0.451	11	0.162	68
0.379	29	0.247	98	Y3 经济效率指数	0.322	47	0.366	33
0.417	208	0.453	193	Y4 发展成本指数	0.493	172	0.57	105
0.17	66	0.346	13	Y5 产业层次指数	0.174	63	0.176	62
0.293	36	0.298	34	Y6 收入水平指数	0.188	136	0.343	26
0.465	41	0.472	38	Z1 人才本体竞争力	0.482	35	0.464	43
0.568	39	0.568	38	Z1.1 人才健康水平	0.521	49	0.603	24
0.376	53	0.584	19	Z1.2 人才知识水平	0.593	17	0.493	36
0.283	16	0.129	44	Z1.3 人才技术水平	0.211	28	0.109	48
0.161	35	0.153	37	Z1.4 人力财富水平	0.132	46	0.161	36
0.706	53	0.743	46	Z1.5 人才技能水平	0.727	49	0.806	26
0.813	44	0.874	30	Z1.6 人才观念水平	0.82	42	0.928	17
0.824	8	0.598	51	Z2 企业本体竞争力	0.627	44	0.741	21
0.513	40	0.453	49	Z2.1 企业成长能力	0.538	33	0.558	25
0.024	55	0.089	40	Z2.2 企业创新能力	0.125	32	0.576	3
0.769	6	0.416	29	Z2.3 企业制造能力	0.351	36	0.214	49
0.814	5	0.591	41	Z2.4 企业营销能力	0.645	25	0.629	28
0.9	3	0.6	55	Z2.5 企业管理能力	0.64	49	0.724	44
0.872	31	0.794	49	Z2.6 企业文化动力	0.824	43	0.933	8
0.709	13	0.542	53	Z2.7 企业制度动力	0.589	45	0.687	18
0.442	44	0.469	38	Z3 主要产业本体竞争力	0.746	6	0.463	40
0.271	39	0.617	11	Z3.1 建筑业竞争力	0.923	2	0.161	51
0.46	34	0.106	56	Z3.2 制造业竞争力	0.501	28	0.498	30
0.454	40	0.406	42	Z3.3 物流服务业竞争力	0.674	21	0.581	25
0.299	41	0.37	30	Z3.4 消费性服务业竞争力	0.398	25	0.24	50
0.303	33	0.242	51	Z3.5 社会性服务业竞争力	0.47	7	0.298	38
0.279	46	0.364	27	Z3.6 生产性服务业竞争力	0.393	19	0.395	18
0.538	39	0.464	55	Z4 公共部门竞争力	0.687	6	0.678	9
0.315	38	0.288	49	Z4.1 司法机构竞争力	0.892	3	0.309	42

续表 12－9

包头		郑州		指标名称	重庆		南通	
得分	排名	得分	排名		得分	排名	得分	排名
0.779	13	0.67	38	Z4.2 行政机构竞争力	0.545	55	0.705	26
0.841	29	0.698	52	Z4.3 文化教育竞争力	0.692	54	0.934	2
0.702	12	0.484	53	Z4.4 医疗卫生竞争力	0.661	19	0.61	35
0.017	55	0.08	37	Z4.5 科研机构竞争力	0.081	36	0.483	4
0.451	41	0.617	17	Z5 生活环境竞争力	0.746	7	0.442	43
0.771	19	0.659	54	Z5.1 居住条件	0.763	21	0.782	16
0.28	54	0.41	25	Z5.2 购物环境	0.383	35	0.395	30
0.347	51	0.443	27	Z5.3 出行设施	0.417	34	0.36	49
0.117	46	0.578	12	Z5.4 教育环境	1	1	0.103	48
0.6	10	0.419	36	Z5.5 保健娱乐环境	0.318	51	0.435	33
0.77	22	0.746	31	Z5.6 生态环境	0.698	40	0.79	12
0.536	36	0.491	49	Z6 商务环境竞争力	0.513	44	0.669	16
0.779	6	0.466	53	Z6.1 商务经营基本要素	0.503	51	0.762	8
0.49	37	0.482	42	Z6.2 市场需求环境	0.582	6	0.535	21
0.289	53	0.485	29	Z6.3 商务基础设施水平	0.429	37	0.663	15
0.994	2	0.833	45	Z6.4 市场竞争环境	0.856	42	0.953	10
0.952	5	0.7	53	Z6.5 营商环境	0.796	42	0.814	33
0.01	54	0.025	46	Z6.6 全球联系	0.036	39	0.16	15
0.445	50	0.45	49	Z7 创新环境竞争力	0.461	45	0.509	26
0.075	48	0.109	35	Z7.1 科技资源程度	0.157	21	0.167	18
0.188	49	0.32	25	Z7.2 信息基础设施	0.271	34	0.235	40
0.888	3	0.605	56	Z7.3 科技服务体系	0.682	50	0.799	24
0.766	50	0.787	47	Z7.4 创新氛围	0.787	46	0.881	9
0.801	38	0.713	53	Z7.5 激励制度	0.71	54	0.883	13
0.832	46	0.779	53	Z7.6 环境优美度	0.794	52	0.905	20
0.727	23	0.643	50	Z8 社会环境竞争力	0.621	52	0.719	26
0.724	37	0.521	56	Z8.1 社会公平	0.613	51	0.73	35
0.644	9	0.574	21	Z8.2 社会协调	0.636	11	0.382	46
0.729	32	0.618	55	Z8.3 城乡协调	0.638	51	0.718	35
0.401	26	0.3	46	Z8.4 社会保障	0.204	53	0.481	18
0.782	48	0.817	34	Z8.5 社会包容	0.806	41	0.871	19
0.841	21	0.887	15	Z8.6 社会秩序	0.751	39	0.97	4

表12-10 石家庄温州携后发优势跨越前进，哈尔滨淄博借区位优势稳步发展

石家庄		温州		指标名称	哈尔滨		淄博	
得分	排名	得分	排名		得分	排名	得分	排名
0.537	44	0.533	45	YY 综合竞争力	0.533	46	0.522	48
0.614	247	0.657	211	Y1 综合增长指数	0.737	134	0.786	84
0.235	41	0.22	46	Y2 经济规模指数	0.33	23	0.309	28
0.331	44	0.273	75	Y3 经济效率指数	0.253	93	0.344	41
0.558	113	0.545	126	Y4 发展成本指数	0.525	147	0.519	155
0.268	30	0.257	34	Y5 产业层次指数	0.194	56	0.11	132
0.201	117	0.246	65	Y6 收入水平指数	0.218	100	0.226	91
0.416	55	0.5	28	Z1 人才本体竞争力	0.535	21	0.439	48
0.622	16	0.543	45	Z1.1 人才健康水平	0.643	11	0.561	40
0.422	48	0.432	47	Z1.2 人才知识水平	0.735	8	0.511	30
0.102	52	0.139	40	Z1.3 人才技术水平	0.18	33	0.103	50
0.118	50	0.371	6	Z1.4 人力财富水平	0.122	49	0.116	51
0.727	51	0.847	16	Z1.5 人才技能水平	0.827	22	0.748	45
0.806	45	0.929	16	Z1.6 人才观念水平	0.866	31	0.877	28
0.715	28	0.589	53	Z2 企业本体竞争力	0.607	50	0.682	35
0.647	12	0.49	44	Z2.1 企业成长能力	0.464	47	0.576	18
0.065	46	0.194	18	Z2.2 企业创新能力	0.078	43	0.097	36
0.757	8	0.13	52	Z2.3 企业制造能力	0.345	37	0.438	25
0.352	55	0.595	39	Z2.4 企业营销能力	0.634	26	0.625	32
0.657	48	0.805	21	Z2.5 企业管理能力	0.732	41	0.692	47
0.848	35	0.885	22	Z2.6 企业文化动力	0.802	45	0.922	11
0.554	51	0.639	36	Z2.7 企业制度动力	0.594	44	0.679	21
0.527	30	0.493	35	Z3 主要产业本体竞争力	0.583	20	0.421	49
0.267	40	0.513	13	Z3.1 建筑业竞争力	0.499	14	0.295	32
0.399	41	0.414	39	Z3.2 制造业竞争力	0.5	29	0.54	24
0.737	15	0.467	37	Z3.3 物流服务业竞争力	0.626	23	0.284	54
0.4	24	0.271	45	Z3.4 消费性服务业竞争力	0.383	28	0.396	26
0.303	34	0.286	44	Z3.5 社会性服务业竞争力	0.35	25	0.286	43
0.316	34	0.287	42	Z3.6 生产性服务业竞争力	0.308	36	0.194	52
0.544	36	0.568	30	Z4 公共部门竞争力	0.518	45	0.573	28
0.343	33	0.439	18	Z4.1 司法机构竞争力	0.28	52	0.366	28

续表 12－10

石家庄		温州		指标名称	哈尔滨		淄博	
得分	排名	得分	排名		得分	排名	得分	排名
0.804	11	0.61	50	Z4.2 行政机构竞争力	0.687	34	0.761	16
0.767	50	0.781	47	Z4.3 文化教育竞争力	0.892	12	0.838	31
0.628	29	0.617	33	Z4.4 医疗卫生竞争力	0.643	22	0.686	15
0.066	40	0.149	14	Z4.5 科研机构竞争力	0.063	42	0.089	32
0.524	30	0.409	51	Z5 生活环境竞争力	0.655	13	0.433	47
0.7	48	0.805	10	Z5.1 居住条件	0.682	49	0.737	31
0.324	49	0.399	28	Z5.2 购物环境	0.356	40	0.311	52
0.408	37	0.374	44	Z5.3 出行设施	0.509	16	0.402	39
0.388	23	0.125	44	Z5.4 教育环境	0.625	10	0.184	31
0.416	37	0.39	41	Z5.5 保健娱乐环境	0.575	14	0.294	53
0.729	34	0.516	55	Z5.6 生态环境	0.659	48	0.78	19
0.534	38	0.526	40	Z6 商务环境竞争力	0.49	50	0.518	43
0.586	39	0.653	25	Z6.1 商务经营基本要素	0.577	40	0.588	37
0.435	51	0.446	48	Z6.2 市场需求环境	0.436	50	0.471	44
0.564	23	0.42	42	Z6.3 商务基础设施水平	0.369	49	0.403	45
0.831	46	0.826	47	Z6.4 市场竞争环境	0.875	34	0.864	37
0.709	52	0.793	43	Z6.5 营商环境	0.838	27	0.916	11
0.035	40	0.084	28	Z6.6 全球联系	0.018	52	0.021	50
0.471	40	0.5	29	Z7 创新环境竞争力	0.474	38	0.43	52
0.059	52	0.139	25	Z7.1 科技资源程度	0.145	23	0.09	41
0.369	16	0.31	26	Z7.2 信息基础设施	0.219	42	0.162	54
0.731	44	0.758	37	Z7.3 科技服务体系	0.784	31	0.729	45
0.78	49	0.856	22	Z7.4 创新氛围	0.786	48	0.788	45
0.782	42	0.794	40	Z7.5 激励制度	0.807	34	0.825	26
0.768	55	0.855	40	Z7.6 环境优美度	0.891	26	0.855	41
0.688	38	0.589	56	Z8 社会环境竞争力	0.706	32	0.647	48
0.656	46	0.76	29	Z8.1 社会公平	0.787	20	0.694	40
0.549	24	0.405	40	Z8.2 社会协调	0.534	28	0.554	23
0.677	45	0.661	48	Z8.3 城乡协调	0.742	29	0.674	46
0.471	19	0.255	51	Z8.4 社会保障	0.332	39	0.275	50
0.775	53	0.756	56	Z8.5 社会包容	0.84	28	0.808	40
0.731	43	0.68	49	Z8.6 社会秩序	0.898	13	0.788	35

表12－11 苏浙古城扬州绍兴继往开来，西南重镇南宁昆明日新月异

扬州		绍兴		指标名称	南宁		昆明	
得分	排名	得分	排名		得分	排名	得分	排名
0.52	50	0.518	52	YY 综合竞争力	0.517	53	0.511	55
0.762	106	0.622	241	Y1 综合增长指数	0.819	61	0.619	246
0.179	56	0.12	102	Y2 经济规模指数	0.211	51	0.236	40
0.324	45	0.286	66	Y3 经济效率指数	0.205	135	0.223	117
0.623	50	0.499	169	Y4 发展成本指数	0.581	98	0.379	231
0.14	92	0.319	15	Y5 产业层次指数	0.233	43	0.251	35
0.27	48	0.288	41	Y6 收入水平指数	0.208	110	0.28	45
0.474	37	0.47	40	Z1 人才本体竞争力	0.465	42	0.431	52
0.499	52	0.695	8	Z1.1 人才健康水平	0.537	46	0.613	22
0.584	20	0.449	43	Z1.2 人才知识水平	0.5	32	0.439	46
0.132	43	0.084	55	Z1.3 人才技术水平	0.153	36	0.179	34
0.162	34	0.243	17	Z1.4 人力财富水平	0.181	27	0.06	56
0.809	25	0.836	19	Z1.5 人才技能水平	0.799	30	0.705	54
0.894	23	0.857	33	Z1.6 人才观念水平	0.849	36	0.823	41
0.648	40	0.812	9	Z2 企业本体竞争力	0.566	55	0.568	54
0.395	54	0.643	14	Z2.1 企业成长能力	0.532	35	0.56	22
0.28	10	0.725	2	Z2.2 企业创新能力	0.045	50	0.079	42
0.286	43	0.227	47	Z2.3 企业制造能力	0.186	51	0.375	34
0.705	12	0.55	47	Z2.4 企业营销能力	0.626	31	0.408	54
0.736	39	0.855	14	Z2.5 企业管理能力	0.771	32	0.599	56
0.792	50	0.947	6	Z2.6 企业文化动力	0.832	40	0.802	46
0.639	37	0.712	12	Z2.7 企业制度动力	0.603	43	0.536	54
0.316	56	0.599	18	Z3 主要产业本体竞争力	0.598	19	0.516	34
0.236	42	1	1	Z3.1 建筑业竞争力	0.418	17	0.734	5
0.242	53	0.415	38	Z3.2 制造业竞争力	0.314	48	0.255	50
0.113	56	0.319	48	Z3.3 物流服务业竞争力	0.775	10	0.394	43
0.204	55	0.424	19	Z3.4 消费性服务业竞争力	0.43	17	0.402	22
0.441	9	0.235	52	Z3.5 社会性服务业竞争力	0.325	31	0.327	30
0.345	29	0.252	49	Z3.6 生产性服务业竞争力	0.466	10	0.204	51
0.549	34	0.872	3	Z4 公共部门竞争力	0.539	38	0.577	25
0.299	47	0.359	29	Z4.1 司法机构竞争力	0.386	23	0.411	21

续表 12－11

扬州		绍兴		指标名称	南宁		昆明	
得分	排名	得分	排名		得分	排名	得分	排名
0.701	29	0.688	33	Z4.2 行政机构竞争力	0.757	18	0.744	22
0.854	22	0.876	17	Z4.3 文化教育竞争力	0.803	38	1	1
0.578	41	0.641	26	Z4.4 医疗卫生竞争力	0.611	34	0.556	48
0.177	10	1	1	Z4.5 科研机构竞争力	0.03	53	0.073	39
0.403	53	0.433	46	Z5 生活环境竞争力	0.547	27	0.529	29
0.799	11	0.806	9	Z5.1 居住条件	0.833	6	0.731	34
0.352	42	0.326	48	Z5.2 购物环境	0.388	31	0.479	13
0.366	46	0.411	35	Z5.3 出行设施	0.41	36	0.466	20
0.101	49	0.066	53	Z5.4 教育环境	0.418	21	0.115	47
0.263	56	0.464	29	Z5.5 保健娱乐环境	0.364	45	0.704	4
0.783	16	0.789	13	Z5.6 生态环境	0.711	38	0.791	11
0.562	31	0.665	17	Z6 商务环境竞争力	0.464	53	0.422	54
0.607	35	0.693	18	Z6.1 商务经营基本要素	0.646	27	0.496	52
0.484	41	0.541	16	Z6.2 市场需求环境	0.498	33	0.443	49
0.439	36	0.505	27	Z6.3 商务基础设施水平	0.229	55	0.201	56
0.942	13	0.989	4	Z6.4 市场竞争环境	0.879	32	0.805	53
0.985	2	0.844	25	Z6.5 营商环境	0.814	34	0.811	36
0.061	32	0.348	5	Z6.6 全球联系	0.014	53	0.049	33
0.472	39	0.509	25	Z7 创新环境竞争力	0.456	48	0.48	36
0.122	30	0.144	24	Z7.1 科技资源程度	0.071	49	0.131	27
0.168	53	0.247	38	Z7.2 信息基础设施	0.184	50	0.385	15
0.818	14	0.82	13	Z7.3 科技服务体系	0.814	18	0.652	53
0.815	38	0.873	15	Z7.4 创新氛围	0.868	17	0.706	54
0.865	17	0.893	8	Z7.5 激励制度	0.855	20	0.723	51
0.964	4	0.92	16	Z7.6 环境优美度	0.887	27	0.821	49
0.683	40	0.705	34	Z8 社会环境竞争力	0.683	41	0.616	53
0.787	20	0.828	8	Z8.1 社会公平	0.829	7	0.584	54
0.318	54	0.447	36	Z8.2 社会协调	0.594	16	0.59	17
0.778	18	0.808	10	Z8.3 城乡协调	0.775	19	0.634	52
0.347	36	0.431	21	Z8.4 社会保障	0.195	55	0.276	49
0.904	16	0.835	29	Z8.5 社会包容	0.936	11	0.82	33
0.978	3	0.747	40	Z8.6 社会秩序	0.796	34	0.677	51

表12－12　工业重镇徐州唐山齐谋长远发展，历史名城太原惠州共绘明日蓝图

徐州		唐山		指标名称	太原		惠州	
得分	排名	得分	排名		得分	排名	得分	排名
0.507	58	0.507	59	YY 综合竞争力	0.506	60	0.505	62
0.765	103	0.698	172	Y1 综合增长指数	0.679	190	0.878	33
0.223	45	0.307	29	Y2 经济规模指数	0.252	37	0.192	53
0.3	57	0.352	38	Y3 经济效率指数	0.276	73	0.273	76
0.635	44	0.381	229	Y4 发展成本指数	0.308	259	0.508	164
0.103	144	0.126	111	Y5 产业层次指数	0.237	40	0.131	104
0.236	79	0.22	98	Y6 收入水平指数	0.231	85	0.255	57
0.463	44	0.437	49	Z1 人才本体竞争力	0.428	53	0.494	31
0.55	44	0.561	41	Z1.1 人才健康水平	0.64	12	0.756	3
0.595	16	0.482	38	Z1.2 人才知识水平	0.415	49	0.374	54
0.133	42	0.064	56	Z1.3 人才技术水平	0.095	53	0.211	27
0.094	55	0.116	52	Z1.4 人力财富水平	0.153	38	0.176	29
0.798	31	0.803	29	Z1.5 人才技能水平	0.733	48	0.79	33
0.847	37	0.983	2	Z1.6 人才观念水平	0.849	35	0.932	15
0.787	12	0.894	3	Z2 企业本体竞争力	0.722	24	0.681	36
0.572	20	0.548	29	Z2.1 企业成长能力	0.559	23	0.483	46
0.364	7	0.077	44	Z2.2 企业创新能力	0.09	38	0.058	47
0.459	23	0.998	2	Z2.3 企业制造能力	0.77	5	0.446	24
0.675	18	0.835	4	Z2.4 企业营销能力	0.488	53	0.595	40
0.8	23	0.727	42	Z2.5 企业管理能力	0.611	52	0.866	9
0.883	24	0.875	29	Z2.6 企业文化动力	0.843	37	0.928	10
0.718	11	0.644	34	Z2.7 企业制度动力	0.514	55	0.722	8
0.43	48	0.443	42	Z3 主要产业本体竞争力	0.555	26	0.437	46
0.188	48	0.29	35	Z3.1 建筑业竞争力	0.378	21	0.18	49
0.247	52	0.391	42	Z3.2 制造业竞争力	0.39	43	0.72	5
0.829	7	0.529	28	Z3.3 物流服务业竞争力	0.782	9	0.308	50
0.282	43	0.254	49	Z3.4 消费性服务业竞争力	0.332	34	0.35	31
0.297	39	0.254	49	Z3.5 社会性服务业竞争力	0.35	24	0.262	47
0.087	56	0.317	32	Z3.6 生产性服务业竞争力	0.288	41	0.28	45
0.575	26	0.486	53	Z4 公共部门竞争力	0.516	46	0.571	29
0.306	46	0.288	50	Z4.1 司法机构竞争力	0.385	25	0.347	32

续表 12－12

徐州		唐山		指标名称	太原		惠州	
得分	排名	得分	排名		得分	排名	得分	排名
0.676	37	0.666	40	Z4.2 行政机构竞争力	0.685	35	0.871	4
0.815	36	0.78	48	Z4.3 文化教育竞争力	0.834	33	0.843	28
0.619	32	0.619	31	Z4.4 医疗卫生竞争力	0.506	51	0.662	18
0.252	7	0.036	51	Z4.5 科研机构竞争力	0.055	45	0.047	48
0.438	44	0.431	49	Z5 生活环境竞争力	0.531	28	0.363	56
0.667	52	0.708	44	Z5.1 居住条件	0.632	56	0.79	13
0.395	29	0.27	55	Z5.2 购物环境	0.358	39	0.284	53
0.385	42	0.371	45	Z5.3 出行设施	0.366	47	0.342	52
0.167	36	0.192	29	Z5.4 教育环境	0.421	20	0.081	52
0.337	50	0.371	44	Z5.5 保健娱乐环境	0.492	22	0.277	55
0.759	24	0.756	26	Z5.6 生态环境	0.646	49	0.664	47
0.499	48	0.572	28	Z6 商务环境竞争力	0.387	56	0.63	18
0.555	46	0.575	41	Z6.1 商务经营基本要素	0.447	55	0.761	9
0.507	30	0.547	14	Z6.2 市场需求环境	0.462	45	0.535	22
0.365	50	0.593	18	Z6.3 商务基础设施水平	0.305	52	0.445	35
0.934	15	0.875	35	Z6.4 市场竞争环境	0.59	56	0.928	16
0.814	35	0.805	38	Z6.5 营商环境	0.544	56	0.916	12
0.023	48	0.029	44	Z6.6 全球联系	0.045	35	0.227	10
0.417	55	0.469	42	Z7 创新环境竞争力	0.469	41	0.513	24
0.056	54	0.085	42	Z7.1 科技资源程度	0.132	26	0.064	50
0.172	51	0.188	48	Z7.2 信息基础设施	0.295	30	0.328	23
0.764	33	0.753	38	Z7.3 科技服务体系	0.676	51	0.901	2
0.832	32	0.945	4	Z7.4 创新氛围	0.757	51	0.876	12
0.722	52	0.842	24	Z7.5 激励制度	0.767	44	0.875	15
0.827	47	0.963	5	Z7.6 环境优美度	0.854	42	0.893	24
0.719	25	0.762	13	Z8 社会环境竞争力	0.717	28	0.735	20
0.774	24	0.894	3	Z8.1 社会公平	0.67	45	0.727	36
0.61	13	0.588	18	Z8.2 社会协调	0.779	4	0.49	30
0.684	42	0.791	12	Z8.3 城乡协调	0.662	47	0.716	37
0.317	43	0.339	38	Z8.4 社会保障	0.369	32	0.488	17
0.908	14	0.944	10	Z8.5 社会包容	0.788	45	0.971	4
0.901	12	0.93	8	Z8.6 社会秩序	0.745	42	0.831	25

表 12－13　滨海新城台州威海各具特色，水乡泽国嘉兴芜湖尽显风韵

台州		威海		指标名称	嘉兴		芜湖	
得分	排名	得分	排名		得分	排名	得分	排名
0. 502	63	0. 498	64	YY 综合竞争力	0. 496	65	0. 492	70
0. 643	228	0. 835	57	Y1 综合增长指数	0. 685	184	0. 797	71
0. 179	57	0. 144	80	Y2 经济规模指数	0. 135	90	0. 15	74
0. 251	95	0. 323	46	Y3 经济效率指数	0. 257	89	0. 279	69
0. 596	80	0. 589	84	Y4 发展成本指数	0. 555	115	0. 64	41
0. 195	55	0. 099	153	Y5 产业层次指数	0. 191	57	0. 112	129
0. 212	105	0. 289	38	Y6 收入水平指数	0. 25	62	0. 241	73
0. 444	47	0. 488	33	Z1 人才本体竞争力	0. 471	39	0. 437	51
0. 53	47	0. 652	10	Z1. 1 人才健康水平	0. 578	32	0. 57	37
0. 463	42	0. 496	33	Z1. 2 人才知识水平	0. 518	29	0. 495	34
0. 093	54	0. 185	32	Z1. 3 人才技术水平	0. 112	46	0. 11	47
0. 307	11	0. 138	43	Z1. 4 人力财富水平	0. 207	21	0. 11	53
0. 776	36	0. 78	35	Z1. 5 人才技能水平	0. 79	32	0. 773	38
0. 723	53	0. 921	18	Z1. 6 人才观念水平	0. 892	24	0. 852	34
0. 71	29	0. 7	31	Z2 企业本体竞争力	0. 643	42	0. 626	47
0. 945	2	0. 582	17	Z2. 1 企业成长能力	0. 52	38	0. 424	52
0. 254	13	0. 161	23	Z2. 2 企业创新能力	0. 3	8	0. 137	29
0. 115	54	0. 366	35	Z2. 3 企业制造能力	0. 124	53	0. 325	40
0. 566	45	0. 673	19	Z2. 4 企业营销能力	0. 549	49	0. 666	21
0. 864	10	0. 789	26	Z2. 5 企业管理能力	0. 889	6	0. 777	27
1	1	0. 909	14	Z2. 6 企业文化动力	0. 944	7	0. 781	51
0. 687	17	0. 704	14	Z2. 7 企业制度动力	0. 728	7	0. 647	31
0. 565	23	0. 386	54	Z3 主要产业本体竞争力	0. 442	43	0. 548	27
0. 719	6	0. 228	44	Z3. 1 建筑业竞争力	0. 202	47	0. 392	20
0. 611	12	0. 608	13	Z3. 2 制造业竞争力	0. 56	19	0. 419	36
0. 324	47	0. 334	46	Z3. 3 物流服务业竞争力	0. 299	52	0. 71	19
0. 281	44	0. 309	39	Z3. 4 消费性服务业竞争力	0. 403	21	0. 206	54
0. 266	46	0. 15	55	Z3. 5 社会性服务业竞争力	0. 317	32	0. 486	5
0. 366	26	0. 168	54	Z3. 6 生产性服务业竞争力	0. 356	28	0. 317	33
0. 649	14	0. 551	33	Z4 公共部门竞争力	0. 574	27	0. 493	51
0. 438	19	0. 296	48	Z4. 1 司法机构竞争力	0. 366	27	0. 276	54

续表 12－13

台州		威海		指标名称	嘉兴		芜湖	
得分	排名	得分	排名		得分	排名	得分	排名
0.713	25	0.781	12	Z4.2 行政机构竞争力	0.654	44	0.693	32
0.893	11	0.904	8	Z4.3 文化教育竞争力	0.851	23	0.794	44
0.714	7	0.642	24	Z4.4 医疗卫生竞争力	0.642	23	0.557	46
0.22	8	0.084	33	Z4.5 科研机构竞争力	0.171	12	0.081	34
0.407	52	0.414	50	Z5 生活环境竞争力	0.433	48	0.373	55
0.934	2	0.749	26	Z5.1 居住条件	0.826	7	0.644	55
0.341	45	0.341	46	Z5.2 购物环境	0.335	47	0.228	56
0.27	56	0.433	31	Z5.3 出行设施	0.375	43	0.315	55
0.055	56	0.061	54	Z5.4 教育环境	0.06	55	0.152	37
0.485	25	0.312	52	Z5.5 保健娱乐环境	0.503	21	0.293	54
0.695	41	0.854	5	Z5.6 生态环境	0.775	21	0.727	35
0.612	21	0.678	15	Z6 商务环境竞争力	0.586	26	0.568	29
0.598	36	0.643	28	Z6.1 商务经营基本要素	0.541	48	0.587	38
0.539	18	0.549	13	Z6.2 市场需求环境	0.536	20	0.496	35
0.577	20	0.744	11	Z6.3 商务基础设施水平	0.42	41	0.551	25
0.964	8	0.984	5	Z6.4 市场竞争环境	0.884	30	0.922	23
0.886	15	0.865	19	Z6.5 营商环境	0.934	8	0.877	17
0.108	25	0.135	19	Z6.6 全球联系	0.247	9	0.022	49
0.457	46	0.488	31	Z7 创新环境竞争力	0.487	32	0.44	51
0.095	40	0.119	33	Z7.1 科技资源程度	0.099	38	0.105	36
0.197	47	0.228	41	Z7.2 信息基础设施	0.211	44	0.148	56
0.818	15	0.789	29	Z7.3 科技服务体系	0.867	6	0.813	20
0.8	41	0.865	19	Z7.4 创新氛围	0.874	14	0.809	40
0.807	35	0.845	21	Z7.5 激励制度	0.898	7	0.82	30
0.897	22	0.957	6	Z7.6 环境优美度	0.896	23	0.821	50
0.597	55	0.71	29	Z8 社会环境竞争力	0.656	47	0.752	17
0.887	4	0.814	15	Z8.1 社会公平	0.843	5	0.842	6
0.326	53	0.367	48	Z8.2 社会协调	0.366	49	0.66	7
0.79	13	0.765	23	Z8.3 城乡协调	0.803	11	0.843	6
0.203	54	0.416	24	Z8.4 社会保障	0.323	42	0.307	45
0.769	54	0.864	20	Z8.5 社会包容	0.844	26	0.811	37
0.714	46	0.947	5	Z8.6 社会秩序	0.76	37	0.921	11

表 12-14　泉州柳州织东西锦绣河山，海口潍坊映南北碧海蓝天

泉州		柳州		指标名称	海口		潍坊	
得分	排名	得分	排名		得分	排名	得分	排名
0.489	71	0.483	73	YY 综合竞争力	0.475	80	0.471	85
0.796	73	0.7	169	Y1 综合增长指数	0.619	245	0.678	191
0.157	71	0.164	66	Y2 经济规模指数	0.132	96	0.168	62
0.26	85	0.28	68	Y3 经济效率指数	0.187	161	0.232	111
0.596	81	0.461	185	Y4 发展成本指数	0.997	1	0.554	117
0.134	100	0.146	83	Y5 产业层次指数	0.157	75	0.124	114
0.212	108	0.223	95	Y6 收入水平指数	0.165	166	0.2	122
0.437	50	0.478	36	Z1 人才本体竞争力	0.412	56	0.423	54
0.576	34	0.576	35	Z1.1 人才健康水平	0.584	30	0.505	50
0.443	45	0.581	21	Z1.2 人才知识水平	0.356	55	0.491	37
0.102	51	0.119	45	Z1.3 人才技术水平	0.167	35	0.104	49
0.211	20	0.146	41	Z1.4 人力财富水平	0.175	30	0.106	54
0.766	41	0.82	23	Z1.5 人才技能水平	0.691	55	0.739	47
0.799	47	0.898	21	Z1.6 人才观念水平	0.704	54	0.877	29
0.595	52	0.718	25	Z2 企业本体竞争力	0.509	56	0.66	39
0.555	26	0.546	31	Z2.1 企业成长能力	0.49	45	0.447	50
0.279	11	0.036	54	Z2.2 企业创新能力	0.048	49	0.277	12
0.201	50	0.583	15	Z2.3 企业制造能力	0.282	44	0.266	46
0.629	29	0.688	15	Z2.4 企业营销能力	0.34	56	0.608	36
0.616	51	0.724	45	Z2.5 企业管理能力	0.606	53	0.841	15
0.717	55	0.893	20	Z2.6 企业文化动力	0.827	41	0.856	32
0.512	56	0.659	28	Z2.7 企业制度动力	0.563	49	0.687	16
0.415	50	0.454	41	Z3 主要产业本体竞争力	0.561	24	0.409	52
0.324	26	0.265	41	Z3.1 建筑业竞争力	0.404	18	0.231	43
0.606	14	0.486	31	Z3.2 制造业竞争力	0.288	49	0.437	35
0.311	49	0.494	34	Z3.3 物流服务业竞争力	0.698	20	0.292	53
0.254	48	0.301	40	Z3.4 消费性服务业竞争力	0.407	20	0.337	32
0.253	50	0.301	35	Z3.5 社会性服务业竞争力	0.394	13	0.342	28
0.192	53	0.271	47	Z3.6 生产性服务业竞争力	0.391	20	0.334	30
0.507	48	0.493	50	Z4 公共部门竞争力	0.436	56	0.579	24
0.377	26	0.349	31	Z4.1 司法机构竞争力	0.256	55	0.307	45

续表 12－14

泉州		柳州		指标名称	海口		潍坊	
得分	排名	得分	排名		得分	排名	得分	排名
0.608	51	0.624	48	Z4.2 行政机构竞争力	0.755	19	0.837	6
0.694	53	0.845	26	Z4.3 文化教育竞争力	0.66	56	0.888	13
0.47	55	0.557	47	Z4.4 医疗卫生竞争力	0.412	56	0.66	20
0.161	13	0.027	54	Z4.5 科研机构竞争力	0.042	50	0.114	25
0.451	40	0.393	54	Z5 生活环境竞争力	0.466	39	0.438	45
0.857	3	0.809	8	Z5.1 居住条件	0.749	27	0.789	15
0.374	36	0.313	51	Z5.2 购物环境	0.42	22	0.346	44
0.357	50	0.329	54	Z5.3 出行设施	0.399	40	0.33	53
0.122	45	0.099	50	Z5.4 教育环境	0.17	35	0.144	40
0.602	9	0.411	39	Z5.5 保健娱乐环境	0.414	38	0.437	32
0.563	53	0.614	50	Z5.6 生态环境	0.741	33	0.749	30
0.534	37	0.513	45	Z6 商务环境竞争力	0.543	34	0.564	30
0.548	47	0.75	10	Z6.1 商务经营基本要素	0.512	50	0.661	24
0.368	55	0.489	38	Z6.2 市场需求环境	0.488	39	0.508	29
0.537	26	0.333	51	Z6.3 商务基础设施水平	0.595	17	0.428	39
0.79	54	0.897	28	Z6.4 市场竞争环境	0.879	31	0.965	7
0.802	40	0.808	37	Z6.5 营商环境	0.688	54	0.868	18
0.102	26	0.007	55	Z6.6 全球联系	0.048	34	0.084	29
0.456	47	0.427	53	Z7 创新环境竞争力	0.425	54	0.481	34
0.173	16	0.059	51	Z7.1 科技资源程度	0.048	55	0.1	37
0.168	52	0.155	55	Z7.2 信息基础设施	0.297	29	0.203	46
0.763	34	0.742	42	Z7.3 科技服务体系	0.67	52	0.835	9
0.795	43	0.836	30	Z7.4 创新氛围	0.694	56	0.855	24
0.733	50	0.801	39	Z7.5 激励制度	0.748	47	0.889	9
0.879	30	0.908	19	Z7.6 环境优美度	0.775	54	0.924	15
0.599	54	0.708	30	Z8 社会环境竞争力	0.632	51	0.674	45
0.776	23	0.764	28	Z8.1 社会公平	0.71	38	0.825	11
0.459	33	0.601	15	Z8.2 社会协调	0.635	12	0.391	44
0.705	38	0.781	17	Z8.3 城乡协调	0.639	50	0.772	20
0.205	52	0.311	44	Z8.4 社会保障	0.15	56	0.296	47
0.782	49	0.907	15	Z8.5 社会包容	0.793	43	0.842	27
0.685	48	0.797	31	Z8.6 社会秩序	0.835	22	0.921	10

第五部分
分项报告

PART Ⅴ CASE REPORT

在中国城市竞争力报告对294个地级以上城市研究的基础上，本部分对56个重点城市进行了深入研究。根据城市竞争力解释框架的飞轮模型，通过对56个城市的本体竞争力、环境竞争力系统进行考察，分析56个城市在各个系统分力上的相似性和差异性、优势和劣势，形成了8个分项竞争力报告。分项报告近似于各个城市部门之间的比较，有利于了解各自的强项和弱项，从而扬长避短。其中，本体竞争力包括人才本体竞争力、企业本体竞争力、主要产业本体竞争力和公共部门竞争力，而环境竞争力包括生活环境竞争力、商务环境竞争力、创新环境竞争力和社会环境竞争力。以下就分本体竞争力和环境竞争力两章对中国城市的分项竞争力进行分析比较。

第十三章
中国城市本体竞争力报告

本章从人才本体、企业本体、主要产业本体、公共部门四个方面对所选的56个城市进行相关排名。人才本体包括人才健康水平、人才知识水平、人才技术水平、人才财富水平、人才技能水平、人才观念水平；企业本体包括企业成长、企业创新、企业制造、企业营销、企业管理、企业文化、企业制度；主要产业本体包括建筑业、物流业、制造业、消费性服务业、社会性服务业；公共部门包括司法机构、行政机构、文化教育、医疗卫生、科研机构。

一 中国城市人才本体竞争力报告

人才本体竞争力香港、北京和深圳位列前三。第4至第10依次为天津、上海、澳门、杭州、中山、东莞和武汉，排名靠后的10个城市分别为台州、淄博、唐山、芜湖、泉州、昆明、太原、潍坊、石家庄、海口。人才竞争力前10的城市均具备较强的人才吸引力，在争夺人才上处于国内领先地位，人才竞争力的空间分布呈现典型的“东高、中中、西低”的特点，值得注意的是武汉进入前10，中部崛起需要人力资本推动，这是一个利好信号。从城市规模和行政级别来看，总体上城市规模和行政级别高的城市在人才竞争力上占优势。后10名多为地级市，而作为省会城市的昆明、太原、石家庄和海口人才竞争力却相对落后，分别位列第52、第53、第55和第56，海南将建设成为国际旅游岛，海口作为海南省会需要在人才吸引和引进方面出台相应的积极政策，为快速推进国际旅游岛建设提供软实力支持。

建议各城市政府加强人才建设。建议对人才依赖程度较高的产业选择人才竞争力强的城市；求职者应选择人才竞争力相对弱于综合竞争力的城市，以便求得更多的机会。

（一）人才健康水平：澳门珠海惠州分列前三，沿海城市优势明显

人才健康水平体现人力资本的基础供给质量，也能反映所在城市工作和生活环境的舒适度。该项指标排名前10的城市依次为澳门、珠海、惠州、北京（厦门）、深圳、香港、绍兴、杭州和威海。而其他一线城市上海、广州、天津的排名均在10名之后，分别位列第14、第15和第19。排名后10的城市依次为台州、沈阳、重庆、潍坊、南京（扬州）、合肥、常州、佛山、东莞。

从地域分布来看，沿海城市明显高于内陆城市，排名前20中沿海城市占据11席，其中广东在这一指标上表现突出，前10中占据3席；中部内陆地区只有太原和南昌两市进入前20，分别位列第12和第17，武汉、长沙、郑州、合肥分别位列第23、第42、第38、第53，整体排名靠后；东北地区只有大连、哈尔滨进入前20，分别位列第11和第13。从城市规模和行政级别来看，中小城市和行政级别较低的城市表现不俗，前10名中有4个地级市，而这些城市在人才本体竞争力上并不占优势，除珠海列第17位外排名均在30之外。

（二）人才知识水平：武汉一枝独秀，领跑全国

人才知识水平是人力资本质量的重要组成部分，人的知识水平是人类改造自然的经验积累，是提升区域创新能力和实现科技产业化的主要的基础性指标。位于中部的武汉在人才知识水平上高居全国第一，北京和香港紧跟其后。注意到人才受教育程度武汉同时排全国第一，长春和香港随后，武汉科研院所众多，高等教育发达，人才平均受教育程度高。

从排名的空间分布来看，东北地区表现不凡，前10中占4席，长春、沈阳、哈尔滨和大连分别位居第4、第7、第8和第9；东南地区表现也较为突出，香港、杭州、上海、福州进入前10；中部省会城市中除武汉和郑州进入前20外，其他城市均在35名之外。从城市规模和行政级别来看：排名前20的城市中，除徐州（第16）、扬州（第19）为地级市外，其余为省会、副省级、特区和直辖市。结合人才知识水平和人才本体竞争力来看，总体上人才知识水平较高的城市人才本体竞争力也较高，但也有特例，如东莞和中山两市在人才本体竞争力分列第9和第8，人才知识水平排名却垫底，排名分别为第56和第51。

（三）人才技术水平：北京、天津超香港，中山东莞异军突起

市场竞争就是产品的竞争，产品竞争的实质是技术竞争，人才技术水平较高的城市意味着较高城市创新能力。该指标前10的城市依次为北京、天津、香港、东莞、中山、深圳（长沙）、上海、澳门、成都。在人才技术水平方面，京津位列前两名，长沙和成都进前10，表明两市在人才技术上潜力巨大。注意到专业技术人员指数北京、天津、长沙位列前三，长沙消化吸收人才技术水平值得借鉴和学习。

从排名的区域分布来看，前10中东南占六成，东莞和中山进入前10。前20中有11个来自东南地区，中部仅长沙和武汉进入，分列第6和第18；东北只有大连进入，位列第19；环渤海区域内部在该项指标上差异较大，北京和天津占绝对优势，同时进前20的还有济南和青岛，分别位列第11和第20，而石家庄、太原和唐山均在倒数10名之内；中部武汉、长沙进入前20。从城市规模和行政级别来看，除东莞和中山为地级城市外，其他为直辖市、特区和副省级城市，显示出大城市对高技术人才巨大的吸引力；而排名倒数10名之内的城市除太原和石家庄两个省会城市外，其他均为地级市。结合人才技术水平和人才本体竞争力来看，总体上人才技术水平越高的城市，其人才本体竞争力也越强。

（四）人力财富水平：香港力压群雄，东南地区人力高度财富化

人力财富水平排名前10的城市依次为香港、东莞、深圳、广州、北京、温州、澳门、上海（杭州）、厦门，排名最靠后的10个城市依次为呼和浩特、合肥、哈尔滨、石家庄、淄博（唐山）、芜湖、潍坊、徐州、昆明。

从排名的空间分布来看，前10中除北京外，其余9城市均来自东南沿海地区，得分值远远超过中国其他几大区域，第11至第20除天津（第14位）外，其余全部为东南沿海地区，足见沿海地区在工资和福利回报上的绝对优势。中西部除武汉排在第23外，其余均在30名之外。从行政级别和城市规模来看，前10名中除东莞和温州为地级市外，其余为特区、直辖市和副省级城市，可见大城市的人力资本回报比中小城市更有吸引力。结合人力财富水平和人才本体竞争力来看，两者基本保持高度一致性，即人力财富水平越高的城市其人才本体竞争力越强，这充分表明人力资本回报是决定人才本体竞争力的重要因素。

（五）人才技能水平：北京深圳无锡列前三，高技术人才集聚开放城市

该指标排名前10的城市依次为北京、深圳、无锡、香港、中山、上海、南京、厦门、青岛、武汉（广州），排名最靠后的10位依次为潍坊、太原、重庆（石家庄、成都）、西安、包头、昆明、海口、南昌。前10名中除武汉外均为开放度较高的城市，除无锡、中山和青岛三市外其余均为特区、直辖市、副省级城市。而后10名中，除石家庄和海口外，其余为中西部城市，且有行政级别较高的直辖市和副省级城市。总体上看，人才技能水平越高的城市其人才本体竞争力也越强。

（六）人才观念水平：沿海城市较高，中西部人才观念相对滞后

人才观念就是认识人才在企业经营中的重要性，树立爱才、聚才、育才和合理用才的观念。该指标排名前5的城市依次为南京、唐山、中山、杭州（深圳）。后5名依次为成都、台州、海口、合肥、长沙。排名前10的城市均来自东南和环渤海地区，中西部城市排名均靠后，反映出沿海城市对人才的重视，而中西部地区人才观念相对滞后。其中人才价值取向指标南京、烟台、珠海并列第一，前10大多为沿海开放度较高的中小城市，表明这些城市对人才的重视度较高，人才价值取向决定了人才观念水平。

人才本体竞争力各项指标得分与排名见表13-1。

表13-1　人才本体竞争力各项指标得分与排名

城市名	Z1 人才本体竞争力		Z1.1 人才健康		Z1.2 人才知识		Z1.3 人才技术		Z1.4 人才财富		Z1.5 人才技能		Z1.6 人才观念	
	得分	排名	得分	排名	得分	排名	得分	排名	得分	排名	得分	排名	得分	排名
香港	1	1	0.726	7	0.917	3	0.82	3	1	1	0.903	4	0.897	22
北京	0.94	2	0.744	4	0.922	2	1	1	0.386	5	1	1	0.88	27
深圳	0.761	3	0.73	6	0.559	24	0.664	6	0.438	3	0.958	2	0.972	4
天津	0.751	4	0.613	19	0.575	22	0.907	2	0.267	14	0.763	42	0.794	48
上海	0.743	5	0.636	14	0.811	6	0.556	8	0.361	8	0.895	6	0.94	12
澳门	0.673	6	1	1	0.493	35	0.42	9	0.365	7	0.855	13	0.941	11
杭州	0.669	7	0.681	9	0.851	5	0.285	15	0.361	8	0.858	12	0.972	4

续表 13-1

城市名	Z1 人才本体竞争力		Z1.1 人才健康		Z1.2 人才知识		Z1.3 人才技术		Z1.4 人才财富		Z1.5 人才技能		Z1.6 人才观念	
	得分	排名	得分	排名	得分	排名	得分	排名	得分	排名	得分	排名	得分	排名
中山	0.662	8	0.575	36	0.383	51	0.697	5	0.244	16	0.898	5	0.978	3
东莞	0.657	9	0.449	56	0.309	56	0.75	4	0.44	2	0.774	37	0.836	39
武汉	0.638	10	0.606	23	1	1	0.271	18	0.197	23	0.861	10	0.839	38
长沙	0.607	11	0.56	42	0.478	41	0.664	6	0.151	40	0.84	18	0.657	56
厦门	0.606	12	0.744	4	0.589	18	0.28	17	0.322	10	0.865	8	0.956	9
大连	0.573	13	0.638	13	0.727	9	0.265	19	0.198	22	0.828	21	0.833	40
济南	0.57	14	0.594	26	0.612	13	0.327	11	0.153	37	0.848	15	0.966	7
广州	0.568	15	0.633	15	0.548	27	0.203	29	0.396	4	0.861	10	0.932	14
宁波	0.566	16	0.589	28	0.622	12	0.25	24	0.28	12	0.854	14	0.908	20
珠海	0.56	17	0.831	2	0.411	50	0.295	13	0.257	15	0.768	39	0.971	6
青岛	0.557	18	0.62	18	0.602	15	0.262	20	0.197	23	0.864	9	0.937	13
南京	0.555	19	0.499	51	0.654	11	0.253	22	0.189	26	0.866	7	1	1
长春	0.539	20	0.591	27	0.914	4	0.141	39	0.138	43	0.752	44	0.758	51
哈尔滨	0.535	21	0.643	11	0.735	8	0.18	33	0.122	49	0.827	22	0.866	31
无锡	0.534	22	0.556	43	0.531	28	0.25	24	0.195	25	0.907	3	0.956	9
成都	0.533	23	0.585	29	0.603	14	0.337	10	0.173	31	0.727	49	0.733	52
福州	0.523	24	0.613	19	0.658	10	0.135	41	0.236	18	0.804	28	0.889	25
沈阳	0.513	25	0.526	48	0.748	7	0.145	37	0.165	32	0.841	17	0.806	45
苏州	0.508	26	0.576	33	0.549	26	0.186	31	0.216	19	0.834	20	0.889	25
佛山	0.503	27	0.471	55	0.376	52	0.307	12	0.28	12	0.754	43	0.919	19
温州	0.5	28	0.543	45	0.432	47	0.139	40	0.371	6	0.847	16	0.929	16
常州	0.498	29	0.478	54	0.481	39	0.292	14	0.18	28	0.784	34	0.863	32
烟台	0.494	30	0.613	19	0.571	23	0.145	37	0.133	45	0.817	24	0.96	8
惠州	0.494	30	0.756	3	0.374	54	0.211	27	0.176	29	0.79	32	0.932	14
西安	0.493	32	0.599	25	0.559	24	0.233	26	0.163	33	0.707	52	0.785	49
威海	0.488	33	0.652	10	0.496	33	0.185	32	0.138	43	0.78	35	0.921	18
呼和浩特	0.487	34	0.58	31	0.506	31	0.251	23	0.13	47	0.767	40	0.817	43
重庆	0.482	35	0.521	49	0.593	17	0.211	27	0.132	46	0.727	49	0.82	42
柳州	0.478	36	0.576	33	0.581	21	0.119	45	0.146	41	0.82	23	0.898	21
扬州	0.474	37	0.499	51	0.584	19	0.132	43	0.162	34	0.809	25	0.894	23
郑州	0.472	38	0.568	38	0.584	19	0.129	44	0.153	37	0.743	46	0.874	30
嘉兴	0.471	39	0.578	32	0.518	29	0.112	46	0.207	21	0.79	32	0.892	24
绍兴	0.47	40	0.695	8	0.449	43	0.084	55	0.243	17	0.836	19	0.857	33
南宁	0.465	41	0.537	46	0.5	32	0.153	36	0.181	27	0.799	30	0.849	35
包头	0.465	41	0.568	38	0.376	52	0.283	16	0.161	35	0.706	53	0.813	44

续表 13－1

城市名	Z1 人才本体竞争力		Z1.1 人才健康		Z1.2 人才知识		Z1.3 人才技术		Z1.4 人才财富		Z1.5 人才技能		Z1.6 人才观念	
	得分	排名	得分	排名	得分	排名	得分	排名	得分	排名	得分	排名	得分	排名
南　通	0.464	43	0.603	24	0.493	35	0.109	48	0.161	35	0.806	26	0.928	17
徐　州	0.463	44	0.55	44	0.595	16	0.133	42	0.094	55	0.798	31	0.847	37
南　昌	0.457	45	0.621	17	0.479	40	0.202	30	0.143	42	0.672	56	0.763	50
合　肥	0.45	46	0.489	53	0.448	44	0.256	21	0.129	48	0.805	27	0.688	55
台　州	0.444	47	0.53	47	0.463	42	0.093	54	0.307	11	0.776	36	0.723	53
淄　博	0.439	48	0.561	40	0.511	30	0.103	50	0.116	51	0.748	45	0.877	28
唐　山	0.437	49	0.561	40	0.482	38	0.064	56	0.116	51	0.803	29	0.983	2
芜　湖	0.437	49	0.57	37	0.495	34	0.11	47	0.11	53	0.773	38	0.852	34
泉　州	0.437	49	0.576	33	0.443	45	0.102	51	0.211	20	0.766	41	0.799	47
昆　明	0.431	52	0.613	19	0.439	46	0.179	34	0.06	56	0.705	54	0.823	41
太　原	0.428	53	0.64	12	0.415	49	0.095	53	0.153	37	0.733	48	0.849	35
潍　坊	0.423	54	0.505	50	0.491	37	0.104	49	0.106	54	0.739	47	0.877	28
石家庄	0.416	55	0.622	16	0.422	48	0.102	51	0.118	50	0.727	49	0.806	45
海　口	0.412	56	0.584	30	0.356	55	0.167	35	0.175	30	0.691	55	0.704	54

专栏一　拾级中国富豪阶梯　描绘城市创富地图

人才作为城市系统中最为活跃的动因，其创造财富的能力决定着城市发展进步的脉络，成为提升竞争能力的关键核心。下面将以福布斯中国富豪400强为蓝本，结合城市竞争力比较分析，简单描绘基于城市富豪基础上的城市创富地图（见图13－1）。

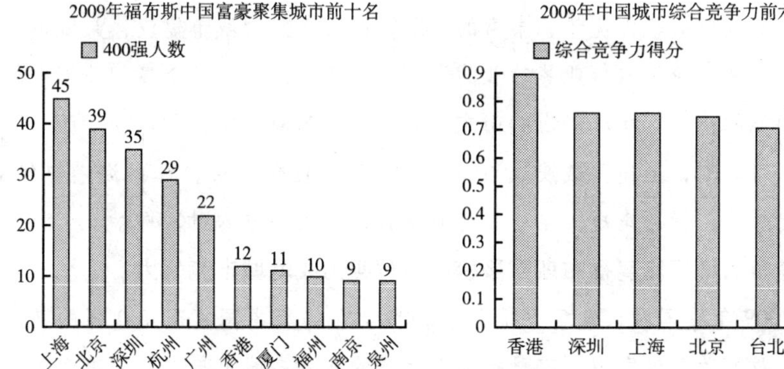

图 13－1　2009 年福布斯中国富豪聚集城市排名与中国城市竞争力排名比较

上海、北京创富磁极，聚集优势大显神威

在上榜400位富豪城市分布中，上海和北京分别以45席和39席当之无愧地成为创富磁极。上海的45位富豪中，名列前10的有2位，前20的有5位。上海自古是中国的贸易重镇，在当今的中国经济腾飞之际，凭借最优秀的金融平台与交通枢纽优势，成为最受青睐的商业宝地，如此厚重的实力积累对于提升财富的创造能力自然不在话下。而与上海对应的北京，因其特殊的行政地位，较其他城市有着颇为明显的比较优势与集聚效应，能为企业发展提供更为便捷的信息与服务，因而成为财富的汇聚之地。

东南创富能力高度、密度双领跑，成就财富版图最优区

首观福布斯中国富豪榜前10，东南区域以占据8位的绝对优势彰显区域创富惊人能力，除第8位辽宁辽阳的刘忠田和第10位辽宁大连的王健林，其余8位的地域分布为深圳2席，上海1席半，广州、杭州、佛山、南京各1席，香港半席。再观所有上榜富豪，东南区域又以400席中258席占据半壁江山，其中，广东凭借深圳、广州两市贡献的35席与22席，以总计84席居首。这样耀人的成绩很大程度上得益于珠三角、长三角经济圈的制度优势与区位优势，使以深圳、上海、广州、杭州为轴心的众多城市获得经济转型中最有利的经济发展空间和财富积累机遇，成就中国财富版图上的至高区域。

东北、环渤海、西南、西北区位作用明显，均呈现“一枝独秀”的财富领袖

在东南城市创富能力百花绽放之际，前10的辽阳、大连两东北富豪格外引人注目。纵观福布斯上榜400富豪，来自东北区域的13位富豪中，有11位来自辽宁，而辽宁大连又以11位中的5位成为东北聚富盆。分析其原因，大连便捷的通商条件、雄厚的软件优势、丰富的旅游资源及良好的城市建设，为城市的外贸、软件、房地产业及旅游业等行业的发展提供沃土，催生了众多相关方面的财富领袖。同样的情况，在环渤海的山东半岛区域、西南的成都和重庆、西北的内蒙古都有显著体现，上述区域或城市均是立足自身区位优势，如沿海港口优势、自然资源优势等，扬长避短，在相关行业孕育出引领一方的财富领袖。

城市竞争力排行比肩福布斯富豪榜，富豪实力成就城市竞争力

对比2009年中国城市竞争力排名与2009年福布斯中国富豪400强的归属城市的排名，我们欣喜地发现，其囊括最多富豪的前六名城市与中国城市竞争力前六名的城市几乎完全重合，香港、上海、深圳、北京、广州均位于两个排行榜的前六名之列，而且其相互之间的次序也有着较大程度的一致性；这种一致性在区域的表现上就更为明显：东南的榜首，环渤海的居次，中部、东北、西南、西北随后，该现象有力地证明了富豪的质量与数量作为城市财富的组成部分对于城市竞争力的影响重大，富豪的实力成就城市竞争力。

二　中国城市企业本体竞争力报告

企业是城市竞争的关键要素，企业竞争力是城市竞争力构成的内生变量。在提升城市竞争力的过程中必须充分重视企业竞争力的基础作用，并把培育企业竞争力作为提升城市竞争力的重要手段与必要前提。本年度中国城市企业本体竞争力排名前10的城市依次为上海、苏州、唐山、深圳、北京、广州、武汉、包头、绍兴、南京；排名靠后的10个城市依次为澳门（西安）、厦门、哈尔滨、郑州、泉州、温州、昆明、南宁、海口。前20名中东南地区占9席，环渤海占5席，中部武汉和长沙分别位列第7和第11，东南地区企业非公有制企业比重大，企业本体竞争力优势明显，环渤海地区开放度较高，表现也不俗。苏州、唐山、绍兴等地级城市进入前10，这些城市企业活力较强，体制灵活，表现出强劲的企业本体竞争力。这些城市在产业升级和经济转型方面，将可能率先突破。建议国内外风险投资、科技人才关注这些城市的企业。

（一）企业成长能力：东南沿海占优，环渤海稍弱，地级城市活力强

企业成长能力是指企业未来发展趋势与速度，包括企业规模的扩大，利润和所有者权益的增加，反映了企业未来的发展前景。排名前10的城市依次为香港、台州、东莞、杭州、无锡、大连、佛山、宁波、沈阳、常州，排名靠后的10个城市分别为哈尔滨、武汉、郑州、潍坊、苏州、芜湖、福州、扬州、烟台、厦门。前10中除沈阳外均来自东南沿海地区，凸显东南沿海地区企业发展潜力巨大，而环渤海城市除石家庄、威海和淄博进入前20名外，其余排名均靠后，两大直辖市北京和天津分别排在第43位和第21位。前20当中地级城市占9席，地级城市体制灵活，企业创新能力较强。中部地区除太原和长沙进入前30外，其他城市均在40名之外，中部地区企业成长能力普遍较弱。

（二）企业创新能力：江浙地级城市成绩显著，港澳地区仍有提升空间

创新是民族进步的灵魂，创新是城市竞争力的持续动力。作为创新的主体之一，企业担负着大部分的创新活动。该指标排名前10的城市依次为苏州、绍兴、南通、上海、北京、深圳、徐州、嘉兴、宁波、扬州；前10名中有8个为长三角城市，6个为地级城市。注意到该项指标主要关键因素企业研发能力指数上海、苏州、北京位列前三，与企业创新能力排名高度一致，研发能力增长上海排第46，苏州第一。长三角地区城市凭借优越的地理区位和国家产业政策支持，企业创新能力在空间上的集聚效应明显。而经济实力强大的港澳分列第28和第56位，企业创新能力有很大的提升空间。结合企业创新能力和企业本体竞争力排名来看，总体上企业创新能力越强的城市其企业本体竞争力也越强。

（三）企业制造能力：工业城市占据主导，中部地区潜力巨大

工业化伴随城市化，企业的制造能力直接反映城市的工业化水平，而工业化水平是城市竞争力的重要体现。该指标排前10的城市依次为上海、唐山、深圳、南京、太原、包头、广州、石家庄、武汉、天津；排名最靠后的10个城市依次为绍兴、中山、南通、泉州、南宁、温州、嘉兴、台州、香港、澳门。上海凭借强大的工业基础和现代制造业位居全国第一，排名前10的城市当中大部分为典型的工业城市，港澳排名垫底，两城市已实现工业城市向服务型城市的转变。注意到中部有太原和武汉进入前10，长沙和南昌分列第14和第19，中部具有“承东启西，连南接北”的区域特点，从排名上看中部地区在承接东部地区产业转移上已经取得初步成效。结合企业制造能力与企业本体竞争力排名可发现，总体上企业制造能力越强的城市其企业本体竞争力也越强，中国目前正处于工业化中后期阶段，两指标之间的正向关系基本符合当前中国的基本国情。

（四）企业营销能力：中部唱主角，长沙武汉各领风骚

企业的生存与发展不仅依赖于研发能力和生产能力，更依赖于营销能力，企业的营销能力可以扩散到宏观的城市层面上，形成提升城市商务环境、城市知名度、产品分销网络化的竞争力。该项指标前10的排名中，中部城市占据4席，

深处内陆的长沙和武汉分别位居第 1 和第 3，南昌和合肥分列第 7 和第 10，长沙已开始着力打造全国现代服务业和文化、休闲娱乐名城，其媒体和娱乐业高度发达，随着中部崛起的不断推进和深入，中部的企业均采取“走出去”战略，企业营销能力已经取得较大提升。企业产品销售增长指数长沙、武汉、南昌进前 4，表明中部企业面临的消费市场巨大，营销能力领跑全国。

（五）企业管理能力：港澳优势领先，新兴工业城市迅速崛起

企业管理能力是企业本体竞争力的重要组成部分。港澳凭借其现代的企业管理模式和理念领跑全国，包头位居内地第一。进入前 10 的其他城市依次为包头、北京（青岛）、嘉兴、合肥、无锡、惠州、台州，排名最靠后的 10 个城市依次为淄博、石家庄、重庆、西安、泉州、太原、海口、呼和浩特、郑州、昆明。前 10 的城市中东南沿海城市居多，内陆仅包头、合肥进入。沿海城市开放度高，参与国际分工和国际竞争频繁，已形成一整套的企业管理理念，而排名靠后城市中一半在中西部地区，中西部地区应该加强现代企业管理制度的建设，以提高企业本体竞争力。

（六）企业文化动力：东南沿海动力强劲，台州、珠海和香港位列前三

企业文化是指企业中形成的文化观念、历史传统、共同价值观念、道德规范、行为准则等企业的意识形态。排名前 10 的城市均为东南沿海城市，依次为台州、珠海、香港、无锡、杭州、绍兴、嘉兴、南通、澳门、惠州。北京、上海、广州、深圳等一线城市排名不理想，分别位列第 22、第 17、第 33、第 27，中部仅武汉进入前 20。排名前 10 的城市地级城市居多，行政级别高的城市在此项指标上排名不一定占优势，充分显示沿海地区中小城市企业经营灵活且注重企业自身文化软实力的建设。结合该指标和企业本体竞争力发现，总体上行政级别较高的城市，城市企业本体竞争力较弱，侧面反映出大城市企业注重综合竞争力而往往忽略企业文化软实力建设。

（七）企业制度动力：东莞第一，港澳紧随其后，空间上呈现两极分化趋势

企业制度是关于企业组织、运营、管理等一系列行为的规范和模式的总称，

它已成为企业除产品竞争外最重要的竞争资源。排名前 10 的城市依次为东莞、澳门、香港、中山、常州、佛山、嘉兴、惠州、无锡（厦门），均为东南沿海地区城市，而中西部地区除包头、南昌、芜湖进入前 30 外，其余均在 30 名之外，空间上呈现东高西低的两极分化趋势，说明中部地区企业制度建设相对滞后，而东南沿海城市凭借其较高的开放度和承接海外产业转移的机遇，在企业制度动力指标上领跑全国。

企业本体竞争力各项指标得分与排名见表 13－2。

表 13－2　企业本体竞争力各项指标得分与排名

城市名	Z2 企业本体竞争力		Z2.1 企业成长能力		Z2.2 企业创新能力		Z2.3 企业制造能力		Z2.4 企业营销能力		Z2.5 企业管理能力		Z2.6 企业文化动力		Z2.7 企业制度动力	
	得分	排名	得分	排名	得分	排名	得分	排名	得分	排名	得分	排名	得分	排名	得分	排名
上海	1	1	0.536	34	0.526	4	1	1	0.617	33	0.86	12	0.901	17	0.67	25
苏州	0.953	2	0.444	51	1	1	0.544	17	0.615	34	0.863	11	0.845	36	0.67	25
唐山	0.894	3	0.548	29	0.077	44	0.998	2	0.835	4	0.727	42	0.875	29	0.644	33
深圳	0.865	4	0.51	41	0.366	6	0.806	3	0.631	27	0.764	33	0.88	27	0.613	41
北京	0.83	5	0.503	43	0.444	5	0.615	12	0.568	44	0.89	4	0.885	22	0.629	38
广州	0.827	6	0.543	32	0.182	19	0.764	7	0.767	8	0.773	31	0.85	33	0.584	47
武汉	0.825	7	0.462	48	0.148	27	0.705	9	0.9	3	0.817	18	0.896	19	0.644	33
包头	0.824	8	0.513	40	0.024	55	0.769	6	0.814	5	0.9	3	0.872	31	0.709	13
绍兴	0.812	9	0.643	14	0.725	2	0.227	47	0.55	47	0.855	14	0.947	6	0.712	12
南京	0.804	10	0.623	15	0.161	22	0.783	4	0.524	51	0.775	28	0.827	41	0.647	30
长沙	0.793	11	0.551	28	0.09	37	0.601	14	1	1	0.761	34	0.882	26	0.586	46
徐州	0.787	12	0.572	19	0.364	7	0.459	23	0.675	18	0.8	23	0.883	24	0.718	11
杭州	0.783	13	0.832	4	0.238	15	0.408	30	0.658	22	0.789	25	0.952	5	0.686	19
天津	0.776	14	0.564	21	0.182	19	0.696	10	0.55	47	0.774	29	0.842	38	0.654	29
佛山	0.774	15	0.723	7	0.151	26	0.537	18	0.649	23	0.717	46	0.912	13	0.75	6
青岛	0.773	16	0.509	42	0.129	31	0.612	13	0.689	14	0.89	4	0.875	29	0.692	15
济南	0.752	17	0.521	37	0.159	24	0.554	16	0.68	17	0.808	19	0.909	14	0.679	21
无锡	0.75	18	0.747	5	0.196	17	0.394	32	0.566	45	0.87	8	0.957	4	0.721	9
东莞	0.749	19	0.84	3	0.155	25	0.397	31	0.493	52	0.736	39	0.85	33	1	1
香港	0.745	20	1	1	0.147	28	0.107	55	0.705	11	1	1	0.979	3	0.797	3
南通	0.741	21	0.558	24	0.576	3	0.214	49	0.629	28	0.724	43	0.933	8	0.687	16
长春	0.73	22	0.524	36	0.068	45	0.644	11	0.67	20	0.738	37	0.795	48	0.645	32
大连	0.726	23	0.745	6	0.12	33	0.425	27	0.603	37	0.819	17	0.883	24	0.678	23
太原	0.722	24	0.559	23	0.09	37	0.77	5	0.488	53	0.611	52	0.843	37	0.514	55

续表 13－2

城市名	Z2 企业本体竞争力		Z2.1 企业成长能力		Z2.2 企业创新能力		Z2.3 企业制造能力		Z2.4 企业营销能力		Z2.5 企业管理能力		Z2.6 企业文化动力		Z2.7 企业制度动力	
	得分	排名	得分	排名	得分	排名	得分	排名	得分	排名	得分	排名	得分	排名	得分	排名
柳州	0.718	25	0.546	31	0.036	54	0.583	15	0.688	15	0.724	43	0.893	20	0.659	28
南昌	0.716	26	0.572	19	0.044	51	0.492	19	0.792	7	0.724	43	0.888	21	0.678	23
石家庄	0.715	27	0.647	12	0.065	46	0.757	8	0.352	55	0.657	48	0.848	35	0.554	51
常州	0.715	27	0.67	10	0.173	21	0.298	42	0.694	13	0.835	16	0.907	16	0.762	5
台州	0.71	29	0.945	2	0.254	13	0.115	54	0.566	45	0.864	10	1	1	0.687	16
宁波	0.709	30	0.705	8	0.29	9	0.328	39	0.572	43	0.747	35	0.877	28	0.622	39
威海	0.7	31	0.582	17	0.161	22	0.366	35	0.673	19	0.789	25	0.909	14	0.704	14
烟台	0.698	32	0.389	55	0.215	16	0.482	21	0.745	9	0.807	20	0.723	54	0.579	48
沈阳	0.695	33	0.692	9	0.1	35	0.419	28	0.687	16	0.857	13	0.698	56	0.558	50
珠海	0.688	34	0.603	16	0.038	53	0.468	22	0.583	42	0.74	36	0.997	2	0.686	19
淄博	0.682	35	0.576	18	0.097	36	0.438	25	0.625	32	0.692	47	0.922	11	0.679	21
惠州	0.681	36	0.483	46	0.058	47	0.446	24	0.595	38	0.866	9	0.928	10	0.722	8
成都	0.679	37	0.656	11	0.244	14	0.308	41	0.647	24	0.738	37	0.754	53	0.616	40
合肥	0.678	38	0.519	39	0.09	37	0.387	33	0.718	10	0.881	7	0.797	47	0.642	35
潍坊	0.66	39	0.447	50	0.277	12	0.266	46	0.608	36	0.841	15	0.856	32	0.687	16
扬州	0.648	40	0.395	54	0.28	10	0.286	43	0.705	11	0.736	39	0.792	50	0.639	36
福州	0.647	41	0.415	53	0.08	41	0.269	45	0.927	2	0.798	24	0.819	44	0.661	27
嘉兴	0.643	42	0.52	38	0.3	8	0.124	53	0.549	49	0.889	6	0.944	7	0.728	7
呼和浩特	0.64	43	0.554	27	0.04	52	0.483	20	0.595	38	0.603	54	0.834	39	0.607	42
重庆	0.627	44	0.538	33	0.125	32	0.351	36	0.645	25	0.64	49	0.824	43	0.589	45
中山	0.626	45	0.548	29	0.109	34	0.216	48	0.612	35	0.774	29	0.915	12	0.786	4
芜湖	0.626	45	0.424	52	0.137	29	0.325	40	0.666	21	0.777	27	0.781	51	0.647	30
西安	0.626	45	0.558	24	0.133	30	0.435	26	0.529	50	0.626	50	0.757	52	0.552	52
澳门	0.626	45	0.644	13	0.014	56	0.033	56	0.804	6	0.98	2	0.931	9	0.8	2
厦门	0.621	49	0.388	56	0.055	48	0.343	38	0.629	28	0.803	22	0.901	17	0.721	9
哈尔滨	0.607	50	0.464	47	0.078	43	0.345	37	0.634	26	0.732	41	0.802	45	0.594	44
郑州	0.598	51	0.453	49	0.089	40	0.416	29	0.591	41	0.6	55	0.794	49	0.542	53
泉州	0.595	52	0.555	26	0.279	11	0.201	50	0.629	28	0.616	51	0.717	55	0.512	56
温州	0.589	53	0.49	44	0.194	18	0.13	52	0.595	38	0.805	21	0.885	22	0.639	36
昆明	0.568	54	0.56	22	0.079	42	0.375	34	0.408	54	0.599	56	0.802	45	0.536	54
南宁	0.566	55	0.532	35	0.045	50	0.186	51	0.626	31	0.771	32	0.832	40	0.603	43
海口	0.509	56	0.49	44	0.048	49	0.282	44	0.34	56	0.606	53	0.827	41	0.563	49

专栏二　解读世界500强企业的中国城市主张

企业的发展对城市繁荣有着非常重要且现实的促进意义，企业为城市居民创造就业；城市为企业提供发展所需的人才、基础设施和营商环境。二者相互促进、共同发展，企业的强大对所在城市的竞争力提升有着巨大作用。本报告考察了世界500强企业在中国各个城市的分布情况后，结合城市竞争力比较分析，大致描绘出中国各个城市企业分布特点。

综合分析：上海、北京、珠三角，世界企业在中国聚集的三个中心

一般而言，综合竞争力很强的城市，企业本体竞争力也很强。世界500强企业中国际大企业和跨国公司占大多数，其在华的企业形式多以中华区总部或地区业务中心、分公司、办事处和联络处的形式出现。经过考察，我们发现，直辖市、省会城市和香港特别行政区在企业本体竞争力上具有很大的优势。综合排名前20位的城市的国际企业本体竞争力的分值见图13－2。

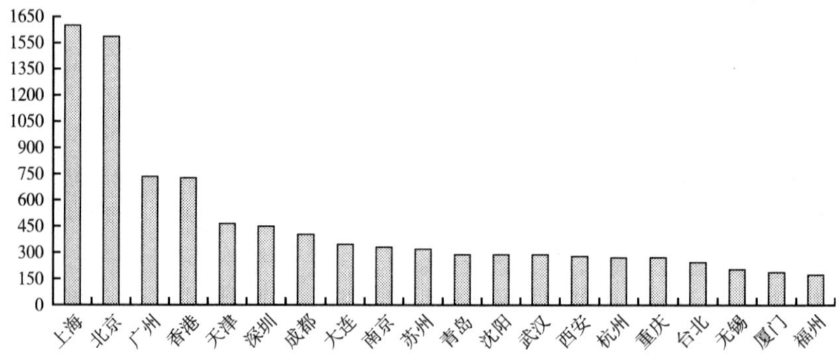

图13－2　国际企业本体竞争力排名前20名城市

我们以2008年世界财富500强中国外企的公司主页上所提供的信息为依据。总部或业务中心的作用一般是整个大中华区或者中国某些地区的业务中心或管理的最高层级；分公司一般以某一城市的市场为目标，这个市场可以是产品市场，也可以是要素市场，视具体情况而定；办事处并非所有跨国公司都设置，一般以服务行业居多，办事处可以起到售前售后服务的作用；联络处或代表处是跨国公司在华设立分公司或总部前所做的前期准备，类似于先头部队的性质。

以上的四级管理层面的具体情况依据不同的公司类型而不同，为了比较的方便，我们将各个公司在某一地区的管理机构级别分别打分：地区总部或业务中心

10 分、分公司 6 分、办事处 3 分、联络处 2 分。经过指数化并对各个城市得分加总，我们得出中国各个城市的国际企业本体竞争力的得分。企业本体竞争力前 10 名城市，从强到弱排列依次是上海、北京、广州、香港、天津、深圳、成都、大连、南京、苏州。

跨国公司的机构设置分布特点总体上呈现东部和大城市较为集中、中西部地区较为稀少的特点。

图 13－3 显示了各个城市的企业总部或业务中心的数量。地区总部或业务中心的设置相比其他三个公司管理层级，集中度最高。除了北京和上海等 16 个城市被跨国公司选作地区总部或业务中心外，其他城市只设置了分公司以下的机构。而在这 16 个城市中，北京和上海又各自占了超过 1/3 的数量，企业集中度非常高。

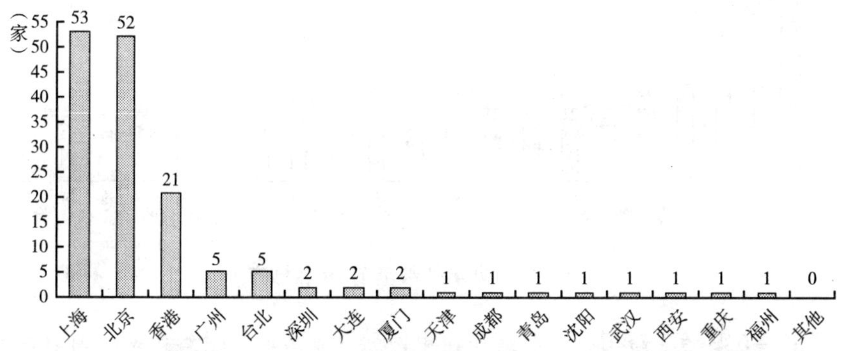

图 13－3　各个城市的总部或业务中心数量

图 13－4 显示了分公司数量前 20 名城市，上海作为中国内地的经济中心、金融中心和最大的城市，以 141 家跨国企业分公司数量位居榜首。分公司在各城市相对平均，远不如总部集中，并且在前 20 名的城市中，有深圳、大连、苏州、青岛这四个非省会城市。

图 13－5 显示了办事处数量前 20 名的城市，在这一指标上，北京高居榜首，超过上海 32 个，超过广州 63 个。香港虽然是远东的经济金融中心之一，但是由于各大公司总部已经设在了当地，办事处设置就减少了。除了省会城市外，大连、深圳、苏州、青岛、厦门、宁波也进入了前 20 名，这主要得益于其完善的基础设施和沿海的区位优势。

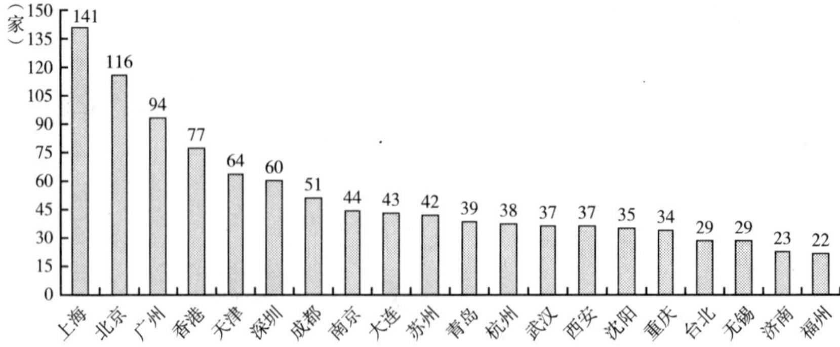

图 13－4　分公司数量前 20 名城市

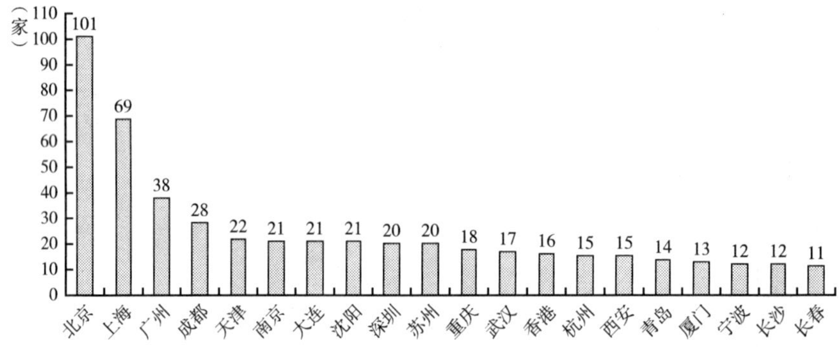

图 13－5　办事处数量前 20 名城市

图 13－6 显示了跨国公司联络处在中国的设置情况，联络处是跨国公司开辟市场的第一步，是一个不成熟的管理机构，因而总数量不多。跨国公司联络处在不同城市的设置并未呈现异常情况，仍然以北京、上海以及珠三角城市为聚集点。

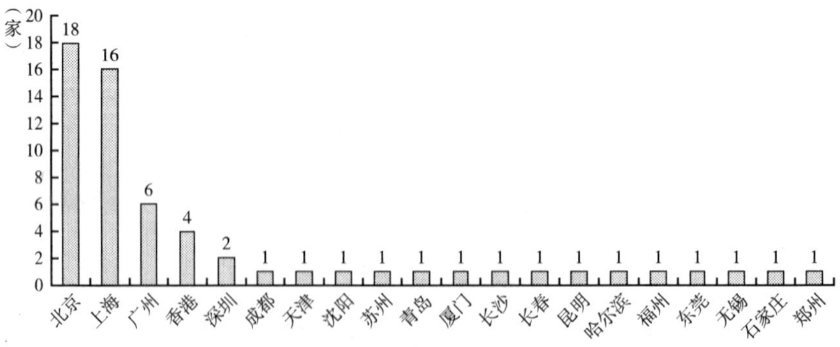

图 13－6　联络处数量前 20 名城市

产业分析：企业选择城市，城市服务企业

从产业层面来看，在中国有大量业务并设有众多机构的公司以零售行业、金融服务业、电器制造业、汽车制造业、快速消费品制造业、信息技术等行业为主。相比之下，能源、公共事业等企业在华多以联络处、办事处的形式出现。

具体而言，但凡在中国有业务的国际大公司，都会在主要的大城市设立办事处或分公司。然而不同业务类型的公司业务运作类型又各不相同。例如，像沃尔玛等零售行业巨头，在中国几乎每个中等以上的城市都设有大型卖场；仅次于零售业的是服务业，不仅包括以保险和银行为主的金融服务业，还包括制造业公司设在各地的售后服务部门，例如戴尔、惠普等计算机公司，丰田、本田、通用汽车的售后服务部门等。

另外值得一提的是运输行业，例如德国邮政公司（DHL）在中国的地区业务中心设置远大于一般的一些跨国公司，但是，并不设置分公司这一级别的机构，而以办事处的形式出现，其设置也非常密集。相比之下，制造企业，尤其是大型制造企业的制造工厂或分公司一般设置在工业基础，特别是重工业较好的城市，例如长春、哈尔滨、西安、重庆等城市。

专栏三　综观中国企业500强，发掘本土企业城市逻辑

“2009中国企业500强”名单于2009年9月面世。中国企业联合会发布的数据显示，经过长期高速发展，加之受国际金融危机的影响相对较轻，2009年中国企业500强净利润首度超过美国企业500强，与世界500强的差距也进一步缩小。2009年中国企业500强的营业收入总额折合成美元为36805亿美元，相当于世界企业500强的14.62%。而在2002年，中国企业500强的营业收入仅相当于世界企业500强的5.3%。这说明2009年中国企业500强与世界500强的差距也进一步缩小。

城市分布相对集中，首都北京一枝独秀。从城市分布方面来看，500强企业分布排名前10的城市依次为北京、上海、天津、杭州、深圳、无锡、广州、南京、重庆和济南。其中，首都北京以103家企业遥遥领先于排名第2的上海，占500强企业总数的20.6%，而上海的500强企业数为29家，究其原因，主要是北京有相当一部分的国有企业，而这些国有企业大多把总部建在首都。另外，排名前10的城市共有500强企业255家，占半数以上，而且在这10个城市中，除

了重庆，其他城市大多集中在环渤海和东南地区，东南地区的城市分布尤其密集，有6个城市都位列前10（见表13－3）。

表13－3　中国企业500强分布前10名城市

名　次	城　市	省　份	区　域	家数(家)
1	北　京	北　京	环渤海	103
2	上　海	上　海	东　南	29
3	天　津	天　津	环渤海	24
4	杭　州	浙　江	东　南	21
5	深　圳	广　东	东　南	17
6	无　锡	江　苏	东　南	17
7	广　州	广　东	东　南	14
8	南　京	江　苏	东　南	11
9	重　庆	重　庆	西　南	10
10	济　南	山　东	环渤海	9

企业密度越大，城市竞争力越强。从竞争力方面来看，2009年综合竞争力排名前10的城市为香港、深圳、上海、北京、台北、广州、天津、高雄、大连和青岛。与500强分布前10的城市相比，除了北京、上海、天津和深圳之外，其他城市都没有位列其中，但是500强分布较多的城市，综合竞争力排名也比较靠前。

产业分布相对集中，东部城市优于西部。从500强企业的产业分布方面来看，最多的产业为加工制造业，一共有122家企业，紧随其后的是涉及多个行业和领域的多元化集团公司，为85家，炼油行业的企业排名第3，共有68家，能源和运输业分列第4、第5，相应的企业数分别为31家和29家。中国企业500强另外涉及的行业还有银行业、IT、保险、石油化工、通信、房地产、服务业、物流业、航空航天、建筑业、零售业、贸易、食品加工和烟草业等。与中国企业500强的行业分布略有不同，世界500强企业的行业分布则主要集中在银行、保险、食品零售和汽车等行业。另外，IT、保险、多元化和服务业大多落户于首都北京，而加工制造业除了在北京分布以外，还在上海、天津、深圳、杭州、无锡和长沙分布较多。相比之下，建筑业、零售业和制药则分布相对分散。能源、冶炼和开采类的行业由于受到行业本身特点的制约，主要分布在北京和一些资源类的城市，如大同、唐山等。银行类主要分布在北京和东南沿海的一些城市，而运输业主要分布在北京和省会城市。

三　中国城市主要产业本体竞争力报告

城市主要产业本体竞争力排名总体呈现北京夺魁、副省级省会势头强劲、东南区域发展不平衡的状况。从行政级别看，副省级省会城市表现活跃，在前 10 位排名中占据半壁江山，东莞作为唯一入选的地级市排名第 2。从地域特征看，东南区域城市在排名前 10 中获得 5 个席位，但也有一些东部城市排名靠后，表明区域在产业发展中具有不平衡性。

从所选的 56 个城市中，城市行政级别较高、人才资源优势明显、创新环境竞争力强的城市排名相对靠前。在中国，行政级别较高的城市往往是资源集中、信息通畅的枢纽，其对人才的吸引以及创新环境的营造有着得天独厚的优势。主要产业本体竞争力与综合竞争力排名有较强的关联度。产业本体竞争力排行前 10 的城市在综合竞争力的排名上也分布前 20 位。全球城市的发展进程中，产业集群的力量举足轻重。产业本体发展过程对各种资源的聚集作用对于城市化的进程起到了巨大的推动作用。

（一）建筑业竞争力："绍兴模式"当仁不让，区域分布平均

在建筑业竞争力排行中，绍兴排名第一。从地域特征看，排名前 10 位的城市中，东南区域、西南区域分别入围 3 个城市；环渤海区域和中部地区分别入围 2 个城市。从行政级别看，排名前 10 位的城市，省会及副省级省会入围 6 个，直辖市入围 2 个，地级市入围 2 个。

从所选的 56 个城市中呈现这样的规律：城市发展阶段靠前的城市，建筑业竞争力排名相对靠前。在建筑业排名前 10 的城市中，除了北京、杭州两地处于工业化后期阶段，其余 8 个城市皆处于工业化前中期阶段。城市化进程对于建筑业的发展规模及建筑业专业程度都存在较为明显的推动作用。此外，东南区域因两个地级市的入围显得格外突出：绍兴排名第 1，台州排名第 6。"绍兴模式"与"台州奇迹"开创了建筑行业产业转型、管理创新的发展模式，取得了骄人的成绩。

(二) 制造业竞争力：东南区域优势显著，地级城市活力明显

东南区域在制造业竞争力排名中表现突出，占据排行前10的所有席位。从地域特征上看，在排名10~20位之间的城市中，东南区域有4个城市，环渤海区域有4个城市，东北与西北区域各有1个城市。从行政级别上看，排名前20的城市中，地级市11个、副省级城市5个、副省级省会2个、直辖市2个，地级城市呈现较强的制造业竞争力。

在所选56个城市中，行政级别较低的城市制造业竞争力排名较为靠前。在排名前10的城市里，地级城市占据6席，副省级及副省级省会城市3个；与此同时，人力技术水平较高的城市，制造业竞争力排名也相对靠前。技术性人才及较为宽松的政治环境对于制造业发展起到了良好的促进作用。在上述规律的前提下，依然存在个别特例。苏州在人才技术水平中排名第31位，其在制造业竞争力中排名第8位，因为苏州企业创新能力的排名第1，政府对于企业创新能力的重视以及政策优惠促进技术行业的创新活动，对于制造业的竞争力提升起到积极作用。

(三) 物流服务业竞争力：北京最好，省会直辖市整体领跑

北京、沈阳、上海稳居物流服务业前三名，武汉、广州、香港紧随其后。从地域特征看，在物流服务业竞争力排名前10位的城市中，东南区域占据4席，中部区域占据3席，环渤海、东北、西南区域各占1席；从行政级别看，直辖市2个、特区1个、省会与副省级省会6个，地级市1个。

在所选的56个城市中，生活环境越好、行政级别越高的城市，在物流服务业的排名中越靠前。在生活环境排名前5的城市中，有4个在物流服务业的排名同样位于前5；行政级别高的城市各种资源流动的需求相对较高，其对物流服务的要求就相应较高，从而对物流服务业的竞争力提升起到重要作用。在此规律的基础上，值得注意的是，徐州作为地级市同时在生活环境中排名第44位，依然在物流服务业竞争力排名第7，其原因在于徐州的特殊历史地理位置，奠定了其物流枢纽的地位。

(四) 消费性服务业竞争力：特区竞争优势明显，内地城市北京一枝独秀，其他城市提升空间巨大

按照“十一五”规划纲要，中国决心大力发展商贸服务业、旅游业、市政

公用事业、社区服务业等四大消费性服务业，强化与休闲密切相关的产业。在所选的56个城市中，从地域特征看，消费性服务业竞争力排名前10位的城市6个来自东南区域、2个来自中部地区、1个来自东北地区、1个来自环渤海地区。从行政级别看，两个特别行政区澳门和香港以较大的优势占据前两位，北京紧随其后，以优于其他内地城市较大的水平居第3。此外，在前10位的城市中，省会和副省级省会4个，直辖市1个，副省级城市1个，地级市1个。

总体上看，除前3位城市以较高指数领跑，其余的城市相差并不大，相对于前三位的城市差距很大，呈现明显两极分化。随着经济及科学技术的发展，人们对生活质量提出了更高的要求，消费性服务业的作用正是立足休闲产业，满足居民消费多元化、服务多样化的需求，但从分数的整体偏低看出，我国城市消费性服务业还有较大的提升空间，而这种提升也是符合我国经济发展最终目标并能对社会稳定起到积极作用。

（五）社会性服务业竞争力：东莞优势领跑，京沪分居二三

社会性服务业具体是指面向社会整体、提供各种公共品和社会公共服务的行业，比如教育卫生、科学研究、文化、体育和娱乐业，公共管理、社会组织、水利环境等提高社会整体福利的服务行业。

从所选56个城市的社会性服务业竞争力排名可以看出，东莞以较大的优势排名第1，北京和上海分居第2、3位。从地域特征上看来，在排名前10位的城市中，东南区域的城市占据6席，环渤海占据2席，西南、中部区域分别占据1席。从行政级别看，4个直辖市全部入选排名前10位的城市，此外，省会及副省级省会各1个，副省级城市、地级城市分别为1个和3个。综合地域分布和行政分布情况可以看出，经济发展水平越高的城市，其社会性服务竞争力水平越高。东莞缔造了经济发展的奇迹，其在城市建设与相应的社会服务业的配套完善方面也走在了所有城市，包括直辖市的前面，良好的社会福利氛围可以为其可持续发展增加筹码与可靠性。中国城市社会性服务业发展依然任重而道远。

（六）生产性服务业竞争力：北京、东莞、香港优势显著，东南区域实力不俗

生产性服务业是指为保持工业生产过程的连续性、促进工业技术进步和产业

升级、提高生产效率提供保障服务的服务行业。

在所选的56个城市生产性服务业竞争力排名中，北京以比较明显的优势荣登榜首，随后的东莞与香港也实力不凡。从行政级别看，排名前10的城市中，直辖市2个、特区1个、省会及副省级城市3个、副省级城市3个、地级市1个。从地域特征看，在排名前10位的城市中，来自东南区域的城市有7个，环渤海区域、东北区域和西南区域各有1个。东南区域的特殊地理位置及制造业的繁荣发展为该地区生产性服务业的发展提供了基础和机遇。生产性服务业同样存在其他城市与领跑城市的较大差距，排名前10的城市中，就存在明显的分化现象，所以中国城市特别是地级城市在生产性服务业的提升方面仍有较大空间，这也是完成产业升级过程的重要推手。

主要产业本体竞争力各项指标得分与排名见表13－4。

表13－4　主要产业本体竞争力各项指标得分与排名

城　市	Z3 主要产业本体竞争力		Z3.1 建筑业竞争力		Z3.2 制造业竞争力		Z3.3 物流服务业竞争力		Z3.4 消费性服务业竞争力		Z3.5 社会性服务业竞争力		Z3.6 生产性服务业竞争力	
	得分	排名	得分	排名	得分	排名	得分	排名	得分	排名	得分	排名	得分	排名
北　京	1	1	0.646	9	0.528	25	1	1	0.851	3	0.67	2	1	1
东　莞	0.868	2	0.153	52	1	1	0.74	12	0.573	5	1	1	0.856	2
上　海	0.79	3	0.286	37	0.841	2	0.937	3	0.551	7	0.527	3	0.583	6
杭　州	0.784	4	0.895	3	0.67	9	0.501	33	0.641	4	0.404	12	0.487	9
香　港	0.757	5	0.467	15	0.214	55	0.856	6	0.87	2	0.375	18	0.728	3
重　庆	0.746	6	0.923	2	0.501	28	0.674	21	0.398	25	0.47	7	0.393	19
武　汉	0.719	7	0.708	8	0.381	44	0.925	4	0.522	9	0.363	21	0.305	37
成　都	0.7	8	0.867	4	0.525	26	0.572	27	0.43	16	0.381	16	0.381	21
广　州	0.686	9	0.32	27	0.628	11	0.922	5	0.443	13	0.443	8	0.422	14
济　南	0.655	10	0.712	7	0.35	45	0.732	16	0.424	18	0.346	26	0.366	25
大　连	0.65	11	0.454	16	0.599	15	0.611	24	0.554	6	0.127	56	0.634	5
深　圳	0.641	12	0.352	24	0.733	3	0.581	25	0.45	12	0.419	10	0.497	7
沈　阳	0.626	13	0.291	34	0.517	27	0.97	2	0.324	35	0.385	15	0.37	23
南　京	0.619	14	0.308	29	0.542	23	0.753	11	0.533	8	0.367	19	0.374	22
天　津	0.618	15	0.356	23	0.584	16	0.645	22	0.432	15	0.473	6	0.42	16
西　安	0.61	16	0.359	22	0.554	21	0.74	12	0.436	14	0.358	22	0.369	24
长　沙	0.603	17	0.626	10	0.331	47	0.469	35	0.508	10	0.406	11	0.449	12
绍　兴	0.599	18	1	1	0.415	38	0.319	48	0.424	18	0.235	52	0.252	49
南　宁	0.598	19	0.418	17	0.314	48	0.775	10	0.43	16	0.325	31	0.466	10
哈尔滨	0.583	20	0.499	14	0.5	29	0.626	23	0.383	28	0.35	24	0.308	36
福　州	0.58	21	0.289	36	0.416	37	0.519	29	0.401	23	0.491	4	0.671	4

续表 13-4

城　　市	Z3 主要产业本体竞争力		Z3.1 建筑业竞争力		Z3.2 制造业竞争力		Z3.3 物流服务业竞争力		Z3.4 消费性服务业竞争力		Z3.5 社会性服务业竞争力		Z3.6 生产性服务业竞争力	
	得分	排名	得分	排名	得分	排名	得分	排名	得分	排名	得分	排名	得分	排名
合　肥	0. 569	22	0. 307	30	0. 409	40	0. 737	14	0. 376	29	0. 388	14	0. 42	16
台　州	0. 565	23	0. 719	6	0. 611	12	0. 324	47	0. 281	44	0. 266	46	0. 366	25
海　口	0. 561	24	0. 404	18	0. 288	49	0. 698	20	0. 407	20	0. 394	13	0. 391	20
南　昌	0. 558	25	0. 543	12	0. 345	46	0. 817	8	0. 269	46	0. 351	23	0. 146	55
太　原	0. 555	26	0. 378	21	0. 39	43	0. 782	9	0. 332	34	0. 35	24	0. 288	41
芜　湖	0. 548	27	0. 392	20	0. 419	36	0. 71	18	0. 206	54	0. 486	5	0. 317	32
呼和浩特	0. 537	28	0. 299	31	0. 236	54	0. 71	18	0. 454	11	0. 364	20	0. 425	13
澳　门	0. 53	29	0. 34	25	0. 251	51	0. 417	41	1	1	0. 153	54	0. 319	31
石家庄	0. 527	30	0. 267	40	0. 399	41	0. 737	14	0. 4	24	0. 303	33	0. 316	34
厦　门	0. 523	31	0. 404	18	0. 558	20	0. 469	35	0. 239	51	0. 26	48	0. 49	8
青　岛	0. 52	32	0. 221	45	0. 576	17	0. 717	17	0. 317	36	0. 276	45	0. 287	42
宁　波	0. 519	33	0. 152	53	0. 723	4	0. 51	32	0. 336	33	0. 287	42	0. 462	11
昆　明	0. 516	34	0. 734	5	0. 255	50	0. 394	43	0. 402	22	0. 327	30	0. 204	51
温　州	0. 493	35	0. 513	13	0. 414	39	0. 467	37	0. 271	45	0. 286	43	0. 287	42
长　春	0. 491	36	0. 294	33	0. 473	33	0. 467	37	0. 317	36	0. 346	26	0. 421	15
无　锡	0. 477	37	0. 22	46	0. 697	6	0. 383	44	0. 387	27	0. 29	40	0. 294	39
珠　海	0. 469	38	0. 277	38	0. 694	7	0. 349	45	0. 313	38	0. 298	37	0. 296	38
郑　州	0. 469	39	0. 617	11	0. 106	56	0. 406	42	0. 37	30	0. 242	51	0. 364	27
南　通	0. 463	40	0. 161	51	0. 498	30	0. 581	25	0. 24	50	0. 298	37	0. 395	18
柳　州	0. 454	40	0. 265	41	0. 486	31	0. 494	34	0. 301	40	0. 301	35	0. 271	47
唐　山	0. 443	42	0. 29	35	0. 391	42	0. 529	28	0. 254	48	0. 254	49	0. 317	32
嘉　兴	0. 442	43	0. 202	47	0. 56	19	0. 299	52	0. 403	21	0. 317	32	0. 356	28
包　头	0. 442	44	0. 271	39	0. 46	34	0. 454	40	0. 299	41	0. 303	33	0. 279	46
中　山	0. 44	44	0. 124	55	0. 634	10	0. 457	39	0. 238	52	0. 381	16	0. 285	44
惠　州	0. 437	46	0. 18	49	0. 72	5	0. 308	50	0. 35	31	0. 262	47	0. 28	45
常　州	0. 432	46	0. 141	54	0. 484	32	0. 512	31	0. 262	47	0. 342	28	0. 313	35
徐　州	0. 43	46	0. 188	48	0. 247	52	0. 829	7	0. 282	43	0. 297	39	0. 087	56
淄　博	0. 421	49	0. 295	32	0. 54	24	0. 284	54	0. 396	26	0. 286	43	0. 194	52
泉　州	0. 415	50	0. 324	26	0. 606	14	0. 311	49	0. 254	48	0. 253	50	0. 192	53
佛　山	0. 412	51	0. 311	28	0. 552	22	0. 261	55	0. 291	42	0. 3	36	0. 24	50
潍　坊	0. 409	52	0. 231	43	0. 437	35	0. 292	53	0. 337	32	0. 342	28	0. 334	30
苏　州	0. 404	53	0. 172	50	0. 684	8	0. 307	51	0. 226	53	0. 289	41	0. 264	48
威　海	0. 386	54	0. 228	44	0. 608	13	0. 334	46	0. 309	39	0. 15	55	0. 168	54
烟　台	0. 384	55	0. 102	56	0. 573	18	0. 516	30	0. 077	56	0. 233	53	0. 293	40
扬　州	0. 316	56	0. 236	42	0. 242	53	0. 113	56	0. 204	55	0. 441	9	0. 345	29

四　中国城市公共部门竞争力报告

公共部门是指被国家授予公共权力并以社会的公共利益为组织目标，管理各项社会公共事务，向全体社会成员提供法定服务的政府组织。作为城市事务的组织者和管理者，其绩效能力深刻影响了以城市环境为基础的各种经济活动的顺利进行，同时作为城市居民的服务者和协调者，其服务水平也直接影响人们的工作生活质量，对城市的发展产生间接的重要作用。

在所选的56个城市中，上海、北京以绝对的优势占据前两位，随后绍兴、香港、深圳表现不俗。按照区域来划分，在排名前10的城市中，东南区域、环渤海区域、西南区域分别占据7席、2席和1席。按行政级别划分，排名前10位的城市有直辖市4个、特区2个、副省级省会1个、副省级城市1个、地级市2个。城市公共部门竞争力与城市综合竞争力有着较强的关联性。公共部门竞争力排名前5的城市，占据综合竞争力前5中的4席，表明良好公共环境因素对经济发展和社会进步起着重要的决定作用。

公共部门竞争力反映公共部门的效率和服务质量，它影响企业的经营成本。公共部门竞争力高低可以成为投资和就业的重要参考，建议选择竞争力较强的城市。

（一）司法机构竞争力：香港名列第一，直辖市、特区集体进军10强

作为衡量公共部门竞争力的首要指标，在司法机构竞争力排名中，香港特区排名第1位，上海、重庆、北京3个直辖市紧随其后。从地域特征来看，中部稍显弱势，其他各区域都有较为平均的不错表现。从行政级别看，在排名前10位的城市中，4个直辖市和2个特区全部入围，另外副省级省会城市沈阳、副省级城市深圳及地级市佛山市也在前10之列。

司法机构竞争力与公共部门竞争力有着较强的关联度。在司法机构竞争力排名前10的城市中，有7个城市同样入围公共部门竞争力前10之列。司法机构的工作质量与工作效率所反映的工作能力是整个公共部门竞争力的基础，对于构建公平公正的公共环境、提升整个城市竞争力有着重要的意义。

（二）行政机构竞争力：港澳分别一二，各区域平分秋色

行政机构作为城市行政管理活动的重要主体，其竞争能力是城市管理水平的重要体现。在该指标竞争力的排名中，香港、澳门两特区共占鳌头。从地域特征看，排名前10位的城市中，东南区域4个、环渤海区域3个、中部区域2个、西北区域1个，各地区较为平衡。

作为行政机构竞争力考量的重要三级指标——市民满意度指标排行中，香港依旧夺魁，台州、烟台、淄博三市以较大的优势并列第3。市民作为行政机构服务的直接受众，其满意度对于行政机构竞争力有着重要的参考价值。

（三）文化教育竞争力：昆明第一，整体竞争力差距不大

在文化教育竞争力的排名中，昆明名列第一，其余各城市紧随其后，差距不大，呈现较为平均的竞争力态势。在排名前10位的城市中，没有明显的区域差距，东南区域5个，环渤海3个，西南1个，中部1个；从行政级别看，行政级别较高的城市，该指标竞争力排名靠前，在排名前10位的城市中，直辖市2个，省会及副省级省会4个，地级市4个。

入围前10的4个地级市南通、无锡、威海、苏州，尽管行政级别并不高，但其所在省份经济发展水平平稳上升，同时普遍对教育的投入力度较强，这成为其跻身前10位城市的重要原因。

（四）医疗卫生竞争力：京沪分居一二，行政级别高的城市竞争力强

医疗卫生机构着力于保障和提高人们的健康状况，是保证城市持续稳定发展的基础公共部门。在所选的56个城市中，北京、上海排名前2位，济南、杭州、武汉随后。从地域特征看来，东南区域、环渤海区域表现最好，在排名前10位城市中分别占据4席和3席，中部区域和西南区域分别占2席和1席。从行政级别看，在排名前10位的城市中，直辖市3个、省会及副省级省会5个、特区和地级市各1个。

整体看来，行政级别较高的城市，其医疗卫生竞争力排名较靠前。直辖市和省会城市相较于地级市有着较为明显优势的竞争力，其与资源聚集、政府支持密不可分。与此同时，其与经济发展水平有较明显的关联性。东南区域和环渤海地区的较高经济水平，使其整体医疗卫生竞争力较中部及其他区域较强。

（五）科研机构竞争力：绍兴荣登榜首，东南区域整体实力强

科技创新能力是决定中国城市产业升级、城市持续发展的重要动力源，科研机构作为决定科技创新能力的关键公共部门，其竞争力对于城市竞争力的影响举足轻重。在所选的56个城市中，东南区域实力强劲，在排名前10位的城市中，东南区域有8席、环渤海有1席、西南有1席。从行政级别看，地级城市表现活跃，6个城市进入10强名单，此外，直辖市2个，省会及副省级省会2个。

在决定科研机构竞争力的三个重要指标中，科研开发环境三级指标呈现较强的区分度。在此项指标的排名中，上海、北京以较大的优势排名最前，深圳紧随其后，天津、广州、大连、宁波以第三梯队次之。总体看来，行政级别较高的城市作为区域政策、资源的最优汇集地，对于科研开发的支持力度较行政级别较低的城市强。

但此指标排名与科研机构竞争力的排名呈现一定的差别，原因在于其他两项指标：科研开发投入产出效率与科研开发人员水平。以绍兴为例，尽管在科研开发环境指标上不占优势，但其在这两项指标的优秀表现使其整体科研机构竞争力排名第一，这对于科研开发环境优良的城市进一步提高科研机构竞争力有着积极的借鉴意义。

公共部门竞争力各项指标得分与排名见表13－5。

表13－5　公共部门竞争力各项指标得分与排名

市　名	Z4 公共部门竞争力		Z4.1 司法机构竞争力		Z4.2 行政机构竞争力		Z4.3 文化教育竞争力		Z4.4 医疗卫生竞争力		Z4.5 科研机构竞争力	
	得分	排名	得分	排名	得分	排名	得分	排名	得分	排名	得分	排名
上　海	1	1	0.941	2	0.656	43	0.928	3	0.888	2	0.633	2
北　京	0.946	2	0.738	4	0.821	9	0.906	7	1	1	0.531	3
绍　兴	0.872	3	0.359	29	0.688	33	0.876	17	0.641	25	1	1
香　港	0.84	4	1	1	1	1	0.836	32	0.641	25	0.098	27
深　圳	0.704	5	0.625	5	0.737	24	0.779	49	0.538	50	0.323	6
重　庆	0.687	6	0.892	3	0.545	55	0.692	54	0.661	19	0.081	34
杭　州	0.683	7	0.573	11	0.754	20	0.92	4	0.753	4	0.124	20
澳　门	0.679	8	0.585	9	0.998	2	0.882	15	0.704	10	0.004	56
南　通	0.678	9	0.309	42	0.705	26	0.934	2	0.61	35	0.483	4
天　津	0.677	10	0.613	7	0.679	36	0.886	14	0.711	9	0.147	15
济　南	0.661	11	0.48	14	0.817	10	0.893	10	0.777	3	0.115	24
广　州	0.651	12	0.563	12	0.661	42	0.801	39	0.702	11	0.175	11
武　汉	0.65	13	0.543	13	0.702	28	0.919	5	0.745	5	0.094	30

续表 13－5

市名	Z4 公共部门竞争力		Z4.1 司法机构竞争力		Z4.2 行政机构竞争力		Z4.3 文化教育竞争力		Z4.4 医疗卫生竞争力		Z4.5 科研机构竞争力	
	得分	排名	得分	排名	得分	排名	得分	排名	得分	排名	得分	排名
台州	0.649	14	0.438	19	0.713	25	0.893	10	0.714	7	0.22	8
佛山	0.637	15	0.612	8	0.637	46	0.848	24	0.634	28	0.12	22
厦门	0.625	16	0.581	10	0.693	31	0.845	25	0.681	16	0.059	44
沈阳	0.61	17	0.615	6	0.669	39	0.781	46	0.558	45	0.091	31
大连	0.608	18	0.407	22	0.75	21	0.864	19	0.696	13	0.135	17
福州	0.602	19	0.462	16	0.772	14	0.881	16	0.638	27	0.076	38
苏州	0.597	20	0.309	42	0.599	53	0.903	9	0.581	39	0.341	5
长沙	0.594	21	0.444	17	0.83	7	0.844	27	0.623	30	0.061	43
成都	0.586	22	0.318	36	0.703	27	0.794	43	0.713	8	0.206	9
宁波	0.58	23	0.473	15	0.651	45	0.797	41	0.578	40	0.141	16
潍坊	0.579	24	0.307	45	0.837	6	0.888	13	0.66	20	0.114	25
昆明	0.577	25	0.411	21	0.744	22	1	1	0.556	48	0.073	39
徐州	0.575	26	0.306	46	0.676	37	0.815	36	0.619	31	0.252	7
嘉兴	0.574	27	0.366	27	0.654	44	0.851	23	0.642	23	0.171	12
淄博	0.573	28	0.366	27	0.761	16	0.838	31	0.686	15	0.089	32
惠州	0.571	29	0.347	32	0.871	4	0.843	28	0.662	18	0.047	48
温州	0.568	30	0.439	18	0.61	50	0.781	46	0.617	33	0.149	14
合肥	0.559	31	0.311	40	0.822	8	0.814	37	0.73	6	0.052	46
珠海	0.558	32	0.358	30	0.864	5	0.862	20	0.578	40	0.044	49
威海	0.551	33	0.296	48	0.781	12	0.904	8	0.642	23	0.084	33
扬州	0.549	34	0.299	47	0.701	29	0.854	22	0.578	40	0.177	10
长春	0.548	35	0.314	39	0.759	17	0.839	30	0.691	14	0.065	41
石家庄	0.544	36	0.343	33	0.804	11	0.767	50	0.628	29	0.066	40
青岛	0.542	37	0.331	34	0.696	30	0.858	21	0.656	21	0.081	34
南宁	0.539	38	0.386	23	0.757	18	0.803	38	0.611	34	0.03	53
南京	0.538	39	0.326	35	0.622	49	0.871	18	0.679	17	0.097	29
包头	0.538	39	0.315	38	0.779	13	0.841	29	0.702	11	0.017	55
东莞	0.537	41	0.429	20	0.564	54	0.795	42	0.604	37	0.098	27
无锡	0.533	42	0.317	37	0.634	47	0.909	6	0.582	38	0.127	18
中山	0.527	43	0.386	23	0.663	41	0.817	35	0.486	52	0.118	23
烟台	0.52	44	0.31	41	0.741	23	0.749	51	0.545	49	0.123	21
哈尔滨	0.518	45	0.28	52	0.687	34	0.892	12	0.643	22	0.063	42
太原	0.516	46	0.385	25	0.685	35	0.834	33	0.506	51	0.055	45
南昌	0.507	47	0.287	51	0.771	15	0.8	40	0.606	36	0.035	52

续表 13－5

市名	Z4 公共部门竞争力		Z4.1 司法机构竞争力		Z4.2 行政机构竞争力		Z4.3 文化教育竞争力		Z4.4 医疗卫生竞争力		Z4.5 科研机构竞争力	
	得分	排名	得分	排名	得分	排名	得分	排名	得分	排名	得分	排名
泉州	0.507	47	0.377	26	0.608	51	0.694	53	0.47	55	0.161	13
常州	0.503	49	0.309	42	0.603	52	0.83	34	0.562	44	0.113	26
芜湖	0.493	50	0.276	54	0.693	31	0.794	43	0.557	46	0.081	34
柳州	0.493	50	0.349	31	0.624	48	0.845	25	0.557	46	0.027	54
呼和浩特	0.492	52	0.279	53	0.884	3	0.686	55	0.484	53	0.051	47
唐山	0.486	53	0.288	49	0.666	40	0.78	48	0.619	31	0.036	51
西安	0.474	54	0.256	55	0.54	56	0.793	45	0.576	43	0.125	19
郑州	0.464	55	0.288	49	0.67	38	0.698	52	0.484	53	0.08	37
海口	0.436	56	0.256	55	0.755	19	0.66	56	0.412	56	0.042	50

专栏四　高等教育竞争力差距，揭示城市发展新趋势

在知识经济时代，增加高等教育在经济增长中的贡献，从而提高该地区核心经济竞争力，是现代经济发展的必经之路，而人才作为城市竞争力的关键因素是提升城市经济实力的核心。我们通过对 2009 年中国高校排名榜中中国国内高校的科学研究、人才培育、综合声誉以及整体素质的评价（见图 13－7），结合城市竞争力进行比较分析研究后，描绘出基于城市高等教育水平基础上的城市竞争力蓝图。

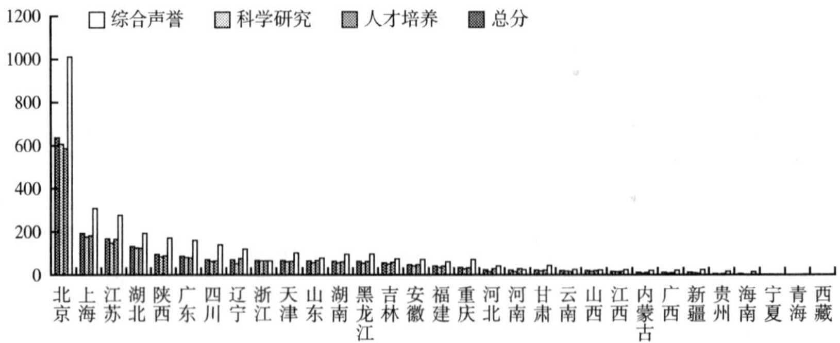

图 13－7　中国高校实力分析图

北京、上海遥遥领先，市级水平差异悬殊

从空间分布上看，北京和上海两个直辖市的各项指标远远高于其他省份与城

市，优势明显：北京市高校总分为636.46分，科学研究分值为606.56、人才培养分值为587.36、综合声誉分值为1010.78，各项指标占到总分值的4%；上海市高校总分为191.26分，科学研究分值为176.25、人才培养分值为182.23、综合声誉分之为308.77，而其他城市的各项分值与它们相比都明显偏低，说明我国城市间高等教育水平差距十分明显。而教育水平的明显差距，实则是城市竞争力产生差距的重要原因之一。

省会城市高等教育水平普遍较高

高校教育水平排名前20名的城市为：北京、上海、武汉、南京、广州、天津、西安、成都、杭州、沈阳、济南、重庆、哈尔滨、长春、大连、合肥、兰州、昆明、长沙、南昌，可以看出省会城市占了绝大多数的席位。表明我国城市高等教育较多集中于省会城市，就一般而言，省会城市的经济实力较强，省会城市高等教育发展状况与其经济发展水平相适应。

东南沿海城市高等教育水平略高于内陆城市

内陆城市高校排名总分为1144.43，科学研究得分为1012.19，人才培养得分为1142.22，综合声誉得分为1808.94，沿海城市高校排名总分为1495.9，科学研究得分为1327.66，人才培养得分为1485.22，综合声誉得分为2382.49，可以看出东南沿海城市高等教育水平略高于内陆城市，这一现象多多少少与传统观念存在差异。

归根结底，城市的竞争力源于城市人才的竞争力，而人才的竞争力则源于城市教育竞争力，而城市教育竞争力则集中体现为城市高等教育竞争力。基于中国高校排行榜的分析，我们获得的不仅是高等教育的竞争力，更重要的是从城市角度，探索高等教育城市地域分布现状与发展趋势，从而为城市教育竞争力和城市经济的发展提供有益的建议与帮助。

众所周知，高等教育水平的强弱是直接影响各个地区经济竞争力的核心因素，而高等教育水平与经济发展具有很强的关联性。各地区应尽快改善高等教育政策，提高地区高等教育竞争力，进而增强城市经济核心竞争力，以带动整个城市乃至地区经济的腾飞。

第十四章

中国城市环境竞争力报告

本章从生活环境、商务环境、创新环境和社会环境四个部分对所选取的56个重点城市进行了报告。

一　中国城市生活环境竞争力报告

生活环境主要包括居住条件、购物环境、出行设施、教育环境、保健娱乐环境和生态环境。

在生活环境排名中，北京以绝对优势力压上海和香港，排名第一。从地域特征看，具有明显的东强西弱的特点。在前10的排名中，东南地区的城市占了6席。从行政级别看，在前20的排名中，除了郑州、长沙和南昌3个省会城市外，其他17个均属于特区、直辖市和副省级城市。其中，2个特区城市香港和澳门分别位居第3和第8，直辖市为4个，副省级城市占的比重最大，为11个，占了55%。在排名的后20位，地级城市占据了绝大多数，仅呼和浩特和海口属于省会城市，其他18个城市均为地级市。

所选的56个城市中，在排名前30的城市中，行政级别较高的城市排名也较靠前。从行政级别看，在前30名的城市中，只有一个属于地级市。而在后26名城市中，只有2个是省会城市、1个是副省级城市。

尽管存在上述规律，但并不一定行政级别越高，生活环境竞争力越强。比如，属于地级市的广东东莞排名第25名，而省会城市呼和浩特和海口仅分别排名第38和第39，较为靠后。

建议国内外对生活环境较为敏感的企业和高等人才，参考这个研究成果进行投资和创业决策。

（一）居住条件竞争力：东莞夺魁，东南地区城市优势明显

在居住条件竞争力方面，排名第一的是广东东莞。从整体看，居住条件竞争力存在较有趣的行政级别分布特征，行政级别低，如地级市城市，排名反而靠前。在排名前20的城市中，只有2个省会城市，4个副省级城市，其余的14个城市均是地级市。从地域看，前10的城市中除柳州外，其余的都分布在东南区域。

总体上看，行政级别低的城市反而在居住条件方面更有竞争力。而大部分的省会、副省级城市处于中下游水平。从地缘分布看，相对于中西部地区而言，东南沿海具有较好的居住条件。不难发现，浙江省的居住条件独占鳌头，在排名前10的城市中，浙江省占据5席。

当然，并非没有特例。如处于中部的地级市芜湖和东南的特区澳门排名较为靠后，而副省级省会杭州和省会城市南宁在居住条件竞争力排名中分别位居第4和第6。

城市居住条件竞争力与城市生活环境竞争力相关度较弱。如在城市生活环境竞争力排名在倒数10名行列的台州和绍兴，在城市居住条件方面却名列前10强。

（二）购物环境竞争力：香港最佳，东南地区城市优势明显

在购物环境竞争力方面，素有“购物天堂”之称的香港荣膺各城市之冠，排名前10的城市还包括：北京、厦门、上海、广州、杭州、深圳、澳门、福州和天津。排名后10的城市依次为：嘉兴、绍兴、石家庄、长春、柳州、淄博、惠州、包头、唐山和芜湖。

可以发现，除了环渤海的北京和天津外，其余城市位于东南地区，有明显的优势。从行政级别看，两个特区、省会和副省级城市具有较强的竞争力。地级城市处于劣势，其中，排名后15位的城市中，有13个城市均为地级市。

此外，购物环境竞争力与生活环境竞争力存在着较强的相关性。购物环境竞争力排名前10的香港、北京、上海、广州、杭州和澳门，在生活环境竞争力排名上同样处于前10。此外，其他城市的两个指标排名序列同样具有较强的一致性。

（三）出行设施竞争力：京港沪摘得三强，发达城市排名靠前

首都北京，其出行设施在56个城市中毫无疑问地坐上了头把交椅，香港特

别行政区也难以与之匹敌，屈居第二，上海、深圳、东莞和广州紧跟其后。出行设施竞争力前 10 名城市的主要特征有：广东省具有较强的竞争力，独揽 4 个城市；从区域上看，东南地区占了 7 席，具有明显的优势，环渤海、中部和西南各占其一；从行政区划看，副省级城市相对占优，为 4 个，省会城市相对劣势，仅长沙 1 个。其他如特区 1 个，直辖市 2 个，地级市 2 个。

排名最靠后的城市依次是：扬州、常州、南通、泉州、包头、惠州、潍坊、柳州、芜湖和台州。从行政区划看，这 10 个城市均为地级市。从区域方面看，东南地区的城市为数较多，占据 6 席，其中，江浙地区囊括 4 个城市。

出行设施竞争力与生活环境竞争力具有较为密切的关联度。出行设施竞争力排名前 10 的北京、香港、上海、广州和杭州 5 个城市在生活环境竞争力排名上同样处于前 10。出行设施竞争力排名后 10 的扬州、惠州、柳州、芜湖和台州 5 个城市在生活环境竞争力排名上同样处于后 10。此外，其他城市的两个指标排名序列同样具有较强的一致性。

（四）教育环境竞争力：重庆第一，副省级省会优势明显

在教育环境竞争力排名中，排名前 10 的分别是重庆、广州、北京、武汉、南京、上海、西安、济南、成都和哈尔滨。主要特征是副省级城市占据了 70% 的比重，剩下的 30% 全部来自直辖市。而在排名后 10 的城市中，除了省会城市昆明外，其他 9 个城市均为地级市，江浙地区占据了半壁江山，其教育环境较为落后。

整体上看，在行政级别方面，56 个城市的教育环境竞争力呈现一定的分布特征：排名靠前的城市大部分属于副省级城市或省会；而地级市的城市，在教育环境竞争力排名中，大体分布在中游和下游。排名前 30 的城市，只有环渤海的唐山挤进第 29 名，在剩下的 26 个城市中，88.5% 的城市属于地级市。

教育环境竞争力与生活环境竞争力前 10 名的城市排名关联度较弱，而后 10 名的排名关联度较强。教育环境竞争力排名前 10 城市分布区域较广，如西南、西北、东北、东南和环渤海等地旗鼓相当，并未单独集中在某一区域。而教育环境竞争力排名后 10 的扬州、柳州、惠州、绍兴、威海和台州 6 个城市在生活环境竞争力排名上同样处于后 10，关联度较为紧密。

（五）保健娱乐环境竞争力：澳门力压群雄，泉州包头异军突起

在保健娱乐环境竞争力中，特区澳门以绝对优势排名第一，泉州、包头异军突起，进入前10强。而在排名后10的城市中，广州和重庆分居倒数第8和第6。

不难发现，从区域空间看，排名靠前的除了东南地区外，其他西部或东北地区各有千秋，分布范围较广。从行政区域看，副省级城市和省会仍占有一定的优势，而地级市的城市排名也开始上升，如地级市城市广东东莞、福建泉州和内蒙古包头均跻身前10行列。

保健娱乐环境竞争力与生活环境竞争力排名关联度较弱。除北京、杭州和武汉外，其他保健娱乐环境竞争力排名靠前的城市，其生活环境竞争力排名并不一定靠前，甚至较为落后。

（六）生态环境竞争力：深圳领跑特区双强，地级城市力争上游

在生态环境竞争力排名中，位于前10的城市分别为：深圳、香港、南京、厦门、威海、无锡、青岛、苏州、澳门和大连。排名后10位的城市依次是：惠州、哈尔滨、太原、柳州、西安、呼和浩特、泉州、东莞、温州和广州。

从地域空间看，东南沿海城市在生态环境方面具有一定的竞争力。在前10的排名中，东南地区占据7席。从行政级别看，分布较广，两大特区和副省级城市相对占优，而地级市的城市也冲锋前阵，部分地级市城市排名较为靠前。但仔细观察，仍有不少副省级城市排名相对靠后，如综合城市生活环境竞争力排名第4的广州却在生态环境竞争力上排名垫底。此外，在综合城市生活环境竞争力排名第9的西安，在生态环境竞争力排名中也名落孙山，仅为第51名。

城市生活环境竞争力各项指标得分与排名见表14－1。

表14－1　城市生活环境竞争力各项指标得分与排名

城市	Z5 生活环境竞争力		Z5.1 居住条件		Z5.2 购物环境		Z5.3 出行设施		Z5.4 教育环境		Z5.5 保健娱乐环境		Z5.6 生态环境	
	得分	排名	得分	排名	得分	排名	得分	排名	得分	排名	得分	排名	得分	排名
北京	1	1	0.728	38	0.866	2	1	1	0.927	3	0.726	2	0.754	28
上海	0.856	2	0.742	29	0.712	4	0.795	3	0.823	6	0.571	15	0.68	44
香港	0.827	3	0.717	42	1	1	0.808	2	0.564	13	0.422	34	0.957	2
广州	0.79	4	0.769	20	0.633	5	0.623	6	0.996	2	0.343	49	0.377	56

续表 14－1

城市	Z5 生活环境竞争力		Z5.1 居住条件		Z5.2 购物环境		Z5.3 出行设施		Z5.4 教育环境		Z5.5 保健娱乐环境		Z5.6 生态环境	
	得分	排名	得分	排名	得分	排名	得分	排名	得分	排名	得分	排名	得分	排名
武汉	0.787	5	0.777	18	0.416	23	0.514	15	0.873	4	0.635	8	0.719	37
南京	0.767	6	0.717	42	0.485	12	0.456	23	0.848	5	0.422	34	0.948	3
重庆	0.746	7	0.763	21	0.383	35	0.417	34	1	1	0.318	51	0.698	40
澳门	0.727	8	0.66	53	0.577	8	0.491	17	0.454	17	1	1	0.803	9
西安	0.715	9	0.731	34	0.371	37	0.517	14	0.812	7	0.523	19	0.606	51
杭州	0.711	10	0.851	4	0.606	6	0.621	7	0.472	15	0.643	7	0.781	17
天津	0.684	11	0.761	23	0.525	10	0.465	21	0.623	11	0.545	18	0.693	42
成都	0.683	12	0.723	41	0.431	20	0.557	10	0.641	9	0.458	30	0.78	18
哈尔滨	0.655	13	0.682	49	0.356	40	0.509	16	0.625	10	0.575	14	0.659	48
济南	0.639	14	0.729	36	0.354	41	0.42	33	0.722	8	0.356	46	0.67	45
沈阳	0.638	15	0.727	39	0.448	15	0.434	30	0.454	17	0.692	5	0.78	18
深圳	0.626	16	0.681	50	0.6	7	0.792	4	0.19	30	0.492	22	1	1
郑州	0.617	17	0.659	54	0.41	25	0.443	27	0.578	12	0.419	36	0.746	31
长沙	0.608	18	0.743	28	0.427	21	0.567	9	0.432	19	0.486	24	0.743	32
南昌	0.599	19	0.726	40	0.361	38	0.476	18	0.528	14	0.378	42	0.789	13
青岛	0.584	20	0.734	32	0.453	14	0.538	12	0.349	24	0.469	27	0.823	7
厦门	0.583	21	0.761	23	0.721	3	0.524	13	0.179	32	0.467	28	0.896	4
福州	0.578	22	0.781	17	0.535	9	0.426	32	0.266	26	0.682	6	0.724	36
长春	0.575	23	0.708	44	0.321	50	0.458	22	0.457	16	0.547	17	0.669	46
合肥	0.563	24	0.74	30	0.433	19	0.452	24	0.397	22	0.452	31	0.702	39
东莞	0.558	25	1	1	0.386	32	0.764	5	0.125	43	0.707	3	0.532	54
大连	0.555	26	0.704	47	0.498	11	0.546	11	0.321	25	0.351	48	0.792	10
南宁	0.547	27	0.833	6	0.388	31	0.41	36	0.418	21	0.364	45	0.711	38
太原	0.531	28	0.632	56	0.358	39	0.366	46	0.421	20	0.492	22	0.646	49
昆明	0.529	29	0.731	34	0.479	13	0.466	20	0.115	47	0.704	4	0.791	11
石家庄	0.524	30	0.7	48	0.324	49	0.408	37	0.388	23	0.416	37	0.729	34
无锡	0.509	31	0.763	21	0.402	27	0.447	26	0.141	41	0.588	12	0.847	6
珠海	0.499	32	0.752	25	0.444	17	0.47	19	0.128	42	0.565	16	0.755	27
中山	0.491	33	0.835	5	0.386	32	0.585	8	0.089	51	0.51	20	0.754	28
宁波	0.49	34	0.792	12	0.447	16	0.438	28	0.201	28	0.377	43	0.768	23
苏州	0.486	35	0.733	33	0.443	18	0.448	25	0.171	34	0.396	40	0.819	8
佛山	0.481	36	0.789	14	0.411	24	0.389	41	0.145	39	0.589	11	0.686	43
常州	0.48	37	0.729	36	0.348	43	0.363	48	0.178	33	0.583	13	0.758	25
呼和浩特	0.477	38	0.676	51	0.386	32	0.438	28	0.246	27	0.48	26	0.581	52
海口	0.466	39	0.749	26	0.42	22	0.399	40	0.17	35	0.414	38	0.741	33
泉州	0.451	40	0.857	3	0.374	36	0.357	50	0.122	45	0.602	9	0.563	53
包头	0.451	40	0.771	19	0.28	54	0.347	51	0.117	46	0.6	10	0.77	22

续表 14－1

城市	Z5 生活环境竞争力		Z5.1 居住条件		Z5.2 购物环境		Z5.3 出行设施		Z5.4 教育环境		Z5.5 保健娱乐环境		Z5.6 生态环境	
	得分	排名	得分	排名	得分	排名	得分	排名	得分	排名	得分	排名	得分	排名
烟台	0.449	42	0.708	44	0.404	26	0.407	38	0.15	38	0.354	47	0.788	15
南通	0.442	43	0.782	16	0.395	29	0.36	49	0.103	48	0.435	33	0.79	12
潍坊	0.438	44	0.789	14	0.346	44	0.33	53	0.144	40	0.437	32	0.749	30
徐州	0.438	44	0.667	52	0.395	29	0.385	42	0.167	36	0.337	50	0.759	24
绍兴	0.433	46	0.806	9	0.326	48	0.411	35	0.066	53	0.464	29	0.789	13
嘉兴	0.433	46	0.826	7	0.335	47	0.375	43	0.06	55	0.503	21	0.775	21
淄博	0.433	46	0.737	31	0.311	52	0.402	39	0.184	31	0.294	53	0.78	18
唐山	0.431	49	0.708	44	0.27	55	0.371	45	0.192	29	0.371	44	0.756	26
威海	0.414	50	0.749	26	0.341	45	0.433	31	0.061	54	0.312	52	0.854	5
温州	0.409	51	0.805	10	0.399	28	0.374	44	0.125	43	0.39	41	0.516	55
台州	0.407	52	0.934	2	0.341	45	0.27	56	0.055	56	0.485	25	0.695	41
扬州	0.403	53	0.799	11	0.352	42	0.366	46	0.101	49	0.263	56	0.783	16
柳州	0.393	54	0.809	8	0.313	51	0.329	54	0.099	50	0.411	39	0.614	50
芜湖	0.373	55	0.644	55	0.228	56	0.315	55	0.152	37	0.293	54	0.727	35
惠州	0.363	56	0.79	13	0.284	53	0.342	52	0.081	52	0.277	55	0.664	47

专栏一 营造城市环境 打造旅游名城

当今世界，旅游业作为兼具经济功能和社会功能的综合性产业，作为服务业的引导产业，作为生命力强、弹性大的产业，具有“一业兴百业旺”的特点，能够产生经济增长的乘数效应，是打造经济筋骨的重要动力。我们利用携程旅行网数据，从风景、住宿、餐饮、娱乐、购物和交通6个方面对56个重点城市进行了全程跟踪。

香港、澳门雄踞榜首，东南地区各显神通

从综合排名看，排名前10的城市依次是：香港、澳门、厦门、成都、广州、中山、哈尔滨、杭州、泉州和东莞（见图14－1）。从地缘分布看，除了东北地区的哈尔滨，其余9个城市均来自东南地区。从分项来看，被誉为“东方之珠”的国际金融中心香港，和素有“东方蒙特卡罗”的澳门不论在风景、住宿、餐饮、娱乐和购物方面都并列榜首，唯独在交通方面，广州独领风骚，香港和澳门退居其次，并列第二。从风景优美度方面看，长三角、珠三角和环渤海地区的城市风景普遍优于中部地区如郑州、芜湖等。而在长三角、珠三角、环渤海等地区内部，中小城市环境优美度明显高于同区域的大城市，如杭州、苏州等自然风景明显优于上海；在住宿、餐饮、娱乐、购物和交通方面，存在着一定的地域特征，即东南地区在前10的排名中基本占据半壁江山，如广州、厦门等城市优势明显。相对而言，环渤海地区如天津、石家庄和济南，东北地区如长春，中部地区如郑州和芜湖相对比较落后。

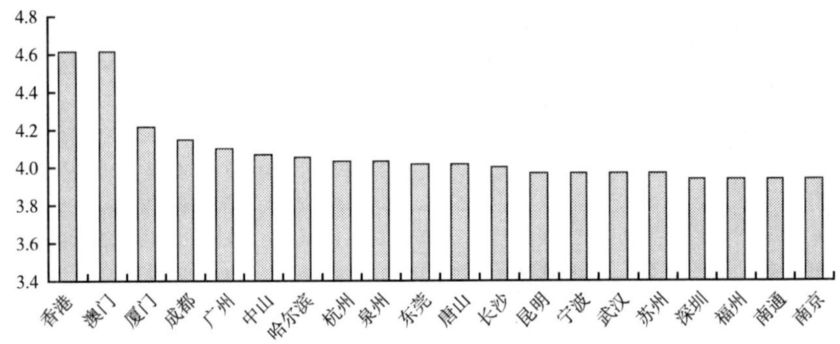

图14－1 综合排名前20的旅游城市

哈尔滨一枝独秀，东莞一鸣惊人

当然并非没有特例，东北地区的哈尔滨一枝独秀，其在总体旅游布局框架“一个中心（中心都市旅游区），两个圈层（近郊文化旅游圈层和远郊生态旅游圈层）”的布局指导下，不仅成为生态和避暑的旅游胜地，而且也是世界冰雪旅游名城，吸引了中外旅客。除了在交通方面较为逊色（排名第21）外，哈尔滨的其他5个方面都跻身前10之列。而广东东莞在自然风景排名第43的同时，其丰富的人文景观吸引了不少游客前往瞻仰，其在住宿、餐饮和娱乐等方面排名一马当先。

一线城市大跌眼镜，中部地区自愧不如

深入研究可以发现，一线城市如上海、天津和重庆在经济大力发展的同时，旅游业的发展却令人大跌眼镜。尤其是交通的瓶颈作用严重制约了重庆、天津和上海旅游业的发展。将生态旅游工程放在战略高度的芜湖，其旅游资源分散，不能形成较大规模，旅游配套产业，包括酒店、商贸、城市交通等环节并没有完全和旅游产业形成产业链，使旅游经济没有完全发挥应有的作用。“旅游立省”是河南旅游业发展的一条黄金路，而郑州在拥有丰富的人文旅游资源，得天独厚的自然山水景观的同时，旅游业也并未得到很好的发展，这不得不让人深思和叹息。

发展旅游业是城市经济社会发展的重要战略，旅游在政治、经济、社会、文化及对外交流等领域有着独特的功能。因此，各城市应从自身的资源优势出发，把城市本身作为最大地旅游吸引物，大力营造良好的旅游发展环境，推动旅游产业健康可持续发展。

二　中国城市商务环境竞争力报告

商务环境主要包括商务经营基本要素、市场需求环境、商务基础设施水平、市场竞争环境、营商环境、全球联系。

商务环境竞争力是城市竞争力的重要构成部分。城市商务环境是城市企业运营的环境，商务环境竞争力是相对于企业本体竞争力而言，一个城市和其他城市相比，企业外部经营环境的竞争力。

在商务环境竞争力中，特区香港位居榜首，其他排名前10的城市还有：上海、珠海、苏州、深圳、青岛、澳门、宁波、天津和厦门。而排名后10的城市有：中山、徐州、郑州、哈尔滨、沈阳、西安、南宁、昆明、呼和浩特和太原。

从区域划分看，东南地区明显占优。在排名前20的城市中，东南地区城市占据15席。从行政级别看，省会城市分布相对靠后，副省级城市分布较广。其中排名后10的城市中，省会城市占据5席，副省级省会3个，地级市2个。

对于一般性投资和创业的决策者，本报告愿以此研究结论为依据，推荐日标城市。

（一）商务经营基本要素竞争力：东莞高居首位，广东地区表现不凡

在商务经营基本要素竞争力方面，东莞力压群雄，处于领先地位。从城市分布看，前10的城市中，广东占据了4大城市，两大特区香港和澳门也跻身前10，具有一定的优势。从地域划分看，东南地区占优，西南地区靠后，在前10中，有7个城市来自东南地区，而在排名后10的城市中，只有2个城市属于东南地区，其他城市均位于中部或西部。

商务经营基本要素竞争力与商务环境竞争力排名关联度较为密切。商务环境竞争力排名前10的澳门、深圳、珠海和香港4个城市在商务环境竞争力排名上

同样处于前10。商务经营基本要素竞争力排名后10的昆明、郑州、西安、太原和呼和浩特5个城市在商务环境竞争力排名上同样处于后10。此外，其他城市的两个指标排名序列同样具有较强的一致性。

（二）市场需求环境竞争力：香港全国领跑，四大直辖市名列前茅

在市场需求环境竞争力方面，香港稳居第一，四大直辖市上海、天津、北京和重庆名列前茅，优势较强。从省份分布看，广东有3个城市位居前10；从区域分布看，有7个城市位于东南地区，明显占优。

市场需求环境竞争力与商务环境竞争力排名关联度一般。市场需环境竞争力排名前10的香港、上海和珠海3个城市在商务环境竞争力排名上同样处于前10。市场需求环境竞争力排名后10名的昆明和哈尔滨2个城市在商务环境竞争力排名上处于后10。但其他城市的两个指标排名相关度较为一般。

（三）商务基础设施环境竞争力：上海一枝独秀，东南地区城市优势明显

在商务基础设施环境竞争力方面，上海以强大的竞争力稳居首位。排名第2至第10的城市依次是青岛、天津、宁波、深圳、大连、珠海、苏州、香港和广州。可以看出，长三角和珠三角地区的城市具有明显的优势。排名后10位的是中山、西安、哈尔滨、徐州、柳州、太原、包头、呼和浩特、南宁和昆明。其中，西部地区的城市较为靠后且占的比重较大。

（四）市场环境竞争力：香港第一，地级城市异军突起

香港以其良好的市场环境竞争力荣登中国诸城之冠。包头和厦门次之。排名前10的城市中，地级市城市异军突起，占据7席。而排名后10位的城市中，省会和副省级城市占据多数。

这一排名顺序与总体商务环境竞争力排名较为相似。其省会城市排名相对靠后，副省级省会分布较为分散。

（五）营商环境竞争力：厦门最佳，江浙地区优势明显

在营商环境竞争力方面，排名靠前的10个城市分别是：厦门、扬州、上海、

合肥、包头、宁波、无锡、嘉兴、珠海和济南。其中，东南地区有 7 个，而在东南地区，江浙地区占了 4 个。而在排名后 10 位的城市中，杭州的营商环境竞争力让人大跌眼镜，居于倒数第 10。

营商环境竞争力与商务环境竞争力排名关联度较为密切。营商环境竞争力排名前 10 的厦门、上海和珠海 3 个城市在商务环境竞争力排名上同样处于前 10。营销环境竞争力排名后 10 的西安、呼和浩特、郑州和中山 4 个城市在商务环境竞争力排名上处于后 10。但其他城市的两个指标排名相关度较为一般。

（六）全球联系竞争力：香港最好，东南地区表现突出

在全球联系竞争力中，两大特区优势明显，香港和澳门分别位居第一和第三。在前 15 名中，除了环渤海的北京之外，其他城市均属于东南沿海地区。其中，广东占据 5 席，江浙也不逊色，共占据 4 席。排名后 10 位的依次是：济南、徐州、芜湖、淄博、南昌、哈尔滨、南宁、包头、柳州和呼和浩特。

营商环境竞争力与商务环境竞争力有着较为密切的关联度。尤其是市场环境竞争力排名前 10 的香港、苏州、澳门、珠海、上海和深圳 6 个城市在商务环境竞争力排名上同样处于前 10。市场环境竞争力排名后 10 的徐州、哈尔滨、南宁和呼和浩特 4 个城市在商务环境竞争力排名上处于后 10。其他城市的两个指标排名相关度也较为紧密。

商务环境竞争力各项指标得分与排名见表 14－2。

表 14－2　商务环境竞争力各项指标得分与排名

城　市	Z6 商务环境竞争力		Z6.1 商务经营基本要素		Z6.2 市场需求环境		Z6.3 商务基础设施水平		Z6.4 市场竞争环境		Z6.5 营商环境		Z6.6 全球联系	
	得分	排名	得分	排名	得分	排名	得分	排名	得分	排名	得分	排名	得分	排名
香　港	1	1	0.769	7	1	1	0.791	9	1	1	0.85	23	1	1
上　海	0.852	2	0.749	11	0.685	2	1	1	0.923	21	0.967	3	0.332	6
珠　海	0.801	3	0.843	4	0.576	7	0.835	7	0.916	24	0.922	9	0.351	4
苏　州	0.796	4	0.702	16	0.525	26	0.798	8	0.897	28	0.916	11	0.51	2
深　圳	0.767	5	0.852	3	0.558	11	0.873	5	0.877	33	0.733	49	0.293	7
青　岛	0.757	6	0.721	13	0.544	15	0.986	2	0.954	9	0.82	32	0.138	18
宁　波	0.75	7	0.621	33	0.54	17	0.936	4	0.926	19	0.949	6	0.186	14
澳　门	0.75	7	0.895	2	0.583	5	0.572	22	0.927	18	0.886	14	0.44	3
天　津	0.726	9	0.672	23	0.592	3	0.937	3	0.866	36	0.835	29	0.114	23

续表 14－2

城市	Z6 商务环境竞争力		Z6.1 商务经营基本要素		Z6.2 市场需求环境		Z6.3 商务基础设施水平		Z6.4 市场竞争环境		Z6.5 营商环境		Z6.6 全球联系	
	得分	排名	得分	排名	得分	排名	得分	排名	得分	排名	得分	排名	得分	排名
厦门	0.706	10	0.686	19	0.496	34	0.728	13	0.993	3	1	1	0.187	13
大连	0.701	11	0.674	22	0.505	31	0.859	6	0.928	16	0.853	21	0.12	22
东莞	0.7	12	1	1	0.537	19	0.662	16	0.812	51	0.748	48	0.212	12
广州	0.693	13	0.744	12	0.564	9	0.768	10	0.783	55	0.79	44	0.213	11
无锡	0.683	14	0.72	14	0.556	12	0.678	14	0.976	6	0.937	7	0.142	17
威海	0.678	15	0.643	28	0.549	13	0.744	11	0.984	5	0.865	19	0.135	19
南通	0.669	16	0.762	8	0.535	21	0.663	15	0.953	10	0.814	33	0.16	15
绍兴	0.665	17	0.693	17	0.541	16	0.505	27	0.989	4	0.844	25	0.348	5
惠州	0.63	18	0.761	9	0.535	21	0.445	35	0.928	16	0.916	11	0.227	10
北京	0.625	19	0.693	17	0.587	4	0.452	34	0.834	44	0.853	21	0.293	7
南京	0.614	20	0.678	21	0.53	25	0.579	19	0.911	26	0.859	20	0.1	27
台州	0.612	21	0.598	36	0.539	18	0.577	20	0.964	8	0.886	14	0.108	25
烟台	0.61	22	0.531	49	0.33	56	0.741	12	0.836	43	0.844	25	0.145	16
杭州	0.601	23	0.642	29	0.573	8	0.552	24	0.946	11	0.751	47	0.129	20
济南	0.593	24	0.632	30	0.531	24	0.577	20	0.913	25	0.919	10	0.023	47
武汉	0.591	25	0.791	5	0.517	27	0.477	30	0.941	14	0.886	14	0.035	40
嘉兴	0.586	26	0.541	48	0.536	20	0.42	41	0.884	30	0.934	8	0.247	9
福州	0.581	27	0.685	20	0.514	28	0.469	31	0.943	12	0.805	38	0.124	21
唐山	0.572	28	0.575	41	0.547	14	0.593	18	0.875	34	0.805	38	0.029	44
芜湖	0.568	29	0.587	38	0.496	34	0.551	25	0.922	22	0.877	17	0.022	49
潍坊	0.564	30	0.661	24	0.508	29	0.428	38	0.965	7	0.868	18	0.084	28
扬州	0.562	31	0.607	35	0.484	41	0.439	36	0.942	13	0.985	2	0.061	32
合肥	0.556	32	0.714	15	0.399	53	0.453	33	0.862	38	0.967	3	0.038	37
常州	0.549	33	0.618	34	0.503	32	0.491	28	0.856	40	0.796	41	0.066	31
海口	0.543	34	0.512	50	0.488	39	0.595	17	0.879	31	0.688	54	0.048	34
长春	0.538	35	0.63	31	0.446	47	0.464	32	0.926	19	0.832	30	0.031	43
包头	0.536	36	0.779	6	0.49	37	0.289	53	0.994	2	0.952	5	0.01	54
石家庄	0.534	37	0.586	39	0.435	51	0.564	23	0.831	46	0.709	52	0.035	40
泉州	0.534	37	0.548	47	0.368	55	0.537	26	0.79	54	0.802	40	0.102	26
佛山	0.532	39	0.561	44	0.559	10	0.428	38	0.907	27	0.766	45	0.08	30
温州	0.526	40	0.653	25	0.446	47	0.42	41	0.826	47	0.793	43	0.084	28
长沙	0.521	41	0.652	26	0.532	23	0.41	43	0.856	40	0.766	45	0.032	42
南昌	0.52	42	0.623	32	0.485	40	0.401	46	0.922	22	0.838	27	0.019	51
淄博	0.518	43	0.588	37	0.471	44	0.403	45	0.864	37	0.916	11	0.021	50
重庆	0.513	44	0.503	51	0.582	6	0.429	37	0.856	40	0.796	41	0.036	39
柳州	0.513	44	0.75	10	0.489	38	0.333	51	0.897	28	0.808	37	0.007	55
成都	0.506	46	0.571	43	0.424	52	0.425	40	0.819	49	0.847	24	0.041	36

续表 14－2

城　市	Z6 商务环境竞争力		Z6.1 商务经营基本要素		Z6.2 市场需求环境		Z6.3 商务基础设施水平		Z6.4 市场竞争环境		Z6.5 营商环境		Z6.6 全球联系	
	得分	排名	得分	排名	得分	排名	得分	排名	得分	排名	得分	排名	得分	排名
中　山	0.502	47	0.557	45	0.491	36	0.393	47	0.862	38	0.67	55	0.114	23
徐　州	0.499	48	0.555	46	0.507	30	0.365	50	0.934	15	0.814	33	0.023	47
郑　州	0.491	49	0.466	53	0.482	42	0.485	29	0.833	45	0.7	53	0.025	45
哈尔滨	0.49	50	0.577	40	0.436	50	0.369	49	0.875	34	0.838	27	0.018	52
沈　阳	0.486	51	0.574	42	0.374	54	0.407	44	0.808	52	0.832	30	0.025	45
西　安	0.468	52	0.466	53	0.479	43	0.393	47	0.823	48	0.727	50	0.037	38
南　宁	0.464	53	0.646	27	0.498	33	0.229	55	0.879	31	0.814	33	0.014	53
昆　明	0.422	54	0.496	52	0.443	49	0.201	56	0.805	53	0.811	36	0.049	33
呼和浩特	0.412	55	0.43	56	0.461	46	0.267	54	0.819	49	0.721	51	0.007	55
太　原	0.387	56	0.447	55	0.462	45	0.305	52	0.59	56	0.544	56	0.045	35

三　中国城市创新环境竞争力报告

创新环境主要包括科技资源程度、信息基础设施、科技服务体系、创新氛围、激励制度和环境优美度。

创新是城市和城市竞争力的灵魂，因为创新可以给城市带来超额的价值收益和福利财富。在创新环境竞争力中，除了重庆居于第45名外，其他3个直辖市如上海、北京和天津排名靠前，分别位居第1、第2和第6，具有明显的竞争力。从行政级别看，除了直辖市外，副省级城市相对地级市占优。在排名前10城市中，仅东莞一个属于地级市，而在排名后10城市中，有6个地级市。可以看出，行政级别较高的城市，其创新环境竞争力也较强。

本部分将从科技资源程度、信息基础设施、科技服务体系、创新氛围、激励制度和环境优美度6个部分报告创新环境竞争力。

（一）科技资源程度竞争力：沈阳跻身前十，直辖市位居三强

从科技资源程度竞争力看，排名前10的城市与整体创新环境竞争力相似，其中，宁波和东莞退后一步，沈阳挤进前10行列。在排名的后10位中，特区澳门与海口并列最后。

从行政级别看，直辖市、省会和副省级城市占有明显优势，而地级城市排名

较后。在前10的排名中，没有一个地级市城市入围，而从排名的后10位看，省会城市和地级市城市几乎平分秋色。从排名上容易得到，尤其在排名前10的城市，科技资源程度竞争力排名和创新环境竞争力排名惊人的相似。可以看到，两者共同有9个城市进入十强。

在科技资源程度竞争力中，较为关键的指标科研资源占有率，东北地区的大连独占鳌头，位居第一，东北地区的沈阳也毫不逊色，直逼深圳排名第5。但是整体看来，东南地区普遍占优，前15的排名中占据12席，其中江浙地区表现突出（占据1/3）。让人大跌眼镜的是两大特区香港和澳门排名非常靠后，分别为第56和第54。

整体来看，科研资源占有率排名前10与科技资源程度竞争力排名有相似之处，而后10城市出入较大。如大连、广州、上海、深圳和宁波的科研资源占有率仍在前10之列，而在科技资源程度竞争力排名和创新环境竞争力排名跻身前10的长沙和香港在科研资源占有率排名中却分别在第54和第55名，落差较大。

（二）信息基础设施竞争力：上海位列榜首，广东优势显著

从信息基础设施竞争力方面看，上海、香港和北京摘得前三。从区域分布看，东南地区具有较强的竞争力。前10强中，7个城市属于东南地区，而广州占了4个。在排名后10位中，除了广西南宁是省会城市外，其他的城市均属于地级市。

因此，行政级别较高的城市，其信息基础设施竞争力较强。当然并非没有特例，如广东的两个城市——东莞和珠海均属于地级市城市，但其信息基础设施竞争力却名列前茅。

信息基础设施竞争力排名和创新环境竞争力排名高度一致。两个指标有8个城市都同时列居前10，而在后10的排名中，也有刚好一半的指标排名相似。

（三）科技服务体系竞争力：香港占据顶峰，中小城市更具活力

在科技服务体系竞争力中，排名前10的分别为：香港、惠州、包头、合肥、武汉、嘉兴、无锡、青岛、潍坊和济南，其中地级市城市占据半壁江山，山东的青岛、潍坊和济南紧追不舍，排名依次为第8、第9和第10。而北京、天津、广州等大城市，退居中游或下游。

从相关度指标看，科技服务体系竞争力排名与创新环境竞争力排名不具有一

定的关联性。排名前 10 的城市中，除了香港外，其他 9 个城市其科技服务体系竞争力靠前的，创新环境竞争力并不靠前。

（四）创新氛围竞争力：深圳高居首位，东南优势突出

在创新氛围竞争力方面，深圳、杭州和青岛位居前三，唐山、长沙紧随其后。在排名前 15 中，除了环渤海的青岛和唐山，东南地区以绝对优势“一揽无余”。在排名后 10 的城市中，大多位于西部地区且省会城市居多。注意到该项指标关键因素创新价值趋同指数深圳、杭州和唐山位居三强，与创新氛围竞争力排名非常相似。

可以发现，创新氛围竞争力较弱的城市，与创新环境竞争力相关度较强，而排名靠前的城市，除了深圳和长沙，其他城市这两个指标的竞争力关联度较弱。

（五）激励制度竞争力：澳门处于领先水平，地级城市活力四射

在激励制度竞争力方面，澳门以其规范、高效的制度闻名第一，跃居首位，排名第 2 至第 9 的城市依次是：无锡、青岛、厦门、武汉、中山、嘉兴、绍兴、潍坊和常州。其中，东南地区占 7 席，环渤海地区占 2 席，中部地区占 1 席。从行政区划看，地级市城市占了 6 个，这可能因为地级市城市本身在吸引外资等方面的自身条件较为薄弱，需要通过更完善的激励制度去强化。深入研究可以发现，排名前 20 的地级市城市均在东南地区。因此，东南地区行政级别较低的城市更加重视激励制度，而中部和西部的激励意识较弱。而其关键因素知识产权保护度指数，香港一跃成为第二，仅次于澳门，东南地区仍占优势，在排名前 15 的城市中，东南地区独占 13 强，而省会城市与副省级城市在排名后 10 位中竟然占据 8 席。

激励制度竞争力排名和创新环境竞争力排名相关度较弱。如创新环境竞争力排名第 5 的广州和第 9 的宁波，在激励制度竞争力排名中却分别为第 45 和第 37。此外，激励制度竞争力排名前 10 的城市没有一个入围创新环境竞争力排名前 10 的行列。

（六）环境优美度竞争力：澳门首屈一指，各地竞现其妍

素有“东方蒙特卡罗”之称的澳门荣登各城市之冠，连“浓妆淡抹总相宜”

的杭州也屈居第二，青岛、扬州次之，各领风骚。

环境优美度竞争力与创新环境竞争力排名关联度呈现一定的规律。如市场环境竞争力排名前10的香港、大连和长沙3个城市在创新环境竞争力排名上同样处于前10。市场环境竞争力排名后10名的徐州、芜湖、郑州和海口4个城市在商务环境竞争力排名上处于后10。虽然整体上其他城市的两个指标排名相关度较为一般，但也出现特例，比如在创新环境中分别排名第5和第6的广州和天津，在环境优美度方面却处在明显劣势，分别排名第56和第48，差距较大。

创新环境竞争力各项指标得分与排名见表14－3。

表14－3 创新环境竞争力各项指标得分与排名

城市名	Z7 创新环境竞争力		Z7.1 科技资源程度		Z7.2 信息基础设施		Z7.3 科技服务体系		Z7.4 创新氛围		Z7.5 激励制度		Z7.6 环境优美度	
	得分	排名	得分	排名	得分	排名	得分	排名	得分	排名	得分	排名	得分	排名
上海	1	1	0.979	2	1	1	0.76	36	0.876	12	0.845	21	0.834	45
北京	0.947	2	1	1	0.794	3	0.785	30	0.856	22	0.822	29	0.9	21
深圳	0.826	3	0.579	4	0.791	4	0.807	22	1	1	0.845	21	0.882	29
香港	0.823	4	0.316	8	0.997	2	1	1	0.869	16	0.871	16	0.954	7
广州	0.716	5	0.49	6	0.703	5	0.724	46	0.816	37	0.763	45	0.744	56
天津	0.692	6	0.595	3	0.424	9	0.798	25	0.812	39	0.864	18	0.822	48
大连	0.661	7	0.512	5	0.361	19	0.832	11	0.866	18	0.816	31	0.951	8
长沙	0.61	8	0.357	7	0.366	17	0.773	32	0.916	5	0.824	27	0.947	10
宁波	0.599	9	0.261	10	0.501	6	0.748	40	0.831	33	0.806	36	0.868	33
东莞	0.591	10	0.246	11	0.498	7	0.716	48	0.845	26	0.806	36	0.872	31
青岛	0.579	11	0.161	19	0.387	14	0.849	8	0.956	3	0.912	3	0.982	3
厦门	0.573	12	0.181	15	0.393	12	0.812	21	0.892	8	0.908	4	0.949	9
杭州	0.57	13	0.211	13	0.394	11	0.688	49	0.97	2	0.823	28	0.991	2
武汉	0.556	14	0.167	17	0.364	18	0.87	5	0.861	21	0.904	5	0.884	28
成都	0.536	15	0.122	30	0.424	9	0.789	28	0.817	36	0.786	41	0.929	14
珠海	0.529	16	0.085	42	0.434	8	0.723	47	0.88	10	0.878	14	0.858	38
中山	0.527	17	0.125	29	0.327	24	0.798	25	0.877	11	0.902	6	0.917	17
澳门	0.526	18	0.048	55	0.332	22	0.803	23	0.913	6	1	1	1	1
无锡	0.525	19	0.146	22	0.248	36	0.866	7	0.906	7	0.948	2	0.91	18
苏州	0.523	20	0.241	12	0.247	37	0.761	35	0.818	35	0.835	25	0.93	13
沈阳	0.52	21	0.267	9	0.282	33	0.733	43	0.789	44	0.753	46	0.868	33
长春	0.514	22	0.085	42	0.393	12	0.822	12	0.8	41	0.812	32	0.87	32
南京	0.513	23	0.158	20	0.298	27	0.814	17	0.864	20	0.811	33	0.865	35

续表 14-3

城市名	Z7 创新环境竞争力		Z7.1 科技资源程度		Z7.2 信息基础设施		Z7.3 科技服务体系		Z7.4 创新氛围		Z7.5 激励制度		Z7.6 环境优美度	
	得分	排名	得分	排名	得分	排名	得分	排名	得分	排名	得分	排名	得分	排名
惠州	0.513	23	0.064	50	0.328	23	0.901	2	0.876	12	0.875	15	0.893	24
南通	0.509	25	0.167	17	0.235	40	0.799	24	0.881	9	0.883	13	0.905	20
绍兴	0.509	25	0.144	24	0.247	37	0.82	13	0.873	15	0.893	8	0.92	16
济南	0.506	27	0.119	32	0.291	31	0.834	10	0.839	28	0.885	11	0.862	36
佛山	0.503	28	0.189	14	0.298	27	0.743	41	0.836	29	0.743	48	0.86	37
温州	0.5	29	0.139	25	0.31	26	0.758	37	0.856	22	0.794	40	0.855	40
福州	0.489	30	0.079	46	0.288	32	0.817	16	0.84	27	0.884	12	0.856	39
威海	0.488	31	0.119	32	0.228	41	0.789	28	0.865	19	0.845	21	0.957	6
嘉兴	0.487	32	0.099	38	0.211	44	0.867	6	0.874	14	0.898	7	0.896	23
烟台	0.482	33	0.099	38	0.264	35	0.814	17	0.835	31	0.77	43	0.935	11
潍坊	0.481	34	0.1	37	0.203	46	0.835	9	0.855	24	0.889	9	0.924	15
合肥	0.48	35	0.085	42	0.218	43	0.887	4	0.82	34	0.86	19	0.932	12
昆明	0.48	35	0.131	27	0.385	15	0.652	53	0.706	54	0.723	51	0.821	49
常州	0.478	37	0.129	28	0.204	45	0.796	27	0.854	25	0.888	10	0.846	43
哈尔滨	0.474	38	0.145	23	0.219	42	0.784	31	0.786	48	0.807	34	0.891	26
扬州	0.472	39	0.122	30	0.168	52	0.818	14	0.815	38	0.865	17	0.964	4
石家庄	0.471	40	0.059	51	0.369	16	0.731	44	0.78	49	0.782	42	0.768	55
唐山	0.469	41	0.085	42	0.188	48	0.753	38	0.945	4	0.842	24	0.963	5
太原	0.469	41	0.132	26	0.295	30	0.676	51	0.757	51	0.767	44	0.854	42
南昌	0.468	43	0.077	47	0.351	21	0.752	39	0.733	52	0.738	49	0.815	51
西安	0.467	44	0.115	34	0.357	20	0.637	54	0.704	55	0.689	55	0.892	25
重庆	0.461	45	0.157	21	0.271	34	0.682	50	0.787	46	0.71	54	0.794	52
台州	0.457	46	0.095	40	0.197	47	0.818	14	0.8	41	0.807	34	0.897	22
泉州	0.456	47	0.173	16	0.168	52	0.763	34	0.795	43	0.733	50	0.879	30
南宁	0.456	47	0.071	49	0.184	50	0.814	17	0.868	17	0.855	20	0.887	27
郑州	0.45	49	0.109	35	0.32	25	0.605	56	0.787	46	0.713	53	0.779	53
包头	0.445	50	0.075	48	0.188	48	0.888	3	0.766	50	0.801	38	0.832	46
芜湖	0.44	51	0.105	36	0.148	56	0.813	20	0.809	40	0.82	30	0.821	49
淄博	0.43	52	0.09	41	0.162	54	0.729	45	0.788	45	0.825	26	0.855	40
柳州	0.427	53	0.059	51	0.155	55	0.742	42	0.836	29	0.801	38	0.908	19
海口	0.425	54	0.048	55	0.297	29	0.67	52	0.694	56	0.748	47	0.775	54
徐州	0.417	55	0.056	54	0.172	51	0.764	33	0.832	32	0.722	52	0.827	47
呼和浩特	0.401	56	0.058	53	0.239	39	0.623	55	0.723	53	0.635	56	0.838	44

专栏二　东南地区整体优势明显　苏州绍兴宁波转型在望

创新是一个民族进步的灵魂，是竞争力的核心。专利是一种自主知识产权，是创新能力的体现。专利是一种无形资产，在一定条件下可以转化为有形资产，甚至可以大幅度提高生产技术。

专利申请受理授权，东南地区遥遥领先

2009 年专利申请受理量排名前 10 的城市依次是上海（52835 项）、苏州（48558 项）、北京（43508 项）、深圳（36249 项）、成都（19169 项）、绍兴（18647 项）、杭州（18549 项）、天津（17425 项）、宁波（16173 项）、东莞（14406 项）（见图 14－2），其中有 7 个城市位于东南地区，2 个位于环渤海地区，1 个位于西南地区。专利申请授权量排名前 10 的城市依次是上海（24468 项）、深圳（18805 项）、苏州（18270 项）、北京（17747 项）、绍兴（11192 项）、佛山（10677 项）、成都（10339 项）、宁波（9882 项）、杭州（9831 项）和东莞（8093 项）。东南地区依旧占据领先地位，占 8 个，环渤海和西南地区各占 1 个。由此可看出，我国城市创新能力地区之间发展不平衡，制造业和高新产业最为发达的东南地区遥遥领先，环渤海地区次之。

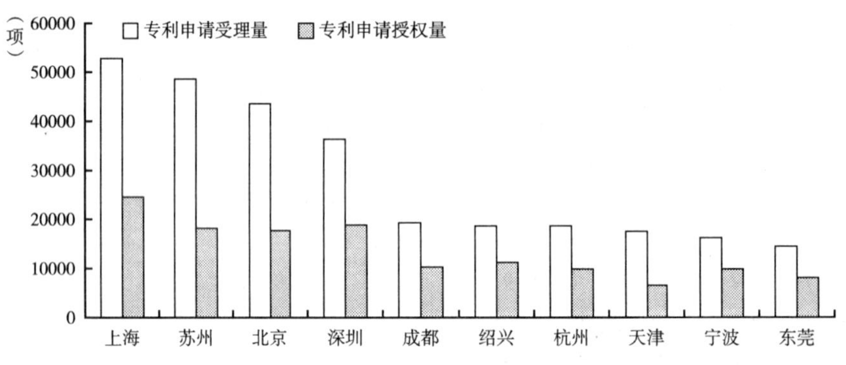

图 14－2　专利申请受理量排名前十位城市

绍兴宁波势头强劲，西部成都独领风骚

从集中度来看，排在前 20 名的城市专利申请受理量占全国总数的 57.2%，授权量占总数的 58.8%。大城市的创新能力远远超过中小城市，是自主创新的主力军。引人注目的是，无论是从专利申请受理量还是从授权量来看，苏州均已进入前三强，成为中国创新能力最强的城市之一，绍兴和宁波均进入前10名，在自主创新方面攀升势头强劲，以发展高新产业为目标，正全速向创新型城市转变。成都虽地处西南，但依靠自身的人力资源优势也实现了创新能力的提升，成为西部地区的领头羊。南京、武汉和大连这3个高校密集度高、人力资源丰富的城市却没能进入前10名，东北地区两大主要城市哈尔滨和长春都排在前30名之后。临沧、固原和三亚这3个城市2009年专利申请受理量为零，而吕梁、鄂州和运城这3个中部城市的专利授予量为零。

江苏力压广东跃居第一，无锡南通增长迅猛

从各城市专利申请增长率来看，2009年前三个季度专利申请受理、授权量居于前15名的城市专利申请受理量平均增长率为26.9%，其中无锡的增长率高达113.4%；授权量平均增长率为42.2%，而南通的增长率高达166.8%。2个增长速度最快的城市均位于江苏省，这并非是一种偶然。江苏省申请专利数在2008年首次超过广东，跃居全国第一，实现了历史性的突破。

四　中国城市社会环境竞争力报告

社会环境主要包括社会公平、社会协调、城乡协调、社会保障、社会包容和社会秩序。

社会环境竞争力综合排名前10依次是香港、中山、珠海、厦门、大连、澳门、杭州、深圳、东莞和沈阳。东南地区独领风骚，一举拿下了8个席位，大连和沈阳这2个东北地区的代表性城市也各占了1个席位。环渤海地区的几个城市，如北京、唐山、青岛、烟台均位于第10至第20名之间，处于中上游水平。中部的几个省会城市如合肥、太原、武汉、南昌和长沙均位于中下游，这与作为一个省份的政治、文化中心的地位有些不相符，而皖南芜湖这个滨江山水园林城市却排在第17位，可谓是中部地区的一匹黑马，为中部其他一些普通的地级城市树立了榜样。

从行政级别看，排名前10的城市中，2个特别行政区香港和澳门全部入列，无愧于“特别”这个称号，另外还包括5个副省级城市（其中有2个省会城市）和3个地级市。北京、上海、天津和重庆这4个直辖市分别位于第12、14、36

和52位，其分布呈现一定的离散性，散布于各个区间。总体来看，社会环境竞争力呈现很强的区域性和较弱的行政级别性。

所选择的56个城市均是中大型城市，囊括了所有的省会城市和绝大部分的副省级城市，其他地级城市也是各个省份的重要城市，无论是区域还是行政级别都具有很强的代表性。显然，东南地区是我国社会环境最优越的区域，该地区一直是引领我国经济发展的火车头，同时也十分关注软实力的建设。和谐与稳定是发展的前提，只有构建好一个牢固的社会体系才能推动地区的持续发展。

报告建议：求职和创业人员，尤其是城市新移民求职、创业，可参照本部分的结论，做出较优选择。

（一）社会公平比较：合肥长沙齐头进，中部省会显风流

社会公平排名前10的城市依次是合肥、长沙、唐山、台州、嘉兴、芜湖、南宁、绍兴、沈阳和南京。其中东南地区占4个，中部紧随其后占3个，环渤海、西南和东北各占1个。从行政级别看前10中有5个省会城市，跨越东、中、西部，由此可看出社会公平度与区域和行政级别关联性较弱。天津、上海、重庆和北京这四个直辖市分别排在第39、43、51位和第55位，属于社会公平度较低的城市，居于最末位的是郑州。社会公平排名的关键因素外地人基本生存的待遇状况排名中，四大直辖市仍然位于下游，前10的排名中，长沙合肥齐头并进，中部地区仍占3席，而东南地区仅为台州1席。这说明东南地区在对外地人的基本待遇方面并不乐观。

社会公平最重要的内容是收入分配公平，收入分配不均容易激化社会各阶层的矛盾，甚至引发各种冲突。管理者不仅要把国民经济这块蛋糕做大，同时也要划匀。从以上排名来看，社会公平度较高的是那些经济发展水平中等的二线城市，而最发达城市的社会公平度却排在中下游，难度效率与公平之间的矛盾真是不可调和吗?

（二）社会协调竞争力：两大特区齐头并进，地级城市异军突起

社会协调性排在首位的是香港，接下来依次是西安、沈阳、太原、济南、长春、芜湖、南昌、包头和大连，东北和中部地区各占3个，西北地区占2个，东

南和环渤海地区各占1个。从行政级别上分析，前10名中有1个特区和6个省会，还有一个副省级城市，行政级别非常之高。排在后10名的城市中东南地区占到7个，环渤海、中部和西南地区各占1个，作为中国经济改革开放的前沿阵地——深圳竟排在末位。

所谓社会协调是指各个行业和领域之间相互依存、相互促进的程度。从排名上看，协调性较好的城市虽不是经济最发达的城市，但却是一个地区政治、文化中心，文化特征鲜明，主要以第三产业为支柱产业。这样的城市更便于整合各行业的生产要素，实现协调发展。排名靠后的很多是东南沿海省份的一些以工业为主的城市，行业齐全，经济成分复杂，外资企业比较多。要整合这些生产要素的确比较困难，需要在体制上进行一些改革。如若整合得当，定能实现突破式发展。

（三）城乡协调竞争力：港澳烟台分列前三，东南地区优势突出

前三强分别是香港、澳门和烟台，紧随其后的依次是长沙、中山、芜湖、南京、无锡、杭州和绍兴。前10名中东南地区占了7个，中部占2个，环渤海地区占1个。排在后10位的城市中西南和中部地区各占3个，东南地区占2个，环渤海与西北地区各占1个。

可以看出，东南地区城乡统筹水平更高，江苏、浙江和广东的民营经济最为发达，乡镇企业异常活跃，带动广大的农村地区奔小康。山东烟台由于大力发展特色产业，如水果种植业，大大提高了农村的经济发展水平，在城乡统筹方面找到了适合自己的道路。长沙、芜湖两个城市的城乡差距比较小，也均是大力发展各自的特色经济，是中部地区的两颗“明珠”。西部地区在统筹城乡发展上确实远远落后于东部地区，城乡差距明显。这在一定程度上是有区域缺陷的，在经济发展整体水平还不高的情况下，城市的辐射作用有限。值得注意的是，北京和广州这两个城市在城乡统筹发展水平上落后于经济发展水平。

（四）社会保障水平：广东城市领军内陆，东南地区再现其优

社会保障水平最高的4个城市均在广东省，分别是深圳、东莞、珠海和中山，前10名中有8个城市位于东南地区，北京位于第8位，大连位于第10位。排名后10位的城市有4个位于西南地区，东南和环渤海地区各占3个。

社会保障是对国民收入的再分配，是对人们基本生活的保障，最能体现一个国家和地区经济发展水平。很明显，东南地区的社会保障水平最高，覆盖面最广，这都是经济发展带给广大人民的实惠。而西部地区的社会保障体系还亟待完善。

（五）社会包容：港宁并驾齐驱，东南包揽前八

社会的包容是一个社会的进步，也是人性的回归。香港和南京并列为最包容的城市，其后依次是中山、惠州、深圳、珠海、厦门、杭州、烟台和唐山，前8名均在东南地区，不愧是中国最开放、最包容的地区。其中，地级城市占5个，与副省级以上城市平分秋色。而温州成了社会包容最弱的一个城市，与其文化背景有着不可分割的关系。温州是一个开放的城市，但其对外来人员保护和包容却不容乐观，存在着较浓的地方保护色彩。注意到其关键因素社会兼容心指数排名中，香港、南京仍不分上下，珠海、厦门次之，整体排名与社会包容指数非常相似，与社会公平性指数也较为相近，可以看出，社会兼容心指数越高，其社会包容也就越好，其社会也相对公平。

（六）社会秩序：南京烟台齐头并进，地级城市社会秩序良好

南京、烟台并列第一，其后是扬州、南通、威海、无锡、苏州、唐山、青岛和潍坊，东南和环渤海地区各占5个，旗鼓相当。这10个城市中有2个副省级城市，地级市多达8个。南京的社会秩序一直以来是名满全国，烟台也是一个秩序井然的城市。而社会秩序最差的城市大多位于东南地区，广东省广州、东莞、佛山和深圳4个城市均排在最后10位，澳门位于倒数第4位。其关键指标市民安全感也体现了这样一个分布，尤其是广东的广州、深圳和东莞居后3名，佛山也不尽理想。

一个城市社会秩序的好坏直接影响到市民的生活水平，社会秩序最好的城市很多是中等规模城市，随着城市规模的不断扩大，城市治理的难度随之陡增。东南沿海省份的一些城市外来人口多，农民工所占比例高，自然就会引发一些社会治安问题。如何在大量吸引外来劳动力的同时解决好社会治安问题，是城市管理者亟待研究解决的问题。

社会环境竞争力各项指标得分与排名见表14－4。

表 14－4　社会环境竞争力各项指标得分与排名

城市名	Z8 社会环境竞争力		Z8.1 社会公平		Z8.2 社会协调		Z8.3 城乡协调		Z8.4 社会保障		Z8.5 社会包容		Z8.6 社会秩序	
	得分	排名	得分	排名	得分	排名	得分	排名	得分	排名	得分	排名	得分	排名
香港	1	1	0.823	12	1	1	1	1	0.773	5	1	1	0.796	33
中山	0.828	2	0.753	31	0.377	47	0.845	5	0.814	4	0.997	3	0.797	31
珠海	0.811	3	0.61	52	0.438	37	0.739	30	0.857	3	0.955	6	0.771	36
厦门	0.798	4	0.773	26	0.4	41	0.787	15	0.769	6	0.954	7	0.722	45
大连	0.793	5	0.774	24	0.643	10	0.717	36	0.594	10	0.783	46	0.835	22
澳门	0.79	6	0.795	19	0.543	25	0.904	2	0.621	9	0.911	13	0.663	53
杭州	0.786	7	0.812	16	0.53	29	0.809	9	0.547	13	0.95	8	0.824	28
深圳	0.782	8	0.631	49	0.269	56	0.68	43	1	1	0.963	5	0.597	56
东莞	0.774	9	0.685	42	0.303	55	0.679	44	0.939	2	0.817	34	0.665	52
沈阳	0.773	10	0.826	9	0.811	3	0.691	40	0.424	23	0.809	38	0.746	41
长春	0.767	11	0.82	13	0.672	6	0.767	22	0.458	20	0.78	50	0.817	29
北京	0.763	12	0.544	55	0.603	14	0.649	49	0.646	8	0.859	21	0.841	20
唐山	0.762	13	0.894	3	0.588	18	0.791	12	0.339	38	0.944	10	0.93	8
上海	0.758	14	0.683	43	0.543	25	0.746	28	0.557	11	0.889	18	0.832	24
宁波	0.756	15	0.693	41	0.476	31	0.759	26	0.658	7	0.824	32	0.76	37
青岛	0.755	16	0.818	14	0.395	42	0.762	25	0.537	14	0.896	17	0.925	9
芜湖	0.752	17	0.842	6	0.66	7	0.843	6	0.307	45	0.811	37	0.921	10
烟台	0.742	18	0.796	18	0.451	35	0.867	3	0.361	35	0.945	9	1	1
南京	0.741	19	0.826	9	0.414	39	0.823	7	0.371	31	1	1	1	1
惠州	0.735	20	0.727	36	0.49	30	0.716	37	0.488	17	0.971	4	0.831	25
无锡	0.732	21	0.748	32	0.361	51	0.814	8	0.512	16	0.851	24	0.941	6
济南	0.729	22	0.782	22	0.696	5	0.748	27	0.286	48	0.917	12	0.829	26
包头	0.727	23	0.724	37	0.644	9	0.729	32	0.401	26	0.782	48	0.841	20
南通	0.719	24	0.73	35	0.382	46	0.718	35	0.481	18	0.871	19	0.97	4
西安	0.719	24	0.639	48	0.833	2	0.609	56	0.331	40	0.778	51	0.829	26
徐州	0.719	24	0.774	24	0.61	13	0.684	42	0.317	43	0.908	14	0.901	12
合肥	0.718	27	1	1	0.363	50	0.764	24	0.412	25	0.775	52	0.891	14
太原	0.717	28	0.67	45	0.779	4	0.662	47	0.369	32	0.788	45	0.745	42
威海	0.71	29	0.814	15	0.367	48	0.765	23	0.416	24	0.864	20	0.947	5
柳州	0.708	30	0.764	28	0.601	15	0.781	17	0.311	44	0.907	15	0.797	31

续表 14－4

城市名	Z8 社会环境竞争力		Z8.1 社会公平		Z8.2 社会协调		Z8.3 城乡协调		Z8.4 社会保障		Z8.5 社会包容		Z8.6 社会秩序	
	得分	排名	得分	排名	得分	排名	得分	排名	得分	排名	得分	排名	得分	排名
武　　汉	0. 707	31	0. 811	17	0. 581	20	0. 782	16	0. 372	30	0. 805	42	0. 728	44
哈 尔 滨	0. 706	32	0. 787	20	0. 534	28	0. 742	29	0. 332	39	0. 84	28	0. 898	13
绍　　兴	0. 705	33	0. 828	8	0. 447	36	0. 808	10	0. 431	21	0. 835	29	0. 747	40
成　　都	0. 705	33	0. 773	26	0. 33	52	0. 727	34	0. 523	15	0. 812	36	0. 876	18
南　　昌	0. 701	35	0. 641	47	0. 656	8	0. 63	54	0. 368	33	0. 783	46	0. 885	16
天　　津	0. 699	36	0. 697	39	0. 535	27	0. 695	39	0. 43	22	0. 827	31	0. 801	30
常　　州	0. 692	37	0. 76	29	0. 475	32	0. 789	14	0. 341	37	0. 828	30	0. 88	17
石 家 庄	0. 688	38	0. 656	46	0. 549	24	0. 677	45	0. 471	19	0. 775	52	0. 731	43
佛　　山	0. 685	39	0. 738	33	0. 395	42	0. 728	33	0. 552	12	0. 808	39	0. 645	55
扬　　州	0. 683	40	0. 787	20	0. 318	54	0. 778	18	0. 347	36	0. 904	16	0. 978	3
南　　宁	0. 683	40	0. 829	7	0. 594	16	0. 775	19	0. 195	55	0. 936	11	0. 796	33
福　　州	0. 68	42	0. 737	34	0. 557	22	0. 732	31	0. 365	34	0. 844	25	0. 701	47
苏　　州	0. 678	43	0. 682	44	0. 387	45	0. 768	21	0. 375	29	0. 854	23	0. 935	7
长　　沙	0. 674	44	0. 947	2	0. 457	34	0. 858	4	0. 324	41	0. 759	55	0. 65	54
潍　　坊	0. 674	44	0. 825	11	0. 391	44	0. 772	20	0. 296	47	0. 842	27	0. 921	10
广　　州	0. 657	46	0. 6	53	0. 584	19	0. 631	53	0. 39	27	0. 858	22	0. 677	50
嘉　　兴	0. 656	47	0. 843	5	0. 366	49	0. 803	11	0. 323	42	0. 844	25	0. 76	37
淄　　博	0. 647	48	0. 694	40	0. 554	23	0. 674	46	0. 275	50	0. 808	39	0. 788	35
呼和浩特	0. 647	48	0. 621	50	0. 428	38	0. 69	41	0. 379	28	0. 79	44	0. 844	19
郑　　州	0. 643	50	0. 521	56	0. 574	21	0. 618	55	0. 3	46	0. 817	34	0. 887	15
海　　口	0. 632	51	0. 71	38	0. 635	12	0. 639	50	0. 15	56	0. 793	43	0. 835	22
重　　庆	0. 621	52	0. 613	51	0. 636	11	0. 638	51	0. 204	53	0. 806	41	0. 751	39
昆　　明	0. 616	53	0. 584	54	0. 59	17	0. 634	52	0. 276	49	0. 82	33	0. 677	50
泉　　州	0. 599	54	0. 776	23	0. 459	33	0. 705	38	0. 205	52	0. 782	48	0. 685	48
台　　州	0. 597	55	0. 887	4	0. 326	53	0. 79	13	0. 203	54	0. 769	54	0. 714	46
温　　州	0. 589	56	0. 76	29	0. 405	40	0. 661	48	0. 255	51	0. 756	56	0. 68	49

第六部分
主题报告

PART Ⅵ　THEME REPORT

城市竞争力与国家竞争力之间存在着互促共进的关系。作为组成国家竞争力的微观基础，研究城市竞争力有助于提升国家竞争力。而对国家竞争力进行研究，则可以为城市竞争力带来更为广阔的研究背景。

在回顾国内外大量文献的基础上，报告构建了更具解释力的国家竞争力研究框架，根据新的框架设计出更为客观合理的指标体系，并采用来自权威机构的数据，对G20国家的国家竞争力进行评估。与此同时，对城市发展与国家竞争力提升之间的关系进行研究，从理论上揭示城市发展对国家竞争力的影响机制，并从实证上测度城市发展对国家竞争力的贡献。

在此基础上，对中国国家竞争力进行竞争环境分析，包括外部环境和内部环境。进而提出中国参与国际竞争、提升国家竞争力的梯次战略，确定了中国在未来国际竞争中的合作伙伴、模仿对象、竞争对手和追赶目标。另外，还从具体的层面，给出中国在国际竞争中趋利避害、扬长补短的战略建议。最后提出通过城市集群化发展促进国家竞争力提升的路径战略。

第十五章
国家竞争力的理论框架

一　问题的提出

从久远时代的国家产生开始，国家之间就有了竞争。在古代，国家竞争多为诉诸武力的暴力竞争，常表现为掠夺资源的战争等。在近代，国际分工贸易使国家竞争逐步向经济领域转移，竞争的方式逐渐趋于文明和非暴力化。冷战结束后，国家间竞争的方向发生巨大转变，贸易壁垒的不断打破以及市场开放程度的提高，各国开始将竞争的焦点转向如何创造更多的财富，改善本国公民的福利。进入新的世纪，全球化趋势不断深入，伴随地是国家间政治、经济、科技、文化等不同领域的冲突与融合，国家之间的竞争在政治经济领域的互相依存中不断加剧。面对这种激烈的竞争态势，以“国家竞争力”名义进行的专门研究开始逐渐在全球兴起，同时“国家竞争力”也成为政治家们的热门词汇，如何提升本国的竞争力日渐成为各国公民津津乐道的话题。各国政府投入巨大的人力、物力支持该领域的研究，此外国际组织也成为国家竞争力研究的重要主体（见表15－1）。

这种愈发热烈的国家竞争力研究直接目的在于，各国政府可以借此作为参考依据，制定更加符合本国国情和发展趋势的战略。同时，对各国竞争力认识和评价也影响如跨国企业投资或家庭迁徙等微观个体的目标国家选择。然而与其他新兴的研究领域类似，既有的国家竞争力研究仍然存在着诸多缺憾，包括缺乏有力的理论基础或是主客观因素引起的片面理解，使研究的结论可能不适用于特定的国家与时期而缺乏应有的意义，这样往往使提升国家竞争力的实践偏离正确的方向。中国正经历着人类历史上最大规模的城市化与工业化进程，中国正面临着的国际竞争的激烈程度也是亘古未有、空前绝后的。所以，通过构建系统、全面、适用的国家竞争力概念框架，进而设计有效、可靠的指标体系，定量比较和分析

表 15－1　部分国家竞争力专门研究与促进机构

国　家	机　构
美　国	国家竞争力委员会，哈佛大学战略与竞争力研究院
日　本	日本经济研究中心，产业竞争力战略委员会
英　国	国家竞争力研究中心
法　国	法国领土整治与竞争力部际委员会
韩　国	总统国家竞争力委员会，产业政策研究院
澳大利亚	国家生产力委员会
瑞　士	世界经济论坛，洛桑国际工商管理学院
中国台湾	中华国家竞争力研究学会
新加坡	李光耀公共政策研究院
爱尔兰	国家竞争力委员会
克罗地亚	国家竞争力委员会
希　腊	国家竞争力委员会
阿联酋	国家竞争力委员会
菲律宾	国家竞争力委员会
亚美尼亚	国家竞争力基金会

国家竞争力的强弱，发现中国在全球竞争中所处的相对位置，并识别出国家在竞争中的优势和劣势，对提升中国的国家竞争力，促进人民生活水平的提高，实现走向共同富裕的目标，有着重要意义。

二　理论回顾

只要有竞争就会有对竞争的研究，也就是说对如何赢得竞争的研究是由来已久的，对国家竞争力的理论渊源可以追溯到较为久远的年代，例如古人如何赢得战争，如何吸引邻国的人才等，这在流传下来的典籍中屡见不鲜，例如中国古代的《孙子兵法》。但作为一个专门的领域，国家竞争力在经济学科的历史演进中仍然是十分年轻的，这是既具有广泛含义，又十分抽象且难以把握的问题。不过，经济学的发展为国家竞争力的深入探讨提供了有力的理论基础。目前，竞争力研究覆盖的领域十分广泛，包括区域、城市、企业等部门的竞争力，这些部门作为国家的组成部分，使它们的竞争力构成了国家竞争力的微观基础。在学科发展的历史脉络中，国家竞争力的理论研究也层出不穷，这些理论对国家竞争力的内涵、构成与发展进行了不同角度的阐述，但都存在着不同程度的局限性，不可否认的是，这些理论对国家竞争力的研究起到了一定的推动作用。在国家竞争力研究的历史演进中，具有代表性的理论有国际贸易理论、熊彼特创新理论、经济增长理论、国家竞争优势及钻石模型等。

（一）国际贸易理论

国际贸易理论是国家竞争力研究的初步理论基础，兴起于资产阶级革命完成后，国际分工贸易日趋活跃的时期。至此，国家竞争力研究开始从古代的军事、政治学研究向经济学领域延伸与转移。早期的绝对优势理论在研究类似于国家竞争力的问题时，常侧重于土地、资源等要素的比较与衡量，如托马斯·孟（1630）将金银的多少作为衡量国家富裕程度的唯一尺度。弗朗斯瓦·魁奈（1758）将农产品看做各国收入与财富的主要来源。亚当·斯密（1776）提出比较优势的概念，强调在国际上一个国家的出口要有竞争力，就必须有相对较低的生产成本。大卫·李嘉图（1871）对亚当·斯密的理论进行了强化，其著名的比较优势理论从一定意义上展示了国家竞争力理论。二战之后，国际贸易的产品结构和地理结构出现一系列新变化，所以在之前的基础上形成了新国际贸易理论。新国际贸易理论的基本观点认为，生产要素除了土地、劳动和资本以外更丰富的内涵，它还包括人力资本、研究与开发等新型生产要素。这些理论并没有摆脱从斯密就开始的对外贸竞争力的强调，即国家或地区的外贸竞争力取决于与其他国家在劳动力、资源、规模经济等要素上的差异，而且国际贸易理论的着眼点是微观的产品及其在国际交换中的成本与需求，可以从一个方面反映国家竞争力的强弱，但在复杂的国际竞争环境下，简单地将外贸竞争力作为国家竞争力是粗略和片面的。

（二）熊彼特创新理论

资产阶级工业革命之后，资本主义国家从自由竞争转向了垄断，不断发生经济危机，让人们不得不思考国家如何才能持续繁荣。在这一背景下，熊彼特（1911，1934，1942）提出系统的“创新理论”，熊彼特所提出的创新从本质上讲就是在一定生产要素与条件下，依照某种规律进行生产函数的组合。其创新理论试图从微观创新动力和宏观经济周期两个不同的层面，对技术进步和制度变革在提高生产力过程中的作用进行分析，这种分析突破了当时的传统经济学用人口、地租等变量来认知经济发展的局限。与此同时，熊彼特还强调推动创新的力量在逐利动机下的企业家精神，也就是主体在其中所体现的素质。在宏观经济周期方面，熊彼特认为创新与经济周期、投资波动联系密切，创新在这一过程中推动着国家经济增长。在这之后，各国学者对创新理论进行了不断延伸和拓展，形成新创新理论等学说，并上升到国家竞争力的层面，具有代表性的有 Freeman（1987）在对日本成功经验的总结中，提出实现国家对提高全社会技术创新能力和效率的有效调控，以及推动、扶持与激励，以取得国家的竞争优势。创新理论从一个重要的角度对国家竞争力进行了阐释，同时也为提升国家竞争力的战略选择提出了较为有益的视角，但国家竞争力作为更广泛、更复杂的系统，单纯用创新理论进行解释无疑也是片面的。

（三）经济增长理论

经济增长理论研究影响一个国家或地区所生产的产品和劳务在一定时期内的持续增加的因素与途径，这种增长更强调长期持续的稳定。在古典经济学的研究中，如亚当·斯密（1776）看来，经济增长就是国民财富的增长，表现为社会总产品的增加。在解释不断变化的经济增长现象中，与之对应的现代经济增长理论则经历了由外生经济增长到内生经济增长的演进道路。Harrod（1939），Domar（1946）等开始强调物质资本在经济增长中的作用，认为在没有考虑技术进步对经济增长影响的假定下，物质资本的规模及其增长速度是促进或限制经济增长的关键因素。Solow（1956）等提出的技术进步论为外生经济增长理论构造了更为完整的理论框架。Romer（1986），Lucas（1988）等在对以往研究的基础上，提出以“内生技术变化”为核心的新经济增长理论。该理论开始强调经济增长是经济体系内部力量作用的产物，重视对知识外溢、人力资本等新问题的研究，重新解释了国家之间经济增长率和人均收入产生广泛差异的原因，该理论突出了政府在国家经济增长中的作为。但经济增长作为生产能力变动的一种长期趋势，是提供经济物品能力的提高和改善，并不涉及国家竞争力的诸多方面，诸如消除不平等，制度改革等；这也意味着国家竞争力虽必然包含经济增长的内容，但经济增长并不一定意味着国家竞争力有了提高。

（四）竞争优势与钻石模型

20 世纪 80 年代开始，Michael Porter（1990）提出国家竞争优势理论，动摇了比较优势理论的长期统治地位，竞争优势理论开始强调微观经济基础的作用。他认为国家竞争优势是指国家使其公司或产业在一定的领域创造和保持优势的能力。影响国家竞争优势的基本要素归结为：（1）生产要素；（2）需求状况；（3）相关和支持产业；（4）企业战略、结构与竞争。而机遇和政府的作用则是辅助要素。这些变量之间构成了互相增强的系统，形成了具有重要影响力的“钻石模型”。他还提出国家竞争优势的四个阶段：要素推动阶段、投资推动阶段、创新推动阶段、财富推动阶段。波特提出的模型主要用来解释已经完成工业化进程的发达国家的国家竞争力，他所提出的要素并非适用于世界上的所有国家，例如波特竭力强调的国内市场和国内企业的作用，就并不适用于外向型经济。各国学者根据不同的实际情况，对钻石模型进行了改进。Cartwright（1993）提出了多因素钻石模型，在波特的模型上增加五个新的海外变量。Dunning（1993）提出国际化钻石模型，将跨国公司的活动作为第三个重要的辅助因素。Rugman 和 Cruz（1993）通过对加拿大国家竞争优势的分析，提出了双钻石模型，强调不仅以加拿大国内经济环境来创造竞争优势，而且依靠和利用“美国钻石”建立竞争优势。在将韩国和新加坡作对比后，Rugman 和 Verbeke（1998）提出一般化的双重钻石模型，以适应小规模的经济。Cho. D. Sung（1994）通过对韩国经济发展的研究，构建了九要素模型，突出了人力要素在国家竞争力中的作用，并据此提出了自己的评价体系。然而，正如这些钻石模型形成时所强调的，它们往往来自对特定国家、特定时期的经验观察，所以这些模型难以在不同的情况下呈现说服力，而且，其中大部分的模型未能实现可操作的定量评价。

三　分析框架

目前对国家竞争力的研究存在的问题，可以归结为脱离目前的经济发展实际和缺乏有力的理论基础，特别是这些研究中所设计的国家竞争力框架往往不够系统和全面，有效的国家竞争力框架应当避免这些问题，但并不是说原有的框架毫无意义，它们仍然是研究借鉴的重要基础。再者，新的框架希望吸纳更广泛的因

素，对国家竞争力进行全面的衡量，因为既有的研究往往只考虑有限的因素对整体的影响，新框架尝试将它们整合起来。

（一）概念界定与条件假设

进行国家竞争力的研究并提出新的框架，要求对国家竞争力做出确切的定义，但既有的研究对此却各执一词，这些观点的最终指向仍然是国家如何获取收益，这也常常是行为主体竞争所追求的目标，是经济学研究的基本问题。因此，具有普遍性存在的收益是行为主体之间借以进行多方面比较的普遍基础和共同尺度，所以新的框架对国家竞争力的定义仍然是从国家的收益出发。

宏观层面的国家收益常表现为国民生产总值、外贸竞争中的收益、投资效益等，微观层面的收益则是国家各组成主体的收益，这也是宏观国家收益的基础。收益按表现形式可分为货币收益和货币式收益。所以，国家竞争力可以理解为国家在竞争和发展过程中与其他国家相比较所具有的吸引、争夺、拥有、控制、转化资源和争夺、占领、控制市场，以创造价值、为其国民提供福利的能力，其中为国民提供福利是国家竞争力的最终目标。

国家竞争力分析的假设条件是：（1）假定国家竞争力与国家价值收益是完全正相关的，则决定国家价值的因素和机制即为竞争力的构成因素和机制。（2）国家竞争属于不完全竞争或追求着不完全竞争。在这种条件下，国家间的要素存在着差别。（3）国家是一个动态的、混沌的、多层次的系统。这里假定国家竞争力动态变化处于渐变状态。（4）非货币形式的国家收益往往是较为定性描述的，这里假定它们是可以定量比较的。

（二）国内竞争力的要素提出

1. 主体素质

国家竞争力中的主体，包括企业、公共部门与家庭。目前，企业在国家发展中的核心作用已毋庸置疑。它的素质包括数量、质量、制度、文化与运营能力。企业的规模越大、质量越高，促进经济发展的力量就越大，而制度、文化、运营水平的高低则可以保证企业能否有更长远的发展。除了考虑企业这些追求利润最大的自身因素外，从整体考虑，企业素质还包括是否考虑对社会与自然环境造成的影响。

公共经济学对公共部门素质的重要性进行了充分的研究。政府的素质体现为提供公共产品，增进公共利益的能力。而是否具备这种能力，则需要考察政府是否有提供公共产品所需的资源，不仅包括其可以投入的财政资金，还取决于政府的决策水平、执行能力与效率。此外，政府与企业素质的区别还包括是否通过减少腐败与官僚主义，保证公共产品分配的公平，保障弱势群体利益，毕竟国家竞争力的根本是提高全体国民的福利。

家庭素质的作用历来被忽视，而事实上家庭是社会组成的微观自然单位，是组成私人部门和公共部门的微观基础。所以，家庭成员的自然素质、智力素质和社会伦理道德素质，决定着他们在工作和生活中的表现。此外，Gary S. Becker（1981）等经济学家发展的家庭经济学的研究还发现，家庭同样需要进行投入产出的决策，求得家庭成员在收入和时间约束的最大满足与效用最大化，所以家庭关系在国家竞争力的考察中也扮演了重要的角色。

2. 国内供给

国内供给是人力、资本等要素的供给和有效利用。这些要素的供给可以创造一个有利于生产率提高和产业集群的环境，从提升国家竞争力的根本目的出发，供给直接提供了改善生活水平的关键要素。Michael Porter（1990）的国家竞争优势理论、20 世纪 70 年代兴起的供给学派，都强调国内供给的作用。影响国家竞争力的供给要素有人力资本、教育与健康、金融体系、科学技术、文化艺术、自然资源、区位环境与基础设施。

人力资本是存在于人体之中的具有经济价值的知识、技能和体力等因素的总和，20 世纪 60 年末由 Theodore W. Schultz（1960）和 Gary S. Becker（1964）创立并兴起的人力资本理论对其重要性进行了充分的研究。人力资本理论还强调，提高人口质量是人力投资的核心，而质量提高需要教育与健康服务的供给，而且这两者的供给本身又是增进国民福利的行为。所以它们与人力资本提升的其他要素相比，显得尤为重要。

金融体系已经成为现代经济体系的关键部分，20 世纪 60 年代中期开始，以 Ronald I. McKinnon（1973）等为代表的经济学家所创立的金融发展理论，细致地讨论了金融体系对国家发展的作用，包括金融体系如何降低市场的交易成本，促进储蓄和投资的增长，实现合理流动，优化资源配置，提高资本效率。而另一方面，金融活动的不确定性会导致风险的客观存在，危害国家经济与社会发展，所以金融体系的负面作用也是需要考虑的方面。

从熊彼特（1911）的创新理论开始，经济增长理论就验证了技术创新对国家发展的作用，通常，人们用科技论文、专利及版权费等产出来定量和定性地衡量其科技创新实力与发展水平，如 Griliches（1990）使用专利统计来研究技术强度、技术变化和技术扩散等。另外，文化艺术反映人类的感情，关系到国民的日常生活和生存意义，如 Moon（2001）就对文化与国家竞争力的关系进行了讨论。

区位环境是经济发展的重要基础，也关系到国民的生活质量，Shrivastava（1995）和 Porter（1999）等讨论了环境与竞争力的关系。资源经济学的理论发展对资源在国家竞争中的重要性提供了证据。一个国家的资源禀赋往往决定它的国家财富及其在世界中的地位，虽然目前发达国家提高竞争力往往不再依靠它的资源禀赋，但廉价的获得自然资源仍然是这些国家经济的基础。目前，资源的稀缺经常导致过度的国家竞争如战争（Ross，2004）。

基础设施顾名思义是国家社会经济活动的基础，它们承载了要素的流动，也为国民的生活带来便利。Aschauer（1989），Borenszteinet. al（1998）从实证的角度验证了物质基础设施对财富创造的促进，对基础设施建设的使用体验本身也影响了人们的感受。公路、铁路、机场、通信等基础设施的优劣程度体现在其数量、质量和使用价格。密度大、覆盖面积广、质量与服务完善、价格低廉的基础设施可以减少主体间的联系成本，产生投资的乘数效应，促进国家空间形态的演变。

3. 国内需求

需求分为内需与外需，其中内需可分为理论需求和有效需求。其中，有效需求是有支付力的需求，而理论需求则不需要支付力。有效需求包括投资需求和消费需求，投资需求是全社会形成的固定资产投资和存货增加额之和，消费需求是消费者对以商品和劳务形式存在的消费品的需求。在已有的国家竞争力研究与评价中，往往忽视国内需求因素，所以得出的结论就无法解释部分发达国家经济放慢的原因。如日本在20世纪90年代经济放缓的“失去的十年”。Szirmai（2008）在总结不同国家长期发展成败的原因时发现，需求要素和供给要素对于经济发展的成功都非常重要，缺一不可。Michael Porter（1990）在国家竞争优势理论中也认为与国外需求相比，产业较容易发现与把握国内需求。Wah（2004）等在马来西亚的研究中，认为经济体应该从出口导向的增长向国内需求导向的增长转变。

国内需求可以由需求主体的不同来观察，包括政府、企业、家庭的需求，例如 Kyoji 和 Saito（2006）在对 20 世纪末日本经济增速放慢的解释中，强调了不同主体需求的差异即高储蓄率、低居民消费、高政府支出的影响。国内需求的强弱可以通过规模、水平、层次等方面来观察。需求规模反映了国家竞争力各主体需求的总和，较小的需求规模无法形成国家竞争力应有的产业基础，较大的需求规模却可以产生需求的规模效应。另外，个体的需求水平也非常关键。因为提高全体国民的福利才是国家竞争力的最终目标，Nalewaik（2006）使用美国微观个体消费和个体收入数据行的面板分析检验，发现个体消费和收入增长之间存在显著的正相关性。需求的层次强调需求的细分和多样性，体现在基于各种需求的支出在国民生产总值中的比例。需求层次的不同，竞争力的强弱随之产生区别。一般而言，先进的科学技术等需求占的比重大，需求层次较高，竞争力较强。此外，作为竞争力而不是现状的考察，未来的潜在需求也应是竞争力提升的重要因素。

4. 国内联系

国内联系是国家竞争力要素之间的相互作用。国内联系集中体现在主客体要素的空间接近及流动，以及流动中各要素结构关系。其中，接近是联系的基础，Krugman（1991）、Fujita（2002）等发展的新经济地理学提出了空间接近对区域发展的影响。城市作为空间接近的表现，国家的城市化程度差异和竞争力的联系已经成为共识，目前大量的研究还发现，大城市与城市群对提升竞争力的作用显著，如 Bettencourt（2004）的研究所讨论的城市规模产生的知识外溢效应。另一个具体的接近是产业在国家内的集中，Michael Porter（1990）的国家竞争优势理论认为专业的技术和低廉的成本得益于产业内部专业化的分工与相互协作，这就需要特定产业或其中某个方面的企业和机构能在特定的地理位置相对集中，以加强互相之间的联系，从而产生规模效应和群体的竞争优势。此外，要素流动的规模也是考察国家竞争力的因素，区域非均衡理论强调了要素流动程度对区域发展的影响，这种流动包括由交通工具承载的人员与货物的流动。国内联系还应包括主体之间的联系，如公民如何参与公共事务。国家竞争力的增强也是其各要素不断增强的过程，而要素在国家竞争力系统中所处的位置也不相同，往往要素增强程度会产生差异，这种差异有时会导致竞争力内部的失衡，形成所谓“不健康”的国家竞争力，所以竞争力的要素结构之间需要有适宜的关系。经济关系反映了

市场的供求，经济关系失衡的国家常表现为经济危机，对社会生活产生深远的影响。而社会关系则是国内主体间在社会生活中的相互作用关系，这种关系常体现在集团或个人为了各自利益所形成的政治结构和社会治理，这对改善人民福利是至关重要的。Kuznets（1971），Chenery（1986）等考察了结构关系与经济增长间的关系，他们认为经济增长总伴随着一系列经济结构的变化，经济结构是同总量经济增长相伴随的。这些结构变革实际上包括了诸如生产的转变和消费者需求构成的变化，还包括资源利用、城市化等社会经济因素的变化。

5. 全球联系

全球联系超越了国家界限，将竞争力的视野转向了不同国家之间。作为与外部的联系，全球联系集中在对国家之间要素流动和关系的考察。国际间的商品与服务流动对国家竞争力的积极作用已经成为公认的事实，Mattoo 等（2001）还证明了服务流动对经济长期增长的显著影响。资金流动多表现在跨国企业为获得当地企业经营权或者直接设立法人机构而进行的直接投资。这种投资对投资接受国的正面影响包括增加就业、获得知识技术的溢出效果等，Quinn（1997）进行的实证研究证明了国际资金流动对经济增长的促进作用。人口的跨境流动可以增强人类的福祉，来自其他国家的移民有助于提高人口素质，也对国家政治民主进程和文化多元化有所促进，别国的旅游者可以为本国国民带来财富，如 Durbarry（2004）的研究。信息流动可以联结国家竞争的各主体对社会经济活动进行调节，并在具体的活动中做出合适的决策，以应对不断动态变化的国际竞争环境，OECD（2001）等国际组织都将信息流动的差异作为国家之间差距的重要原因。

国际关系要为本国在国际竞争中创造良好的竞争环境，谋得更多利益。经济关系是较为基础的国际关系，对国家竞争力的作用在国际贸易理论中已经得到充分的体现。国际科技关系在知识经济时代已经成为各国关注的焦点（Charles Weiss，2005），例如 George J. Gilboy（2004）的研究发现了发展中国家在此方面的严峻性。国际文化关系并不如其他关系直观可见，但它的作用在全球化的时代凸显，从 Joseph Nye（1990）提出国家的“软实力”开始，这种作用逐渐获得了共识，文化关系的优劣表现在一国文化是否被正确的认识，是否被认同、融合。国际军事、政治关系是较为原始的国际关系，在古代暴力竞争时期，军事竞争力差不多就等同于国家竞争力，当前全球局部冲突频发，军事力量能否维护国家利益是竞争力的重要保障。政治关系作为国际关系体系的上层建筑，它的差异决定其他关系不同的实现形式，并影响到这些国际联系的规模和质量。

6. 公共制度

所谓公共制度是管束人们各个方面行为的规则。制度经济学的研究认为，良好的制度和实施机制可以有效降低交易成本，从而形成更高的经济增长率（North，1973）。并且，良好的制度还保证公民可以获得应有的福祉，减少不平等和歧视。不过反过来，制度往往也出现错误。公共制度要素可以用产权保护、市场竞争、政府监管、社会管理、社会制度、国际制度等角度来观察。其中产权保护是主体与客体的关系，科斯（1937，1960）等创立的现代产权理论已经证实了产权保护对企业、个人行为的激励，这关系到竞争力形成所需资源配置的效率。而市场竞争则是私人部门之间的关系，竞争所体现的优胜劣汰可以迫使他们降低成本、改善质量、积极创新，提高企业的经营效率。不过，有效的市场竞争有赖于良好的制度保障，如消除企业进入和退出市场的障碍。但充满竞争的市场仍然存在着如垄断、外部性、不对称信息等局限，政府监管作为政府与私人部门的关系可以避免这些问题。社会管理是政府与国民的关系，这种关系体现在政府提供公共产品和国民纳税之间的交换，富有竞争力的国家的这种交换关系较为合理。交换合理性的判断不仅体现于交换上的对等，还体现在国民在这种交换关系中获取信息和发表意见的权利（Denhardt，2000）。社会制度是国民之间的关系，即要素是否分配公平，这不仅关系到人们能否平等地拥有属于自己的福利，而且研究还发现不平等对国民财富的创造具有负面影响，例如 Dollar 和 Gatti（1999）发现了教育方面性别不平等的影响。国际制度则是国家与国家的关系，具体表现在如何创造良好的竞争环境，在依存度越来越高的全球化时代，这一点尤为重要。

（三）要素整合与框架构建

国家竞争力是一个混沌的系统，它由许多子系统组成，它同时又是更大系统的子系统。国家竞争力系统构成是复杂的，其众多要素和环境系统以不同的方式存在，又处在不同的维度和层次上，它们共同集成构成国家综合竞争力，决定国家的价值收益。构建新的框架对要素进行整合，首先必须承认需要扎实的经济理论基础，目前可以从整个国家的角度构建的经济学框架是宏观经济学中常见的四部门国民收入流量循环模型（见图 15－1）。

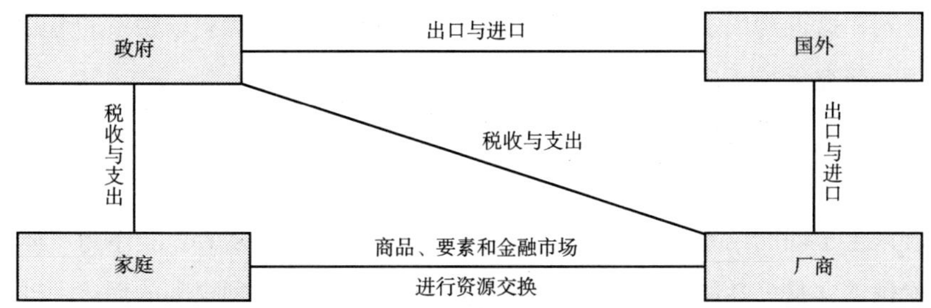

图 15－1　四部门国民收入流量循环模型

但这一框架对国家竞争力缺乏说服力，理由包括：（1）该框架仅针对相对有限的经济活动过程，而国家竞争力是综合的、多维的系统；（2）该框架虽然将主体作为其中的组成部分，但忽视了对主体能动性的考察；（3）该框架考虑主客体的互动关系，但又忽视了对影响互动过程的外生变量的考察；（4）该框架还缺乏对既有制度的考察，并忽视了国家所面临的机遇和挑战。新的国家竞争力框架考虑了既有的宏观经济学框架，并弥补了这个模型在对国家竞争力的解上的不确定性。

主体素质的差异形成了具有一般意义的经济环境，即国家竞争的基本态势和现实背景。国家竞争力中的主体是国家的微观组成部分，同时也是国家竞争力的实施者，与之对应的竞争力客体则是资源、制度等各种要素。主体可以调动这些客体形成国家的社会经济活动，即各个要素的供给与需求。虽然国家竞争力的强弱依赖于许多外部条件，但从根本上取决于主体的素质，也就是他们作用于客体的能力。

要素的供给和需求反映了竞争力主体在特定的环境下对要素的权衡取舍。国内供给体现了主体已有的要素投入和利用，而国内需求则是主体对要素潜在的需求与欲望。既有的经济学研究还具有片面性，或强调供给，或强调需求，却忽视了竞争力要素供给与需求之间的平衡，这种平衡才是增强国家竞争力的关键。因为只有供需的大体平衡，才可以有协调健康的国家发展，保证国民的福利。

国内联系和全球联系作为主客体之间的互相作用，是要素的供给和需求得以实现的具体行为方式。这种联系包括主体与主体之间，主体与客体之间，客体与客体之间（当然这需要主体的调动）。国内联系是国内主客体间的相互关系，没有国内联系，就无法将众多要素整合形成竞争合力；全球联系是国家间主客体的

相互作用，这也构成了国家竞争力研究比较的基础，没有对全球联系的考量，国家竞争力研究就缺乏应有的意义。

公共制度则是对竞争力系统的规则安排。对于不同素质的竞争力主体，在不同的环境下面对不同要素的权衡取舍，以及不同的实现过程与方式，规则安排的差异会产生不同的结果。而且从将制度作为内生变量的角度看，竞争力主体素质和要素供求亦是公共制度安排的决定力量。所以主体对这种规则的创造性破坏即创新对国家竞争力的提升至关重要，历史的经验也证明了这一点，所以某种程度上，创新是国家竞争力的源泉。新的国家竞争力框架见图 15－2。

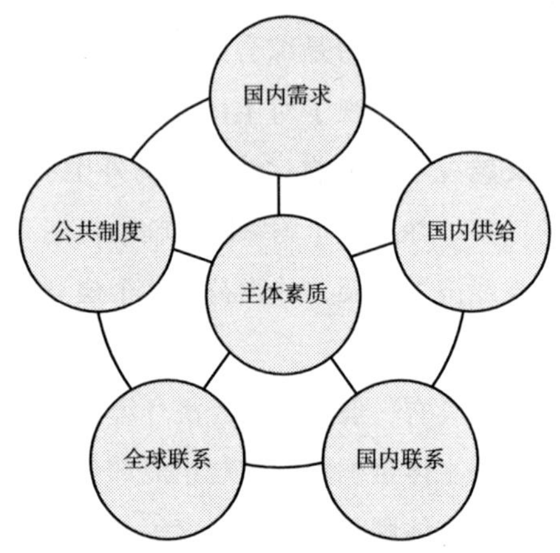

图 15－2　新的国家竞争力框架

与类似国家实力研究的短视不同，新的国家竞争力框架还考虑未来长期的发展，如果不具备长期发展的潜力，就不能说国家拥有较强的竞争力。所以需要投入增量和存量的结合。但考虑长期发展并不意味着要忽视短期，存量仍然是竞争力的基础，而且存量的重组也可以产生新的增量。总而言之，国家竞争力中的主客体互动过程需要增量与存量的结合，这种结合由要素的供给与需求来体现。

这些国家竞争力的驱动要素的性质、特点和作用方式是不同的，其对国家竞争力的贡献也不同。因而，国家竞争力非线性的系统各要素之间，系统要素与整个系统之间不仅相互作用而且存在正向反馈的倍增效应，或负向反馈的饱和效应。所以，必须强调的是，作为富有竞争力的国家，这些驱动要素都应当起着非

常重要的作用，忽视了其中的任何一个方面，就不能确保形成较强的国家竞争力。

四　指标体系

设计国家竞争力的指标体系并进行评价，并不是为了给出空洞的全球排名。实质上，它的目的是去发现不同国家在竞争中的优势和劣势，即竞争力形成结果的价值判断和比较，这样就可以发现目前的结果与“最强”的竞争力之间的差距，从而判断目前的竞争力规则安排是否导致了某一部分较强或较弱的竞争力，以此来判断是否有可以改进的方法，即为国家如何赢得竞争提供借鉴。而对优劣势的判断需要以客观的事实为依据。使用科学合理的指标体系，可以将这些客观事实定量化，从而给国家各方面在竞争中的位置提供了数量上的确定，最终通过这些数量上的确定形成对国家竞争力的系统判断。根据新构建的国家竞争力框架，以及以往的竞争力评价研究基础，我们设计了新的国家竞争力评价体系。

（一）经验借鉴

目前有部分国家的研究部门和国际机构进行国家竞争力评价。具有代表性的是世界经济论坛（WEF）和洛桑国际工商管理学院（IMD）两家国际机构的评价指标体系。早在20世纪80年代，这两家机构就开始关注国家竞争力问题。在这个过程中，两个机构逐步形成并拓展了各自的国家竞争力理论。两家机构曾合作开展研究，并取得了较为广泛的共识，即国家为企业价值和国民福祉的创造提供和维持良好环境的能力。但之后，两者在这个根本问题上发生了分歧，从而分道扬镳。IMD坚持将政府运行、政府效率、商务效率、基础设施作为其竞争力框架的主要部分。而WEF则认为国家的生产率就是国家竞争力，对竞争力的考察也就成为对影响生产率高低因素的考察，基于此，WEF用基础条件、效率提升、创新与成熟度三个要素构成了竞争力框架。两家机构在其确立的理论基础上，尝试对世界各国的国家竞争力进行排序，并在每年度发布国家竞争力报告，在全球范围内产生了重要的影响，但这两家机构的研究工作同时也存在着很多缺陷，也使它们的评价结果差异很大。两者仅从投入的角度对国家竞争力进行评价，而且在评价指标的选取和权重的确定上，两机构仍存在很强的随意性，更重要的是两者的理论缺乏合适的理论基础。此外，部分国际组织、研究机构在国家竞争力类似问题上也做出了一些研究和评价。尽管这些机构间的研究存在着差异，但这些研究仍为目前的国家竞争力研究提供了重要的参照系（见表 15－2）。

表 15－2　部分国家竞争力评价体系和指标

组　织	研究对象	评价指标
世界经济论坛	全球 133 个国家与经济体的竞争力	基础条件、效率提升、创新与成熟度
洛桑国际工商管理学院	全球 57 个国家与经济体竞争力	政府运行、政府效率、商务效率、基础设施
英国国家竞争力研究中心	欧洲 27 个国家的竞争力	业务发展、教育和培训、网络、创新与科技、电信、公共财政的作用、风险资本、熟练的劳动力、公民领导
韩国产业政策研究院	全球 66 个国家的国家竞争力	双钻石模型(要素条件、商业环境、相关和支持产业、需求条件、政治家与政府官僚、企业家、专业人员、工人、环境)
日本经济研究中心	全球 50 个国家和地区的潜在竞争力	国际化、企业、教育、金融、政府、科技、基础建设的社会资本和情报技术
气候研究院与 E3G	20 国集团各国在限制碳排放的背景下的竞争力	目前的情况、改变的速度以及改变的规模
爱尔兰国家竞争力委员会	爱尔兰与欧元区、经合组织组成国家平均状况的竞争力比较	可持续发展、必要的条件、政策的投入
克罗地亚国家竞争力委员会	克罗地亚与欧盟 25 个国家的竞争力	综合了 WEF 和 IMD 的指标
希腊国家竞争力与发展委员会	欧盟 25 个国家的竞争力	最终结果、中间成果、政策与投入、先决条件

（二）设计原则

评价体系设计原则是指导整个体系设计的关键所在，不同的原则会使评价的结果相差甚远。概括起来，新的评价体系有下列三个原则。

系统性。国家竞争力评价的若干指标是互相联系和制约的。有的指标之间有横向联系，反映不同侧面的相互制约关系；有的指标之间有纵向关系，反映不同层次之间的包含关系。为避免体系庞杂，指标体系以系统优化为原则，采用系统分解和层次结构分析法（AHP），用数量、层次较少的指标全面系统地反映评价对象的内容，做到统筹兼顾。

通用可比性。在纵向比较方面，指标体系和各项指标、各种参数的内涵和外延保持稳定，用以计算各指标相对值的各个参照值不变。在横向比较方面，找出不同国家之间的共同点，以此设计评价指标体系。对于各种具体情况，采取调整权重的办法，综合评价各对象的状况再加以比较。对于相同性质的部门或个体，往往很容易取得可比较的指标。

实用可操作性。体系在基本保证客观性和全面性的基础下，忽略了部分对评价结果影响甚微的指标。做到繁简适中，进而使计算评价方法简便易行。此外，所需的数据来源和方法做到可靠，在评价过程中实行质量控制，严格控制数据的准确性。此外，各项评价指标及其相应的计算方法、数据都要力求标准规范。

（三）指标体系

详细见附录二。

五　数据采集与方法

评价国家竞争力需要对若干城市竞争力总力及分力先进行量化处理。本部分试图运用计量经济的方法构造国家竞争力总力、分力指数。基本思路是：选取样本国家，根据上一部分设计的指标体系，运用有关方法采集和处理样本指标数据，运用主成分分析法计算出各样本城市的总体竞争力和分项竞争力，并进行简要的分析和解释。

（一）样本选取

目前，全球共有200多个国家和地区，但本报告并不量化所有国家和地区，因为部分国家和地区统计资料存在严重残缺，而且所拥有的数据采集网络和专家力量并不能做到对全球的全面覆盖，另外，本报告的明确导向也要求我们必须有所侧重。

在综合考虑全球各个国家的政治、经济战略重要性等多方面因素后，报告选取G20国家作为样本，G20国家由八国集团（美国、日本、德国、法国、英国、意大利、加拿大、俄罗斯）和十一个重要新兴工业国家（中国、阿根廷、澳大

利亚、巴西、印度、印度尼西亚、墨西哥、沙特阿拉伯、南非、韩国和土耳其）以及欧盟组成（见表15－3）。G20国家的GDP总量约占世界的85%，人口约40亿人。

表15－3　G20国家列表

洲　别	国家或经济体
欧　洲	法国、德国、意大利、俄罗斯、土耳其、英国、欧盟
亚　洲	中国、印度、印度尼西亚、日本、韩国、沙特阿拉伯
北美洲	加拿大、美国、墨西哥
南美洲	阿根廷、巴西
大洋洲	澳大利亚
非　洲	南非

选取G20国家反映了目前中国所处的主要竞争格局，所以对于发现中国竞争力的优劣有着重要的意义。另外，G20国家的统计资料相对较为全面，有助于准确的评价。

（二）数据来源

数据的准确性是进行国家竞争力准确评价的保障。根据指标数据形成过程的不同，我们将国家竞争力指标分成两类，即客观指标、主客观结合指标，为了保证评价的准确性，客观数据占有较大的比重。

客观指标的数据大部分取自世界银行世界发展指标数据库（WDI Database），该数据库收集了世界银行、联合国等国际组织的客观数据，准确性较高。另外的客观指标数据则通过各个国际组织的数据库采集，包括联合国粮农组织（FAO）、劳动组织（ILO）等。

主客观结合指标是以一定的数据资料为基础，进行专家主观评估形成数据指标。因为各国某些方面的可比数据不够完整、精确。但是通过比较、分析、推理，完全有能力确认各国家某些方面的大体情况。

此外，报告还采用了部分相关研究机构值得借鉴的数据，包括世界经济论坛（WEF）、国际工商管理学院（IMD）、商业周刊（Business Weekly）、福布斯（Forbes）等，这些数据大多是主客观结合指标。

（三）数据处理

1. 数据标准化

在国家竞争力核心指数和全部指标中，包括了20个国家的近200个竞争力指标的年度时间数据，就需要对指标进行进一步的加权综合处理，由于各项指标存在量纲的差别，数值可能相差几个数量级，首先需要对数据指标进行无量纲化处理，使数据之间具有可比可加性。指标原始数据无量纲处理的处理方法主要包括三种：标准化、指数化和阈值法。

（1）标准化法的计算公式为：

$$X_i = \frac{(x_i - \bar{x})}{Q^2} \tag{1}$$

其中 x_i 为原始数据，$\bar{x}$ 为平均值，Q^2 为方差，X_i 为标准化后数据。

（2）指数法的计算公式为：

$$X_i = \frac{x_i}{x_{0i}} \tag{2}$$

其中 x_i 为原始值，x_{0i}为最大值，X_i 为指数。

（3）阈值法的计算公式为：

$$X_i = \frac{(x_i - x_{Min})}{(x_{Max} - x_{Min})} \tag{3}$$

其中 X_i 为转换后的值，x_{Max}为最大样本值，x_{Min}为最小样本值，x_i 为数据原始值。

2. 各级指标权重确定

在对各级指标进行综合处理的过程中，需要对各个分项指标确定权重，从而得到加权合成指标。权重的确定需要综合考虑各个指标的现实重要性和数据特征，并决定了综合指数的结果。本报告的权重确定采用主观赋权和客观赋权相结合的方式。

主观赋权法主要是由专家根据经验主观判断而得到，如层次分析法、Delphi法等，本报告的主观赋权由GUCP项目组的全球专家网络共同完成。客观赋权则是依据指标本身的特性进行赋权，本报告使用了主成分分析法、方差赋权法等赋

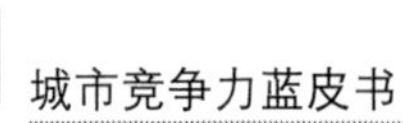

权方法。它的优点是不依赖于人的主观判断，客观性较强，不以人的意志为转移。

本报告中，各级指标均通过主观与客观相结合的分析方法确定权重，指标的综合权重按照两种方法所确定的权重各占50%加权平均得到。

（四）计量方法

国家竞争力指数包含三级近200个指标，在三级指标合成二级指标过程中，首先对数据进行标准化处理，其次采用主客观相结合的方法确定各指标权重，并进一步合成得到二级指标，加权合成公式为：

$$Z_{i.l} = \sum_{i.l} k_{i.l.j} z_{i.l.j}$$

其中，$Z_{i.l}$表示各合成得到的级指标，$k_{i.l.j}$表示各三级指标权重，由主观权重和方差权重按各占50%加权得到，$z_{i.l.j}$表示各三级指标。二级指标合成一级指标的过程由上述方法类似可得。

国家竞争力指数由下式得到：

$$Z = \sum a_i z_i$$

其中，Z 表示国家竞争力指数，a_i 表示各一级指标权重，z_i 表示各一级指标。

第十六章
中国国家竞争力实证分析

一 国家竞争力：欧美国家稳居前列，中国中等增长显著

（一）全球格局：先发国家优势依然，后发国家崛起迅速

在全球化的世界中，各国之间的联系日益紧密，竞争也日益增强。本报告选取 G20 国家为研究样本，选取主体素质、国内供给、国内需求、国内联系、全球联系和公共制度 6 个一级指标，37 个二级指标，199 个三级指标，构建国家竞争力的指标体系。

2004 ~ 2008 年 G20 国家竞争力指数计算结果和排名如表 16 - 1 所示。从中我们发现，传统发达国家依然稳居前列，竞争力优势明显。排名前 10 的国家分别是美国、欧盟、日本、澳大利亚、加拿大、德国、英国、法国、中国和韩国。其中亚洲国家有 3 个，其他均为欧美裔国家。发展中国家只有中国进入前 10。后 10 名为意大利、俄罗斯、巴西、印度、阿根廷、沙特阿拉伯、南非、印度尼西亚、土耳其和墨西哥。后 10 名以发展中国家为主，主要分别在亚非拉美地区，以新兴经济体为主。

2008 年 G20 国家按人口规模与竞争力指数分类矩阵如表 16 - 2 所示。从中我们发现，国家竞争力强弱与人口规模无必然联系，人口规模类似的国家竞争力呈梯度分布。比如人口规模较大的国家：美国（3.04 亿人）、欧盟（3.25 亿人）竞争力较强，中国（13.26 亿人）、巴西（1.92 亿人）居中，印度（11.40 亿人）、印度尼西亚（2.28 亿人）竞争力较弱。人口规模中、小国家也存在这种阶梯状分布。

G20 国家竞争力排名大体呈稳定状态，主要新兴国家崛起较快。发达国家排名稳居前列，德国、意大利排名略有上升。英国、俄罗斯略有下降。阿根廷、南

表 16－1　G20 国家竞争力指数及排名（2004～2008 年）

国　家	2004 年		2005 年		2006 年		2007 年		2008 年	
	指数	排名	指数	排名	指数	排名	指数	排名	指数	排名
美国	1.000	1	1.000	1	1.000	1	1.000	1	1.000	1
欧盟	0.635	2	0.672	2	0.680	2	0.639	2	0.667	2
日本	0.611	3	0.610	3	0.602	3	0.598	3	0.607	3
澳大利亚	0.563	4	0.555	5	0.554	5	0.569	4	0.578	4
加拿大	0.561	5	0.560	4	0.562	4	0.556	5	0.577	5
德国	0.469	7	0.472	7	0.462	7	0.483	7	0.528	6
英国	0.552	6	0.540	6	0.540	6	0.509	6	0.526	7
法国	0.428	8	0.406	8	0.416	8	0.438	8	0.477	8
中国	0.329	9	0.316	9	0.338	9	0.364	10	0.406	9
韩国	0.313	10	0.316	10	0.337	10	0.364	9	0.368	10
意大利	0.202	12	0.174	12	0.174	12	0.186	11	0.180	11
俄罗斯	0.226	11	0.189	11	0.209	11	0.170	12	0.175	12
巴西	0.154	13	0.109	13	0.092	13	0.158	13	0.172	13
印度	0.099	14	0.094	14	0.085	14	0.073	14	0.068	14
阿根廷	0.047	16	0.061	15	0.049	15	0.057	15	0.048	15
沙特阿拉伯	0.007	19	0.000	20	0.026	17	0.032	16	0.044	16
南非	0.000	20	0.002	19	0.000	20	0.024	17	0.032	17
印度尼西亚	0.038	17	0.012	18	0.024	18	0.000	20	0.010	18
土耳其	0.064	15	0.042	16	0.008	19	0.020	18	0.005	19
墨西哥	0.038	18	0.017	17	0.039	16	0.005	19	0.000	20

注：指数取值为［0，1］度量范围，保留 3 位小数，除特殊说明外下同。

表 16－2　G20 国家按人口规模与竞争力指数分类（2008 年）

国家竞争力 \ 人口规模	小(2000 万～6000 万人)	中(6000 万～1.5 亿人)	大(1.5 亿～14 亿人)
高	澳大利亚(+0) 加拿大(+0)	日本(+0) 德国(+1)	美国(+0) 欧盟(+0)
中	韩国(+0) 意大利(+1)	英国(-1);法国(+0) 俄罗斯(-1)	中国(+0) 巴西(+0)
低	阿根廷(+1);南非(+3) 沙特阿拉伯(+3)	土耳其(-4) 墨西哥(-2)	印度(+0) 印度尼西亚(-1)

注：括号内为该国 2004～2008 年国家竞争力在 G20 中排名变化。

非、沙特阿拉伯进步明显，巴西、印度比较稳定。中国虽然名次没有变化，但从指数上看增长迅速，与发达国家的差距不断缩小。

（二）中国方位：中国中游凸显优势，潜力巨大赶超强劲

2008 年，中国国家竞争力在 G20 国家中排名第 9，与 2004 年没有变化。2008 年 G20 国家竞争力对比雷达图如图 16－1 所示。从中我们可以发现，G20 内部竞争力有明显差异，图 16－1 右侧为竞争力较强的国家，左侧为竞争力较弱的国家。中国处于中游水平，正逐步融入世界强国行列，凸显中国崛起的优势。

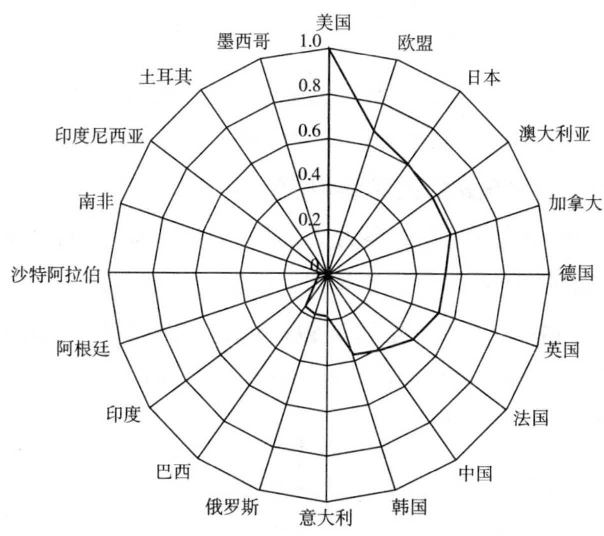

图 16－1 G20 国家竞争力对比雷达图（2008 年）

中国虽然名次没有变化，但从指数来看增长强劲，表现出巨大的潜力。我们看到，中国与排名第 1 的美国国家竞争力指数差距基本呈逐年缩小的态势，2004～2008 年差距分别为 0.671、0.684、0.662、0.636 和 0.594（［0，1］区间，下同）。按照这一发展趋势，中国与欧美发达国家竞争力的差距会越来越小，中国赶超欧美强国将在未来成为现实。

总体来说，G20 国家之间既有合作关系，又有竞争关系。从长期态势来看，美国、欧盟是中国全面竞争对象，欧盟中的德国、英国、法国等是中国未来重点竞争对象。中国与欧美存在垂直分工关系，贸易有很大互补性。在全面追赶的同时也要注重合作，充分利用欧美高新技术成就和优秀文明成果。中国的主要模仿对象是日本和韩国，其经济腾飞的成功经验值得中国借鉴。“金砖四国”是主要竞争对手，其中中国竞争力最强，但未来几年中国面临俄罗斯、巴西、印度赶超的压力较大。同时“金砖四国”也有合作关系，中国对俄罗斯、印度、巴西的矿产和能源需求较大，今后注意在保持竞争优势的同时加强与这些国家的合作。

二　主体素质：全球两极分化严重，中国占优进步明显

主体素质总的来说，中国的排名在 G20 国家中较为靠前，排名第 4，这一指标排名前三位的国家分别为美国、澳大利亚和加拿大，其数据分别为 1.000、0.864 和 0.795。从世界范围内来看，主体素质指标的两极分化较严重，意大利、沙特阿拉伯、南非、印度、俄罗斯、印度尼西亚和墨西哥的这一指标都比较低，处于这一指标中等水平国家的差距都不明显。

G20 国家 2008 年主体素质竞争力指数及 2004～2008 年排名变化如图 16－2 所示。中国在 2004～2008 年的这 5 年间，排名比较稳定，一直处于第 4 位，而指数基本呈上升趋势，从 2004 年的 0.598 逐渐上升到 2008 年的 0.747，可见中国的主体素质这一方面的发展较好，与发达国家的差距不断缩小。

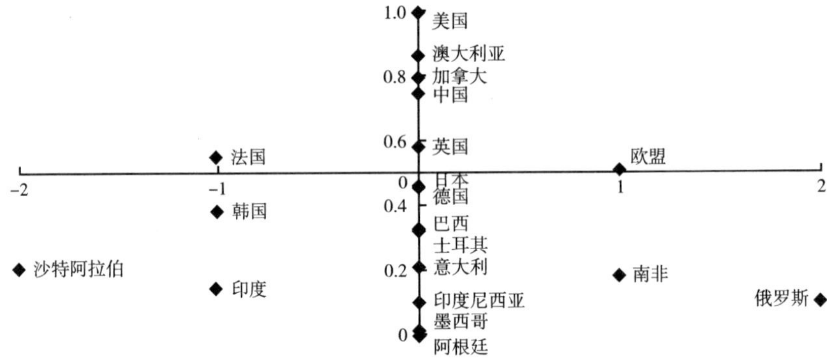

图 16－2　G20 国家主体素质竞争力指数（2008 年）与五年排名变化散点图

注：图中横轴为排名变化，纵轴为 2008 年指数。

主体素质指数的 3 个二级指标：企业指数、公共部门指数和家庭指数及排名（2008 年）如表 16－3 所示。企业竞争力排名第 1 的是美国，中国表现较好，排名第 2；公共部门竞争力排名第一的是澳大利亚，中国排名第 2，排名也较靠前；家庭竞争力排名第 1 的是澳大利亚，中国排名第 8。

表 16－3　G20 国家主体素质分项指标指数及排名（2008 年）

国　家	企　业		公共部门		家　庭	
	指数	排名	指数	排名	指数	排名
美国	1.000	1	0.756	4	0.801	3
澳大利亚	0.410	7	1.000	1	1.000	1
加拿大	0.394	8	0.869	3	0.978	2
中国	0.585	2	0.982	2	0.488	8
英国	0.564	3	0.430	13	0.652	5
法国	0.522	4	0.687	5	0.374	12
欧盟	0.481	5	0.600	6	0.410	10
日本	0.455	6	0.566	8	0.345	13
德国	0.362	9	0.519	10	0.510	7
韩国	0.313	10	0.249	18	0.669	4
巴西	0.110	16	0.442	12	0.620	6
土耳其	0.203	13	0.597	7	0.325	14
意大利	0.108	17	0.330	15	0.425	9
沙特阿拉伯	0.204	12	0.513	11	0.101	18
南非	0.210	11	0.551	9	0.000	20
印度	0.197	14	0.387	14	0.082	19
俄罗斯	0.000	20	0.252	17	0.375	11
印度尼西亚	0.132	15	0.288	16	0.156	17
墨西哥	0.090	18	0.096	19	0.183	16
阿根廷	0.038	19	0.000	20	0.314	15

（一）企业：中国进步明显潜力较大，美国超强独领风骚

企业竞争力从整体上反映的是一国企业的整体状况、发展水平。中国企业竞争力近年来进步迅速，已居世界前列。在 G20 国家中，2004 年中国企业指数为 0.451，排名第 4 位，排名前三的国家分别是美国（1.000），欧盟（0.549）和英国（0.530）。2008 年中国企业指数上升至 0.585，在 G20 中排名第 2，仅次于美国（1.000）。2004～2008 年，G20 国家的企业指数整体来说，发展都比较稳定。排名方面，除了巴西之外，其余均变化不大，而巴西则从 2004 年的第 11 名下降到 2008 年的第 16 名。欧盟亦有所退步，企业竞争力指数从 2004 年第 2 名下降至 2008 年第 5 名。

2004～2008 年的这 5 年间，中国的企业指数排名稳步上升，这 5 年间的排名依次为第 4、第 4、第 3、第 3 和第 2。从这个趋势可以看出，我国企业的整体发展状况一直在不断改善，与 G20 其他国家相比，中国在这方面的优势明显。

具体到三级指标，世界500强指数方面，从图16-3中我们可以看出，就亚洲范围来说，中国的发展水平比较低，世界500强的企业的个数相对较少，2004~2005年企业个数在20个左右，2008年世界500强的企业个数有所增加，达到了37个。从G20国家范围内来看，中国相比排名第一的美国差距非常大，这说明在这方面，中国还处于劣势，世界领先企业规模还比较小，世界顶级的企业个数不多，同发达国家相比还有一定的距离，在未来的发展中，应该对这方面加以重视。

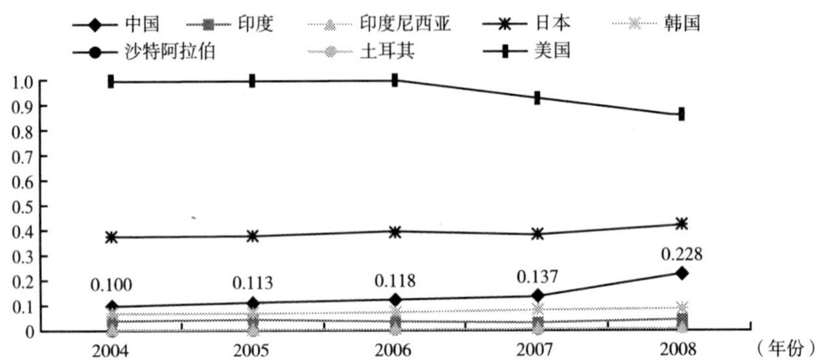

图16-3　美国、G20中亚洲国家世界500强指数（2004~2008年）

创新企业指数方面，如图16-4所示，主要衡量的是商业周刊所公布的创新企业50强，中国在亚洲方面的排名比较靠后，劣势比较明显，在创新企业50强中，2004~2008年，难觅中国企业的身影，在今后的发展中，这个方面要加大重视力度，多多鼓励创新企业的发展。

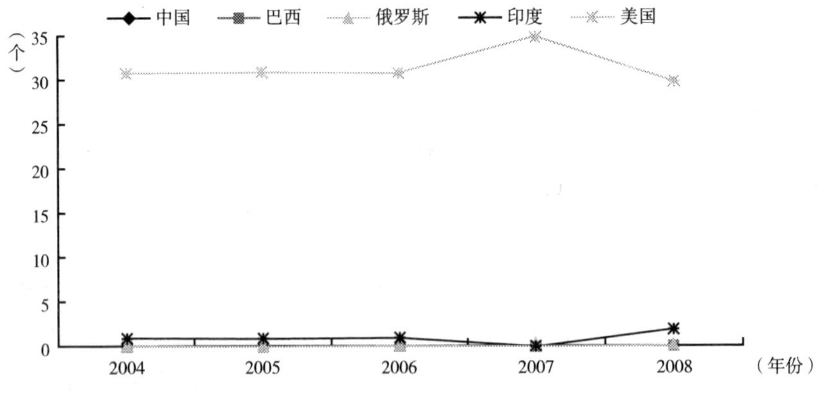

图16-4　“金砖四国”与美国创新企业个数（2004~2008年）

从高端服务指数方面来看，G20 国家中，2008 年中国排名第 12，处于中等偏下位置，也是处于比较劣势的地位，在这方面的投入明显不足。与排名第 1 的美国比较而言，差距较大，中国企业金融研发支出占 GDP 比重仅为 1.229%，远远不及美国的一半，说明我国企业目前在金融、研发方面的投入还是不足的，要加大在这些方面的投入力度，赶超世界先进水平。

企业品牌指数主要是来源于商业周刊每年所公布的世界品牌 100 强，如图 16－5所示，相比于亚洲的日本和韩国，中国没有上榜品牌，而与 G20 中排名第 1 的美国相比，差距更是巨大，劣势明显。因此，对于我国的民族企业来说，如何自力更生，做大做强，打造成世界级的品牌仍是目前亟待解决的问题之一。

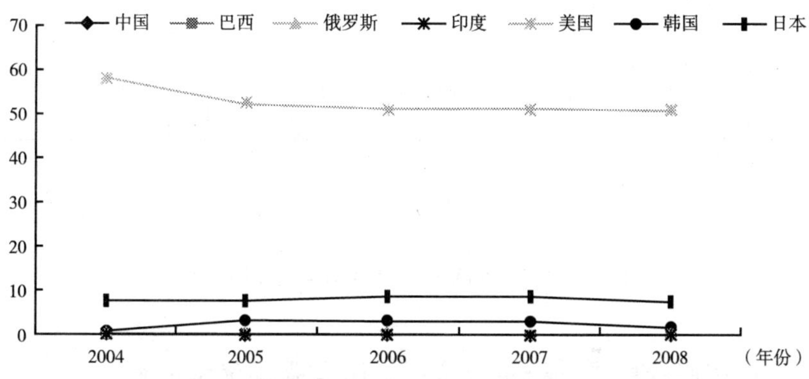

图 16－5 "金砖四国"与美国、日本、韩国企业品牌指数（2004～2008 年）

（二）公共部门：优势明显喜忧参半，世界整体分布平均

公共部门指数从总体上反映一个国家的公共部门竞争力状况。中国 2008 年的公共部门指数为 0.9815，紧随排名第 1 的澳大利亚，整体发展状况良好。G20 国家的公共部门发展水平呈逐渐递减趋势，而且处于中等水平国家的数目较多，排名前三位的国家分别是澳大利亚、中国和加拿大，其数据分别为 1.000、0.982 和 0.869。2004～2008 年的 5 年间，各个国家的排名都相对稳定，变化不大，中国的排名略微有所上升，2004～2007 年，中国的排名在 G20 中一直处于第 3 位，2008 年的排名上升一位，排名第 2 位，在这方面，中国还是有很大优势的。

具体到三级指标。财政支出占 GDP 的比重中国仅次于沙特阿拉伯，排名第 2，表明中国政府具有较强的财力。政府外债占 GDP 的比重中国在 G20 中是最低的，外债负担最小，有很大的优势。G20 外债负担最高的是阿根廷。中国政府效率也表现出较高的水平，在 G20 中排名第 6，表明中国的行政体制在政府效率方面有一定的优势。但中国政府对腐败的控制指数排名也比较落后，仅高于印度尼西亚和阿根廷，劣势十分明显，如图 16 - 6 所示（根据“透明国际”组织全球廉洁指数 GII 排名计算）。

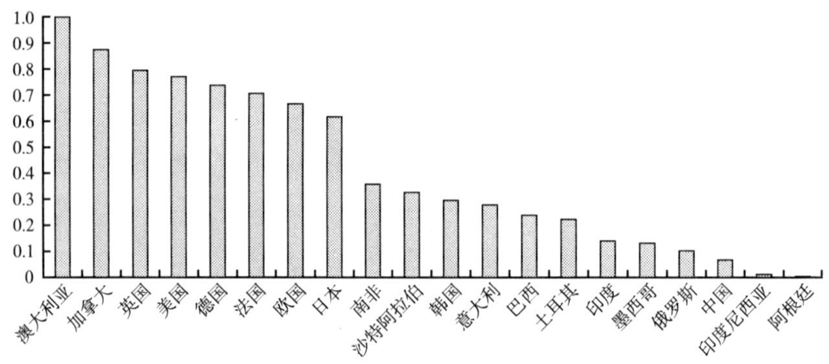

图 16 - 6　G20 国家 2008 年对腐败控制指数

（三）家庭：中国处于中等水平，欧美强国优势显著

家庭指数反映的是一个国家国民家庭生活的整体状况。2008 年，中国的家庭指数为 0.488，在 G20 国家中处于中等水平，优势不是很明显。排名前三位的国家分别是澳大利亚（1.000）、加拿大（0.978）和美国（0.801）。其他国家与排名前三的国家差距较大，第 3 名的美国领先第 4 名的韩国 0.132。处于中间位置的国家发展水平比较接近，而排名靠后的国家与中间位置的国家又存在一定的差距，排名第 17 名的印度尼西亚（0.156）比排名第 18 名的沙特阿拉伯（0.101）高 0.055。

2004 ~ 2008 年，G20 国家的排名变化不大，中国 2004 ~ 2007 年一直排名第 9 位，2008 年的排名上升一位，在 G20 国家中排名第 8。中国家庭指数的整体水平与排名靠前的国家相比，还有一定的差距，说明我国国民家庭生活的整体状况有很大的改善空间。

从三级指标来看，幸福感指数2008年中国在G20国家中排名第5，排名第1的是巴西，排名最后的是南非。反映家庭关系的“女男收入比”如图16－7所示。2008年中国“女男收入”比为0.68∶1，在G20中仅次于澳大利亚，在亚洲国家中排名第1。这一方面表明我国妇女对家庭收入的贡献较高，女性独立性较强。另一方面也表明我国妇女保持了较高的劳动参与率，较其他国家女性更为辛苦。

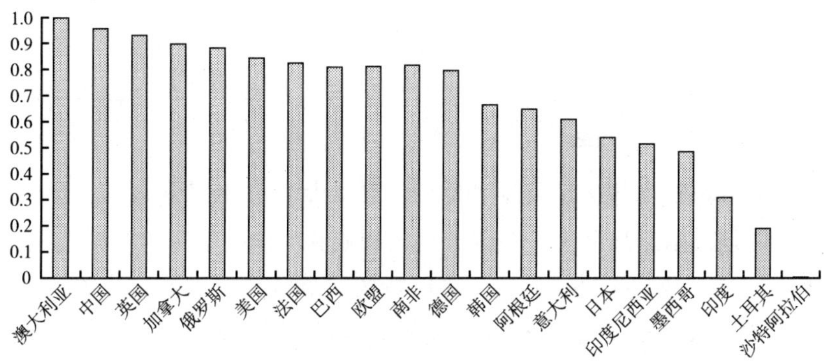

图16－7　G20国家2008年“女男收入比”指数

G20国家衡量创新精神的包容性指数如图16－8所示。排名第1的是加拿大，中国居第10位（0.472），还是存在较大劣势。排名最后的是沙特阿拉伯。总体来看，移民国家的包容性最高，伊斯兰宗教国家包容性最低。亚洲排名第1的是印度（0.672），排名最后的是日本（0.139）。从G20国家范围来看，中国

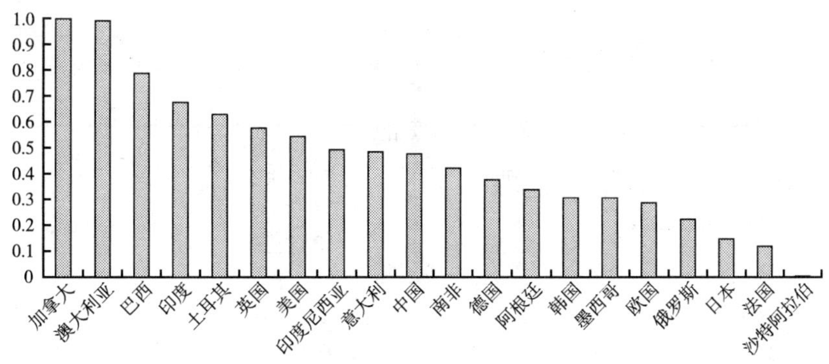

图16－8　G20国家2008年包容性指数

处于中等水平，与一些发达国家相比有一定的差距，存在一定的劣势，这说明中国社会的包容性还不够高，有待进一步解放思想。

三　国内供给：中国居中差距明显，排名上升显现优势

国内供给反映一个国家的生产能力，是衡量一个国家竞争力的重要因素。本节对 G20 国家的人力资本、教育与健康、金融体系、科学技术、文化艺术、区位环境、资源禀赋和基础设施八个方面进行比较分析。G20 国家 2008 年国内供给竞争力指数及 2004～2008 年排名变化如图 16－9 所示。2008 年美国的国内供给能力最强，其次是日本和欧盟。这也是世界上最强大的三大经济体。紧随其后的是德国、加拿大、英国、澳大利亚和韩国，中国排在第九位，处于中等水平。第一名美国的国内供给指数为 1.000，日本的国内供给指数为 0.685，而我国的国内供给指数只有 0.371，仅是美国的 1/3 左右，日本的 1/2 左右，差距还非常大。俄罗斯也挤进了前 10 名，经济复苏的速度非常迅速。巴西排在第 12 名，作为新兴的经济体，巴西的经济实力不容小觑。印度排在第 14 名，位于意大利之后，发展的速度很快，已经成为继中国之后的第二大发展中国家。排在最后三位的国家是墨西哥、土耳其和南非。

2008 年 G20 国家国内供给二级指标指数与排名如表 16－4 所示。

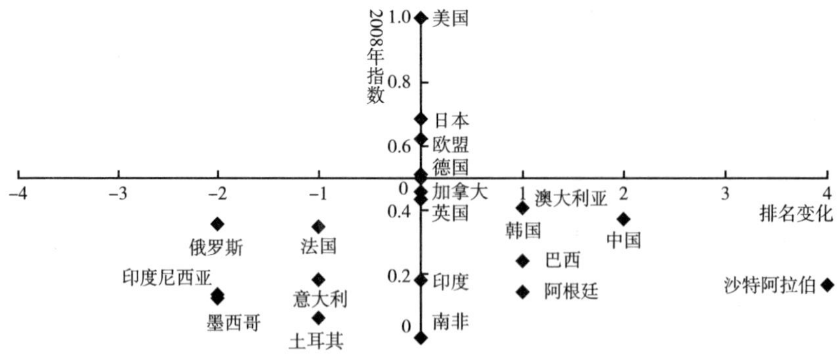

图 16－9　G20 国家国内供给竞争力指数（2008 年）与五年排名变化散点图

注：图中横轴为排名变化，纵轴为 2008 年指数。

表 16－4　G20 国家国内供给分项指标指数及排名（2008 年）

国家	人力资本		教育健康		金融体系		科学技术		文化艺术		区位环境		资源禀赋		基础设施	
	指数	排名	指数	排名	指数	排名	指数	排名	指数	排名	指数	排名	指数	排名	指数	排名
美国	0.670	4	0.826	3	1.000	1	1.000	1	0.527	3	0.596	3	1.000	1	0.578	8
日本	0.537	6	0.702	10	0.786	3	0.607	2	0.615	2	0.357	7	0.147	11	0.938	2
欧盟	0.184	17	1.000	1	0.329	10	0.460	3	1.000	1	0.303	8	0.269	8	0.592	7
德国	0.249	13	0.758	7	0.692	5	0.357	4	0.446	6	0.121	18	0.153	10	1.000	1
加拿大	0.438	8	0.711	9	0.797	2	0.224	9	0.311	9	0.221	12	0.756	2	0.404	10
英国	0.296	11	0.687	11	0.747	4	0.263	8	0.475	5	0.145	15	0.127	14	0.851	4
澳大利亚	0.534	7	0.772	6	0.583	6	0.215	10	0.292	10	0.387	6	0.381	6	0.228	13
韩国	0.370	10	0.683	12	0.388	9	0.341	5	0.124	16	0.222	11	0.146	12	0.905	3
中国	0.540	5	0.453	14	0.258	12	0.283	6	0.476	4	0.235	10	0.695	4	0.302	12
俄罗斯	0.712	3	0.819	4	0.006	19	0.060	16	0.351	7	0.141	16	0.756	3	0.152	16
法国	0.235	14	0.746	8	0.294	11	0.268	7	0.322	8	0.101	19	0.174	9	0.686	5
巴西	0.251	12	0.424	15	0.131	15	0.110	12	0.236	11	1.000	1	0.272	7	0.180	15
意大利	0.000	20	0.893	2	0.081	17	0.054	17	0.007	19	0.121	17	0.054	18	0.605	6
印度	1.000	1	0.000	20	0.164	14	0.115	11	0.187	15	0.540	4	0.063	16	0.558	9
沙特阿拉伯	0.177	18	0.628	13	0.526	7	0.066	15	0.041	18	0.000	20	0.522	5	0.000	20
阿根廷	0.186	16	0.776	5	0.124	16	0.009	18	0.000	20	0.260	9	0.052	19	0.319	11
印度尼西亚	0.808	2	0.254	18	0.032	18	0.004	19	0.231	14	0.768	2	0.000	20	0.115	19
墨西哥	0.395	9	0.422	16	0.226	13	0.000	20	0.234	12	0.489	5	0.060	17	0.141	17
土耳其	0.199	15	0.415	17	0.000	20	0.099	13	0.231	13	0.175	13	0.131	13	0.224	14
南非	0.108	19	0.213	19	0.481	8	0.073	14	0.050	17	0.153	14	0.090	15	0.139	18

（一）人力资本：排名靠前总量巨大，印度崛起不容小觑

2008 年人力资本排名中印度排在首位，处于第 2 位的是印度尼西尼，其次是俄罗斯，美国排在第 4 位。中国在人力资本方面排在第 5 位，排名比较靠前，但指数值仅是印度的 1/2，还有很大的上升空间。2004～2006 年，中国在人力资本方面一直排在第 6 名，2007 年和 2008 年上升到第 5 名，近几年来稍有上升但速度缓慢。

在人力资本总量上，中国依靠人口众多的优势，排名稳居第 1，指数是印度的 1.5 倍。而人力资本构成考虑了不同层次人才所占比重，能更合理地反映一国人力资本的水平，本报告采用本科学历以上、技能人才、工程师和科学家所占比重来衡量人力资本构成指数。2008 年人力资本构成指数排在前 3 位的依次是美国、日本和加拿大，中国排在第 18 名，指数值仅是美国的 1/12，日本的 1/10，差距非常大。中国的人力资本构成指数 2004～2008 年一直排在第 18 位，排名没有发生变化。这说明中国人口总量虽大，但是拥有高学历或专业技术的人才比例很低，劳动力的整体文化素质不高。

（二）教育与健康：劣势显著问题严重，欧美占优领先世界

在教育与健康方面，2008 年排名第一位的是欧盟，然后是意大利和美国，可以看出欧美国家在教育方面居于世界领先水平。俄罗斯排在第 4 位，教育水平比较高。中国排在第 14 名，指数值为 0.453，还不及欧盟的一半，属于中等偏下的水平，甚至还落后于沙特阿拉伯，这说明教育水平是中国的一大劣势。中国在 2004 年位于第 16 名，2005 年上升到第 15 名，2007 年又上升了一名，可见中国的排名近五年来一直在缓步上升。

高等教育水平的高低最能反映出一国的教育质量。按照国内大学在世界上的排名进行赋值计算，中国的高等教育指数一直排在第 4 位，仅次于欧盟、美国和日本，但指数值却不及欧盟的 1/10，也只有美国的 1/3，差距很大。中美高等教育指数比较如图 16－10 所示。2004～2008 年，中国的高等教育指数一直排在第 4 名，指数与排名均比较稳定。可见中国虽然已经发展成为高等教育大国，高校数量众多，但整体水平并不高，尤其是缺乏一批具有世界一流水平的大学。

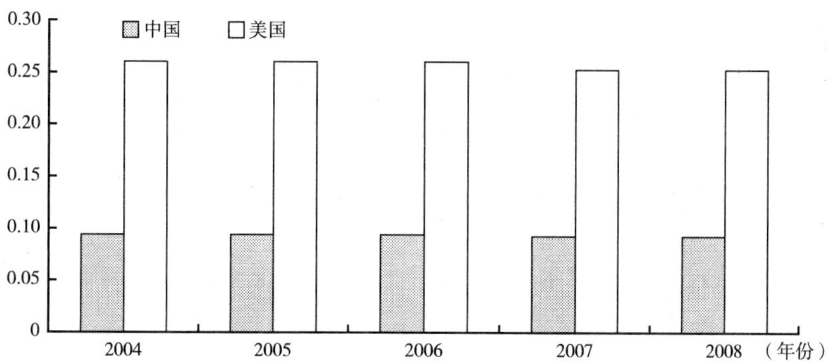

图 16－10　中美高等教育指数比较（2004～2008 年）

（三）金融体系：金融体系日趋完善，信息建设严重滞后

金融是一国经济的核心。2008 年金融体系最完善的前三个国家依次是美国、加拿大和日本，然后是英国和德国。中国排在第 12 位，排名靠后，但近五年来中国的排名在不断上升，2004 年和 2005 年均位于第 18 名，2007 年上升到第 11 名。中国金融体系指数与排名变化如图 16－11 所示。

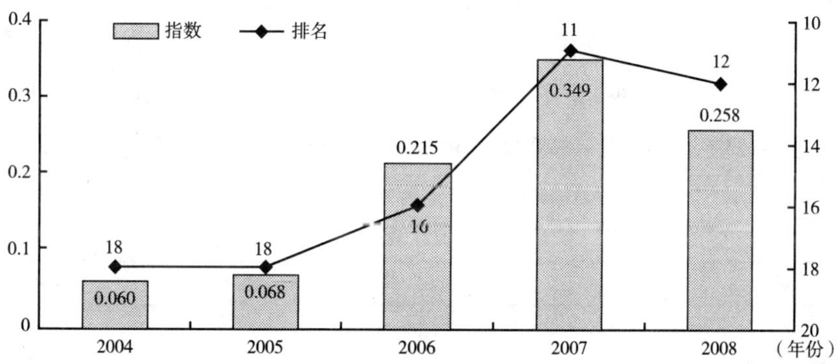

图 16－11　中国金融体系指数与排名变化

在金融体系的三级指标中，实际利率指数和信贷信息指数值得关注。2008 年中国的实际利率指数排在第 4 位，排名靠前。这说明中国的实际利率水平较低，近几年一直实行适度宽松的货币政策。另外，中国的存贷利率差比其他国家要高，这表明我国银行业利润率较高，有利于金融业的发展。2008 年信贷信息指数排名中国和欧盟、法国、俄罗斯、印度及印度尼西亚最差，中国成为金融市

场信贷信息最缺乏的国家之一，这是我国金融领域最突出的劣势。充足完善的信贷信息能鼓励银行向信誉良好的企业发放贷款，中国需尽快解决金融行业信息严重不足的问题，以促进资本市场的健全发展。

（四）科学技术：美欧超强领先全球，中国后发优势突出

邓小平曾说过："科学技术是第一生产力。"科学技术水平是一个国家的核心竞争力，是衡量一个国家或地区生产能力的重要指标。2008 年中国的科学技术指数在 G20 国家排名中处于第 6 位，落后于美国、日本、欧盟、德国和韩国，属于中上游水平，但指数值却不及美国的 1/3。中国从 2004 年的第 10 名稳步上升到 2008 年的第 6 名，指数值不断上升，这说明中国的科技水平近五年来不断提高。

著名研究机构数量排名中前三位依次是美国、法国和德国，中国一直处在第 7 名。美国著名科研机构数量最多，达到 329 个，中国为 61 个。作为高科技发展的必备工具——超级计算机拥有量排名中，中国排在第 7 名，低于美国、欧盟、英国、法国、德国和日本。本报告的超级计算机指数根据国际超级计算机大会（ISC）每年 11 月公布的全球超级计算机 500 强（Top500）各国拥有的数量计算而成。2005 ~ 2008 年，中国在超级计算机 500 强中拥有的数量分别为 17 台、17 台、10 台和 15 台，与"金砖四国"及排名第 1 的美国对比如表 16 – 5 所示。从中我们可以看出，中国超级计算机的拥有量在"金砖四国"中居于领先地位，俄罗斯进步较快，但美国一枝独秀，远远高于其他国家。

表 16 – 5 "金砖四国"与美国"超级计算机 500 强"拥有量（2005 ~ 2008 年）

国 家	2005 年	2006 年	2007 年	2008 年
中 国	17	17	10	15
巴 西	4	4	1	2
印 度	4	10	9	8
俄罗斯	0	2	7	8
美 国	305	309	283	290

（五）文化艺术：欧美日本占据优势，中华文化潜力巨大

2008 年文化艺术指数排名前 3 位依次是欧盟、日本和美国，中国位于第 4 名，略高于英国和德国，且近五年来排名稳定。世界文化遗产数量最多的是欧

盟，达到284处，其次为意大利（44处），中国（38处）居第3位。世界银行数据库的统计数据显示，三级指标艺术人才指数中国稳稳排在第一位，略高于欧盟，远高于美国，是美国的近两倍。G20国家2008年艺术人才指数比较如图16－12所示。可见中国的艺术人才数量庞大，文化艺术基础雄厚。中国是一个文化艺术大国，且中华文明源远流长、博大精深。随着中国崛起，中国文化的吸引力将越来越强，将来很可能发展成为一个文化强国。

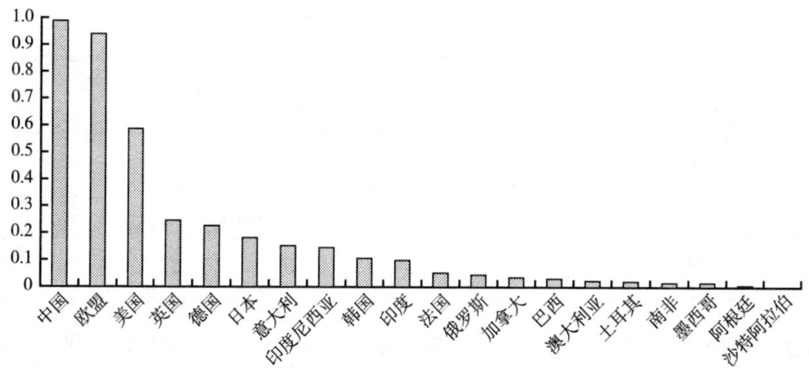

图16－12　G20国家2008年艺术人才指数比较

（六）区位环境：巴西印尼优势明显，中国生态劣势较大

2008年区位环境指数排名中国位于第10名，区位环境最优的三个国家依次是巴西、印度尼西亚和美国。

其中三级指标生物多样性指数在G20中，巴西的生物多样性指数最高，其次为美国（0.939）、澳大利亚（0.879）、印度尼西亚（0.808）、墨西哥（0.687）。中国在G20中居第6位（0.667）。从排名可以看出，生物多样性指数高的国家都是幅员辽阔的国家，中国地域辽阔，物种丰富，但生物多样性指数排名没有在G20中进入前5名。这表明中国目前的生态环境不容乐观，生态保护压力较大。生态脆弱是中国的劣势之一。

二氧化碳排放指数根据世界银行数据库统计的人均二氧化碳排放量计算。该指标为逆指标，经正向化处理后，排名前5（即人均二氧化碳排放最少）的国家依次为印度、巴西、印度尼西亚、土耳其和阿根廷。2005年G20人均二氧化碳放量如表16－6所示。在哥本哈根大会上发达国家频频指责发展中国家碳排放过大。但从数据我们看出，发达国家的人均二氧化碳排放量远远高于发展中国家。无论从历史还是现实看，发达国家都对二氧化碳排放负有更多的责任。

表 16－6　G20 国家人均二氧化碳排放量（2005 年）

单位：吨

国家	美国	澳大利亚	加拿大	沙特阿拉伯	俄罗斯	日本	德国
人均 CO_2 排放量	19.54	18.09	16.64	16.48	10.50	9.63	9.51
国　家	韩国	英国	南非	欧盟	意大利	法国	中国
人均 CO_2 排放量	9.39	9.07	8.72	8.06	7.71	6.20	4.26
国　家	墨西哥	阿根廷	土耳其	印度尼西亚	巴西	印度	
人均 CO_2 排放量	4.09	3.94	3.48	1.90	1.75	1.28	

（七）资源禀赋：总量占优人均稀少，合理利用亟待加强

资源禀赋指数通过耕地面积、可再生内陆淡水资源、能源的总量与人均水平来衡量。2008 年 G20 国家资源禀赋指数前 5 名依次是：美国（1.000）、加拿大（0.748）、俄罗斯（0.737）、中国（0.675）和沙特阿拉伯（0.499）。中国的总体形势依然是总量大，人均少。

中国耕地总面积在 G20 中排名第 1，但人均耕地面积为第 12 名，不足澳大利亚的 2%。人多地少的矛盾依然十分突出，耕地保护形势严峻。中国内陆淡水资源在 G20 中排名第 5，总量为 28124 亿立方米，但人均内陆淡水资源为 2121.54 立方米，居第 15 名。中国能源总量在 G20 中排名第 1，但人均能源量排名为第 17 位。人均能源量排名前三的国家是加拿大、美国、沙特阿拉伯。图 16－13为“金砖四国”与加拿大（排名第 1）人均能源量对比图。

（八）基础设施：不断完善进步迅猛，道路漫长任重道远

2008 年基础设施竞争力指数中国为 0.302，处于第 12 位。排名前五的国家依次是德国（1.000）、日本（0.938）、韩国（0.905）、英国（0.851）和法国（0.686）。中国的基础设施竞争力指数排名从 2004 年的第 13 位上升至第 12 位。但与发达国家相比，基础设施建设还显得比较滞后。

日本、德国拥有全球最密集的公路和铁路运输系统。日本的公路网络总量密度在 G20 中排名第 1，中国虽然发展很快，但排名居第 10，落后于印度（第 6）。

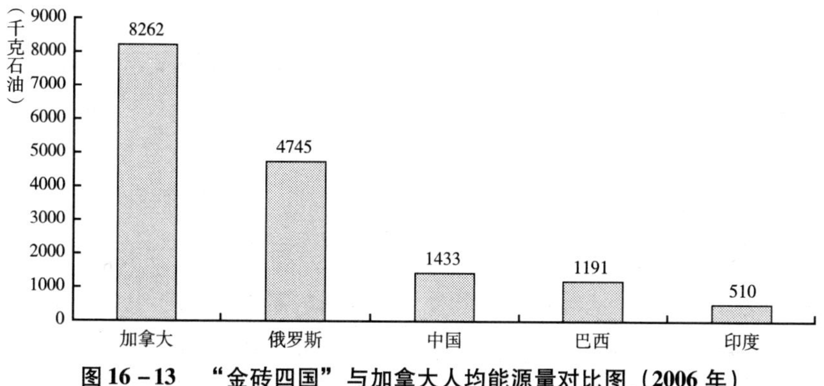

图 16－13　“金砖四国”与加拿大人均能源量对比图（2006 年）

德国的铁路网密度在 G20 中排名第 1，中国排名第 14，较为落后。由此可看出，中国的交通设施建设相对落后，随着城市化进程的加快和经济的持续发展，交通运输的压力进一步加大，中国必须加快交通基础设施建设的进度。

近年来中国信息基础设施建设发展迅猛，但与发达国家差距还比较明显。2008 年每百人固定电话干线数排名前 5 位的国家分别是德国、法国、加拿大、英国和美国，中国排名第 12 位。事实上，近年来中国飞速发展的移动通信技术使越来越多的中国人选择使用移动通信而不是固定电话，因此中国每百人固定电话干线数较小。这正是中国的后发优势。根据世界银行数据库的统计，每百人宽带用户数中国上升较快，由 2004 年的 7.25 人上升至 2007 年的 16.13 人，但与其他国家相比，还比较落后，我国互联网普及率仍较低，在国际竞争中处于劣势。2007 年在 G20 国家排第 17 位。每百人宽带用户数排名第 1 的是韩国，高达 75.93 人，其次是美国（73.59 人）。“金砖四国”与韩国、美国每百人宽带用户数对比如图 16－14 所示。

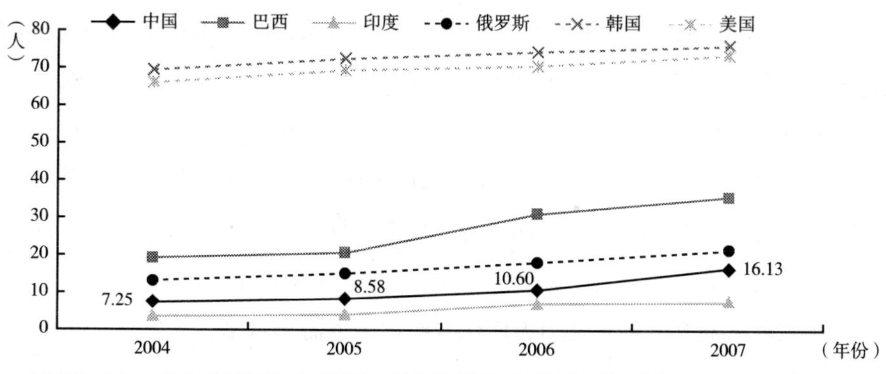

图 16－14　“金砖四国”与韩国、美国每百人宽带用户数对比（2004～2007 年）

四　国内需求：总量占优潜力巨大，结构落后层次不高

国内需求是拉动国民经济增长的重要因素之一，反映一国经济发展水平和国家竞争力。国内需求指数由需求规模、需求水平、需求层次、需求结构、需求潜力五个二级指标合成。从国际比较来看，中国国内需求在 G20 中处于中等水平。从时间序列来看，中国国内需求指数排名 2004～2008 年分别为第 11、第 14、第 13、第 13 和第 9，在震荡中上升。G20 国家 2008 年国内需求竞争力指数及 2004～2008 年排名变化如图 16－15 所示。

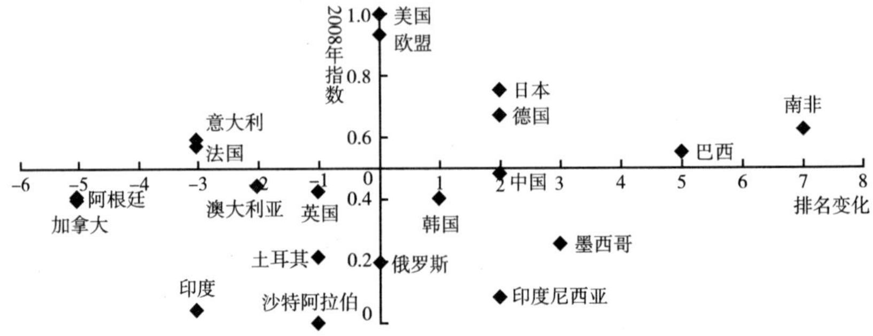

图 16－15　G20 国家国内需求竞争力指数（2008 年）与五年排名变化散点图

注：图中横轴为排名变化，纵轴为 2008 年指数。

从图 16－15 中我们可以看出，在 G20 国家中，2008 年中国国内需求指数为 0.484，排名为第 9，居中等水平。排名第一的是美国（1.000），其次是欧盟（0.934）、日本（0.756）、德国（0.673）。这些国家经济发展水平较高，人口规模也比较可观，目前国内需求旺盛，国内需求指数在 G20 中名列前茅。国内需求最低的是沙特阿拉伯，这与其主要依靠能源出口的外向型经济发展模式相吻合。

国内需求指数的 5 个二级指标：需求规模指数、需求水平指数、需求层次指数、需求结构指数、需求潜力指数及排名（2008 年）如表 16－7 所示。总体来看，中国在需求规模、需求潜力方面优势明显，但需求水平、需求层次和需求结构处于劣势。

表 16-7　G20 国家国内需求分项指标指数及排名（2008 年）

国　家	需求规模		需求水平		需求层次		需求结构		需求潜力	
	指数	排名	指数	排名	指数	排名	指数	排名	指数	排名
美　国	1.000	1	1.000	1	1.000	1	0.152	14	0.166	14
欧　盟	0.761	2	0.649	6	0.838	4	0.653	3	0.247	12
日　本	0.278	4	0.673	4	0.727	7	1.000	1	0.000	20
德　国	0.175	6	0.692	2	0.802	5	0.638	5	0.159	15
南　非	0.007	18	0.201	12	0.934	2	0.564	6	0.632	4
意大利	0.100	11	0.561	9	0.717	8	0.676	2	0.211	13
法　国	0.116	7	0.656	5	0.845	3	0.507	7	0.078	19
巴　西	0.116	9	0.160	17	0.711	9	0.642	4	0.519	6
中　国	0.586	3	0.059	18	0.326	15	0.000	20	1.000	1
澳大利亚	0.017	17	0.638	7	0.652	11	0.307	11	0.260	11
英　国	0.116	8	0.681	3	0.779	6	0.129	16	0.118	18
阿根廷	0.003	19	0.201	13	0.526	13	0.164	13	0.889	2
韩　国	0.064	12	0.545	10	0.695	10	0.118	17	0.340	10
加拿大	0.044	14	0.627	8	0.625	12	0.326	10	0.135	17
墨西哥	0.056	13	0.164	16	0.257	16	0.497	8	0.407	9
土耳其	0.027	16	0.180	14	0.380	14	0.180	12	0.500	7
俄罗斯	0.103	10	0.173	15	0.126	18	0.381	9	0.439	8
印度尼西亚	0.030	15	0.010	19	0.012	19	0.144	15	0.733	3
印　度	0.245	5	0.000	20	0.000	20	0.058	18	0.520	5
沙特阿拉伯	0.000	20	0.285	11	0.252	17	0.019	19	0.153	16

（一）需求规模：高居三强优势明显，赶超欧盟志在必得

需求规模从总量上反映一国国内需求状况。中国需求规模优势明显，在 G20 国家中位居前列，仅次于美国、欧盟，且与前两名差距不断缩小。从表 16-7 中我们可以看出，在 G20 国家中，2008 年中国需求规模指数为 0.586，居第 3 位，仅次于美国（1.000）、欧盟（0.761）。这表明我国已成为世界第三大需求市场，中、美、欧三大经济体的需求规模指数遥遥领先于其他国家。2004～2008 年，G20 的需求规模指数排名前 8 名呈稳定状态，依次为美国、欧盟、中国、日本、印度、德国、法国、英国。这与国家总体经济实力、人口总量排名相对稳定密切相关。巴西、墨西哥、南非等新兴经济体需求规模排名有所上升。南非、阿根廷、沙特阿拉伯的需求规模相对较小，排名徘徊在最后三位。

2004～2008 年，中国需求规模指数排名虽然一直居于第三，但与前两名的

差距在不断缩小。中国需求规模指数与欧盟的差距 2004 年为 0.301，2005 年为 0.271，2006 年为 0.242，2007 年为 0.210，2008 年为 0.174。从这个趋势我们可以判断，中国的需求规模可能在 6 年内赶超欧盟，直逼美国。

（二）需求水平：新兴国家劣势较大，欧美强国一路领先

需求水平从人均角度反映了一国的需求状况。中国需求水平较为落后，在 G20 中处于劣势地位，新兴经济体与发达国家都有较大差距。如表 16 - 7 所示，从 2004 年至 2008 年五年的数据中我们发现，中国的需求水平指数虽然有所增加，但一直处于较低水平，2008 年为 0.059，在 G20 国家中排名为第 18 位，仅高于印度尼西亚和印度。人均需求最多的国家是美国（1.000），其次是德国（0.692）、英国（0.681）、日本（0.673）、法国（0.656）。排名后 10 位的国家与排名前 10 位的国家差距较大。可见就人均需求而言，发达国家仍具有较大优势，新兴经济体与发达国家还有较大差距。

在反映需求水平的 7 项指标中，中国各项指标均比较落后。尤其是人均公共退休金支出劣势非常明显，2004 年排名在 G20 中居末位，虽然五年间有所进步，2008 年排名上升至第 19 位，但总的来说与其他国家差距仍较大，我国尽快健全完善社会保障制度。

在人均公共教育支出、人均科技投入方面，中国五年来排名分别都是第 18 和第 17 位。图 16 - 16 为“金砖四国”与美国人均公共教育支出比较。中国虽然逐年增加，2008 年达到 207 美元①，高于印度，但与巴西、俄罗斯相比还有较大差距。与发达国家差距更大，欧美国家人均公共教育支出排名稳居前列，美国最高，2006 年为 2505 美元。人均科技投入指数美国、日本一直高居榜首，2008 年日本超过美国，排名第一。值得注意的是，韩国人均科技投入近五年增长较快，在 G20 国家的排名由 2004 年的第 6 位上升至 2008 年的第 3 位。中国人均科技投入也有较快增长，由 2004 年的第 17 位上升至 2008 年的第 15 位，但水平仍较低，2006 年为 66 美元，同期俄罗斯为 142 美元，日本为 1115 美元，美国为 2505 美元。

---

① 根据公共教育支出占 GDP 的比重计算，数据来源为世界银行数据库（WDI）与中国国家统计局，单位为经 PPP 调整的现价美元，下同。

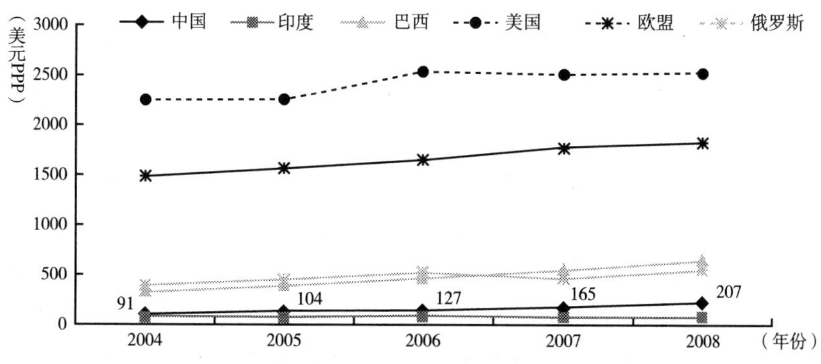

图 16－16　“金砖四国”、欧盟、美国人均公共教育支出比较
（美元 PPP，2004～2008 年）

（三）需求层次：排名中下劣势突出，三级指标有喜有忧

需求层次指数由各项需求指标占 GDP 的比重合成计算。中国需求层次在 G20 中处于中下等水平。在 G20 国家中，中国需求层次指数为 0.326，排名第 15，竞争力领先于墨西哥、沙特阿拉伯、俄罗斯、印度尼西亚和印度，处于中下等水平。最高依然为美国。南非在需求层次方面竞争力较强，排名为第 2。

具体到三级指标，中国有喜有忧。

近年来中国信息技术支出占 GDP 的比重较高，在 7% 以上，排名仅次于南非，居第 2 名。在 G20 亚洲国家中稳居第 1 名，2007 年高于日本的 0.36%，高于印度的 1.94%，如图 16－17 所示（除中国外 2008 年其他国家为估算）。这表明我国在信息技术方面的投资较大，信息化建设速度较快，信息化优势不断加强。

但是，中国公共教育支出占 GDP 的比重很小，这表明教育支出仍是中国的劣势之一。2004～2008 年分别为 2.52%、2.55%、2.73%、3.07% 和 3.48%，除 2008 年在 G20 中排名倒数第二外，2004～2007 年均排名倒数第一。这表明我国今后仍应加大对教育的投入。

中国科技投入占 GDP 比重在 G20 中居中等水平，与日韩相比，劣势较大。2008 年中国科技投入占 GDP 比重为 1.62%，G20 排名为第 10。“金砖四国”与日本、韩国科技投入占 GDP 比重如图 16－18 所示。2004～2007 年日本科技投入

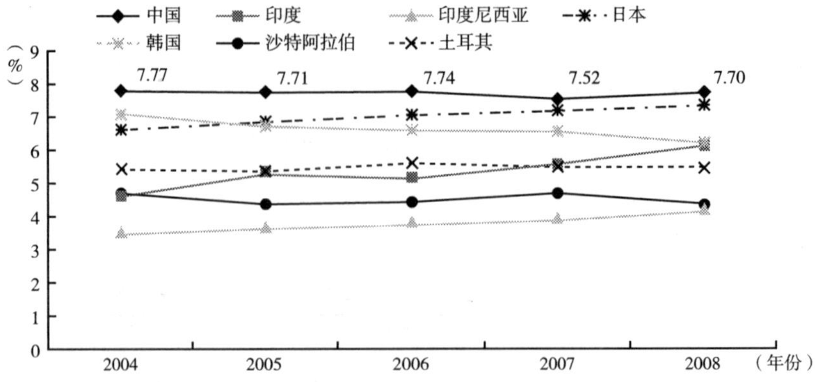

图 16－17　G20 亚洲国家信息技术支出占 GDP 比重（2004～2008 年）

占 GDP 比重一直居 G20 第 1 位，其次是韩国。估算 2008 年韩国将超过日本，居 G20 第 1 位。这表明日本、韩国非常重视"科技兴国"，中国应借鉴日韩发展经验，贯彻实施"科教兴国"战略。

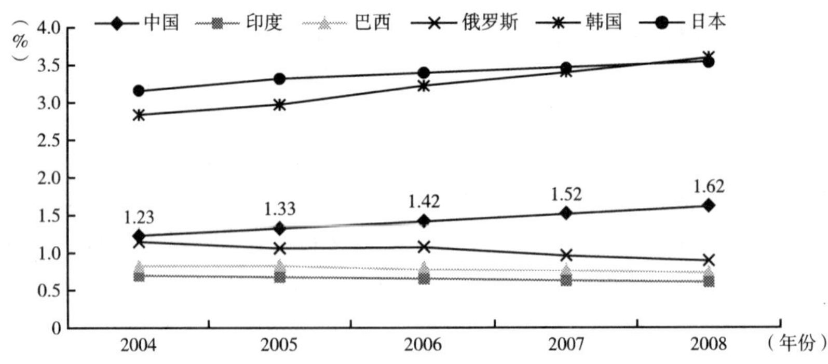

图 16－18　"金砖四国"、韩国、日本科技投入出占 GDP 比重（2004～2008 年）

（四）需求结构：排名垫底偏离严重，调整结构刻不容缓

需求结构指数由需求层次指标偏离全球平均程度合成。在 G20 国家中，中国需求结构指数最低，排名垫底。这表明中国需求结构偏离全球程度较高，经济结构不合理。最高为日本（1.000），然后为意大利（0.676）、欧盟（0.653）、巴西（0.642）和德国（0.638）。

中国在家庭最终消费占 GDP 比重、固定资产形成总额占 GDP 比重方面均强烈偏离全球平均程度，如图 16－19、图 16－20 所示。2004～2007 年，中国家庭最终消费占 GDP 的比重不断下降，2008 年有所上升，但依然严重低于全球平均程度。而固定资产形成总额占 GDP 比重却严重高于全球平均程度。一方面消费水平偏低，另一方面投资水平偏高，表明我国经济增长投资拉动效应明显，与全球经济主要靠消费拉动的模式不同。中国储蓄占 GDP 比重在 G20 国家中是偏离全球平均程度最高的，如图 16－21 所示，2008 年为 49.22%，全球平均水平为 22.80%。这表明我国储蓄率过高。内需占 GDP 的比重呈下降趋势，2008 年指数在 G20 中排名第 19，仅高于沙特阿拉伯。2004～2008 年，政府最终消费占 GDP 的比重由 14.51% 下降至 13.95%，偏离全球平均程度居中等。

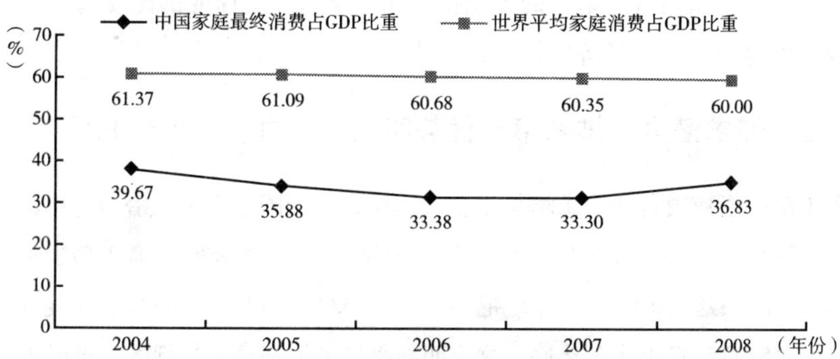

图 16－19 中国家庭最终消费占 GDP 比重与全球平均程度（2004～2008 年）

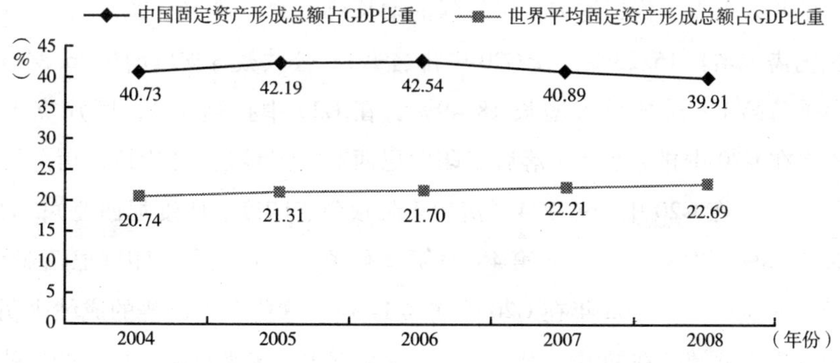

图 16－20 中国固定资产形成总额占 GDP 比重与全球平均程度对比（2004～2008 年）

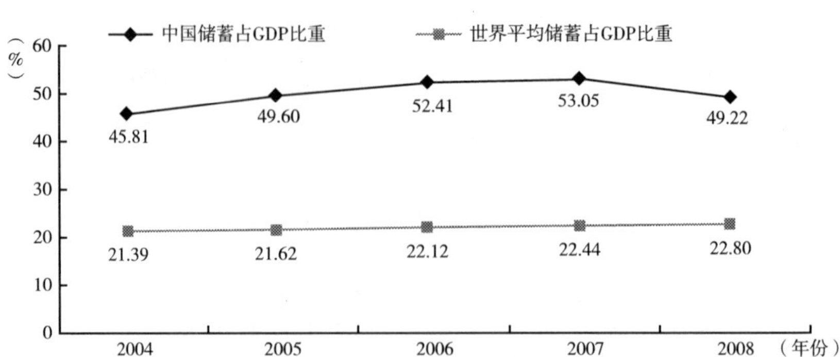

图 16－21　中国储蓄占 GDP 比重与全球平均程度对比（2004～2008 年）

总体来说，我国需求结构的各项指标偏离全球平均程度都比较高。这表明我国经济结构劣势较大，经济增长方式亟待转变。

（五）需求潜力：排名第一优势明显，潜力巨大前景光明

需求潜力指数由各项需求增长率合成，反映一国国内需求的潜力。中国需求潜力巨大，优势令人鼓舞。2004～2008 年，中国需求潜力指数由第 3 名上升至第 1 名。然后是阿根廷（0.889）、印度尼西亚（0.733）、南非（0.632）、印度（0.520）和巴西（0.519）。日本排名垫底。这表明新兴经济体都具有较好的需求潜力，中国的需求潜力最大。

中国的国内总需求、公共教育支出、科技投入、医疗卫生支出、信息技术支出、通信收入等需求指标均表现出较强的增长势头，如图 16－22 所示。2008 年中国国内需求增长 15.23%，在 G20 中排名第 1；公共教育支出增长 26.24%，在 G20 中排名第 1；科技投入增长 18.49%，在 G20 中排名第 1；医疗支出增长 9.90%，在 G20 中排名第 4（落后于印度尼西亚、阿根廷、韩国）；信息技术支出增长 14%，在 G20 中排名第 4（落后于阿根廷、印度、印度尼西亚）；通信收入增长 7.88%，在 G20 中排名第 4（落后于俄罗斯、意大利、印度尼西亚）。人口增长率明显放缓，2008 年在 G20 中居第 14 位。这些令人鼓舞的成绩表明，中国在国内需求领域存在的潜力很大，后发优势突出，未来将取得更大的成就。

总的来说，中国国内需求规模大、潜力大，但水平、层次和结构仍与世界主要国家存在较大差距。

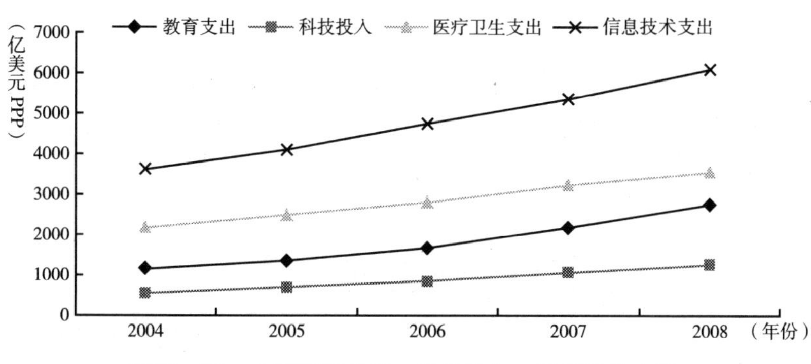

图 16－22　中国教育支出、科技投入、医疗卫生支出、信息技术支出变化（2004～2008 年）

五　国内联系：排名中游差距明显，国内联系有待加强

国内联系指数由空间接近、产业集中、社会交往、物理联系、经济关系、社会关系、结构关系 7 个分项指数进行合成。中国的国内联系指数在 G20 国家中排第 11 位，排名略为靠后，且在 2004 年至 2008 年五年里有逐渐下滑的趋势。国内联系指数排在中国之前的国家或经济体，从人均收入的角度衡量多为发达国家，唯一的例外是排在第 10 位的阿根廷。法国进步较快，2008 年国内联系竞争力排第 1 名，其后是澳大利亚、欧盟、韩国和德国。G20 国家 2008 年国内联系竞争力指数及 2004～2008 年排名变化如图 16－23 所示。

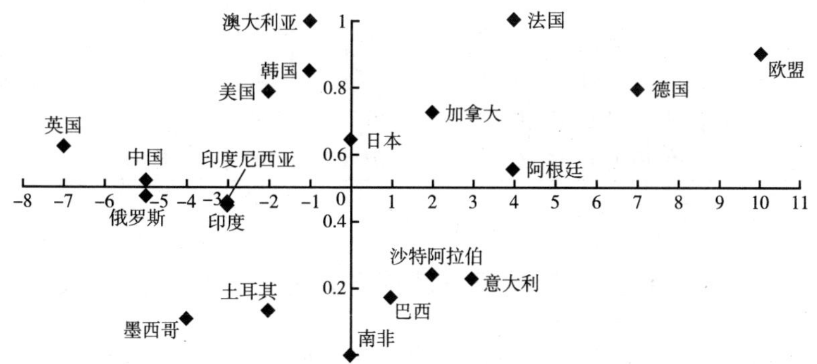

图 16－23　G20 国家国内联系竞争力指数（2008 年）与五年排名变化散点图

注：图中横轴为排名变化，纵轴为 2008 年指数。

G20 国家 2008 年国内联系分项指标指数及排名如表 16－8 所示。从各分项指数看，中国的空间接近、产业集中、社会交往表现较为靠后。社会关系、结构关系表现一般，而物理联系、经济关系则表现较好。而排在前列的国家均有不同程度的短板。

表 16－8　G20 国家国内联系分项指标指数及排名（2008 年）

国家	空间接近		产业集中		社会交往		物理联系		经济关系		社会关系		结构关系	
	指数	排名	指数	排名	指数	排名	指数	排名	指数	排名	指数	排名	指数	排名
法国	0.644	11	0.459	9	0.412	14	0.077	10	0.727	6	0.792	6	1.000	1
澳大利亚	1.000	1	0.375	11	0.896	4	0.030	15	0.788	4	0.936	3	0.435	4
欧盟	0.539	14	0.721	4	0.541	9	0.461	3	0.619	8	0.854	4	0.491	2
韩国	0.868	3	1.000	1	0.751	6	0.074	11	0.463	10	0.722	7	0.453	3
德国	0.413	17	0.666	5	0.966	2	0.143	7	0.416	14	1.000	1	0.361	9
美国	0.708	9	0.579	6	0.954	3	0.859	2	0.418	13	0.702	8	0.179	15
加拿大	0.790	5	0.512	7	0.778	5	0.089	8	0.360	15	0.956	2	0.313	10
日本	0.853	4	0.403	10	0.624	8	0.188	6	0.246	19	0.832	5	0.430	5
英国	0.748	7	0.901	2	1.000	1	0.087	9	0.331	17	0.700	9	0.098	18
阿根廷	0.995	2	0.287	13	0.469	12	0.000	20	0.696	7	0.368	14	0.407	7
中国	0.150	19	0.138	17	0.000	20	1.000	1	0.820	3	0.534	12	0.276	11
俄罗斯	0.492	15	0.065	19	0.239	19	0.291	5	1.000	1	0.364	15	0.274	12
印度尼西亚	0.215	18	0.798	3	0.376	16	0.051	14	0.949	2	0.328	16	0.143	17
印度	0.000	20	0.484	8	0.276	18	0.349	4	0.762	5	0.378	13	0.425	6
沙特阿拉伯	0.595	12	0.078	18	0.510	10	0.013	19	0.509	9	0.564	11	0.000	20
意大利	0.429	16	0.358	12	0.395	15	0.055	13	0.346	16	0.610	10	0.072	19
巴西	0.749	6	0.000	20	0.459	13	0.063	12	0.463	11	0.280	18	0.147	16
土耳其	0.582	13	0.180	16	0.483	11	0.015	18	0.290	18	0.320	17	0.206	14
墨西哥	0.729	8	0.183	15	0.331	17	0.017	17	0.420	12	0.084	19	0.251	13
南非	0.683	10	0.190	14	0.652	7	0.023	16	0.000	20	0.000	20	0.376	8

（一）空间接近：城市化率不断提升，提升空间仍然巨大

空间接近指数由城市化率等相关指数进行合成。中国的空间接近指数在 G20 国家中排第 19 位，较为落后，仅高于另外一个新兴国家印度。该指数表现最好的是澳大利亚。

在2004年至2008年五年中，中国的排位没有发生变动。不过从具体的数据看，中国在这一指标上的进步依然明显，但由于空间接近指数本身基础的薄弱，与发达国家相比差距仍然巨大，所以尚有较大的提升空间。中国城市化水平变化如图16－24所示。

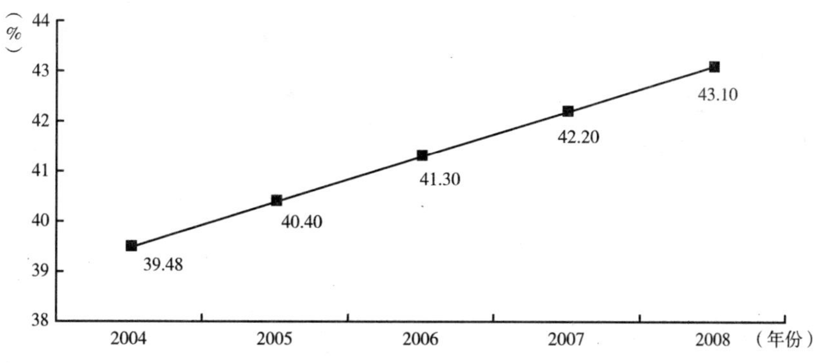

图16－24　中国城市化水平（2004～2008年）

（二）产业集中：保险金融发展较好，机械化工集中度低

产业集中指数由各主要产业在各国的区位商合成，反映产业在各个国家的集中程度。中国的产业集中指数在G20国家中排第17位，较为落后。该指数表现最好、最差的分别是韩国和巴西。该指标的各项指数中，传统的纺织与服装业一直较为靠前，而化工、机械与交通设备则排名靠后。中国各产业集中排名变化如图16－25所示。

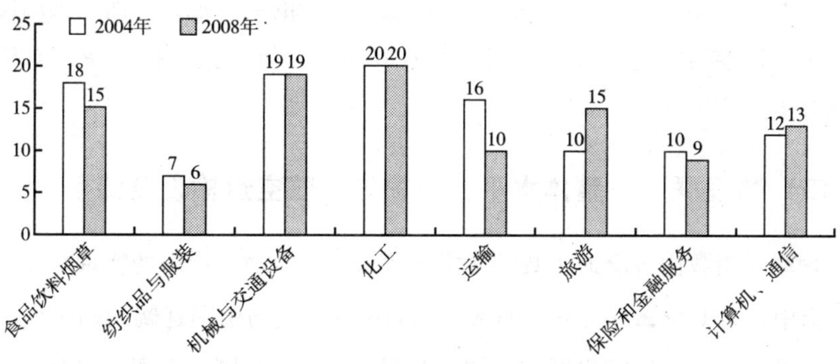

图16－25　中国各产业集中排名变化（2004～2008年）

运输业集中指数五年上升幅度较大，而对于目前发展中国家较新兴的保险和金融服务业，中国的排位相对其他行业处于较好的位置，在2005年至2008年三年里，每年都上升一个位次。而同样较新兴的行业计算机和通信服务业不仅处于相对靠后的位置，而且没有显著的变化，与发达国家的差距仍然巨大。

（三）社会交往：总体表现极为靠后，大学产业合作密切

社会交往指数由各部门之间的联系程度进行合成。中国的社会交往指数在G20国家中排第20位，处于G20最后的位置。该指数表现最好的是英国，排名靠前的多为发达国家，中国与这些国家之间的差距明显。G20国家2008年大学与产业合作指数如图16－26所示。

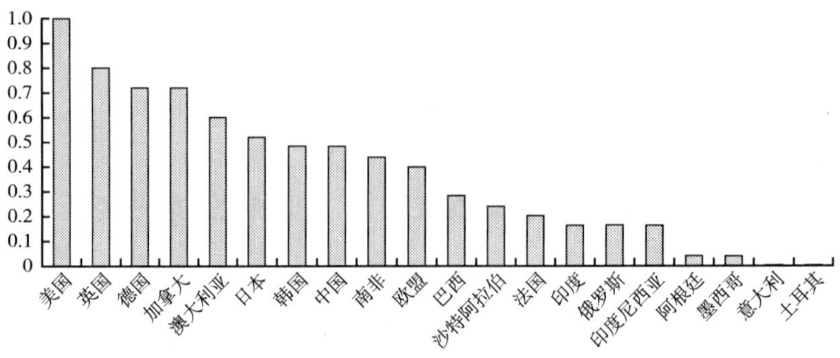

图16－26　G20国家2008年大学与产业合作指数

从具体的分项指数看，2008年中国大学与产业合作的程度相对较高，这反映目前市场经济环境下，企业部门对产品服务创新的需求强劲。而中国的民间团体发展和公民参与程度则较为落后，在G20国家中处于最后的位置，有待提升的空间很大。

（四）物理联系：整体水平较为领先，航空运输发展滞后

物理联系指数由各交通工具的客货运输量进行合成。中国的物理联系指数在G20国家中排第1位，一直处于非常领先的位置，这与中国辽阔的国土面积和较多的人口密切相关。紧随中国之后的是美国和欧盟，且国家之间的差距较大。

从具体的指标来看，中国的各分项指数均处在非常靠前的位置，除了离港飞

机架次数处于第3位外，其余分项指数都处于第1位。而且，必须注意的是，离港飞机架次数与第1位的美国有显著的差异，这种便捷但昂贵的交通方式在中国的发展仍然滞后。

（五）经济关系：经济增长开始放缓，通货膨胀值得警惕

经济关系指数由反映宏观经济变动的数据进行合成。中国的经济关系指数在G20国家中排第3位，处于较为靠前的位置。该指数排在前两位的是俄罗斯和印度尼西亚，发达国家的排名则较为靠后。在分项指数中，“金砖四国”的经济增长率在2008年有所下降，但排位仍然处于靠前的位置，中国、俄罗斯、印度位列三强。“金砖四国”经济增长率对比如图16－27所示。

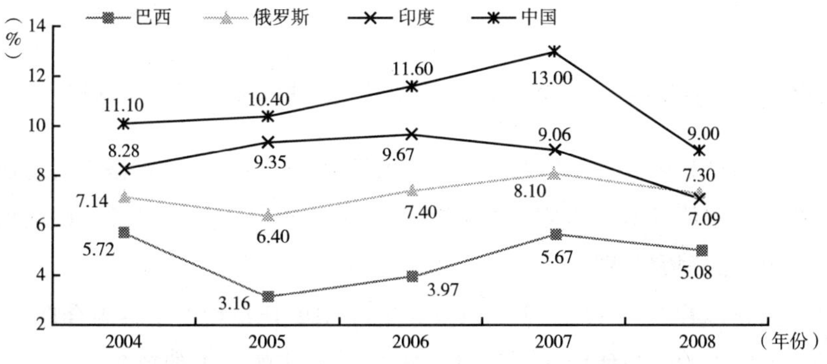

图16－27　“金砖四国”经济增长率对比（2004～2008年）

但在2004～2008年五年中，中国的经济关系指数的排位逐年降低。从具体的方面来看，通货膨胀率的升高是造成整体指数下滑的重要因素。

（六）社会关系：社会治安状况良好，社会稳定有待加强

社会关系指数由反映政治社会状况的数据进行合成。中国的社会关系指数在G20国家中排第12位，处于相对靠后的位置。该项指数表现最好和最差的国家分别是德国和南非，指数排名较高的多为发达国家。中国社会关系指数气泡图如图16－28所示。

具体来看，中国的社会治安状况较好，而社会稳定性处于相对较为靠后的位置，“金砖四国”中的印度、俄罗斯存在着同样的状况。社会关系总指数相对较弱，与发达国家相比仍然有一定的差距。

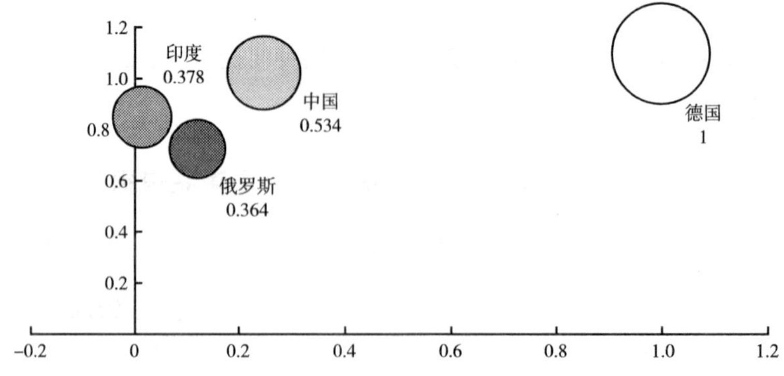

图 16－28　中国社会关系指数气泡图（2008 年）

注：图中横轴代表社会稳定型指数，纵轴代表社会治安状况指数，气泡面积代表社会关系指数。

（七）结构关系：分项指数各有短板，结构调整任重道远

结构关系指数由经济结构偏离相同收入国家①平均程度的数据进行合成。中国的结构关系指数在 G20 国家中排第 11 位，处于较为靠后的位置。该项指数表现最好和最差的国家分别是法国和沙特阿拉伯。

从分项指标看，城市化、人均研发支出占 GDP 比重均处于较为合理的位置，而工业化率、人均能源使用和人均卫生支出占 GDP 的比重偏离程度较大，这反映了工业化进程仍较缓慢，公共品支出不足，能源消费过度等问题，所以经济结构调整仍然任重道远。

六　全球联系：整体水平不断进步，位居中上挑战巨大

由商品与服务流动、资金流动、人口流动、信息流动、国际经济关系、国际科技关系、国际文化关系和国际军政关系 8 个二级指标合成国家竞争力一级指标全球联系。

中国全球联系在 G20 中处于中上水平，排名稳定在 G20 第 5 名。G20 国家 2008 年全球联系指数如图 16－29 所示。在 G20 国家中，2008 年中国全球联系指

① 对不同收入国家的划分，依据的是世界银行的标准。

数为0.481，排名为第5，居较高水平。排名第一的是美国（1.000），其次是欧盟（0.904）、英国（0.629）、法国（0.547）。这些国家经济发展水平较高，有着共同的文化背景和较强的经济基础，国际联系密切，全球联系指数在G20中也名列前茅。全球联系指数最低的是阿根廷。从总体来看，改革开放以来，中国积极参与全球的经济政治和军事合作，全球联系不断加强，但要达到西方世界主要国家间亲密的联系程度还尚需时日，在未来的发展中要抓住全球化继续深入的机会，继续提升与全球联系度，同时在全球化的过程中，更多地显示出中国特色，防止完全西化或被边缘化。

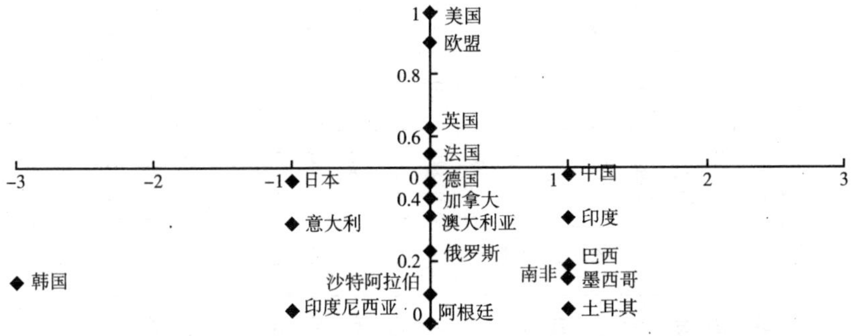

图16－29 G20国家全球联系竞争力指数（2008年）与五年排名变化散点图

注：图中横轴为排名变化，纵轴为2008年指数。

全球联系指数的8个二级指标商品与服务流动、资金流动、人口流动、信息流动、国际经济关系、国际科技关系、国际文化关系、国际军政关系指数及排名（2008年）如表16－9所示。

（一）商品与服务流动：仅次欧盟优势巨大，层次较低有待提升

商品与服务流动反映一国参与国际贸易的密切程度，综合反映了一国商品贸易和服务、高技术产品、文化创意产业等的国际流动。中国的商品与服务流动在G20中位居前列，仅次于欧盟，如果从主权国家的角度来看，居于世界第一。从表16－9中我们可以看出，在G20国家中，2008年中国商品与服务流动指数为0.772，居第2位，仅次于欧盟（1.000）。这表明我国已成为世界第二大商品与服务的集散地，今后要抓住这个机遇，继续发展。

表 16－9　G20 国家全球联系分项指标指数及排名（2008 年）

国家	商品与服务流动		资金流动		人口流动		信息流动		国际经济关系		国际科技关系		国际文化关系		国际军政关系	
	指数	排名	指数	排名	指数	排名	指数	排名	指数	排名	指数	排名	指数	排名	指数	排名
美国	0.474	6	0.875	2	1.000	1	0.854	2	0.999	2	1.000	1	0.960	2	1.000	1
欧盟	1.000	1	1.000	1	0.741	2	0.761	3	0.978	3	0.426	5	1.000	1	0.750	3
英国	0.562	5	0.266	3	0.501	4	1.000	1	0.596	8	0.343	11	0.844	3	0.750	3
法国	0.374	10	0.152	7	0.323	6	0.639	4	0.677	6	0.416	6	0.768	4	0.750	3
中国	0.772	2	0.211	5	0.177	16	0.009	18	1.000	1	0.378	7	0.264	15	0.688	6
日本	0.443	7	0.219	4	0.188	12	0.121	12	0.765	5	0.538	3	0.565	9	0.500	7
德国	0.637	3	0.154	6	0.276	7	0.523	5	0.626	7	0.378	8	0.620	8	0.250	9
加拿大	0.339	11	0.075	8	0.503	3	0.492	6	0.377	13	0.552	2	0.748	5	0.063	14
澳大利亚	0.027	19	0.061	10	0.451	5	0.311	8	0.489	10	0.514	4	0.706	6	0.063	14
印度	0.388	9	0.063	9	0.169	17	0.023	17	0.851	4	0.352	9	0.404	11	0.188	13
意大利	0.431	8	0.052	12	0.205	9	0.360	7	0.509	9	0.163	16	0.631	7	0.250	9
俄罗斯	0.037	18	0.028	13	0.026	18	0.253	10	0.441	11	0.187	15	0.255	16	0.875	2
巴西	0.144	16	0.056	11	0.241	8	0.033	16	0.354	15	0.151	17	0.405	10	0.375	8
墨西哥	0.234	15	0.013	16	0.026	19	0.253	11	0.288	16	0.141	18	0.340	13	0.250	9
南非	0.283	12	0.013	15	0.187	13	0.048	14	0.263	17	0.351	10	0.296	14	0.000	17
韩国	0.617	4	0.004	18	0.178	15	0.035	15	0.227	18	0.273	12	0.118	17	0.063	14
沙特阿拉伯	0.000	20	0.000	20	0.198	11	0.304	9	0.388	12	0.194	13	0.030	19	0.000	17
土耳其	0.253	13	0.018	14	0.181	14	0.057	13	0.000	20	0.190	14	0.116	18	0.250	9
印度尼西亚	0.236	14	0.009	17	0.204	10	0.005	19	0.359	14	0.000	20	0.000	20	0.000	17
阿根廷	0.052	17	0.004	19	0.000	20	0.000	20	0.069	19	0.067	19	0.349	12	0.000	17

虽然中国在国际商品和服务流动中的参与度较高，但是中国在商品与服务贸易中出口商品与服务的层次并不是非常高。相比其他国家仍有差距。2008 年在 G20 的发展中国家中，印度的出口产品层次指数（0.873）最高，居 G20 第 3。2008 年中国出口产品层次指数位居第 7，但相比过去几年呈现上升趋势。但是，我们仍然不能掉以轻心，要继续重视提升产业层次，实现整体经济转型，不仅要有出口数量，而且要有更好的质量。图 16－30 是 G20 中“金砖四国”和第一名英国 5 年来的出口产品层次指数变化图。

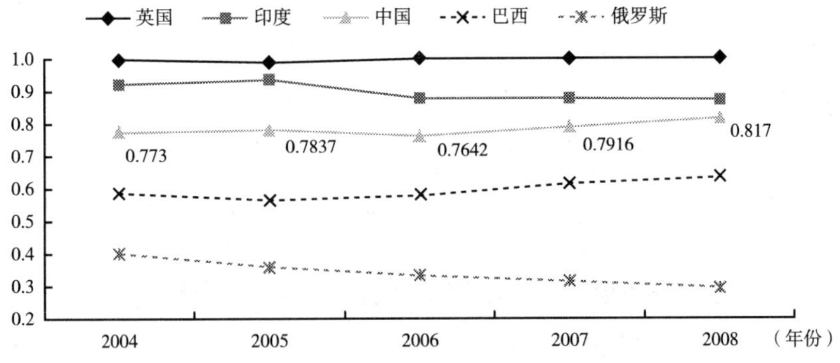

图 16－30　“金砖四国”与英国出口产品层次指数变化（2004～2008 年）

（二）资金流动：进步巨大直逼日本，落后欧美差距明显

资金流动反映了一国市场的开放度水平和金融市场的发达程度。这一指数综合反映了一国的外国直接投资的净流入量、外国直接投资的净流出量、股票流量、债券流量、信贷流量。欧盟和美国有世界最发达的金融市场，英国是老牌的金融强国，这三个地区位居 G20 前 3 名。中国位居第 5，高于德国，略低于日本。从表 16－9 中我们可以看出，在 G20 国家中，2008 年中国资金流动指数为 0.211，日本为 0.219。在未来我国金融体系进一步开放的情况下，我们面临着保持金融体系的稳定性和安全性的严峻挑战。

（三）人口流动：人口总体流动较少，国家引力有待提升

人口流动综合反映了一国的净移民、出入境国际旅游人数和外国高技术人才流入的总体水平。中国人口流动排名较为靠后，人口流动较少。从表 16－9 中我

们可以看出，在 G20 国家中，2008 年中国人口流动指数为 0.177，居第 16 位，略高于印度。人口流动排名前三的是美国、欧盟、加拿大。这表明移民国家和欧盟这类地区联盟组织的人口流动较普通的主权国家为大。另外，发达国家的人口流动普遍高于发展中国家。

人口流动中的净移民指标，欧盟净移民最多，每年达到 726.89 万人。美国其次，每年净移民人数为 567.58 万人。前 11 名均为移民流入国，后 9 位为移民流出国。中国排第 17 位，每年净移出居民数约为 205.83 万人。这表明我国人才流失状况还十分令人担忧，国民凝聚力有待提升。

外国高技术人才流入这一项三级指标，从一定程度上反映了一个国家的经济运行环境和对人才的吸引力。图 16－31 是“金砖四国”和第一名美国 2008 年国外高技术人才流入指数的统计图。从中我们可以看出，中国排在“金砖四国”第一位，这说明中国的营商环境和对人才的吸引力方面相比其他三国还是具有较大的优势的，但是与美国等发达国家相比，对高技术人才的吸引力仍有不足。因此，要进一步完善各项吸引人才的制度，首先要尽量吸引出国留学的中国留学生回国效力，为未来的发展做好人才准备。

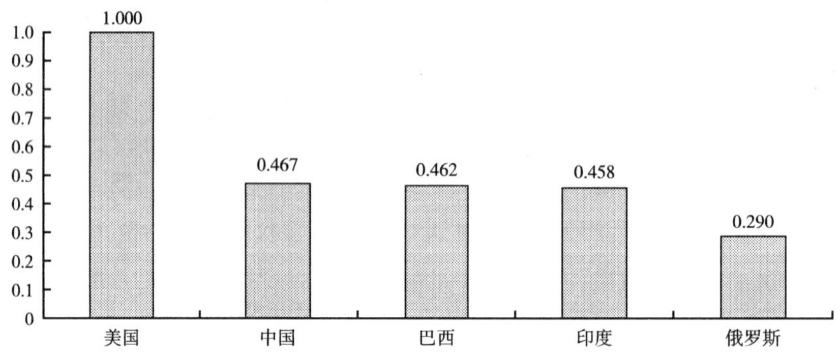

图 16－31　“金砖四国”与美国 2008 年高技术人才流入指数比较

（四）信息流动：民间交流有待加强，通信平台亟待培育

信息流动从总量上反映一国的通信业的发达程度、通信在民众中的普及程度以及国际尤其是民间交流的密切程度。中国的信息交流水平较为落后，发展中国家与发达国家差距巨大，发达国家之间也存在着一定的差距。从 2004 年至 2008

年五年的数据中我们发现，中国信息流动指数虽然有所增加，但一直处于较低水平，2008 年为 0.009，在 G20 国家中排名为第 18 位，仅高于印度尼西亚和阿根廷。信息流动最高的国家是英国（1.000）、美国（0.854）、欧盟（0.761）、法国（0.639）、德国（0.523）。排名后 10 位的国家与排名前 10 位的国家差距较大。可见就国际民间交流而言，发达国家的民间往来更为密切，新兴经济体与发达国家还有较大差距。

从三级指标来看，国际通信公司指数从相当程度上反映了某一国家的信息流动量，因为这一指标反映了一国拥有的世界大型通信公司的数量，规模以进入福布斯 2000 名单为准。一般情况下，每个国家都会有 1～2 家大型通信公司，例如，中国只有中国移动排入了福布斯 2000 的公司名单。大型通信公司数量最多的是美国，共有 11 家；其次是英国，共 3 家；其他国家大多是 1 家或者 2 家大型通信公司。

（五）国际经济关系：全面融入国际社会，优势增强机遇明显

国际经济关系分别考察一国的跨国公司对国际经济影响力、外汇资产占 GDP 的份额、主权货币地位、国家金融信用等指标，综合反映了一国在国际经济中的经济影响力和金融地位。中国国际经济关系在 G20 国家中位居第一。从表 16－9 中我们可以看出，在 G20 国家中，2008 年中国国际经济关系指数为 1.000，略高于美国（0.999）、欧盟（0.978）。这主要是由于我国近年来外汇储备增幅较大、本土企业在国际中地位的大大提升、人民币在国际上的接受度扩大等原因所致。

其中值得一提的是人民币国际地位的提升。在金融危机的背景下，近年来，人民币在中国周边国家和世界其他的一些国家中接受度逐渐提升，人民币加入世界储备货币体系的呼声也在扩大，这对中国而言既是机遇，又是挑战。一方面，这有利于提升中国在国际金融体系中的地位，降低在对外经济往来中的汇率风险，获得一定的铸币税；另一方面，央行对人民币的控制能力会受到人民币国际化的影响，对国内经济宏观调控产生不利影响。

（六）国际科技关系：高于平均影响增强，追赶美国挑战巨大

国际科技关系反映了一国综合的国际科技影响力。这一指标通过考察每个国

家的高科技企业的数量和规模以及该国对高科技人才的吸引等因素，来综合反映一国在国际上的科技影响力。中国的国际科技关系在 G20 国家中位居第 7。从表 16－9 中我们可以看出，在 G20 国家中，2008 年中国国际科技关系指数为 0.378。美国以其雄厚的科技实力和影响力遥遥领先，排名第 2 至第 6 位的依次是：加拿大（0.552）、日本（0.538）、澳大利亚（0.514）、欧盟（0.426）、法国（0.416）。中国（0.3784）略高于德国（0.3777）和印度（0.352）。

在这里，评价一国国际科技关系的一项依据是瑞士洛桑国际工商管理学院对一国的跨国公司对国际科技影响力的指数评价。从图 16－32 中可以看出，美国遥遥领先，中国虽然排名较为靠前，但是相比美国、日本和欧盟还有较大的差距。中国要在未来的国际科技竞争和交流中提升自己的地位，还面临严峻的挑战。

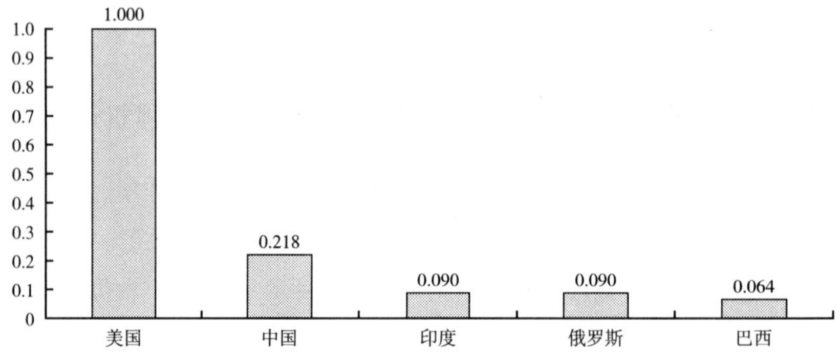

图 16－32　“金砖四国”与美国 2008 年国际科技影响力指数比较

（七）国际文化关系：国家品牌有待提升，扩大影响任重道远

国际文化关系这一指标综合考虑了国家品牌指数、国际文化影响力、文化认同度、国民认同度、文化传播和国际会展数量这 6 个指标。从表 16－9 中可以看到，中国的国际文化关系在 G20 中排名比较靠后，排在第 15 位，与发达国家的差距较大，这一指标排名前 3 的国家分别是欧盟、美国和英国，其指数分别为 1.000、0.960 和 0.844。而中国的这一指标只有 0.264，与欧盟的差距达到了 0.736，还存在很大的发展空间。从世界范围来看，这一指标总体呈现逐渐递减趋势，但是排名第 9 的日本与排名第 10 的巴西差距较为明显，指标从 0.565 降低到 0.405，相差 0.16。

从三级分项指标来看，NBI（National Bureau of Investigation）对世界各国的文化指标中的国际品牌、文化指数、国民指数也做过评价。德国、法国、英国、加拿大、日本在国家品牌指数上排名前五（不算欧盟），中国排在第 15 位；文化指数方面法国、意大利、英国、德国、美国是排在前五位的国家，中国位列日本之后居第 8 位。国家品牌指数反映了一个国家的国家形象，文化指数反映了一国的文化对世界其他国家的吸引力，中国在这两方面排名均不靠前，较大地影响了我国的国际文化关系。中国是非主流的意识形态，在未来发展中提升自己的国际文化关系仍然面临巨大的挑战。国家国际文化关系部分指数及排名如表 16－10 所示。

表 16－10 G20 国家国际文化关系部分指数及排名

国　家	国家品牌指数 （overall nation brand index）	文化认同度:文化吸引力 （culture index）
阿根廷	53.7	58
澳大利亚	64.6	61
巴西	56.6	62.4
加拿大	66.3	60.6
中国	52.8	64.5
欧盟	66.85	70.1
法国	67.3	71.4
德国	67.4	68.9
意大利	65.9	70.9
印度	52.9	57.6
印度尼西亚	47.7	48.2
日本	66.1	65.7
韩国	51.6	53.3
墨西哥	53.2	57
俄罗斯	53.2	57
沙特阿拉伯	45.5	46
南非	49.6	53.6
土耳其	50.5	54.5
英国	66.8	69
美国	65.5	68.8

注：指数取值为［0，100］度量范围。

资料来源：NBI（National Bureau of Investigation）。

（八）国际军政关系：挑战机遇势均力敌，全球两极分化严重

国际军政关系主要是通过国家对国际组织的影响以及国家军事安全能力两方面来加以考察的。从表16－9中可以看出，中国的国际军政关系排名G20的第6位，2008年的指数为0.688，排名前三位的国家分别是美国、俄罗斯和欧盟，其对应的指数分别为1.000、0.875和0.750，这说明虽然我国的国际军政关系高于国际平均水平，但是与世界发达国家相比还存在一定的差距。从世界范围来看，国际军政关系这一指标两极分化的现象比较严重，表现为排名前6名的国家，远远领先其他国家的水平，排名第6的中国高出排名第7的巴西0.1875，说明在世界范围内，国际军政关系的发展十分不平衡。

对于中国而言，虽然我国的自身防卫能力较强，和世界其他国家的国际军事政治关系良好，但是在未来战争中是否能够占据优势仍然具有很大的不确定性。

七　公共制度：整体排名相对靠后，公共制度体系薄弱

公共制度竞争力指数由产权保护、市场竞争、政府监管、社会管理、社会制度、国际制度6个二级指标合成。中国公共制度指数在G20中总体处于下游水平，排名在震荡中趋于上升。G20国家公共制度竞争力指数（2008年）与五年排名变化如图16－33所示。在G20国家中，2008年中国公共制度指数为0.213，排名为第14位，已经接近中游水平。排名第一的是英国（1.000），其次是加拿大（0.995）、美国（0.868）、澳大利亚（0.864）。这些国家都是发达的市场经济国家，其中位于榜首的英国是世界上第一个工业化国家，也是现代民主制度的诞生地，经过数百年的发展完善，英国的公共制度体系已经非常健全。公共制度体系最薄弱的国家是印度，种姓制度、性别歧视、贫富分化、官员腐败是导致印度制度建设滞后的主要根源。

从时间序列来看，中国公共制度竞争力指数排名2004～2008年依次为第16、第16、第17、第15和第14，在震荡中趋于上升。从总体来看，中国的公共制度体系尚不完善，今后，在加快经济发展的同时，还必须高度重视制度建设。2008年G20国家公共制度分项指标指数及排名见表16－11。

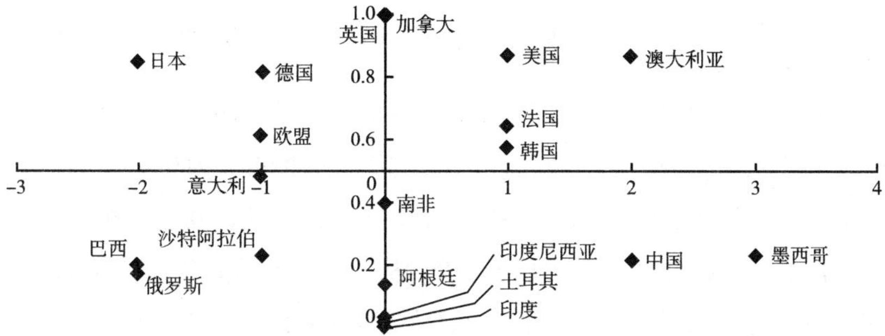

图 16－33　G20 国家公共制度竞争力指数（2008 年）与五年排名变化散点图

注：图中横轴为排名变化，纵轴为 2008 年指数。

表 16－11　G20 国家公共制度分项指标指数及排名（2008 年）

国家	产权保护		市场竞争		政府监管		社会管理		社会制度		国际制度	
	指数	排名	指数	排名	指数	排名	指数	排名	指数	排名	指数	排名
英国	1.000	1	0.923	3	0.644	5	0.820	5	0.846	3	1.000	1
加拿大	0.770	5	0.833	5	1.000	1	0.745	7	0.876	2	0.945	3
美国	0.612	9	1.000	1	0.796	4	0.710	8	0.803	5	0.846	5
澳大利亚	0.943	2	0.885	4	0.844	2	0.586	11	0.770	6	0.595	10
日本	0.816	4	0.927	2	0.512	6	0.791	6	1.000	1	0.658	9
德国	0.943	3	0.809	6	0.443	9	0.943	3	0.839	4	0.573	11
法国	0.761	6	0.656	8	0.328	14	0.906	4	0.766	7	0.535	12
欧盟	0.689	8	0.656	9	0.196	17	0.949	2	0.733	8	0.665	7
韩国	0.543	11	0.641	10	0.805	3	0.568	12	0.625	10	0.396	16
意大利	0.228	15	0.413	14	0.250	16	1.000	1	0.609	11	0.982	2
南非	0.740	7	0.657	7	0.345	12	0.424	16	0.400	16	0.367	17
墨西哥	0.265	14	0.267	17	0.485	7	0.530	14	0.336	17	0.474	14
沙特阿拉伯	0.414	12	0.553	12	0.453	8	0.055	19	0.076	19	0.757	6
中国	0.604	10	0.584	11	0.331	13	0.000	20	0.528	13	0.182	18
俄罗斯	0.138	18	0.000	20	0.402	10	0.423	17	0.681	9	0.663	8
巴西	0.125	19	0.378	15	0.125	18	0.589	10	0.549	12	0.518	13
阿根廷	0.145	17	0.117	19	0.000	20	0.551	13	0.477	14	0.895	4
印度尼西亚	0.000	20	0.281	16	0.323	15	0.149	18	0.447	15	0.428	15
土耳其	0.171	16	0.221	18	0.345	11	0.641	9	0.000	20	0.146	19
印度	0.401	13	0.457	13	0.040	19	0.485	15	0.136	18	0.000	20

（一）产权保护：中国排名稳步上升，知识产权有待保护

产权保护反映主体与客体之间的关系，健全的产权保护制度是维护市场经济健康运行的基础条件。2008 年，G20 国家的平均产权保护指数为 0.490，中国的产权保护指数为 0.604，高于平均值，在 G20 国家中排名第 10 位，处于中游位置。2004 ~ 2008 年，中国的产权保护指数排名稳步提升，从第 13 名提高到了第 10 名，这表明近年来中国的产权保护制度越来越完善。从具体的数据来看，财产注册登记指数优势明显，而知识产权保护虽有所改善，但排名依然较为落后，所以加强知识产权保护任重道远。

当今世界已经进入了知识经济时代，知识或智力资源的占有、配置、生产和运用已成为经济发展的重要依托。随着知识产权在国际竞争中的作用逐步凸显，知识产权保护在整个产权保护制度中的地位也日益上升。2008 年，G20 中知识产权保护指标（十分制）最高的国家是加拿大，为 9.5，中国的知识产权保护指数为 7.5，与加拿大相差 2.0，在 G20 国家中排名第 11 位，处于中游水平。2008 年，在“金砖四国”中，中国的知识产权保护指数高于印度、巴西与俄罗斯，表现比较突出（见图 16 – 34）。2004 ~ 2008 年，中国的知识产权保护指数不断提高，在知识产权保护方面取得的进步非常显著。

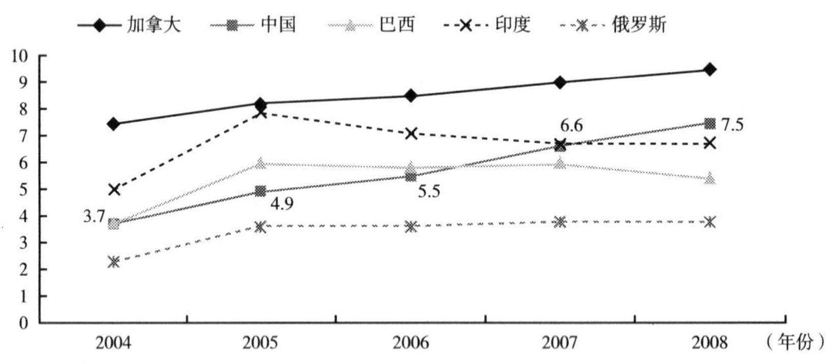

图 16 – 34　“金砖四国”与加拿大知识产权保护指数比较（2004 ~ 2008 年）

（二）市场竞争：地方竞争强度较高，政策有效性需提升

市场竞争市场反映了私人部门之间的关系，竞争所体现的优胜劣汰可以迫使

企业降低成本、改善质量、积极创新，最终提高效率。2008 年，G20 国家的平均市场竞争指数为 0.544，中国的市场竞争指数为 0.584，略高于平均值，在 G20 国家中排名第 11 位，处于中游位置。市场竞争指数排名最高的是美国，美国是当今全球市场经济体系最为完善的国家，私人部门之间在国家适当调控下形成了良好的竞争与合作关系；俄罗斯在市场竞争指数上排名最末，在 20 世纪末，俄罗斯经济体制发生了急剧转轨，主要表现为以私有制取代了国家所有制并在此基础上形成了以寡头垄断为特点的经济体制，尽管在普京执政时期打击了寡头垄断，但是没有彻底消除垄断性势力，市场竞争体系依然不够完善。

从具体方面来看，如何提高反垄断政策的有效性是当前需要解决的重要问题，而表现较好的则是地方的竞争强度。地方竞争强度是描述某一地区各行业、各企业之间相互竞争的激烈性程度的指标。2008 年，G20 国家中地方竞争强度指数（十分制）最高的是日本，为 7.7，中国的地方竞争强度指数为 7.10，排在第 3 位，仅次于日本和沙特阿拉伯。印度、巴西与俄罗斯的地方竞争强度指数分别为 6.1、5.7、3.9。“金砖四国”与日本地方竞争强度指数比较如图 16 - 35 所示。可以看出，中国在地方竞争强度上已经远远超过了“金砖四国”中的其他三个国家。中国许多竞争性行业的竞争非常激烈，如钢铁、水泥、家电、汽车等，这迫使它们开始走兼并重组、提高行业集中度的道路；此外，激烈的竞争环境也促使企业加快技术革新的步伐，不断提高经营管理水平。

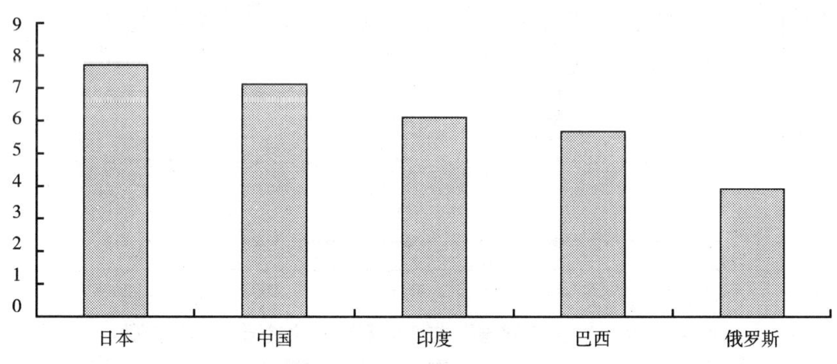

图 16 - 35 “金砖四国”与日本地方竞争强度指数比较（2008 年）

（三）政府监管：中国总体排名靠后，企业创办不够便利

政府监管反映了政府与私人部门之间的关系，它是市场经济条件下政府为实

现某些公共政策目标，对微观经济主体进行规范与制约的行为。2008 年，G20 国家的平均政府监管指数为 0.404，中国的市场竞争指数为 0.331，位于平均值以下，在 G20 国家中排名第 13 位，处于中下游水平，这表明中国目前的政府监管体系仍相对薄弱。英联邦国家（加拿大、澳大利亚、英国）在政府监管方面表现优秀，排名都非常靠前；墨西哥和沙特阿拉伯作为发展中国家，在政府监管上也表现良好，都位于平均水平以上。从具体的数据来看，金融市场监管、许可证的处理时间以及创办企业的便利性是目前中国在政府监管方面的主要短板。

其中，创办企业便利性反映了注册成立新企业所需经历程序的复杂性。创办企业所经过的环节越少，便利性越高，私人部门创业的积极性就越强，创办企业所需要花费的成本也越低，从而更有利于促进企业发展，尤其是中小企业。2008 年，G20 国家创办企业平均所需要经过的环节数为 9 个，澳大利亚最少，仅有 2 个环节，中国创办企业所要经过的环节有 13 个，高于平均水平，比澳大利亚要多 11 个环节（见图 16－36）。与“金砖四国”中的其他三个国家相比，中国创办企业的环节数和印度相同，少于巴西（18 个），但是比俄罗斯（8 个）多了 5 个环节。从时间序列分析，2004～2008 年，巴西始终是创业需经环节数最多的国家，在创办企业便利性上远逊于其他三国，中国的创业便利性总体落后于印度，而印度又总体落后于俄罗斯。

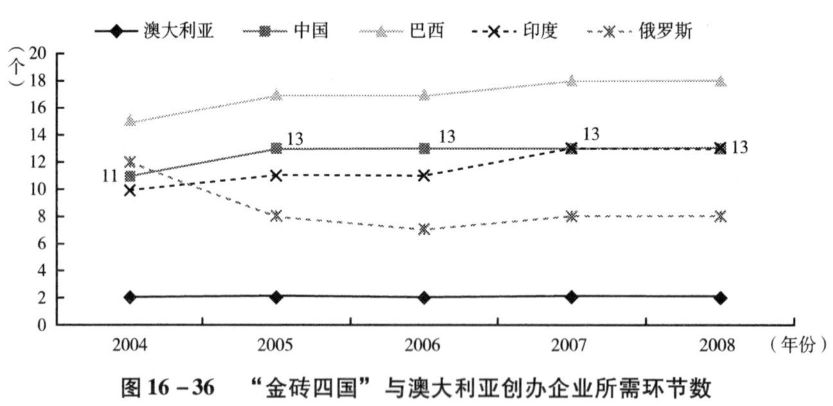

图 16－36　“金砖四国”与澳大利亚创办企业所需环节数比较（2004～2008 年）

（四）社会管理：中国整体明显落后，诸多指标面临挑战

社会管理反映的是政府与国民之间的关系，这种关系集中体现在国民纳税和

政府为国民提供公共服务上，在税负合理的条件下提供数量更多、质量更高的公共服务是一个国家富有竞争力的重要表现之一。2008 年，中国的社会管理指数为 0，在 G20 国家中排名倒数第一，这表明中国目前的社会管理体系非常不完善。中国长期以来主要偏重经济发展，而相对忽略了社会发展，导致经济社会发展不相协调，公共服务供给严重不足，这已经成为制约中国国家竞争力提升的重要因素。欧盟国家在社会管理指标上表现优异，相比其他国家优势明显。

从具体的方面来看，中国在公共退休金支出、公民权利保障、信息的公共获取三个方面均面临严峻挑战。其中，为国民提供公共信息是政府的一项基本职能，从信息的公共获取这个三级指标看，2008 年 G20 国家的平均信息公共获取指数为 75（百分制），欧盟国家遥遥领先，其中意大利的信息公共获取指数为 94，而法国和德国都是 90。中国的公共信息获取指数为 77，在 G20 中排名第 14 位，处于比较靠后的位置，与意大利等欧盟国家相比，差距较大。“金砖四国”中，公共信息获取指数最高的是印度，达到了 81，而巴西与俄罗斯分别仅为 48 与 53（见图 16－37），两国的信息公共获取水平处于严重滞后状态，落差十分明显。

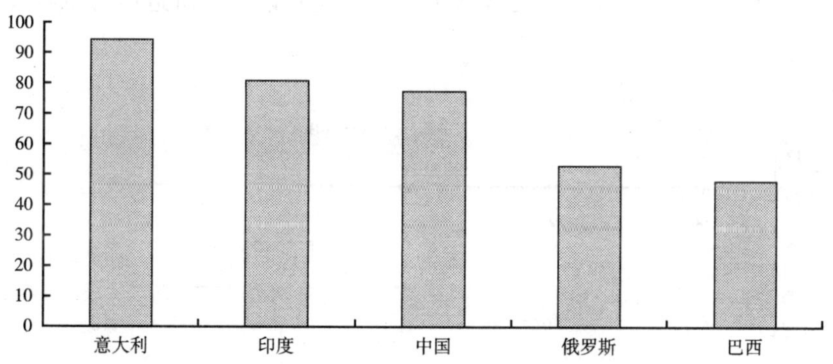

图 16－37　“金砖四国”与意大利信息公共获取指数比较（2008 年）

（五）社会制度：中国排名相对落后，财富分配严重不公

社会制度反映国民之间的关系，财富分配的公平性、机会获取的公平性等都属于这个范畴。国家的发展既要追求经济效率，也要关注社会公平，保持社会公平是一个国家实现长期和谐稳定发展的基础。2008 年，G20 国家的平均社会制

度指数为0.553，中国的社会制度指数为0.528，略低于平均值，在G20国家中排名第13位，处于中下游水平，可见，当前中国在社会公平性方面仍显不足。日本是G20中社会制度指数最高的国家，这与日本长期以来重视收入分配制度改革，着力推动社会公平有密不可分的关系。

目前，中国在性别间的平等程度要高于其他高家，而在对弱势群体的再分配与保障上仍然有待加强。选择最贫困20%人口的国民收入所占百分比这个三级指标进行分析。2008年，最贫困20%人口的国民收入所占百分比最高的国家是日本，达到了10.6%；而最低的国家是巴西，仅为3.0%，比日本低了7.6个百分点；中国与墨西哥一起排在倒数第4位，为4.3%，比日本低了6.3个百分点。在“金砖四国”中，中国财富分配不公程度仅次于巴西，而印度与俄罗斯的财富分配公平度都优于中国，2008年，两国最贫困20%人口的国民收入所占百分比分别为8.1%与6.1%。可见，中国是一个收入分配不平等程度很高的国家。另外，对最贫困20%人口的国民收入所占百分比指标进行时间序列分析还发现，2004~2008年，中国一直在该指标中排名倒数第4（见图16-38），并呈现一定的恶化趋势，这是个非常需要引起重视和警惕的现象。深化收入分配制度改革，建立公平公正的财富分配机制已经成为中国构建和谐社会所迫切需要解决的问题。

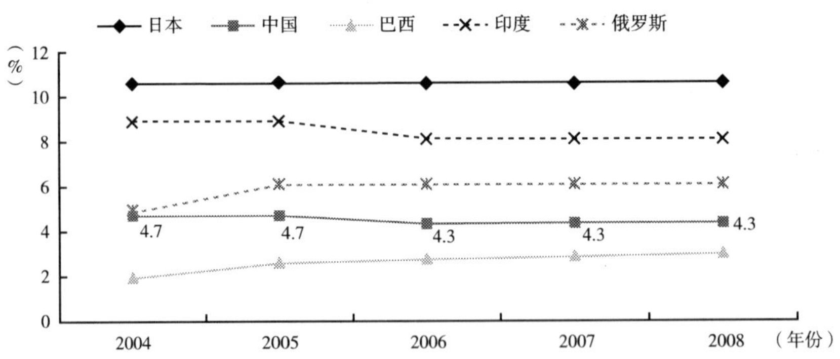

图16-38 最贫困20%人口的国民收入所占百分比比较（2004~2008年）

（六）国际制度：中国所处劣势明显，进步缓慢亟待改善

国际制度反映的是国内与国外主体之间的关系，完善的国际制度能够为国家

发展与国家竞争力提升提供良好的外部环境。2008 年，G20 国家的平均国际制度指数为 0.559，中国的国际制度指数为 0.182，远低于平均值，在 G20 国家中排名倒数第 3 位。在国际制度方面，欧美发达国家并没有表现出明显的优势，德国与法国分别排在第 11 位和第 12 位，而阿根廷、沙特阿拉伯、俄罗斯三国作为发展中国家，都位列前 10 名，表现比较良好。2004～2008 年，中国的国际制度指数始终排在 G20 国家最后几名，没有获得明显改善，这表明中国今后需要加大对国际制度的建设力度，从而更好地融入全球一体化进程中。

从具体的方面来看，中国非关税壁垒较少，外国投资便利程度较高，而所有产品加权平均关税、出口清关平均时间、资本控制、雇佣外国劳动力的容易程度等指标表现较为靠后。出口清关平均时间表示出口货物离开一国海关关境或国境所需要花费的时间，出口清关时间越短，越有利于国际贸易活动的开展。2008 年，G20 国家出口清关平均时间的均值为 6.2 天，中国的出口清关平均时间为 6.7 天，接近平均水平，在 G20 中排名第 14 位，比出口清关平均时间最短的澳大利亚（2.8 天）要长 3.9 天。巴西、印度与俄罗斯 2008 年的出口清关平均时间分别为 8.2 天、15.6 天和 8.2 天，可见，在“金砖四国”中，中国是出口清关平均时间最短的国家。中国已经加入了 WTO，进一步缩短出口清关时间，便利国际贸易是大势所趋。

第十七章
城市对国家竞争力的贡献

一 城市对国家竞争力贡献的分析框架

20世纪90年代以来，科学技术日新月异，经济全球化突飞猛进，人类开始进入了一个全球化竞争的新时代。全球化的竞争不仅意味着竞争范围的国际化、竞争领域的全面化、竞争程度的激烈化，还意味着竞争主体的多层次化、竞争方式的复杂化。在全球化竞争的新时代，企业、国家、地区、城市、个人和各种正式或非正式组织，正以多种复杂的方式进行全球资源、市场、生存空间和发展机会的竞争和较量。

城市是全球、国家和地区高质资源的集结点、经济发展的龙头和经济增长的极点，城市更是全球、国家和地区创新和创富的中心。20世纪90年代以来，全球经济活动的两大趋势即全球化与地方化结伴发展，集中聚集和分散聚集共同增长。这使城市在国际经济中的地位更加重要，城市全球化竞争趋势明显加强。21世纪全球的发展将主要依赖于数以万计的生机勃发的城市增长，国家的竞争突出表现为城市的竞争，城市更加成为企业竞争优势的重要来源，市民只能从更具有竞争力的城市中获取更多的发展机会，享受更充分的福利价值。

城市集群化是当代全球城市发展的基本趋势，城市集群作为由若干个城市集聚在一起而构成的有机集合体，能够比单个城市发挥更大的竞争优势，城市群日渐成为国家参与全球竞争的基本空间单元，国家竞争优势在很大程度上由城市群竞争力所决定。

由以上分析可见，研究城市发展与国家竞争力提升之间的内在关系、测度城市发展对国家竞争力的贡献具有重要的理论价值与现实意义。

国家竞争力由主体素质、国内供给、国内需求、国内联系、全球联系和公共制度六大要素构成。城市与城市群对国家竞争力的贡献主要是通过对这六大要素的影响而体现出来，总体而言，城市发展有助于提高主体素质、扩大国内供给能力和需求规模、优化国内供求结构、增强国内国际联系度、完善公共制度框架。当这六大要素获得提升时，国家竞争力也就自然而然地得到了增强（见图 17－1）。

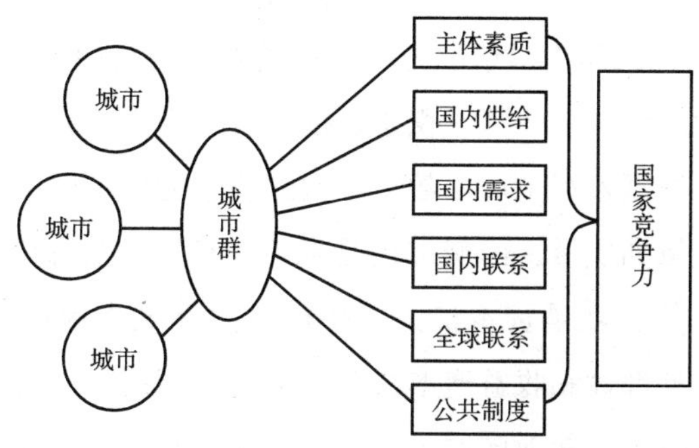

图 17－1　城市对国家竞争力贡献的分析框架

我们从两个层面讨论城市发展对国家竞争力的贡献：一是从单个城市的角度分析城市发展与国家竞争力的关系；二是从城市集群角度分析城市发展与国家竞争力的关系。在理解城市发展对国家竞争力的作用机制后，再进行相应的实证分析，可以从定量角度验证城市发展对国际竞争力的贡献。

二　城市对国家竞争力的作用机制

1. 城市发展对提高主体素质的作用

首先，城市发展能够提高企业素质。城市发展能够使各类商品、服务的生产者与提供者聚集在一个相对较小的区域内，从而促进相互之间专业化分工的广度与深度，形成巨大的规模经济效应，提高企业的生产效率、降低企业的生产成本、扩大企业的经营规模，使企业的整体素质得到大幅度提升。

其次，城市发展能够提高公共部门素质。公共部门素质集中体现在提供公共产品的能力上，随着城市化程度提高，城市工业和服务业体系逐渐发达，税源更加丰富，税收结构更加多元化，这使财政收入迅速增长，公共部门财力日益充裕，提供公共产品的能力不断提高。

最后，城市发展能够提高居民素质。内生增长理论表明，教育是人力资本形成的重要途径（Romer，1986），城市的教育和医疗条件优越，能够为居民提供良好的文化教育和医疗卫生服务，从而能够促进人力资本积累，提高居民的劳动能力；另外，城市开放性、多元性、包容性的特征也为培育公民社会提供了良好的土壤，有利于提高居民整体的文化、道德素养。

2. 城市发展对扩大国内供给能力、优化国内供给结构的作用

首先，城市发展能够加速资本积累、推动技术进步、完善基础设施，从而扩大国内供给能力。根据宏观生产函数，一国的供给能力主要取决于该国所拥有的各种生产要素的数量和质量，而城市化是影响生产要素数量和质量的重要因素：（1）整个城市化的过程就是资本扩大再生产过程在城市地域上的集中体现，由于城市经济具有正外部性和收益递增特点，资本往城市集中更有助于提高其盈利能力，因此分散的资本不断地向城市汇聚，使资本积累的速度大为加快，资本规模在短期内得以迅速扩大；（2）城市环境鼓励创新，阿瑟·奥沙利文（2004）认为，城市中的人们有着各种各样的背景、想法和偏好，在这样的环境下，通过具有不同观点的人之间进行思想交流，就有可能在产品设计和生产方式方面引入创新，推动技术进步；（3）城市化发展将带动交通、邮电、供水供电等各种基础设施的投资建设，使城市基础设施不断完善，从而更好地为企业生产和居民生活提供便利的服务。

其次，城市发展能够优化国内供给结构。一国的供给结构主要通过产业结构来体现，制造业与服务业生产的特点，决定了它们在城市选择区位更有效率，因为城市人口密度高、产业集中，能为企业提供地方化经济和城市化经济（Henderso，1988），突出表现为节约制造业的运输成本和服务业的交易成本，所以，随着城市化水平提高，一国的产业结构必然优化升级，即由农业经济转向制造业和服务业，由低端产业向高端产业升级。服务产业的发展与服务商品的供给尤其与城市化存在密切关系，服务业的成长不仅要依托于城市的大工业体系发展，而且必须有与之配套的生产性服务体系，服务品消费也需要以城市居民较高的收入水平与消费能力作支撑。因此，城市化是工业化的助推器，同时也是服务业发展的驱动力。

3. 城市发展对扩大国内需求规模、优化国内需求结构的作用

首先，城市化发展能够对消费和投资产生刺激效应，从而扩大需求规模。

（1）城市化首先会引发大规模的投资需求，这又分成三方面。一是会引发生产性投资需求，为转入城市的劳动力提供就业机会。二是会引发建设城市所需的基础设施投资需求，这些基础设施建设不仅是为了满足城市人口生活的基本需要，也是为现代消费品进入居民消费领域所准备的基础条件。三是会引发房地产投资需求，以满足城市人口的居住需求和工商企业的发展需求。（2）城市化还会引发庞大的消费需求。这是因为城市人口收入要高于农村，有能力消费更多的商品，而且现代大工业所生产的消费品，都是以城市基础设施配套为使用条件的。相比之下，农村（即便是现代农村）由于自然经济成分较多，许多消费品是自给自足的，对消费需求的贡献不大。所以城市人口比重的提升无疑会带来消费总量的扩张。

其次，城市发展还能够优化国内需求结构。城市化使人们对农产品（尤其是粮食）的需求相对降低，而对工业品和劳务的需求则显著增加，这反过来又推动了制造业和服务业的发展。此外，随着城市化水平的提高，居民的生活方式逐步实现从生存型向发展型过渡，在这一过程中，居民消费需求由生活必需品需求向耐用消费品需求升级，由“吃穿用”需求向“住行游”需求升级，由私人产品需求向公共产品需求升级，由物质产品需求向精神产品需求升级。可见，城市化的推进将会催生众多新的消费与投资需求热点，为经济发展提供源源不竭的动力，在需求结构优化升级的同时，居民的生活水平和质量也日益跨上新台阶。当城市发展进入成熟阶段后，城市基础设施与住房建设投资逐渐趋于稳定，投资需求的比重会相对下降，而消费需求的比重则相对提高，消费—投资关系发生改变，消费增长将越来越成为推动城市经济发展的主要动力。

4. 城市发展对增强国内外联系度的作用

首先，城市发展能够增强要素的空间接近性与关联性。城市的发展能够促进人口、资本、商品与经济活动在空间上的相对集中，缩短各种主客体要素在空间上的距离，而产业集群就是其中一种最典型的空间聚集现象，通过产业集群，城市中同一产业的企业以及该产业的相关产业和支持性产业的企业实现了在地理位置上的高度集中。要素和经济活动在空间上趋于接近是经济发展的客观趋势和基本要求（世界银行，2009），它不仅有利于提高经济效率，也有利于节约资源（特别是土地资源）和保护环境。接近是联系的基础，当接近性提高时，关联性也必然获得提升。以产业集群为例，同类企业的相互学习与竞争，上下游企业的分工与协作，共同形成了纵横交错的企业关系网络体系。

其次，城市发展能够增强要素的流动性。城市化进程本身就是一个人口从乡村不断向城市转移的过程，人口的流动和迁移是城市化最显著的特征之一。城市是一个开放的系统，不断地与外界进行着物质、信息与能量的交换。城市中的要素流动既包括有形的商品流动，也包括无形的信息流动，有形的商品流动需要依靠完善的公路、铁路、航空等交通基础设施，而无形的信息流动则依赖于通信设施与信息传输网络，城市中完善的交通设施与发达的信息网络为增强要素的流动提供了必要条件。在要素充分流动的条件下，资源能够实现优化配置，经济效率将因此而趋于提高。

最后，城市发展还能够提高其所在国家的国际地位。如果一个国家能拥有世界级城市，那么该国在世界舞台上就能发挥更大作用，具有更大发言权。综观历史，中国汉唐时期，首都长安经济社会发展繁盛，吸引了大批外国使节与朝拜者的到来，这使当时的中国成为世界文明中心；到 18 世纪后期，伦敦作为近代第一次工业革命的发源地，引领着全球工业化潮流，1851 年伦敦主办的万国博览会不仅显示了伦敦的成就，也向世界展现了“日不落帝国”的辉煌；而到如今，美国是全球唯一的超级大国，纽约、华盛顿、芝加哥、洛杉矶等世界顶级城市是支撑美国全球经济、政治地位的重要力量。以上事实足以说明拥有综合实力强大的世界级城市对提高主权国家国际地位的重要性。

5. 城市发展对完善公共制度框架的作用

诺斯（1994）的制度变迁理论表明，制度变迁是制度需求与制度供给两方面因素变化作用的结果。城市发展一方面会提高制度需求水平，另一方面会增强制度供给能力，两者结合在一起，共同推动公共制度的发展与完善。

首先，城市发展通过提高制度需求水平为公共制度的完善提供原始动力。随着城市化水平的提高，人们的经济交易越来越频繁、交易的复杂性程度也越来越高，产权明晰是降低交易成本的有效途径，因此交易双方对产权保护制度的需求与日俱增。城市是经济、政治、社会、文化交往活动的集中地，各项活动的顺利开展都需要有一定的规则进行规范与约束，例如市场准入制度、政府监督制度、信息公开制度等，这些制度需求是人们为了有效防止机会主义与败德行为而产生的。

其次，城市发展通过增强制度供给能力直接推动公共制度的完善。制度本质上属于一种无形的公共产品，政府是制度的主要供给主体。城市经济的发展将促进政府财力的增加，城市人才的聚集将使公共决策具有强大的智力支持，城市科学技术的进步将为优化组织管理提供有效的工具，这些因素都能够增强政府的制度供给能力，进而推动公共制度不断趋于完善。

三 城市集群对国家竞争力的作用机制

城市集群是由空间与经济上高度关联的数个城市所组成的有机整体，根据系统论的整体（涌现）优化律原理（乌杰，2008），城市集群作为一个整体的功能要大于各个城市功能的总和，这一增值的部分就是城市集群系统自组织涌现中所产生的“剩余功能”。我们将城市集群的“剩余功能”分为“单位扩大效应”和“群体优化效应”两大类。

1. 单位扩大效应

“单位扩大效应”是指通过城市集群，城市本身所具有的功能将得到增强。“单位扩大效应”并不是一种具体的效应，而是一种扩大城市原有经济效应的效应，类似于“扩音器”的功能。例如，当某区域只有一个城市时，规模经济效应只能通过该城市自身的聚集能力和城市内不同企业间的专业化分工协作而实现；但是当该区域形成由多个城市构成的城市群时，该城市依靠城市群的战略平台将拥有更强的聚集能力，并且此时的专业化分工协作将不仅在城市内部而且在不同城市间的众多企业中进行，这时该城市的规模经济效应将远远超过以前。“单位扩大效应”主要针对规模经济效应、空间聚集效应、关联效应、辐射效应等而言，这些效应在单个城市与城市群中都存在，只不过在城市群中，上述效应得到了力度上的增强。需要特别注意的是，“单位扩大效应”只是城市功能在数量上与空间范围上的扩张，而并没有在质上产生新的功能。

2. 群体优化效应

除了“单位扩大效应”外，城市集群还能够发挥单个城市本身所不具备的功能，我们称之为城市集群的“群体优化效应”，它是城市集群作为一个整体时才具有的功能，具有质的突破。“群体优化效应”是我们重点研究的内容，具体而言，它主要包括以下两方面的效应。

（1）功能竞合效应。在城市发展的初期阶段往往以少数几个功能为主，随着城市的发展其功能也不断增多，这就是城市功能的集聚过程。此时由于城市群内部各城市之间经济关联性不强，城市体系相对也比较封闭，为满足城市内部及周边地区的需要，各城市就会建立比较完整的功能体系。尽管功能全，但服务能力比较弱。“弱而全”的功能体系，在城市经济由封闭走向开放的过程中，与邻近城市之间产生了激烈的竞争（黄征学，2007）。这一阶段的竞争往往伴随着资源要素的争夺，重复建设、恶性竞争难以避免，所以这时的城市竞争是以一定程度的资源浪费与效率损失为代价的。

当城市化水平提高到一定程度时，城市群开始形成并成长起来，各城市的规模不断扩大，城市的功能进一步增强。区域内的核心首位城市或中心城市因功能过度集中而不堪重负时，它的部分功能就会向城市的远近郊区和临近城市转移，这就是城市功能的扩散过程。城市功能的扩散使城市内部“弱而全”的功能体系被打破，城市之间的功能从竞争走向竞争与合作并存。在此过程中，城市间的相互依赖性加强，功能的合作日显重要，重复建设与恶性竞争问题有所缓解。

进入城市群发展的成熟阶段后，在市场力和政府力的双重作用下，城市群内部通过密切的社会经济联系构成一个有机整体，在与外界不断进行能量交换的过程中，系统产生了自组织功能，不断调整和优化自身结构，各城市的功能更加明确，城市之间的功能合作代替竞争，城市群整体的经济效益和对外服务能力得到了大幅度的提升，区域资源配置趋于最优化，经济总体效率趋于最大化。

（2）网络结构效应。网络结构是一种“面域”概念，因而网络结构效应只可能在由众多城市所组成的城市群中出现，对于单个城市或者数量很少的几个城市而言是无所谓网络结构效应的。网络结构效应的实质是指城市群的网络化开发给群内区域和群外地区所带来的经济收益。首先，当城市群规模实力达到一定水平时，区域传输网络体系变得非常发达，城市群的内部联系与外围联系都将大大加强，此时的传输网络不仅保证了城市群中各城市之间的经济联系，同时也促进了城市群与外围地区之间，甚至是外围地区内部的经济联系。其次，随着城市群

发展水平的不断提高，区域产业体系与城镇体系连接为一个完整的网络，形成一个结构完整、多样化的区域产业系统，此时区域发展态势就由原先的非均衡状态向均衡状态转化，城市群外围地区的发展机会将大大提高，城市群内部与城市群外围地区共同繁荣的景象将随之出现。

四　城市发展对国家竞争力贡献的实证分析

我们用城市化率和人口在百万以上城市聚集比例两个指标来代表城市发展水平，其中城市化率反映城市发展的总体水平，而人口在百万以上城市聚集比例反映城市集群化水平。选取2008年G20国家的样本数据，运用相关系数分析法和回归分析法，从定量上测度城市发展对主体素质、国内供给、国内需求、国内联系、全球联系和公共制度这六大分项国家竞争力的影响。

1. 城市发展对主体素质的影响

城市化率和主体素质之间的相关系数为0.198，属于弱相关关系；人口在百万以上城市聚集比例和主体素质之间的相关系数为0.356，属于中度相关关系。

主体素质对城市化率的回归结果为：Competitiveness1 = 0.139 + 0.360Urban，这表明城市化率每提高1个百分点，主体素质指数将提高0.360个百分点（见图17－2）；主体素质对人口在百万以上城市聚集比例的回归结果为：Competitiveness1 = 0.186 + 0.702 Urban_ cluster，这表明人口在百万以上城市聚集比例每提高1个百分点，主体素质指数将提高0.702个百分点（见图17－3）。

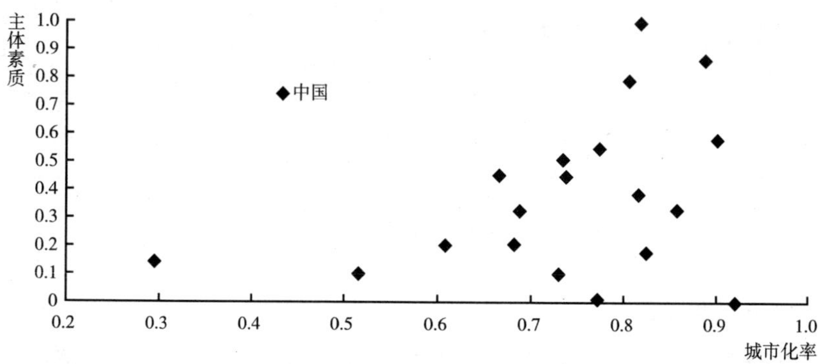

图17－2　城市化率与主体素质的关系

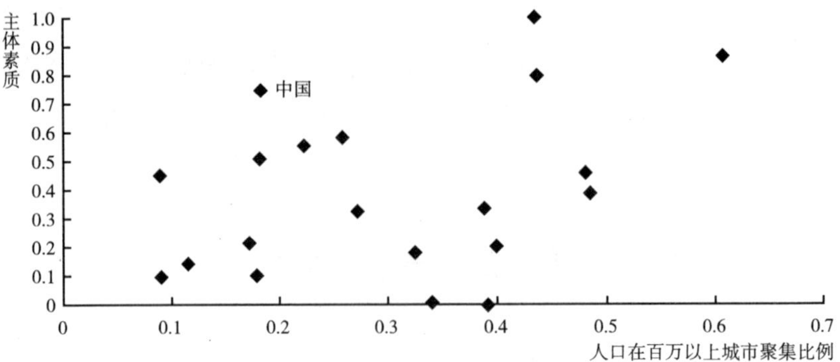

图 17-3 人口在百万以上城市聚集比例与主体素质的关系

2. 城市发展对国内供给的影响

城市化率和国内供给之间的相关系数为 0.196，属于弱相关关系；人口在百万以上城市聚集比例和国内供给之间的相关系数为 0.251，属于弱相关关系。

国内供给对城市化率的回归结果为：Competitiveness2 = 0.131 + 0.298 Urban，这表明城市化率每提高 1 个百分点，国内供给指数将提高 0.298 个百分点（见图 17-4）；国内供给对人口在百万以上城市聚居比例的回归结果为：Competitiveness2 = 0.220 + 0.415 Urban_ cluster，这表明人口在百万以上城市聚集比例每提高 1 个百分点，国内供给指数将提高 0.415 个百分点（见图 17-5）。

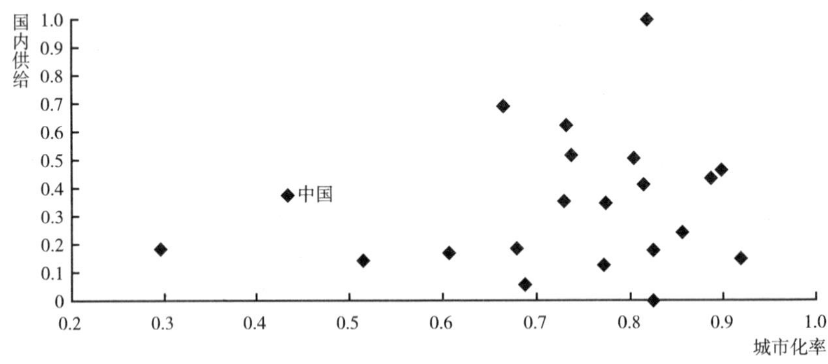

图 17-4 城市化率与国内供给的关系

3. 城市发展对国内需求的影响

城市化率和国内需求之间的相关系数为 0.412，属于中度相关关系；人口在百万以上城市聚集比例和国内需求之间的相关系数为 0.162，属于弱相关关系。

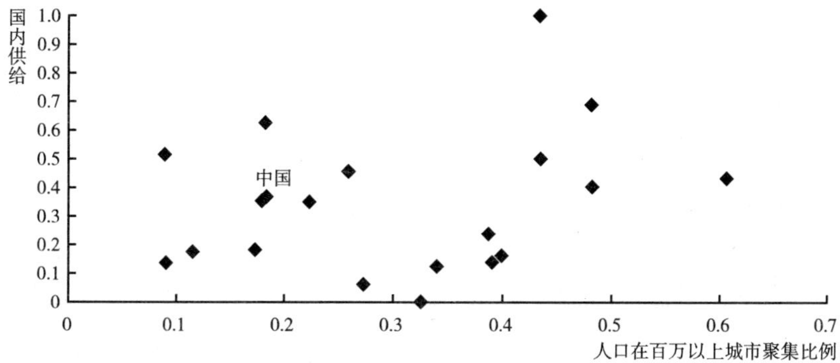

图 17-5　人口在百万以上城市聚集比例与国内供给的关系

国内需求对城市化率的回归结果为：Competitiveness3 = -0.055 + 0.705 Urban，这表明城市化率每提高 1 个百分点，国内需求指数将提高 0.705 个百分点（见图 17-6）；国内需求对人口在百万以上城市聚居比例的回归结果为：Competitiveness3 = 0.363 + 0.301 Urban_ cluster，这表明人口在百万以上城市聚集比例每提高 1 个百分点，国内需求指数将提高 0.301 个百分点（见图 17-7）。

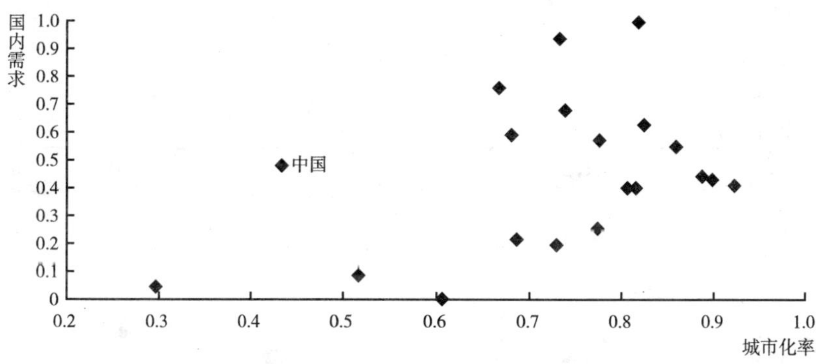

图 17-6　城市化率与国内需求的关系

4. 城市发展对国内联系的影响

城市化率和国内联系之间的相关系数为 0.195，属于弱相关关系；人口在百万以上城市聚集比例和国内联系之间的相关系数为 0.166，属于弱相关关系。

国内联系对城市化率的回归结果为：Competitiveness4 = 0.261 + 0.376 Urban，这表明城市化率每提高 1 个百分点，国内联系指数将提高 0.376 个百分点（见图 17-8）；国内联系对人口在百万以上城市聚居比例的回归结果为：

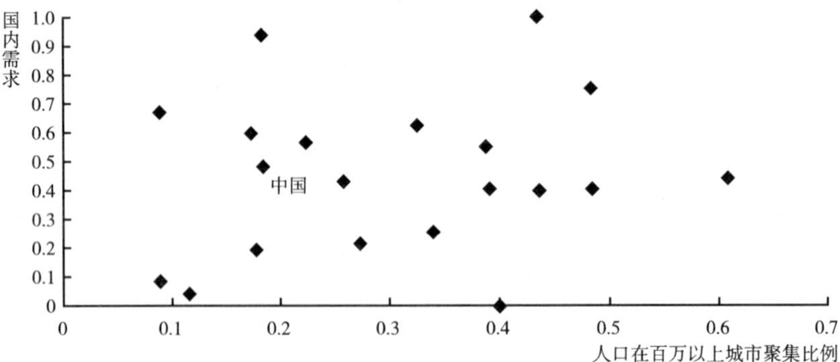

图 17 -7　人口在百万以上城市聚集比例与国内需求的关系

Competitiveness4 =0. 428 +0. 346 Urban_ cluster，这表明人口在百万以上城市聚集比例每提高 1 个百分点，国内联系指数将提高 0. 346 个百分点（见图 17 -9）。

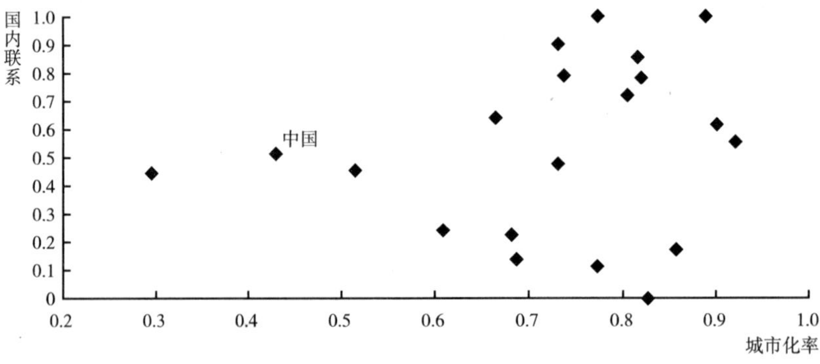

图 17 -8　城市化率与国内联系的关系

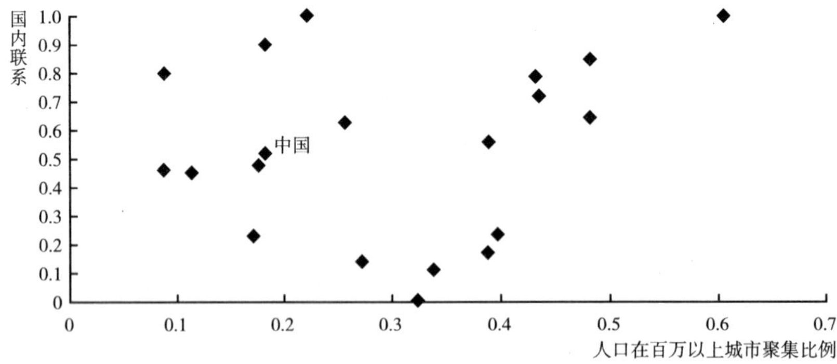

图 17 -9　人口在百万以上城市聚集比例与国内联系的关系

5. 城市发展对全球联系的影响

城市化率和全球联系之间的相关系数为0.064，属于弱相关关系；人口在百万以上城市聚集比例和全球联系之间的相关系数为-0.060，属于弱（负）相关关系。

全球联系对城市化率的回归结果为：Competitiveness5 = 0.267 + 0.111 Urban，这表明城市化率每提高1个百分点，全球联系指数将提高0.111个百分点（见图17-10）；全球联系对人口在百万以上城市聚居比例的回归结果为：Competitiveness5 = 0.380 - 0.111 Urban_ cluster，这表明人口在百万以上城市聚集比例每提高1个百分点，全球联系指数将降低0.111个百分点（见图17-11）。

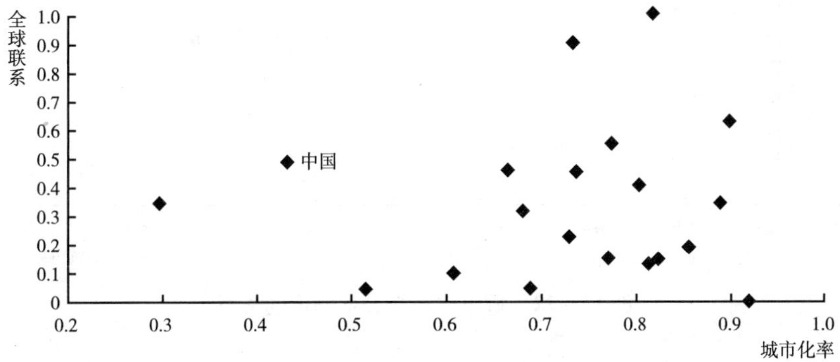

图17-10 城市化率与全球联系的关系

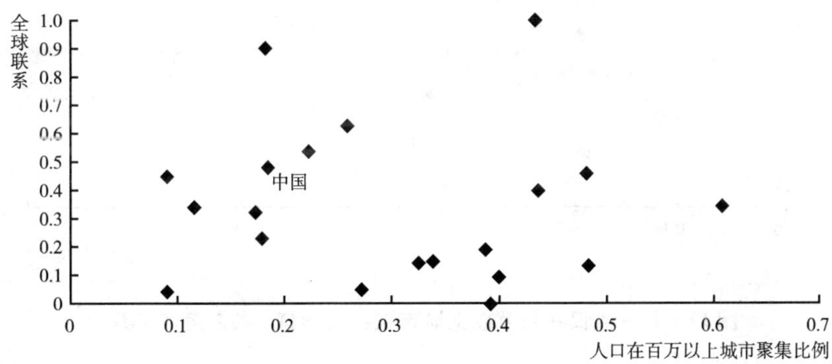

图17-11 人口在百万以上城市聚集比例与全球联系的关系

6. 城市发展对公共制度的影响

城市化率和公共制度之间的相关系数为0.502，属于中度相关关系；人口在百万以上城市聚集比例和公共制度之间的相关系数为0.384，属于中度相关关系。

公共制度对城市化率的回归结果为：Competitiveness6 = －0.324 + 1.091Urban，这表明城市化率每提高1个百分点，公共制度指数将提高1.091个百分点（见图17－12）；公共制度对人口在百万以上城市聚居比例的回归结果为：Competitiveness6 =0.191 +0.904 Urban_ cluster，这表明人口在百万以上城市聚集比例每提高1个百分点，公共制度指数将提高0.904个百分点（见图17－13）。

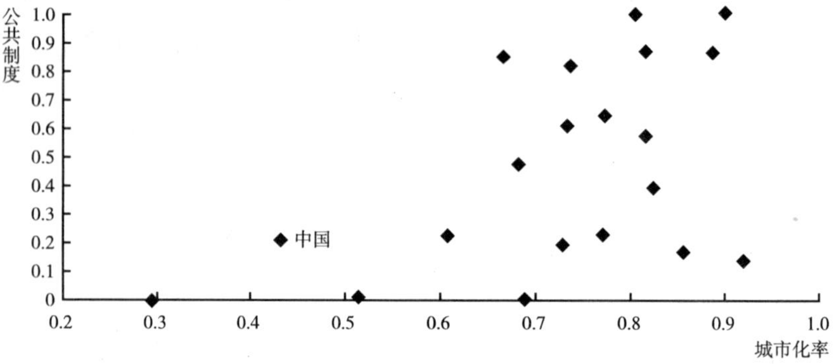

图17－12　城市化率与公共制度的关系

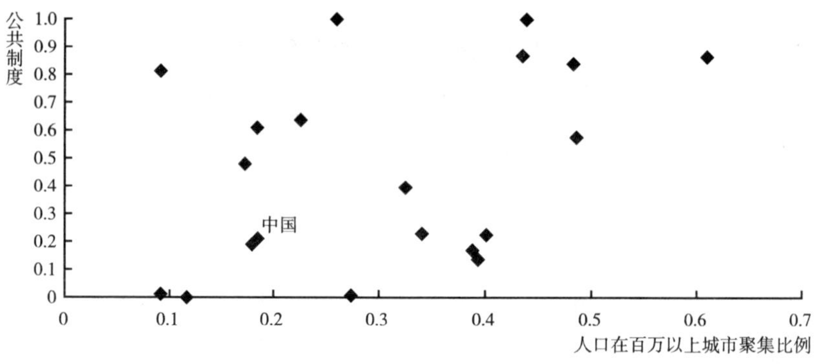

图17－13　人口在百万以上城市聚集比例与公共制度的关系

五　结论

相关性分析结果表明：城市化率与国家竞争力六大要素之间都存在正相关性，按照相关性程度从高到低排列依次为公共制度、国内需求、主体素质、国内供给、国内联系、全球联系；除了全球联系外，人口在百万以上城市聚集比例与其他国家竞争力五大要素之间也都存在正相关性，按照相关性程度从高到低排列依次为公共制度、主体素质、国内供给、国内联系、国内需求、全球联系。

回归分析结果显示：提高城市化率对国家竞争力六大要素的贡献程度不同，按照回归系数从大到小排列依次为公共制度、国内需求、国内联系、主体素质、国内供给、全球联系，可见，提高城市化率对完善公共制度的贡献最强，而对提升全球联系度的贡献最弱；提高人口在百万以上城市聚集比例对国家竞争力六大要素的贡献程度也存在差异，按照回归系数从大到小排列依次为公共制度、主体素质、国内供给、国内联系、国内需求、全球联系，可见提高人口在百万以上城市聚集比例对完善公共制度的贡献最强，而对提升全球联系度的贡献最弱。

总之，城市发展与国家竞争力之间存在内在关联性，城市发展将起到提升国家竞争力的作用。无论从城市化率指标还是从人口在百万以上城市聚集比例指标看，中国的城市化发展水平都相对滞后，这是制约中国国家竞争力提升的重要因素，要增强中国的国家竞争力，必须大力推进城市化发展。

第十八章
国家竞争力战略的国际经验

国家竞争力是国家的民众、企业与政府在一定的制度规则和社会环境下，通过供给并配置当地要素资本和利用外部要素资本，创造当地需求和满足外部需求，从而创造国家财富的能力。在各国之间传统的单一资源竞争正在向人才、知识、科技、能源的综合竞争转变的国际形势下，形成明确的国家竞争战略，努力提升国家竞争能力已经成为各国发展的必然选择和关键所在。

一　系统提出竞争力战略的主要国家

（一）美国

以2004年12月美国竞争力委员会发表的《创新美国》研究报告为先导，各有关国家竞争战略的研究报告、声明和法案相继出台。2006年，布什总统在他发表的《国情咨文》中正式宣布了以“创新引领世界”为口号的“美国竞争力计划”（American Competitive Initiative，ACI），特别强调以科技和教育提升创新能力，提升国家竞争力。具体内容主要包括以下几个方面。

1. 大幅度增加基础研究资助

“美国竞争力计划”对国家科学基金会、能源部科学办公室等联邦核心机构在物理科学和工程学方面的基础研究资助将以年均7%左右的速度增加，相当于在基础研究方面新增投资500亿美元，这些基础研究将支撑并补充私营部门进行的短期研究。另外，“美国竞争力计划”还加大对科学工具的投入，尤其是那些超出单个机构承受范围的高精尖类的工具。

2. 研究和试验税收减免永久化，促进私有部门对创新的投资

美国政府将积极推进研究和试验税收永久减免，鼓励企业提高研发投入，减少企业研发投入的实际成本。同时尽可能地使课税免除的推行简单化和现代化，使这一免税政策在鼓励私营部门进行创新方面更具效率。

3. 强化数学与科学教育

首先，“美国竞争力计划”明确提出了两个数学计划——“小学生数学计划”和“初中生数学计划”。该数学计划将激励教师们利用有效的教学方法和教学材料，并对数学很差的学生提供更高级的差距诊断手段和补救措施，为学生初高中阶段学习更高难度的数学课程打下坚实的基础。其次，“美国竞争力计划”把《不让一个孩子落后法》的一些关键条款扩大到高中，通过各州的教育主管部门向地方的教育机构提供资助，专门用于进行有针对性的、已被证实有效的教学干预，使所有学生都能在毕业时掌握他们进入大学或参加工作所需的知识和技能等。最后，“美国竞争力计划”还提供资金以支持“支教联合会计划”，鼓励科学、数学和工程专业人士作为教师去讲授特定高中的数学、科学和技术课程，以发挥公共教育体系之外的高素质人士的能力来满足中学的特定需要。

4. 改革劳动力培训体系

为改善美国在教育和技能培训上的资金不足，“美国竞争力计划”提出建立职业进步账户（CAA）。该账户是自管理账户，刚加入劳动队伍或在两种工作间转换的工人，或者需要新技能来保持就业或晋升职位的在职工人，均可获得多达3000美元的培训费。通过CAA计划，每年向大约80万劳动者提供培训机会，这将超过现有体系下培训人员数目的3倍。此外，“美国竞争力计划”还加大了对社区学院的投入，使其成为培训工人的基地。

5. 增强美国吸引和留住全球最优秀人才的能力

具体措施包括支持满足经济增长需要的全面的移民制度改革，提供世界级的教育和研究机会，营造鼓励创业者和保护知识产权的商业环境等，以增强国家吸引和留住优秀人才的能力。

（二）日本

日本的产业竞争力战略委员会（Industrial Competitiveness Strategy Council）曾提出雄心勃勃的《振兴日本经济六大战略》（Six Strategies for Greater Competitiveness：The Path Towards Reviving Japan's Competitiveness and Moving into an Industrial Structure which Fosters World Class Companies），其战略措施包括以下

六个方面。

一是促进技术创新。包括：重点支持环境和能源、宽带通信和 IT、医疗保健和生物科技、纳米技术和材料技术来推动新兴市场和行业；大幅度提高研发税收优惠；保护知识产权；改革大学，促进产学研结合；加强基础教育。

二是调整产业结构，加快企业重组和资本重组。包括：以法律和政策调整产能过剩行业；据全球产能和需求关系的变化，大力调整投资战略，优化产品结构，将投资和生产的重点放到高附加值产品的开发和生产上。

三是加强劳动力的流动并在服务部门创造更多的就业。包括：加强职业教育，提高劳动力素质；扩大私营部门以增加就业；增加就业的灵活性；探索当地政府服务的私有化；大力推进服务产业的扩大，如养老、看护小孩等服务。

四是吸引外国直接投资和海外人才。包括：引入与国际标准一致的税收改革；促进跨国并购；放宽工作签证；增加对有才华的外国学生的奖学金计划。

五是建立“东亚自由商务区”。包括：消除区域内的关税，简化通关和贸易程序，确保货物、服务和人员的自由流动；建立投资规则，以便在该地区的经济活动协调、透明；支持日本企业的海外经营并注意在东亚的投资风险。

六是创建 21 世纪的新市场。包括：创造以改善生活环境和提高生活质量为目标的潜在市场需求；振兴和发展环保产业，实现良性环境循环社会生活方式；振兴观光旅游业；大力发展“安全和安心”的食品和食品材料工业。

（三）欧盟

针对欧盟在科技创新、教育和信息化方面与世界最高水平相比存在一定差距的现实问题，继“里斯本战略”后，欧盟委员会 2010 年 3 月推出的“欧洲 2020 战略”，提出了构建“创新型联盟”的设想。

该战略的目标如下：欧盟要求到 2020 年将其研发投入占国民生产总值的比例提高到 3%，特别要增加企业的研发投入，建立衡量创新的指标体系；将未能完成基本教育的人数从目前的 15% 减少到 10% 以下，让 30 岁至 34 岁的人群中接受过第三级教育（通常指小学和中学之后的各种形式的教育，包括高等教育及其他各种教育与培训）的比例从目前的 31% 提高到 40% 以上；到 2013 年，全面普及宽带网，到 2020 年所有互联网接口的速度将达到每秒 30 兆字节以上，其中50%家庭用户的网速要在每秒100兆以上。“欧洲2020战略”共有3大重点和7大计划。它们分别是：

实现以发展知识经济为主的智能增长的计划有3个，包括面向创新的“创新型联盟”计划、面向教育的“流动的青年”计划和面向数字社会的“欧洲数字化议程”；

实现以发展绿色经济为主的可持续增长的计划有2个，分别是面向气候、能源和交通的“能效欧洲”计划和面向提高竞争力的“全球化时代的工作政策”计划；

实施全面增长的计划有2个，分别是面向提高就业和技能的“新技能和就业议程”、面向消除贫困的“欧洲消除贫困平台”。

（四）韩国

韩国的国家竞争力总统委员会（Presidential Council on National Competitiveness）在《国家竞争力报告2009：通过国家竞争力塑造未来》（National Competitiveness Report 2009：Shaping our Future through National Competitiveness）中回顾2009年的经济状况时，认为韩国2009年成功地渡过了金融危机，在OECD国家中经济恢复最快，但韩国经济还没有完全复苏，国际金融市场依然形势严峻，韩国面临着结构性调整的困境。为了使韩国跻身于世界一流国家行列，韩国需要一系列提高竞争力的战略以适应新的经济秩序。概括起来，这些措施大致包括以下几个方面。

一是完善法律法规。每3～5年审查主要的法律法规以适应形势变化；建立和细化新兴产业的管理标准。

二是改善市场环境。放开市场，打破垄断，液化天然气、煤气、信用卡等行业都将对民营企业开放，同时简化行业的准入手续；提高政府和公共部门的服务水平和促进信息公开化，提供一站式服务；加强对网络交易的监管；为电子商务提供舒适的政策环境。

三是积极扶持企业的成长。对包括个人所得税和企业所得税在内的多项税率进行大幅下调，以刺激消费，推动经济增长；对企业的研发投入提供更多的税收优惠；完善对企业的风险投资；建立产业园区；推行绿色化生产；保护知识产权。

五是增强吸引外资的能力。引进高附加值的行业，尤其是绿色产业和高科技产业；解决外国投资者在韩国的困难，如保险、医疗和子女上学等。

六是增加人力资本存量。推动培训机构之间的竞争，加强培训成果的评估，提供更多的培训选择；培训要注重实际操作技能的拓展；完善职业培训体系；改革国籍制度以吸引国际人才。

七是提高各行业的竞争力。包括支持农业产业化经营，提高农产品的附加值；提高建筑行业的设计标准，确保竞标公平透明；改进传统的生产工艺，发扬光大韩国的酒文化；鼓励美容行业的海外投资；致力于品牌的国际化。

八是其他方面的改革。包括缩小军事保护区，改善军事设备，军事福利设施将与民共享，促进军民合作；简化交通标志，减少路口等候的时间，提高交通效率；建立韩语文化中心和韩语学习网站，提高韩文在全球的知名度。

（五）新加坡

20 世纪 70 年代末以来，新加坡经济迅速腾飞，今天已成为最繁荣的国家之一。尽管全球受到金融危机的冲击，新加坡的经济基本面依然强劲，良好的商业环境、完善的基础设施、高质量的教育系统、高效率的公共服务等优势是新加坡经济发展的保障。在全球专业分工格局变化以及资本市场驱动的国际大背景下，亚洲竞争力研究所（Asia Competitiveness Institution）的报告《新加坡竞争力 2009：分析与建议》（Singapore's Competitiveness 2009: Key Findings and Recommendations）提出了以下几点发展战略。

一是积极参与国际合作，包括：推动亚洲经济一体化进程；围绕振兴议程，开展和东盟的合作；贸易自由化；重点在跨境基础设施、集群网络、科学研究方面开展国际合作。

二是推动知识型经济发展，包括：在创业、风险投资、知识产权保护等方面创造良好的环境推动知识创新和商业运用；在公共研发和公共政策等方面明确知识密集型等现代新兴产业的发展导向；建立技能发展政策和市场对技能需求之间的联系，注重建立人才的吸收和培训机制；要树立世界眼光，强调国际化的联系网络和标杆对比，加强与跨国企业、国际组织的沟通与合作，借助外力提升知识创新水平。

三是提高产品的生产率，包括：重点发展现有的和新兴的行业，不要将过多精力关注于狭窄产业的新机会；运用高科技和先进的管理有效配置人力、物力和财力资源；鼓励企业通过知识和创新重新创造自己的商业模式，而不是依赖低廉的外国工人；加强集群联系，延长产业链，提高公司的专业化程度以实现产品增值。

（六）爱尔兰

自20世纪90年代以来，爱尔兰经历了经济高速发展，人均GDP居欧盟成员国第二位，仅次于卢森堡。由于本国房地产泡沫破裂以及国际金融危机与国际贸易走低等因素，爱尔兰的国家竞争力受到削弱，一度成为经济衰退最严重的发达经济体。2009年8月，爱尔兰国家竞争力理事会（The National Competitiveness Council）发布《爱尔兰竞争力报告2009》（Annual Competitiveness Report 2009），报告称尽管爱尔兰经济正在经历“阵痛”式调整，但爱尔兰在高素质劳动力、完备的基础设施、高水平的研发能力、现代化的贸易基础等方面仍然具有一定的优势，并针对爱尔兰的核心竞争力，提出了一系列加强爱尔兰的竞争地位的政策行动。

第一，确保企业发展，推动竞争。包括：出台了一系列诸如税收优惠的政策措施鼓励企业增加研究开发的投入；继续实施“企业拓展计划”，扶持中小企业发展；通过产、学、研结合，提升企业技术创新能力的建设；为企业及时把先进研究转化为商业化技术提供软支持；全力支持电子商务提供的商机。

第二，建立知识经济，将爱尔兰打造成核心阵地。爱尔兰于2006年7月发布了《2006～2013年科技与创新战略》，其目标是要建成真正的知识经济。具体内容包括：建设一个覆盖所有学科领域的、由世界一流研究团队构成的、可持续发展的研究体系；积极改善科研环境，力图使科学研究更具吸引力，并以进取的姿态进入国际市场上参与争夺顶尖研究人员的竞争；强化中小学的科学教育，采取更加结构化的方法培养研究生，以有效地培养研究人员，缩短攻读博士的期限，使博士的培养数量翻一番；对现有研究设施升级和增加新设施，以弥补基础设施的不足。

第三，改善环境确保能源供应，建设绿色行业。爱尔兰成立了专门的环境研究中心，提高环境数据处理、模拟、评估和指导能力，以增加对环境和环境技术的认识，并预测和应对不断变化的情况；持续地参与气候变化、生物多样性的保护、环境与健康、城市环境、空气污染、废物处理和水质量等方面的活动，履行国际环境义务；更多地开发和利用可再生能源，提高能源供应安全和能源利用效率。

第四，大力投资公共基础设施。爱尔兰将向欧盟争取的上百亿美元发展基金集中用于大规模改善交通设施和能源基础设施，以消除制约经济发展的瓶颈；对通信、水、电等行业，采取逐步私有化和引入竞争机制的做法，提高其服务水平；迅速提高国内和国际通信的连接能力，推动宽带网络的普及。

第五，确保更高效的公共服务，更合理的法律法规以改善商业环境。包括：政府促进公共服务的协调，监督欧盟结构性与凝聚力资助项目并提供建议；大力推进信息公开；根据市场的发展，进一步完善金融等行业监管体系。

（七）克罗地亚

克罗地亚位于欧洲中南部，巴尔干半岛的西北部，经济以第三产业为主，第二产业为副。旅游业是该国经济的重要组成部分。最近的金融危机对克罗地亚的影响超过预期，经济明显衰退，失业率大幅增加，出口受到沉重打击。克罗地亚国家竞争力委员会（National Competitiveness Council）在《克罗地亚年度竞争力报告 2008》（Annual Competitiveness Report Croatia 2008）中，明确指出，只有果断和迅速地实施结构性改革，才能加速经济复苏，提高国家竞争力。

一是在提高劳动力素质方面：减少义务教育的辍学率；提高高等教育的入学率；修订社会福利制度，以鼓励劳动力寻找工作；通过提高劳动力市场的灵活性来扩大就业；重视对劳动力的专业培训以使其适应市场的需求；发展终身教育。

二是在完善商业环境方面：通过减少政府开支以减轻税负；减少行政性的商业障碍；继续加强金融体系的监管，鼓励风险资本基金；打破垄断，制定政策吸引投资；保持政策的稳定性；打击犯罪和暴力，保障公共安全；加快司法改革和反腐败斗争，提高人们对政府的信心。

三是提高商务部门的服务质量：严格实施各项商业政策，加强对企业和市场的监管；鼓励企业通过出口和对外投资积极参与国际市场；提高产品认证的质量，降低后续成本；将政府的决策和研究与市场动向相联系，为企业提供足够的信息。

四是加强基础设施建设：积极进行能源开发战略；提高铁路、公路的承载

力；加强港口建设，提升港口的吞吐量；鼓励私人投资基础设施项目；开放航空和铁路运输。

五是增强出口竞争力：开拓旅游业的国际市场，特别是一些新兴经济体，如中国、巴西等国的市场；扩大机械和运输设备、交通设备等产业的出口；对出口产业加大补贴力度。

（八）圭亚那

圭亚那位于南美洲东北部，经济较落后，以初级产品生产为主。近年来，由于受水灾、油价上涨和私人投资低迷、欧盟新的蔗糖进口政策的影响，经济发展缓慢。2006 年的《国家竞争力战略》（Guyana's National Competitiveness Strategy）提出了 122 项提高竞争力的活动计划，这些计划概述起来有以下几方面。

一是加强机构建设，以制定和实施国家竞争力战略。包括：加强对公共和私人咨询机构的支持，以有效地利用它们为政府决策提供建议；协调各个部门以有效地实施国家竞争力战略。

二是改善商业环境，主要是提高政府机构和关键领域的服务水平，以有效地吸引投资并扩大出口。具体包括：改进税收制度；提高海关部门的工作效率；对政府人员进行信息技术培训，实现办公的电子化；改善并规范银行等金融部门的服务。

三是促进招商引资并扩大出口。包括：改进组织的执行能力，如制定年度目标等；建立投资跟踪系统和客户系统；简化投资的申请手续；支持私人公司的出口，并为其出口提供市场信息；积极推广本国产品以提升国家形象。

四是支持中小企业的发展以增强其出口竞争力。鼓励企业以市场为导向，加强企业之间的集群联系，建立与国际市场的联系，有效地推销产品；为企业进行现代化技术改造和管理提供资金支持，建立产品标准和供应链开发，以应对日益激烈的全球市场的需求；提供技术援助以克服各种贸易壁垒；提高圭亚那人的谈判和执行贸易协定能力，以使他们了解自己的行业环境，从而确保出口商能够更好地抓住市场机会并吸引新的投资；加强职业和技术培训；为中小企业的发展提供更便捷的融资渠道。

五是农业多样化计划。该计划的目的是为了促进非传统农业（如水果、蔬菜等）的可持续发展。包括：实行农业产业化经营；鼓励农产品出口；为农业提供诸如基础设施建设、信息化建设等配套服务。

六是制糖计划。圭亚那的经济社会严重依赖糖产业，为此，国家竞争力战略对此十分重视，战略措施包括：增加糖产品的附加值；加强基础设施建设，减少运输成本；提高农业机械化水平，提高糖产量。

（九）希腊

尽管希腊近几年的经济发展速度超过欧洲的平均水平，然而，希腊的竞争力在欧洲仍然处于较低水平。金融危机的打击以及政府债务危机几乎使希腊经济陷入恶性循环。面对越来越激烈的国际竞争，希腊国家竞争力与发展委员会（National Council of Competitiveness and Development）在《希腊竞争力报告 2007》（Annual Competitiveness Report 2007）中，提出以下战略措施。

一是增强国家的研究与创新能力，包括：增加对科研的投入；结合区域的可持续发展能力和需求制订明确的科研计划；以各种手段激励创新；加强企业和科研机构的合作，提升科技转化为商业的效率；鼓励中小企业运用科研和创新成果。

二是加大行政改革力度，包括：完善公共管理制度和法律框架；加强对公务员的培训，实现办公的电子化和现代化；加强政府的官方网站建设，做到信息公开透明，减少官僚主义。

三是重视提高人力资本存量，包括：学校教育与市场需求相结合；鼓励员工参与企业和组织的职业教育培训方案；提倡终身学习，确保希腊完成欧盟成员国的“教育与培训 2010 计划”；开发职业培训的评估系统；扩大和改善托儿所和全托小学，使年轻的妈妈更轻松地进入和留在劳动力市场。

四是改善商业环境，包括：简化企业申请注册的程序；实现政务的一站式服务；健全有关商业的法律法规，并使企业更容易搜索这些文件；健全有关经济纠纷的司法解决制度；鼓励市场竞争；对小企业的发展提供政策扶持。

五是提升区域的竞争力，包括：除了国家整体的竞争力，各个州甚至县级地区都要建立自己的区域竞争力评价系统；根据地区的竞争力差异来确定该地区的发展政策；以各种优先发展政策扶持落后地区，减少区域的发展差距，从而从整体上提高国家的竞争实力。

六是重视环境保护，主要是对发展绿色经济的企业予以各项激励。

二　部分大国的竞争战略

一些在世界上有影响力的大国虽然没有明确系统地提出自己的国家竞争力战略，但是他们依据自身情况和全球发展趋势，从不同角度提出了某一领域的竞争战略。

（一）英国：2020年低碳国家战略

英国的国际竞争力研究中心建立了对欧洲各国竞争力的评价体系，虽然没有提出具体的战略措施，但对英国政府的战略决策有着重要的参考意义。2009年7月15日，英国政府正式发布名为《英国低碳过渡计划》的国家战略文件以及《英国低碳工业战略》、《可再生能源战略》和《低碳交通计划》三个配套文件，根本目的是要抢占21世纪新增长领域的制高点，打造英国国家和企业的核心竞争力。《英国低碳过渡计划》明确提出：到2020年，英国电力供应的1/3来自可再生能源，二氧化碳排放量在1990年的基础上减少34%，可再生能源供应占到全国能源供应结构的15%。为实现上述目标，政府对各经济部门制定了严格的减排额度要求，同时大力发展诸如核能、风能、太阳能、海洋能以及清洁煤炭等，创造更多的绿色工作岗位。

（二）德国：国家高科技发展战略

2006年8月，德国联邦内阁首次推出了将科研与创新联为一体的“国家高科技发展战略”。该战略的目标是要“使德国在今后最重要的市场上重新居于领先地位”。德国明确提出了未来发展的17个专业领域；制定六项重点高技术专项计划；鼓励科技界和经济界加强交流；改善创办高科技企业和创新基地的条件；支持新技术的快速推广；大力投资人力资源。

（三）法国：构筑“竞争力极点”

2004年9月法国开始实施“竞争力极点”战略计划。该战略的目标是依托根据地——极点，以科技创新创造强大的工业竞争力，使法国成为整个欧洲工业创新和科技发展的样本。法国政府明确了67个“竞争力极点”标签；加大对“竞争力极点”的财税支持；对项目进行个性化的跟踪。

（四）俄罗斯：能源超级大国战略

2003 年 5 月，俄罗斯政府批准了《俄罗斯 2020 年前能源战略》（以下简称《能源战略》），拉开了其实施能源超级大国战略的序幕。主要措施有：从高能耗经济向有效使用能源的经济发展模式过渡；大力发展油气资源储备基地；开发国内能源市场；增加能源领域的投资并改进投资结构；通过多双边合作增强能源实力。

（五）印度：中国之外的另一个“世界工厂”

2005 年 9 月，印度国家制造业竞争力委员会首次发布了《印度制造业国家战略》白皮书，提出未来几年印度争取实现制造业年增长 12% 的目标，提出了使印度成为中国之外的另一个“世界工厂”的战略构想。主要战略举措包括加大招商引资力度，利用外商直接投资来提升技术水平和帮助印度产品打入国际市场；重视基础设施建设；政策和资金支持制造业快速发展；增加出口，扩大“印度制造”的影响力。

（六）巴西：世界生物能源大国战略

为了抓住全球对生物能源需求增长的历史性机遇，巴西政府提出了远至 2030 年的国家能源发展计划。这一计划的重要内容之一是实行清洁能源多样化，水电、核电、风能、太阳能和生物能源齐头并进，打造世界生物能源的出口大国。具体战略包括：加紧对生物柴油技术的研究与开发，支持生物柴油的推广和使用；进一步扩大燃料酒精的生产规模，加强各项配套设施建设；加强国际合作，为生物能源寻找市场。

三　经验与启示

从世界各国的竞争力战略中，我们不难发现有以下几个共同点。

（一）注重增强国家竞争力的主体素质

国家竞争力的主体是私人部门、公共部门和国家公民。从各国的国家竞争战略来看，无论是发达国家还是新兴市场国家都特别注重提升本国的私人部门素质、公共部门素质和国家公民素质。各国都强调本国企业的作用；都在不断改善市场和创业环境，制定相应政策和提供财税支持，鼓励和引导市场主体参与国际竞争；都越来越重视公民素质，着力培养公民的自然素质、智力素质和社会伦理道德素质。

（二）重视培育国家竞争的供给要素

人力、资本、科技、基础设施、资源禀赋等都是影响国家竞争力的重要供给要素。世界各国的国家竞争战略也都侧重于培育这些要素。事实证明，各国都在国家竞争战略中强调加大教育投入，增加人力资本存量，并高度重视科技产业发展，将科技创新作为国家竞争的关键所在。俄罗斯、巴西等国则充分利用自身资源禀赋优势，不断改善基础设施条件，发展具有国际比较优势的产业。

（三）重视挖掘和扩大国内需求

从目前的情况看，国内需求仍然是推动国家竞争力的主要动力。立足国内，放眼世界的思想在各国的国家竞争战略中均有体现。各国都对自身国内需求具有充分的把握和认识，并鼓励和支持市场主体结合自身国家优势领域，开展能够挖掘自身需求潜力的生产和研发活动，不断扩大内需规模，提升内需结构和层次。

（四）重视强化国家内部联系

各国的国家竞争战略都在强调经济体内部的一致性、稳定性和协同性。这些联系体现为：一是推进国内各个实体部门，如高校、科研机构和企业的网络关系；二是高度重视国家内部经济、社会、环境、文化等相互协调的关系，尤其是如何正确处理人与自然的关系，能否实现绿色发展、低碳发展，成为各国国家竞争战略所关注的重点。

（五）重视参与全球竞争与合作

在全球经济一体化的趋势下，各国都通过制定竞争战略确立核心竞争领域，寻找自身在全球竞争中的位置。同时，各国在竞争战略中也都充分意识到合作的重要性，提到要结合自身实际，促进国家主体之间互动交流，通过实现有效密切的国际分工合作来体现自身的国家竞争力。

（六）重视完善提升国家竞争力的公共制度

公共制度是提升国家竞争力的保障。各国的国家竞争战略都有相应的制度设计内容，旨在为国家发展制定公正的游戏规则，创造一个公平良好的竞争环境。

第十九章
提升中国国家竞争力的战略建议

一　整体战略：梯次追赶战略

（一）目标定位

1. 战略定位：迈向全球的经济、科技、文化的重要中心

伴随着全球政治、经济、科技和文化格局的调整和中国的崛起，中国到2020年有望成为全球重要的经济决策中心。即到2020年，一方面中国经济决策的独立性和自主性大为提高，另一方面中国经济决策对世界的影响力越来越大。

到2020年，中国成为具有全球影响力的科技创新中心。以科学发展观为指导，中国努力培养和聚集优秀创新人才，着力研发和转化国际领先的科技成果，做强做大一批具有全球影响力的创新型企业，全面提高中国自主创新能力。

随着中国国际地位的提高和对外交往的增多，到2020年中国成为全球重要文化交流中心。中国的历史文化思想和发展道路将深刻影响世界，成为世界的主流。汉语成为世界语言。中国制作的文化产品走向世界。

2. 战略目标：成为最具竞争力的国家之一

中国国家竞争力具体战略目标是：到2020年，中国成为综合强大、关键一流、整体中上的先进国家。综合强大，是指中国的国家竞争力达到世界领先水平，进入G20五强；关键一流是指中国在关键重要的领域，如高新技术等，达到或超过世界一流水平，建成一个创新型的国家；整体中上是指各项国家竞争力指标在世界都排名中上游，没有单项发展短板，整体达到中等发达国家水平。到2030年，中国综合国家竞争力仅次于美国和欧盟；到2050年，中国综合国家竞争力仅次于美国，成为世界第二强国。

总体来说，G20国家之间是相互合作同时又相互竞争的关系。根据前文分析和实证研究的结果，可以简单地将中国与 G20 国家之间的关系划分为四类，具体的竞合关系还有待进一步的研究。从长期发展态势来看，美国和欧盟是中国全面追赶的目标，欧盟内部的主要发达国家如德国、法国、英国、意大利等是中国的重点追赶目标。中国的主要模仿对象是亚洲近邻日本和韩国。沙特、印尼、南非和土耳其等 G20 中的发展中国家，都有追赶发达国家的共同诉求，在国际经济格局中又存在水平分工关系，是中国的合作伙伴。俄罗斯、巴西、印度和墨西哥等与中国有竞争关系，但是同时中国对俄罗斯、印度、巴西的矿产和能源需求比较大，在保持竞争优势的同时，中国也要加强与这些国家的合作，共同发展。

（二）路径战略

梯次追赶战略是细分的追赶战略，是将经济、社会、科技、文化和环境等多方面发展内容分层分级，根据不同的内容设计高低不同的追赶目标和长短不一的追赶时间表，同时针对梯次的目标采取不同的追赶路径和策略，少走弯路，达到事半功倍的效果。梯次追赶战略主要路径包括以下几个方面。

1. 高端引领与重点跨越

中国充分利用大国优势，集中优势资源进行目标聚集，在经济、科技、文化的高端和关键领域争取达到国际一流，然后利用这些制高点带动中国的经济、科技和文化整体发展。值得中国借鉴的是美国的阿波罗登月计划。美国人登上月球，不仅重整美国的雄风，提升了美国人民的士气，而且培养了一代高水平的科学家，带动科学技术的突飞猛进，促进整个工业的发展与提升。中国目前应继续大力推进通信、航天、新材料等关键技术的发展，如 3G 技术、大飞机的设计制造、载人航天等，以这些高科技为导向促进产业升级，带动全社会各行各业的发展，并最终实现跨越式发展。

2. 成本领先与整体渐进

中国作为发展中的大国，基本发展条件包括优势和劣势不可能在短期内有重大的转变，因此应继续发挥作为后发国家资源丰富的成本优势和学习效应，同时应从总体上继续采取渐进的改革发展方式，有计划、有步骤地推进国家的发展、经济的转型和升级。发挥中国已有的劳动力资源优势，是社会稳定和人民生活改善的基本要求，是相对落后地区工业化和城市化进程的加速器，也是目前我国社会的必然选择。因此中国应科学地制定收入分配和再分配的政策，以保证劳动力

市场成本的国际竞争力。中国的企业也必须随着劳动力和资本相对价格的变动，不断适应新的情况，进行产业、产品、技术的升级，以维持在国内、国际市场的竞争力。

3. 规模竞争和多层合作

规模巨大、层次多样是中国的特点也是中国的优势。中国应利用这一特点和优势，一方面以规模优势掌握全球战略的动态制胜点，影响区域和全球市场，充分实现中国的国家利益。利用国内需求调动国外“因素”，利用市场规模的优势，真正实现以市场换技术，以规模降成本。要在国家、区域、产业和企业多个层次上做出努力，制定必要的措施，加强产业间、地区间、企业间的协调与配合，实现与外资的共赢，而不能把技术控制权和资源定价权拱手让出。另一方面先以国内多层次产业合作推动一体化，然后再展开国际多层次合作，与国际多个发展水平的国家合作，实现共同发展。

4. 提升品质与营销品牌

中国在初步发展的基础上，在继续扩大规模的同时，提升品质、营销品牌。一方面要提升中国的要素、环境、产品和质量；另一方面加强营销，提升中国的形象，让更多的人了解中国的产品、人文和环境，增加吸引力和感召力。同时积极宣传中国的发展道路模式，避免误解。中国国家品质的提示和中国国家品牌的营销是一种软力量的扩张和传导，将产生巨大的影响力。其过程是缓慢的、长久的，需要长期艰苦的建设。奥运会的成功召开极大地提升了中国的品牌价值。中国要继续在理念建设、品牌建设、形象建设、文化建设方面下工夫，要按照现代市场经济的要求，努力构建经济健康发展、社会规范有序、资源合理配置、人的积极性主动性创造性充分发挥的社会主义国家。

5. 扩大开放，内外互动

全球化给中国利用全球、发展自己提供了巨大的机会。与此同时中国作为发展中大国在初步发展的基础上自身也潜力巨大。未来中国应坚持内外需结合，不断深化改革开放。虽然对外开放给中国带来了巨大的机遇，但中国应主动扩大开放开放国内各类市场，全方位、高层次地推进对内对外两个开放，实现内外互动，积极有效地继续利用全球的资金、技术和市场，实现内外有机结合，使中国的竞争力大幅提升。

（三）战略对策

1. 主体素质：精神物质并举，彰显大国风范

主体素质方面，中国不管在物质素质方面，还是在精神素质方面，表现都很好。主体素质反映一国的整体面貌和发展状况，与广大人民生活息息相关。在未来发展中，中国应该扬长避短，着眼于薄弱环节，全面提升主体素质。

提高自主创新能力，打造世界知名品牌。企业指数方面，在披露指数和公司治理方面的表现可圈可点，表现为对外信息比较公开，公司治理结构比较完善等，但是，在企业创新能力指数和世界知名品牌个数方面就略显不足，具体表现在与发达国家相比，中国严重地缺少创新企业和国际知名品牌，在今后的发展中，要注重提高民族企业的自主创新能力，着眼于长远发展，大力提高原始创新能力，形成创新的重要基础；同时，大力加强集成创新能力，形成单项相关技术的集成创新优势，努力实现关键领域的整体突破。在打造民族品牌上下工夫，做大做强，让“中国制造”响彻海外。

强化政府行政效率，提高政府廉洁程度。中国在对政府外债的控制以及政府效率方面有不俗的表现，对外债的控制更是一直领跑其他国家，但是，在对腐败的控制方面，形势不容乐观，可见反腐倡廉是一个艰巨的任务，必须下大决心，下大力气，才能将其克服。在今后的发展过程中，要将反腐败坚持到底，从制度上完善监督制衡的机制，从法律上完善监督的方式方法，强化法律监督，实现公平正义。

保持家庭平等优势，提升包容适应能力。家庭指标的表现稍逊于前面的两个指标，尤其在包容性和创新能力方面，中国的表现处于中下游水平，对外来事物的吸收不彻底，要在今后继续加强对外开放与交流，多多接受外来的优秀文化和先进思想，为社会发展注入动力。

2. 国内供给：改进要素质量，提高利用效率

中国的国内供给能力排名中游，整体实力不强。国内供给能力能充分反映一个国家的竞争力，中国应充分发挥自身优势，加大投入力度，为经济的持续快速发展奠定良好的基础。

发挥规模优势，提高人才素质。中国应充分利用人力资源优势，避免资源浪费。增加教育投入，普及高等教育，加大对劳动者的技能培训力度，提高人力资

本构成水平，增加专业技术人才比例，从而提高劳动者整体素质。

落实教育兴国，加强医疗建设。中国教育资源稀缺，且分配不均。中国在加大教育投资的同时，对落后地区要有一定的政策倾斜，缩小地区差距。另外，政府应通过加大公共投入尽快建立覆盖面广的医疗保障体系，满足民众不断增加的医疗卫生需求。

健全金融体系，突破发展瓶颈。中国金融市场的发展起步晚，底子薄，但发展速度较快。当前中国的资本市场信贷信息极度缺乏。中国须尽快建立起完善的信贷信息系统，披露客户信用状况，以解决金融市场信息不对称的问题。

占领科技高峰，促进整体跨越。中国应瞄准科技制高点，真正实现科技强国。同时，中国在科学技术领域的潜力很大，设施先进，但应用领域受到局限。因此，中国应促进科技成果转化，扩大科技应用领域，将科技与生产、生活紧密联系起来。

挖掘文化潜力，创造一流文化。中国是文化艺术大国，文艺工作者数量庞大，应充分挖掘文化潜力，尤其是中国传统文化的内在价值，创造出具有中国特色的一流文化艺术。文化产业是一种新兴产业，不仅产值巨大，还能扩大一个国家在世界上的影响力。中国要继续大力发展文化艺术产业，将中华文化推向世界，成为真正的文化强国。

保护生态环境，履行大国责任。中国一直采用粗放的发展模式，导致环境迅速恶化。中国要避免走先发展后治理的老路，应及早转变经济增长模式，保护生态环境。中国应坚决执行节能减排政策，实现对世界的承诺。

节约有限资源，提高利用效率。中国资源的整体形势是总量大、人均少。在满足生产需要的情况下，要节约资源，提高利用效率。另外，现有资源大部分是不可再生资源，从长远打算应该推进新能源的研究和开发，尽快找到替代性资源。

加速设施建设，改善管理水平。随着中国经济的持续发展和人口的不断膨胀，对基础设施的需求会进一步增加。中国要继续加大基础设施投入力度，缓解需求压力，同时还要不断提高对已有设施的使用效率和管理水平。

3. 国内需求：保持优势发掘潜力，提高层次改善结构

中国国内需求的现状为：总量占优潜力巨大，结构落后层次不高。国内需求是国民经济发展的根本动力，扩大内需是我国下一步工作的重点。今后我国应进一步改善需求结构，提高需求层次，以扩大内需来刺激经济可持续发展。

增加收入促进消费，发掘潜力提高层次。我国居民需求总量较大，但人均需求低迷，需求结构严重偏离全球平均程度。收入分配失衡是导致居民高储蓄、低消费的根本原因。改善分配体系，提高劳动者收入是促进居民消费的治本之策。我国人口多，广阔的农村市场尚未开启，内需潜力巨大。增加农民收入事实上等同于促进消费。今后应发掘这一潜力，增加居民收入，大力发展第三产业，提高消费层次。

保护产权鼓励投资，提升层次繁荣经济。我国投资水平严重高于全球平均水平，且政府投资比重偏高，投资层次低，产能过剩严重。实践证明，民间投资效率更高，且更有利于增加就业，繁荣经济。产权明晰可激发居民投资热情，今后我国应大力保护产权，破除官本位思想，在全社会营造重商创业氛围，鼓励居民投资，并引导投资层次，支持民间资本进入高端产业。

扩大公共服务支出，促进科教文卫发展。我国政府在科教文卫方面支出水平偏低，与大国地位不相匹配。公共服务不足迫使居民增加医疗、社保、教育方面的支出，挤压其他消费并强化谨慎性储蓄。进一步改善民生，扩大公共服务支出，促进科教文卫发展刻不容缓。我们也要看到我国科教文卫支出的增长居 G20 前列，潜力巨大，后发优势突出，未来将取得更大的成就。

4. 国内联系：多个层面共同加强，促进要素广泛流动

国内联系的强弱影响要素流动的规模、质量。目前，中国的国内联系竞争力仍有较大的提升空间，在发挥优势的同时，中国应该从空间、经济、空间等多个层面加强国内联系竞争力，具体战略如下。

重整国土空间格局，促进城市集群发展。空间格局的调整是大势所趋，中国应积极促进城市大型化、集群化、网络化发展，构建城市带、城市群、巨型城市等多种城市空间形式协调发展的格局。尤其是要推动建设由众多城市群扛鼎，多条城市带联动的，全球一体、一超多强、归核化、网络化的城市群体系。

推动产业层次升级，提高产业集聚程度。国内外环境给产业升级集聚带来机遇，中国应以推进新型工业化为核心，积极营造良好的产业环境，利用市场手段引导产业分工的区域分工，使大城市发展高端服务，促进金融保险、信息通信产业发展；中小城市着力发展专业制造。形成加工制造、装备制造和高科技制造产业体系。

鼓励民间非正式交往，加强产学研联系。非正式交往是目前中国创新能力提升的主要障碍，中国应鼓励民间借助各种非正式的平台和机会，促进民间各种非正式的交往，通过交往和碰撞实现创新。此外，还需要打造产学研联系的平台，进一步密切产学研之间的有效合作，加大科学成果的转化力度。

促进经济稳健发展，保持就业物价平衡。经济关系问题事关国家发展大局，中国应通过积极的财政政策和适度宽松的货币政策，统筹国内外两个大局，既要保证经济增长，也要防止经济过热。还需要防止物价的过快上涨，通过当前政府投资增加等机遇，长短期结合增加就业岗位，保持就业物价大体平衡。

正确化解处理社会冲突，积极维护社会稳定。社会稳定给社会主义现代化建设带来严峻考验。应以人民内部矛盾作为对社会冲突的认识，妥善协调各方利益关系，始终保持政府与国民之间的密切联系，注意维护社会公平，形成相对均衡的利益分配格局，构建有利于社会和谐的体制，积极维护社会稳定。

扭转局部结构失衡，提高整体结构层次。合理的结构是加强经济联系的重要基础。在当前继续加大高端要素投入、推进城市化进程的同时，应加大公共支出，满足人民日益迫切的公共品需要；进一步降低能源消耗，发展清洁能源；继续推进工业新型化进程，将整体的经济结构层次推向新的台阶。

5. 全球联系：巧妙趋利避害，主动参与竞合

目前，中国在全球政治经济格局中是政治经济国际影响力的大国，但是在全球化加速深入、文化因素在国际交往中的影响加剧、地缘政治军事关系变化不确定性较大的未来，中国应当积极参与竞合，巧妙趋利避害，灵活融入全球，稳妥保持自我。

引进高端产品技术，提高出口层次。中国商品与服务出口数目方面远远高于G20其他国家，但在出口产品的层次上仍以低端为主，高端产品与服务贸易所占比重较低。我国应尽快提高出口产品层次，抢占高端产品的国际市场。

吸引国际高端投资，调整对外投资结构。我国和平稳定高速发展的经济环境吸引了大量的外资流入，然而我国对外投资仍在低水平徘徊，在继续吸引国际高端产业投资的同时，积极调整投资结构，实行“走出去”战略，才是平衡发展的重中之重。

创造人才环境，吸引精英回流。发展靠科技，科技靠人才，吸引人才靠制度。在国际金融危机背景下，化危为机，完善吸引人才的各项制度，努力促使外籍人才和中国留学生来华效力。

建设一流信息设施，打造顶级通信企业。当今社会是信息社会，建立流畅迅捷的通信环境，对未来的发展异常重要。中国在信息流动方面排名处于偏下，我国通信业的发展与发达国家相比还有很大差距，今后发展要向着低成本、广覆盖的方向发展，打造世界级的网络平台。

积极利用优势，化优势为胜势。30 年的改革开放和外向型经济的发展为我国创造了数以亿计的外汇资产，极大加深了我国与世界其他国家的国际经济联系，这是我国未来发展的巨大优势。但由于我国能源对外依存度较高，国际金融信用还比较靠后等问题，我国在未来参与国际经济合作中，机遇与挑战并存。

创新学习途径，积极吸收引进。在国际科技关系方面，中国排名第 7，在 G20 国家中处于中游水平。在未来的发展过程中，当务之急是加强跨国公司间的联系，增进国际交流与合作，注重引进与利用国际先进技术，提升科技的吸收与转化能力，积极建设科学型社会。

提高国民素质，推广中华文化。中国国际文化关系在 G20 中排在第 15 位。排名靠后虽然部分在于意识形态差异和过去的落后导致了西方的偏见，但是国民素质的欠缺也在很大程度上影响了我国的国家品牌形象和文化认同度。未来在加强国民教育、提升国民素质同时，也要积极推广中华文化，提升民间的相互认同。

加强自我防御，促进全球合作。我国的国际军政关系指数在 G20 中排名第 6。未来十到二十年，虽然国际局势以和平与发展为主流，我国的国防能力也将得到不断加强，但是仍要警惕国际军政关系朝着不利于我国的方向发展。必须在主张国际问题通过政治手段和平解决的同时积极加强自身的防御能力。

6. 公共制度：完善经济体系，打造一流制度

公共制度是国家竞争力提升的关键，也是上述战略得以实施的重要保障。目前，公共制度层面的竞争力提升，着重点在于如何完善现有的经济体系，在不断完善的同时，积极改革创新，打造一流的公共制度。

保护知识产权，提高法律效力。产权保护是人才充分发挥自己创富、创新能力的外在保障，中国应从提高法律效力着手加强产权保护。需要指出的是应从中国具体国情出发建立自己的标准，过高的标准和承诺并不利于长远的发展。

破除垄断体制，放松市场准入。打破垄断，维护自由、公平的竞争是市场经济体制的基本要求，应大力推进垄断行业国有企业的公司制改革，消除民间资本

进入垄断性行业的限制，进一步放松市场准入，形成合理的市场竞争机制。

规范政府监管，简化政府审批。加强政府的市场监管职能，加快政府监管制度建设，优化政府监管手段，维护市场秩序，促进公平竞争。着力完善行政审批制度，简化审批程序，缩短审批时间，提高审批效率，培育和塑造鼓励投资创业的环境。

增加公共支出，完善社会管理。社会管理事关社会和谐，政府应建立以民生为导向的公共支出体系，加大教育、医疗、卫生、社保等方面的民生性支出，弥补财政在社会公共服务方面的缺位，同时不断完善政府信息披露制度，增强公共信息的透明度。

改革社会制度，促进社会公平。社会制度体现公平公正，中国应继续保持性别之间平等的优势，同时从完善社会保障体制入手，进一步加强对弱势群体的保障力度，形成公平合理的收入分配秩序，推动社会和谐稳定。

履行世贸承诺，改进商务制度。中国在积极履行世贸承诺的基础上，进一步推进国际贸易制度的改善，提高资本控制力和吸引海外人才的能力。同时，制定合理的关税，缩短出口清关时间，便利国际贸易，为国家发展与国家竞争力提升提供良好的外部环境。

二　提升国家竞争力的城市集群发展战略

根据全球城市化发展的基本趋势，结合中国的国情，走城市集群化发展道路是推动城市化进程、进而提升国家竞争力的重要战略路径。

（一）城市集群化发展的内涵、特征及意义

1. 城市集群化发展的内涵

城市集群是一种有机的城市“集合体”，就是以大城市为中心与支撑点，周边的中小城市和城镇通过发达的现代交通通信网络与大城市紧密联系在一起，形成大中小城市协调发展的大都市区。城市集群化发展是城市由单个形态向组合形态演变的过程，依托交通、通信等发展轴线，中小城市和城镇紧密围绕大城市形成聚集发展的态势。城市集群化发展是城市化发展的一种高级形态，通过城市集群化发展，大中小城市与城镇将形成相互联结、多层次、开放的区域城市空间聚

集发展结构。

2. 城市集群化发展的特征

集中的城市空间分布。城市集群是由若干个城市集聚在一起而构成的有机集合体，由于在一定的空间地域范围内聚集的城市数量较多，使城市的空间分布达到了较高的密度。

合理的城市等级体系。城市集群不仅拥有数个大的中心城市，而且还有大量的中小城市与城镇，是一个包括大中小城市与城镇的城市群体，其中大城市在城市集群化发展中起着核心作用。

一体化的经济发展模式。集群内的中心城市与周边城市之间形成良好的分工与协作关系，资金、劳动力、技术等各类生产要素在各城市之间自由流动，基础设施实现区域共享，各城市在经济上相互融合、优势互补。

发达的基础设施网络。通达的交通运输网络和发达的信息通信网络构成城市集群化发展的骨架与轴线，通过纵横交错、四通八达的基础设施网络，大中小城市得以构成一个紧密联系的有机整体。

3. 城市集群化发展的意义

实现大中小城市的协调发展。在城市集群区域内，通过大中小城市的合理规划与布局，形成合理的城市等级体系，既可以使大城市增强辐射效应、更好地发挥中心城市的功能，又可以使中小城市和城镇充分享受到大城市的外溢经济效应。此外，通过积极发展中小城市，还有助于减轻中心城市人口聚集过度的压力，防止“大城市病”。

推动城市的集约化与可持续发展。城市集群化发展是一种集中型的城市化模式，可以避免分散型城市化带来的土地浪费和交通成本上升；城市集群化发展强调大中小城市的合理布局与协调发展，可以防止各个城市以自我为中心过度拉大城市布局框架、扩大占地范围的“摊大饼”式发展模式。通过集中发展与协调发展的有机结合，城市集群有助于节约利用土地，实现基础设施共享，提高资源使用效率，使城市化走上集约与可持续发展的道路。

增强城市化发展的经济效应。城市集群在水平尺度上是不同规模、不同类型、不同结构之间相互联系的城市平面群体，在垂直尺度上是不同等级、不同分工、不同功能之间相互补充的城市立体网络，二者之间的交互作用使城市化发展的规模效应、集聚效应、辐射效应和联动效应达到最大化。

（二）选择城市集群化发展道路的原因

1. 城市集群化是当今全球城市发展的基本趋势

1957 年法国地理学家戈特曼提出了 megalopolis 的概念，用以描述美国大西洋沿岸北起波士顿、纽约，南至华盛顿，长达 970 公里，宽 50 ~ 160 公里的地带。在该区域内，以纽约为最大核心，日益大城市化，以至于波士顿、纽约、费城、巴尔的摩、华盛顿等五个特大城市连成一片。实际上，megalopolis 概念所反映的就是城市集群化发展的状态，即在具有发达交通条件的特定区域内，由一个或几个大型城市或特大型城市率领的若干个不同等级、不同规模的城市构成的城市群体，群体内的城市之间在自然条件、历史发展、经济结构、社会文化等多个方面有密切联系。

自 20 世纪下半叶以来，除了美国，日本、欧洲等国家或地区也出现了城市集群化发展的趋势，进入 21 世纪后，这种趋势变得更加显著，已经成为一种遍及全球的普遍现象，无论是美国的东北海岸、日本的太平洋沿岸，还是荷兰的兰斯塔德地区、德国的莱茵—鲁尔地区均是如此，在不少发展中国家如中国的长三角与珠三角，也出现了城市集群式发展的态势。

可见，城市集群化已经成为当今全球城市发展的基本趋势，这一趋势有两大显著特征：（1）大城市地位更加突出，大城市化现象明显。在城市集群化发展过程中，大城市数量逐渐增多，大城市规模迅速扩张，人口和财富进一步向大城市集中。如果以人口规模 100 万以上的城市占城市总人口的比重来衡量人口向大城市集中的程度，在亚洲地区，除了韩国在 1995 年达到最高值，近年来略有下降外，中国、日本、印度都呈现集中趋势；而从单个大城市的发展来看，城市规模增大的趋势更加显著，近 10 多年来国家最大城市的规模基本表现为扩大的态势。（2）都市区发展的多中心、网络化特征日益显著。大中小城市集聚在同一个都市区域里，形成各自独立又紧密联系的多中心城市簇群，在多中心都市区内，越来越多的居住和就业逐渐分布到最大的中心城市以外，不同规模、层次、结构与功能的城市通过交通网络、商品网络、技术网络、资金网络、人才网络和信息网络等密切联系在一起，使整个都市区日益变得网络化，区域内各城市的水平联系和垂直联系大大加强。

2. 城市集群化发展符合中国的现实国情

中国人地矛盾突出，人均资源占有量少，适宜于人类生存的空间相对不足，它决定了中国必须走集约型的城市化道路，集约既体现在单个城市的紧凑布局上，又体现在人口更多地集中于大城市和城市群上。城市集群化是一种紧凑型、集中型的城市发展模式，将有助于提高城市发展的集约化水平。

中国地域广阔，各地资源环境承载力不同，在承载力较低的地区，应当减少人口和经济活动的承载量，而在承载力较强的地区，则应当集聚更多的人口和经济活动，提高单位面积土地的承载量。通过集群化发展，城市的空间布局将得到优化，从而增强要素和经济活动空间聚集与环境生态承载力禀赋格局的适应性。

中国的现代化是后发式现代化，要在短期内走完发达国家在很长时间内才走完的道路，这规定了中国必须实施跨越式发展战略，在保持经济高速增长的同时加快经济结构转型，实现又好有快发展。城市集群化发展将促进生产要素按照市场规律在更大范围、以更快速度进行集中配置，在空间结构上提高资源的配置效率，从而有助于实现跨越式发展。

中国人口众多，单纯依靠市场自发力量，人口将向大城市过度聚集，从而会给大城市带来巨大的人口与资源环境压力，使大城市不堪重负，鉴于这个基本国情，中央提出要积极发展中小城市，形成大中小城市协调发展的格局，从而有效缓解大城市的压力。

（三）城市集群化发展的目标定位

中国城市集群化发展的战略目标是通过实施集群化式的城市发展战略，到2030年形成多层次的、开放性的城市群体系。

从城市规模看，未来中国将形成城市带、城市群、巨型城市、超大城市、特大城市、大城市、中等城市、小城市、小城镇、居民点协调发展的城市发展格局。

从空间影响看，未来中国城市发展将自成体系，既有世界城市和国际化城市，也有国家级城市和区域城市，具有不同的掌握和运用资本参与国际经济社会活动的能力，对不同层次的区域产生影响。

从城市功能看，未来中国城市的城市功能将呈现层级分化趋势，少数城市将成为全球经济控制和管理中心，成为世界顶级城市，同时，中国还将存在以管理和服务、生产加工为主要功能的中低端城市。

中国不同层次、不同规模、不同功能的城市之间的交流与合作未来将更加频繁，中国城市与全球城市之间交流与合作的深度与广度也不断加深，中国的城市体系将与全球城市体系相融合，形成内部开放与外部开放相结合的全面开放的城市体系。

预计到2030年，中国的城市化率将达到65%以上，城市人口达10亿人左右，城市数量1000个左右。中国将形成世界顶级城市1个，世界城市3~5个，国际化城市15个左右，国家级城市30~50个，以及一大批区域和地区性城市；中国城市群人口将达到8亿人左右，将形成1个世界级的城市群，2个国际级的城市群，7个国家级的城市群，若干个区域性的中小城市群；中国城市带人口将达到12亿人左右，将形成1个世界级的城市带，2个国际级的城市带，6个国家级城市带，若干个区域性的中小城市带。

（四）城市集群化发展的基本原则

集中发展。城市布局应以空间集中为导向，采取集中型城市发展模式，特别是发展以中心城市为依托的城市群、城市圈、城市带，有条件的大城市与特大城市发展卫星城；避免城市布局过度分散化造成资源浪费、效率损失与环境破坏。

协调发展。大中小城市通过交通通信网络紧密联系、相互依托、合理分工、优势互补，形成完整的城市体系；消除城市之间的壁垒，使资源要素按照市场规律能够自由充分地流动，提高资源配置效率；实现大型基础设施的共建共享，加强区域资源的整合利用，推进区域一体化进程。

集约发展。在资源约束条件下，城市发展应树立不求最大、不求最多，只求最佳、但求最好的发展理念，追求城市质量而不盲目扩张规模，防止过度占用耕地，促进城市产业布局的集群化和城市土地利用的集约化，提高城市经济活动的综合效益。

网络发展。通过发达的交通网络、商品网络、技术网络、资金网络、人才网络和信息网络，将不同规模、层次、结构与功能的城市紧密联系在一起，形成网络化的城市集群空间结构，增强城市群区域内的水平联系和垂直联系。

梯度发展。城市由于规模不等、层次有别、功能不同，存在较大的发展梯度，因此各城市要依据实际情况，明确各自的发展目标与重点，走梯度发展道路，从而更好地发挥自身的比较优势。

功能紧凑。统筹考虑城市政治、经济、社会、文化等各种功能，城市的各种功能空间布局紧凑、科学、高效，城市规划要引入紧凑型城市和精明发展的理念；避免因城市功能布局不合理，而造成的交通、能源和水资源、城市公共设施等方面的浪费和低效。

硬件完善。加快构筑城市群区域内便捷的交通运输体系，更好发挥城市群的“同城效应”；大力推进城市群信息化、智能化基础设施建设，发展互联网和物联网，促进城市群的信息流动与共享。

（五）城市集群化发展的对策措施

1. 将城市集群化发展作为国家区域政策的中心

城市集群是国家资源的集结点和经济发展的龙头，更是国家创新和创富的中心，因此，推动城市集群化发展，提升城市群竞争力应该成为国家区域政策的核心。国家应支持东部地区城市群走向世界，援助中西部地区城市群加快发展，加强竞争能力建设，支持中等城市竞争力和带动力提升。

2. 制定面向 2030 年的城市群体系发展规划

国家应制定全国城市群发展的综合性总体规划，对中国城市群发展目标、规模、级别、空间结构、功能定位等进行统筹安排；制定城市群经济社会发展的各类专项规划，形成以城市群发展总体规划为指导，各类经济社会规划相协调的规划体系。

3. 建立并完善城市群的治理机制

根据各地不同城市群的实际情况，采取多元化的城市群治理模式，如松散的城市群治理组织、专门委员会、城市联盟治理模式等。由城市政府作为城市群治理组织的发起人，城市群治理组织对作为发起人的城市政府负责，中央政府/省政府对城市群治理组织进行监督。严格规定城市群治理组织的进入和退出机制，形成进入和退出的正式规则。明确界定城市群治理组织的责任和权力，使城市群治理组织切实履行中央政府和城市政府赋予的城市群治理职能。城市群决策过程坚持公开、公正、科学、透明，城市政府各自形成的政策方案应提交正式会议讨论决定。

4. 改革行政管理体制

国家应重新界定中央和地方政府事权和财权，进一步厘清各级政府的公共职责与公共权限，做到事权与财权相一致；要积极推动省管县体制改革，促进县域经济发展，在条件成熟时取消地级市，压缩政府层级，推动行政管理层级的扁平化；适时调整行政区划，增设省级行政区，缩小省级行政区，使其大小数量都介于现有省、地之间，达到中央管辖幅度和省级行政区管辖幅度两相宜。

5. 改善城市集群化发展的制度环境

国家应不断深化户籍制度改革，实行开放性的、城乡统一的户籍管理模式，打破人口流动的制度障碍，保障公民的迁移和择业自由；应深化就业制度改革，进一步开放劳动力市场，不断消除城市就业市场形形色色的歧视制度；应深化社会保障制度改革，建立覆盖城市所有居民的统一的社会保障体系；应深化土地制度改革，完善土地管理制度，将耕地占用税、城镇土地使用税并入资源税；应深化住房制度改革，遵循“保基本、广覆盖”的原则，以保障全体居民最基本的住房条件为目标，以低收入者提供廉租房为重点，建立城市住房保障体系；应深化义务教育制度改革，义务教育不分城乡区域，符合条件的国民均有享受资格，切实保障农民工子女在父母就业地所在城市接受义务教育。

6. 优化城市集群化发展的政策支持体系

优化财政政策，加大对城市集群发展的财政支持力度，特别是支持处于雏形期的城市集群发展；优化金融政策，改善城市金融生态环境，在中心城市推进金融集聚区规划建设，引导金融机构走集聚发展道路；优化产业政策，按照各城市产业比较优势选择主导型产业进行重点扶持和培育，促使城市集群区域内产业及企业的适度集中，增强空间聚集经济效益；优化环境政策，及时开征环境保护税，规范排污收费制度，加强城市环境综合治理，促进城市生产和消费向有利于环保的方向发展，保护和塑造优美的城市生态环境。

7. 构建城市集群化发展的基础设施网络

根据城市集群发展对生产与生活基础设施的需求，按照适度超前原则，从科学、经济等角度拟订城市群基础设施通道及其网络一体化建设规划；按一流标准建设先进的、引领时代潮流的生活和商务基础设施，体现低碳化、智能化、国际化特征；以铁路、航空、高速公路等对外通道建设为重点，加快建设区域一体化的交通运输网络；大力推进城市信息化、智能化基础设施建设，发展互联网和物联网，努力打造“无线城市”。

附　　录

APPENDIX

附录一

城市竞争力指标体系

一　中国城市竞争力报告解释性指标体系与数据来源（见附表1）

附表1　解释性指标体系与数据来源

指标名称	衡量方法	数据来源
Z1 人才本体竞争力		
Z1.1 人才健康水平		
Z1.1.1 人口平均寿命	人口平均期望寿命	各城市统计公报
Z1.1.2 疾病抵抗能力*	专家估计	问卷调查
Z1.1.3 人口赡养率	从业人员占城市综合人口数比重	国家统计局
Z1.2 人才知识水平		
Z1.2.1 人口基础文化素质	成人识字率	国家统计局
Z1.2.2 从业人员受教育程度	大专以上人口数	国家统计局
Z1.2.3 从业人员科学素养*	专家估计	问卷调查

续附表 1

指标名称	衡量方法	数据来源
Z1.3 人才技术水平		
Z1.3.1 专业技术人员指数	从事科技活动人员占从业人员比重	国家统计局
Z1.3.2 企业家创业人员指数	个体和私营从业人员占总人口比重	国家统计局
Z1.3.3 从业人员技术素养*	专家估计	问卷调查
Z1.4 人力财富水平		
Z1.4.1 人均消费水平指数	年人均消费支出	国家统计局
Z1.4.2 人均固定资产指数	人均住房价值	国家统计局
Z1.4.3 人均金融资产指数	城乡居民人均年末储蓄余额	国家统计局
Z1.5 人才技能水平		
Z1.5.1 人才学习创新能力*	专家估计	问卷调查
Z1.5.2 人才组织交往能力*	专家估计	问卷调查
Z1.5.3 人才开拓适应能力*	专家估计	问卷调查
Z1.6 人才观念水平		
Z1.6.1 人才价值取向*	专家估计	问卷调查
Z1.6.2 人才创业精神*	专家估计	问卷调查
Z1.6.3 人才交往操守*	专家估计	问卷调查
Z2 企业本体竞争力		
Z2.1 企业成长能力		
Z2.1.1 企业灵活度指数	工业企业平均规模	国家统计局
Z2.1.2 企业数量增长指数	工业企业增长数	国家统计局
Z2.1.3 企业规模增长指数	工业企业平均规模增长数	国家统计局
Z2.2 企业创新能力		
Z2.2.1 企业研发能力指数	企业专利申请数	国家统计局
Z2.2.2 企业研发能力增长	企业专利申请增长数	国家统计局
Z2.2.3 企业研发效率	科技人员人均企业专利申请数	国家统计局
Z2.3 企业制造能力		
Z2.3.1 企业生产能力	产品销售收入	国家统计局
Z2.3.2 企业生产盈利	企业生产盈利能力	《中国城市统计年鉴》
Z2.4 企业营销能力		
Z2.4.1 企业知名度*	专家估计	问卷调查
Z2.4.2 企业产品销售增长指数	产品销售收入增长率	国家统计局
Z2.4.3 顾客满意度*	专家估计	问卷调查
Z2.5 企业管理能力		
Z2.5.1 企业管理标准化*	专家估计	问卷调查
Z2.5.2 管理人员的经验*	专家估计	问卷调查
Z2.5.3 企业战略科学性*	专家估计	问卷调查

续附表 1

指标名称	衡量方法	数据来源
Z2.6 企业文化动力		
Z2.6.1 企业家创富欲望*	专家估计	问卷调查
Z2.6.2 雇主与雇员目标和谐性*	专家估计	问卷调查
Z2.7 企业制度动力		
Z2.7.1 产权制度的清晰性	个体和私营从业人员占从业人员比重	国家统计局
Z2.7.2 监督制度的健全性*	专家估计	问卷调查
Z2.7.3 决策制度的合理性*	专家估计	问卷调查
Z2.7.4 执行制度的有效性*	专家估计	问卷调查
Z3 主要产业本体竞争力		
Z3.1 建筑业竞争力		
Z3.1.1 建筑业就业比例	建筑业占总从业人员比重	国家统计局
Z3.1.2 建筑业就业增长率	建筑业从业人员增长数	国家统计局
Z3.1.3 建筑业专业化程度	建筑业专业化程度	国家统计局
Z3.1.4 建筑业规模	建筑业从业人员数	国家统计局
Z3.2 制造业竞争力		
Z3.2.1 制造业就业比例	制造业占总从业人员比重	国家统计局
Z3.2.2 制造业就业增长率	制造业从业人员增长数	国家统计局
Z3.2.3 制造业专业化程度	制造业专业化程度	国家统计局
Z3.2.4 制造业规模	制造业从业人员数	国家统计局
Z3.3 物流服务业竞争力		
Z3.3.1 物流服务业就业比例	物流服务业占总从业人员比重	国家统计局
Z3.3.2 物流服务业就业增长率	物流服务业从业人员增长数	国家统计局
Z3.3.3 物流服务业专业化程度	物流服务业专业化程度	国家统计局
Z3.3.4 物流服务业规模	物流服务业从业人员数	国家统计局
Z3.4 消费性服务业竞争力		
Z3.4.1 消费性服务业就业比例	消费性服务业占总从业人员比重	国家统计局
Z3.4.2 消费性服务业就业增长率	消费性服务业从业人员增长数	国家统计局
Z3.4.3 消费性服务业专业化程度	消费性服务业专业化程度	国家统计局
Z3.4.4 消费性服务业规模	消费性服务业从业人员数	国家统计局
Z3.5 社会性服务业竞争力		
Z3.5.1 社会性服务业就业比例	社会性服务业占总从业人员比重	国家统计局
Z3.5.2 社会性服务业就业增长率	社会性服务业从业人员增长数	国家统计局
Z3.5.3 社会性服务业专业化程度	社会性服务业专业化程度	国家统计局
Z3.5.4 社会性服务业规模	社会性服务业从业人员数	国家统计局
Z3.6 生产性服务业竞争力		
Z3.6.1 生产性服务业就业比例	生产性服务业占总从业人员比重	国家统计局

续附表1

指标名称	衡量方法	数据来源
Z3.6.2 生产性服务业就业增长率	生产性服务业从业人员增长数	国家统计局
Z3.6.3 生产性服务业专业化程度	生产性服务业专业化程度	国家统计局
Z3.6.4 生产性服务业规模	生产性服务业从业人数	国家统计局
Z4 公共部门竞争力		
Z4.1 司法机构竞争力		
Z4.1.1 司法机构工作质量	法院刑事案件收案件数	国家统计局
Z4.1.2 司法机构工作效率	法院刑事案件结案率	国家统计局
Z4.1.3 执法满意度*	专家估计	问卷调查
Z4.2 行政机构竞争力		
Z4.2.1 行政机构工作质量*	专家估计	问卷调查
Z4.2.2 行政机构工作效率	公务员占城市人口比重	国家统计局
Z4.2.3 市民满意度*	专家估计	问卷调查
Z4.3 文化教育竞争力		
Z4.3.1 教育发展水平	中学师生比	国家统计局
Z4.3.2 文化发展水平*	专家估计	问卷调查
Z4.3.3 教育收费合理度*	专家估计	问卷调查
Z4.3.4 文教满意度*	专家估计	问卷调查
Z4.4 医疗卫生竞争力		
Z4.4.1 医疗水平	人均医生数	国家统计局
Z4.4.2 医疗收费*	专家估计	问卷调查
Z4.4.3 医疗满意度*	专家估计	问卷调查
Z4.5 科研机构竞争力		
Z4.5.1 科研开发人员水平	科技人员人均专利申请数量	国家统计局
Z4.5.2 科研开发投入产出效率	申请专利平均科技经费支出	《中国城市统计年鉴》
Z4.5.3 科研开发环境	科技经费支出	《中国城市统计年鉴》
Z5 生活环境竞争力		
Z5.1 居住条件		
Z5.1.1 人均住房面积	人均住房使用面积	国家统计局
Z5.1.2 生活配套设施指数	自来水普及率	《中国城市建设统计年鉴》
Z5.1.3 物业服务质量*	专家估计	问卷调查
Z5.1.4 住宿满意度	用户打分	携程网
Z5.2 购物环境		
Z5.2.1 商业服务网点健全性	每万人拥有商业连锁店数	国家统计局
Z5.2.2 金融服务网点健全性	金融机构网点数	各商业银行网站
Z5.2.3 餐饮环境	用户打分	携程网
Z5.2.4 购物满意度	用户打分	携程网

续附表 1

指标名称	衡量方法	数据来源
Z5.3 出行设施		
Z5.3.1 宾馆设施指数	三星级及以上宾馆饭店数	携程网
Z5.3.2 邮电设施指数	邮政局数	国家统计局
Z5.3.3 公交设施指数	每万人拥有公共汽电车	国家统计局
Z5.3.4 交通满意度	用户打分	携程网
Z5.4 教育环境		
Z5.4.1 教育环境指数	人均中小学数量	国家统计局
Z5.4.2 文化设施指数	每百人公共图书馆藏书	国家统计局
Z5.4.3 高等教育指数	普通高校人数	国家统计局
Z5.5 保健娱乐环境		
Z5.5.1 医疗设施指数	万人医院卫生院床位数	国家统计局
Z5.5.2 娱乐设施指数	人均剧场、影剧院数	国家统计局
Z5.5.3 体育设施指数	人均体育运动场馆数	国家统计局
Z5.5.4 娱乐满意度	用户打分	携程网
Z5.6 生态环境		
Z5.6.1 水源质量指数	生活污水处理率	国家统计局
Z5.6.2 处理污染指数	生活垃圾无害化处理率	国家统计局
Z5.6.3 人均绿地面积	人均绿地面积	国家统计局
Z5.6.4 风景满意度	用户打分	携程网
Z6 商务环境竞争力		
Z6.1 商务经营基本要素		
Z6.1.1 高级人才获得的便利性*	专家估计	问卷调查
Z6.1.2 资金获得的便利性*	专家估计	问卷调查
Z6.1.3 人均供水总量	人均供水总量	国家统计局
Z6.2 市场需求环境		
Z6.2.1 市场需求总量	城市消费支出总量	国家统计局
Z6.2.2 市场未来前景预期*	专家估计	问卷调查
Z6.2.3 宏观经济环境*	专家估计	问卷调查
Z6.3 商务基础设施水平		
Z6.3.1 路网设施状况	人均铺装道路面积	国家统计局
Z6.3.2 港口设施状况	港口吞吐量	《中国港口年鉴2009》
Z6.3.3 自然区位状况	自然区位便利度	问卷调查
Z6.4 市场竞争环境		
Z6.4.1 对民间资本的平等程度*	专家估计	问卷调查
Z6.4.2 对城市外资本的平等程度*	专家估计	问卷调查
Z6.4.3 对城市外产品的平等程度*	专家估计	问卷调查

续附表 1

指标名称	衡量方法	数据来源
Z6.5 营商环境		
Z6.5.1 企业开办难易程度*	专家估计	问卷调查
Z6.5.2 合同执行难易程度*	专家估计	问卷调查
Z6.6 全球联系		
Z6.6.1 外贸依存度	海关进出口总额占生产总值比重	国家统计局
Z6.6.2 旅游业国际收入	本年度旅游业的国际收入	各城市统计公报
Z6.6.3 旅游业吸引游客能力	本年度旅游人数	各城市统计公报
Z7 创新环境竞争力		
Z7.1 科技资源程度		
Z7.1.1 研发投入指数	科技经费支出	国家统计局
Z7.1.2 科技人才指数	科技人员数	国家统计局
Z7.1.3 科研资源占有率	科技人员人均科研经费	国家统计局
Z7.2 信息基础设施		
Z7.2.1 通信设施状况	年末移动电话用户数占综合人口比重	国家统计局
Z7.2.2 网络设施状况	国际互联网用户数占综合人口比重	国家统计局
Z7.2.3 机场设施状况	2008 年民航机场起降架次	国家民航总局
Z7.3 科技服务体系		
Z7.3.1 风险投资便利性*	专家估计	问卷调查
Z7.3.2 技术市场发育度*	专家估计	问卷调查
Z7.3.3 产学研联系程度*	专家估计	问卷调查
Z7.4 创新氛围		
Z7.4.1 创新价值趋向*	专家估计	问卷调查
Z7.4.2 社会交往程度*	专家估计	问卷调查
Z7.4.3 平等自由观念*	专家估计	问卷调查
Z7.5 激励制度		
Z7.5.1 知识产权保护度*	专家估计	问卷调查
Z7.5.2 技术入股的便利度*	专家估计	问卷调查
Z7.5.3 科技成果奖励力度*	专家估计	问卷调查
Z7.6 环境优美度		
Z7.6.1 气候环境舒适度	气温和温差,城市晴好天数	年鉴与相关资料
Z7.6.2 自然环境优美度	自然风景优美度	携程网
Z7.6.3 人工环境优美度*	专家估计	问卷调查
Z8 社会环境竞争力		
Z8.1 社会公平		
Z8.1.1 外地人基本生存的待遇状况*	专家估计	问卷调查
Z8.1.2 特权对公平的破坏程度*	专家估计	问卷调查

续附表1

指标名称	衡量方法	数据来源
Z8.2 社会协调		
Z8.2.1 经济与社会救济的协调	政府财政社会保障和就业支出比重	国家统计局
Z8.2.2 经济与文教的协调	政府财政文化体育与传媒支出比重	国家统计局
Z8.2.3 经济与卫生的协调	政府财政医疗卫生支出比重	国家统计局
Z8.3 城乡协调		
Z8.3.1 城乡收入的协调	城镇、农村居民人均可支配收入	各城市统计公报
Z8.3.2 城乡社会保障*	专家估计	问卷调查
Z8.3.3 城乡公共服务*	专家估计	问卷调查
Z8.4 社会保障		
Z8.4.1 医疗保险覆盖率	参加医疗保险人数	国家统计局
Z8.4.2 失业保险覆盖率	失业保险参保人数	国家统计局
Z8.4.3 养老保险覆盖率	参加养老保险人数	国家统计局
Z8.5 社会包容		
Z8.5.1 社会兼容心*	专家估计	问卷调查
Z8.5.2 文化融合性*	专家估计	问卷调查
Z8.5.3 社会公益心*	专家估计	问卷调查
Z8.6 社会秩序		
Z8.6.1 社会治安安全	每万人刑事案件数	国家统计局
Z8.6.2 社会交通安全	道路交通事故死亡人数	国家统计局
Z8.6.3 社会生产安全	火灾事故死亡人数	国家统计局
Z8.6.4 市民安全感*	专家估计	问卷调查

二　中国城市竞争力报告显示性指标数据来源（见附表2）

附表2　显示性指标数据来源

指标名称	数据来源			
	中国内地	中国香港	中国澳门	中国台湾地区
GDP增长率	国家统计局	香港特别行政区政府统计处	澳门特别行政区统计暨普查局	根据“行政院”主计处数据估算
地区生产总值	国家统计局	香港特别行政区政府统计处	澳门特别行政区统计暨普查局	根据“行政院”主计处数据估算
第二产业增加值	国家统计局	香港特别行政区政府统计处	澳门特别行政区统计暨普查局	根据“行政院”主计处数据估算

续附表 2

指标名称	数据来源			
	中国内地	中国香港	中国澳门	中国台湾地区
第三产业增加值	国家统计局	香港特别行政区政府统计处	澳门特别行政区统计暨普查局	根据"行政院"主计处数据估算
建成区面积	国家统计局	香港特别行政区政府统计处	澳门特别行政区统计暨普查局	都市及区域发展统计汇编 2008
行政区域土地面积	国家统计局	香港特别行政区政府统计处	澳门特别行政区统计暨普查局	都市及区域发展统计汇编 2008
年平均人口	国家统计局	香港特别行政区政府统计处	澳门特别行政区统计暨普查局	都市及区域发展统计汇编 2008
暂住人口	国家统计局	香港特别行政区政府统计处	澳门特别行政区统计暨普查局	都市及区域发展统计汇编 2008
工业固体废物综合利用率	国家统计局			环境统计年报
工业废水排放达标率	国家统计局			环境统计年报
全年用电量	国家统计局	香港特别行政区政府统计处	澳门特别行政区统计暨普查局	都市及区域发展统计汇编 2008
工业二氧化硫排放量	国家统计局	香港特别行政区政府统计处	澳门特别行政区统计暨普查局	
信息传输、计算机服务和软件业	国家统计局	香港特别行政区政府统计处	澳门特别行政区统计暨普查局	
金融业	国家统计局	香港特别行政区政府统计处	澳门特别行政区统计暨普查局	
科学研究、综合技术服务和地质勘查业	国家统计局	香港特别行政区政府统计处	澳门特别行政区统计暨普查局	
规模以上工业企业研究与试验发展(R&D)费用	国家统计局	香港特别行政区政府统计处	澳门特别行政区统计暨普查局	
地方财政一般预算内收入	国家统计局	香港特别行政区政府统计处	澳门特别行政区统计暨普查局	都市及区域发展统计汇编 2008

三　样本选择

报告中的样本城市包括中国 34 个省、市、区和特别行政区的 294 个城市，具体为内地 286 个地级以上城市和香港、澳门、台北、高雄、基隆、新竹、台中、台南。

四 计算方法

（一）指标数据标准化方法

由于城市竞争力各项指标数据的量纲不同，因此，要对这些指标进行综合集成，所有指标数据都必须进行无量纲化处理。客观指标分为单一客观指标和综合客观指标。对于单一性客观指标原始数据无量纲处理，本报告主要采取标准化、指数化和阈值法三个方法。

标准化计算公式为：$X_i = \dfrac{(x_i - \bar{x})}{Q^2}$

x_1 为原始数据，$\bar{x}$ 为平均值，Q^2 为方差，X_i 为标准化后数据。

指数法的计算公式为：$X_i = \dfrac{x_i}{x_{0i}}$；$x_i$ 为原始值，x_{0i}为最大值，X_i 为指数。

阈值法的计算公式为：$X_i = \dfrac{(x_i - x_{Min})}{(x_{Max} - x_{Min})}$，$X_i$ 为转换后的值，x_{Max}为最大样本值，x_{Min}为最小样本值，x_i 为原始值。

综合客观指标原始数据的无量纲化处理是：先对构成中的各单个指标进行量化处理，然后再用等权法加权求得综合的指标值。

（二）城市竞争力计量的方法

1. 城市竞争力显示指数：综合竞争力的计算方法

2005～2009 年显示性竞争力各项指标综合成综合竞争力的方法是非线性加权综合法。所谓非线性加权综合法（或“乘法”合成法）是指应用非线性模型 $g = \prod x_j^{w_j}$ 来进行综合评价的。式中 w_j 为权重系数，$x_j \geqslant 1$。对于非线性模型来说，在计算城市综合竞争力的 6 项显示指标中，只要有一个指标值非常小，那么综合竞争力值将迅速接近于零。换言之，这种评价模型对取值较小的指标反应灵敏，对取值较大的指标反应迟钝。运用非线性加权综合法进行城市竞争力计量，能够更全面、科学地反映综合指标值。

2. 城市竞争力的解释指数：分项竞争力的计算方法

尽管报告设计的解释性城市竞争力的指标为三级指标，实际上包括原始指标在内，解释性城市竞争力的指标为四级，而在四级指标合成三级指标时，一般采用先标准化再等权相加的办法，标准化方法如前所述。而三级指标合成二级指标，二级指标合成一级指标，一级指标最后合成城市综合竞争力主要采用了方差加权法。其公式为：

$$Z_{i.l} = \sum_{i.l} k_{i.l.j} z_{i.l.j}$$

其中，$Z_{i.l}$表示各二级指标，$k_{i.l.j}$表示各三级指标方差，$z_{i.l.j}$表示各三级指标。

$$Z_i = \sum_i b_{i,l} z_{i,l}$$

其中，Z_i 表示各一级指标，$b_{i,l}$表示各二级指标方差，$z_{i,l}$表示各二级指标。

$$Z = \sum a_i z_i$$

其中，Z 表示解释竞争力加总的城市竞争力，a_i 表示各一级指标方差，z_i 表示各一级指标。

3. 竞争力基尼系数计算方法

报告借鉴基尼系数的思想，设计出了竞争力基尼系数，以此来衡量城市各指标之间的竞争力差异程度。基尼系数最大为“1”，最小等于“0”，竞争力基尼系数越大则城市之间的差异越大。具体的计算公式为：

1 - 2/(n - 1) * sum[v_i * (r_i - 1),i = 1. . n]/sum(v_i,i = 1. . n)

其中 n 为城市个数，v_ i 为各城市指标值，而 r_ i 为相应的排名。

4. 城市分类竞争力指数

报告将城市分别按照区域、省份、城市规模和发展阶段进行了归类，各类别中某一类型的竞争指数是对该类别所有城市该项指标的竞争力指数求平均。比如区域分类中，东南地区的区域综合增长竞争力指数是对东南所有 55 个城市的综合增长竞争力指数求平均。

附录二
国家竞争力指标体系

国家竞争力指标体系见附表3。

附表3 国家竞争力指标体系

指标名称	指标含义	数据来源
Z1 主体素质		
Z1.1 企业		
Z1.1.1 企业注册总数	企业数量	世界银行数据库
Z1.1.2 新企业数量	企业数量	世界银行数据库
Z1.1.3 世界500强指数	企业质量	世界银行数据库
Z1.1.4 外国企业比例	企业质量	世界经济论坛
Z1.1.5 披露指数	企业制度	世界银行数据库
Z1.1.6 公司治理	企业制度	国际透明组织
Z1.1.7 社会责任	企业文化	世界经济论坛
Z1.1.8 企业家精神	企业文化	世界经济论坛
Z1.1.9 创新企业指数	企业运行	商业周刊
Z1.1.10 高端产业指数	企业运营	福布斯
Z1.1.11 高端服务指数	企业运营	瑞士洛桑工商管理学院
Z1.1.12 企业品牌指数	企业运营	商业周刊
Z1.2 公共部门		
Z1.2.1 财政余额占GDP比重	政府财政收入	世界银行数据库
Z1.2.2 政府外债占GDP比重	政府外债水平	世界银行数据库
Z1.2.3 腐败的控制	政府廉洁程度	国际透明组织
Z1.2.4 官僚主义程度	政府官僚主义程度	瑞士洛桑工商管理学院
Z1.2.5 政府效率	政府效率	国际透明组织
Z1.3 家庭		
Z1.3.1 人均GNI收入	国民收入	世界银行数据库
Z1.3.2 预期寿命	国民生活水平	世界银行数据库
Z1.3.3 受教育年限	国民素质	世界经济论坛
Z1.3.4 外国人占总人口的比重	国家开放程度	联合国开发计划署
Z1.3.5 人口依附率	国家当前劳动力充裕程度	联合国开发计划署
Z1.3.6 幸福指数	国民家庭幸福	新经济基金会

续附表3

指标名称	指标含义	数据来源
Z1.3.7 家庭关系:女男收入比	国民家庭关系	联合国开发计划署
Z1.3.8 价值观念:重商观念	国民价值观念	瑞士洛桑工商管理学院
Z1.3.9 创新精神:包容性	国民创新精神	瑞士洛桑工商管理学院
Z1.3.10 创业精神:吃苦精神	国民创业精神	瑞士洛桑工商管理学院
Z2 国内供给		
Z2.1 人力资本		
Z2.1.1 劳动力总数×受教育年限	人力资本总量	世界银行数据库
Z2.1.2 人力资本构成指数	人力资本构成	世界银行数据库
Z2.1.3 人才可得性	人才的获得	世界经济论坛
Z2.1.4 人力资本价格指数	人力资本价格	国际劳工组织
Z2.2 教育与健康		
Z2.2.1 高等教育指数	教育质量	webometrics. info
Z2.2.2 小学师生比	教师数量	世界银行数据库
Z2.2.3 高等教育入学率	教育机会	世界银行数据库
Z2.2.4 每千人拥有的医生数量	医疗条件	世界银行数据库
Z2.2.5 获得改善的卫生设施比例	医疗条件	世界银行数据库
Z2.3 金融体系		
Z2.3.1 由银行部门提供的国内信贷比例	国内信贷	世界银行数据库
Z2.3.2 银行优质贷款与毛贷款的比例	贷款质量	世界银行数据库
Z2.3.3 实际利率指数	贷款成本	世界银行数据库
Z2.3.4 信贷信息指数	信贷信息	世界银行数据库
Z2.3.5 资本市场总额	资本市场总额	世界银行数据库
Z2.3.6 风险资本的可获得性	风险资本获得	世界经济论坛
Z2.4 科学技术		
Z2.4.1 每百万人中从事研发的研究和技术人员数	科研人员数量	世界银行数据库
Z2.4.2 著名研究机构数量	科研机构数量	Cybermetrics 实验室
Z2.4.3 个人电脑总量	个人电脑数量	世界银行数据库
Z2.4.4 超级计算机数量	超级计算机数量	top500. org
Z2.4.5 发表在科技刊物上的论文	科研成果数量	世界银行数据库
Z2.4.6 居民专利申请	居民申请专利数量	世界银行数据库
Z2.4.7 技术可得性	吸收新技术程度	世界经济论坛
Z2.5 文化艺术		
Z2.5.1 世界文化遗产数量	国家历史与文化	联合国教科文组织
Z2.5.2 艺术人才	艺术人才	Artprice. com
Z2.5.3 每千人拥有的日报份数	报纸普及程度	世界银行数据库

续附表 3

指标名称	指标含义	数据来源
Z2. 5. 4 电视用户百分比	电视普及程度	世界银行数据库
Z2. 6 区位环境		
Z2. 6. 1 气候环境指数	气候环境	专家估计
Z2. 6. 2 区位条件指数	区位条件	专家估计
Z2. 6. 3 生物多样性指数	生物多样性	世界银行数据库
Z2. 6. 4 森林覆盖率	森林覆盖率	世界银行数据库
Z2. 6. 5 自然灾害少发率	自然灾害	联合国减灾署
Z2. 6. 6 二氧化碳排放指数	二氧化碳排放	世界银行数据库
Z2. 6. 7 年均森林面积增长率	森林面积增长	联合国粮农组织
Z2. 7 资源禀赋		
Z2. 7. 1 耕地面积	粮食供给能力	世界银行数据库
Z2. 7. 2 人均耕地面积	粮食供给能力	世界银行数据库
Z2. 7. 3 可再生内陆原水资源总量	水资源供给	世界银行数据库
Z2. 7. 4 人均可再生内陆原水资源	人均水资源供给	世界银行数据库
Z2. 7. 5 国内能源总量	能源供给	世界银行数据库
Z2. 7. 6 人均能源量	人均能源供给	世界银行数据库
Z2. 8 基础设施		
Z2. 8. 1 公路网络总量密度	运输基础设施	世界银行数据库
Z2. 8. 2 铁路总长度密度	运输基础设施	世界银行数据库
Z2. 8. 3 每百人固定电话干线	通信基础设施	世界银行数据库
Z2. 8. 4 居民固定电话一揽子价格	通信基础设施	世界银行数据库
Z2. 8. 5 每一百条电话干线故障数	通信基础设施	世界银行数据库
Z2. 8. 6 每百人的宽带用户	互联网基础设施	世界银行数据库
Z2. 8. 7 互联网一揽子价格	互联网基础设施	世界银行数据库
Z3 国内需求		
Z3. 1 需求规模		
Z3. 1. 1 国内总需求	国内需求规模	世界银行数据库
Z3. 1. 2 人口总量	国内需求规模	世界银行数据库
Z3. 1. 3 国内净储蓄量	国内需求规模	世界银行数据库
Z3. 1. 4 教育支出	国内需求规模	世界银行数据库
Z3. 1. 5 科技投入	国内需求规模	世界银行数据库
Z3. 1. 6 公共退休金支出	国内需求规模	世界银行数据库
Z3. 1. 7 医疗卫生支出	国内需求规模	世界银行数据库
Z3. 1. 8 信息技术支出	国内需求规模	世界银行数据库
Z3. 1. 9 通信总收入	国内需求规模	世界银行数据库
Z3. 2 需求水平		

续附表 3

指标名称	指标含义	数据来源
Z3.2.1 人均需求	国民需求水平	世界银行数据库
Z3.2.2 人均教育支出	国民需求水平	世界银行数据库
Z3.2.3 人均科技投入	国民需求水平	世界银行数据库
Z3.2.4 人均公共退休金支出	国民需求水平	世界银行数据库
Z3.2.5 人均医疗卫生支出	国民需求水平	世界银行数据库
Z3.2.6 人均信息技术支出	国民需求水平	世界银行数据库
Z3.2.7 人均通信总收入	国民需求水平	世界银行数据库
Z3.3 需求层次		
Z3.3.1 教育支出 GDP 比重	国民需求层次	世界银行数据库
Z3.3.2 科技投入占 GDP 比例	国民需求层次	世界银行数据库
Z3.3.3 公共退休金支出占 GDP 比例	国民需求层次	世界银行数据库
Z3.3.4 医疗卫生支出占 GDP 百分比	国民需求层次	世界银行数据库
Z3.3.5 信息技术支出占 GDP 百分比	国民需求层次	世界银行数据库
Z3.3.6 通信总收入占 GDP 百分比	国民需求层次	世界银行数据库
Z3.4 需求结构(偏离全球平均程度)		
Z3.4.1 家庭最终消费支出占 GDP 比重	国内需求结构	世界银行数据库
Z3.4.2 固定资产形成总额占 GDP 比重	国内需求结构	世界银行数据库
Z3.4.3 政府最终消费占 GDP 比重	国内需求结构	世界银行数据库
Z3.4.4 内需占 GDP 百分比	国内需求结构	世界银行数据库
Z3.4.5 储蓄占 GDP 百分比	国内需求结构	世界银行数据库
Z3.5 需求潜力		
Z3.5.1 国内总需求增长	国内需求潜力	世界银行数据库
Z3.5.2 人口总量增长	国内需求潜力	世界银行数据库
Z3.5.3 教育支出增长	国内需求潜力	世界银行数据库
Z3.5.4 科技投入增长	国内需求潜力	世界银行数据库
Z3.5.5 医疗卫生支出增长	国内需求潜力	世界银行数据库
Z3.5.6 信息技术支出增长	国内需求潜力	世界银行数据库
Z3.5.7 通信总收入增长	国内需求潜力	世界银行数据库
Z4 国内联系		
Z4.1 空间接近		
Z4.1.1 城市化水平	城市化水平	世界银行数据库
Z4.1.2 人口在百万以上城市的聚居比例	人口集中度	世界银行数据库
Z4.1.3 最大城市人口比例	人口集中度	世界银行数据库
Z4.2 产业集中		
Z4.2.1 食品饮料烟草业区位商	食品饮料烟草业集中度	世界银行数据库
Z4.2.2 纺织品与服装业区位商	纺织品与服装业集中度	世界银行数据库

续附表 3

指标名称	指标含义	数据来源
Z4. 2. 3 机械与交通设备区位商	机械与交通设备集中度	世界银行数据库
Z4. 2. 4 化工业区位商	化工业集中度	世界银行数据库
Z4. 2. 5 运输业区位商	运输业集中度	世界银行数据库
Z4. 2. 6 旅游业区位商	旅游业集中度	世界银行数据库
Z4. 2. 7 保险和金融服务区位商	保险和金融服务集中度	世界银行数据库
Z4. 2. 8 计算机、通信和其他服务区位商	计算机、通信和其他服务集中度	世界银行数据库
Z4. 3 社会交往		
Z4. 3. 1 国内社会组织	社会交往	国际透明组织
Z4. 3. 2 大学与产业合作	社会交往	世界经济论坛
Z4. 3. 3 公民参与率	社会交往	国际透明组织
Z4. 4 经济联系		
Z4. 4. 1 铁路货运量	经济联系	世界银行数据库
Z4. 4. 2 铁路客运量	经济联系	世界银行数据库
Z4. 4. 3 离港飞机架次数	经济联系	世界银行数据库
Z4. 4. 4 港口集装箱运输	经济联系	世界银行数据库
Z4. 5 经济关系		
Z4. 5. 1 就业率	就业水平	世界银行数据库
Z4. 5. 2 通货膨胀	通货膨胀压力	世界银行数据库
Z4. 5. 3 经济增长率	经济增长潜力	世界银行数据库
Z4. 5. 4 经济波动	经济稳定性	世界银行数据库
Z4. 6 社会关系		
Z4. 6. 1 社会稳定性	政治稳定	世界银行数据库
Z4. 6. 2 社会治安状况	社会治安	世界经济论坛
Z4. 7 结构关系(偏离相同收入国家程度)		
Z4. 7. 1 研究开发支出占 GDP 比重	结构关系	世界银行数据库
Z4. 7. 2 工业化程度	结构关系	世界银行数据库
Z4. 7. 3 城市化程度	结构关系	世界银行数据库
Z4. 7. 4 人均能源使用	结构关系	世界银行数据库
Z4. 7. 5 城市化与工业化比例	结构关系	世界银行数据库
Z4. 7. 6 人均卫生支出	结构关系	世界银行数据库
Z5 全球联系		
Z5. 1 商品与服务流动		
Z5. 1. 1 商品贸易和服务占 GDP 百分比	对经济的贡献度	世界银行数据库
Z5. 1. 2 高技术出口	高技术出口	世界银行数据库
Z5. 1. 3 文化创意产业出口	文化创意影响力	联合国贸易和发展会议
Z5. 1. 4. 出口产品层次指数	出口产品层次	世界银行数据库

续附表 3

指标名称	指标含义	数据来源
Z5.2 资金流动		
Z5.2.1 外国直接投资的净流入量	资金流动	世界银行数据库
Z5.2.2 外国直接投资的净流出量	资金流动	世界银行数据库
Z5.2.3 股票流量	资金流动	世界银行数据库
Z5.2.4 债券流量	资金流动	世界银行数据库
Z5.2.5 信贷流量	资金流动	世界银行数据库
Z5.3 人口流动		
Z5.3.1 净移民	人口流动	世界银行数据库
Z5.3.2 入境国际旅游人数	人口流动	世界银行数据库
Z5.3.3 出境国际旅游人数	人口流动	世界银行数据库
Z5.3.4 外国高技术人才	人口流动	世界银行数据库
Z5.4 信息流动		
Z5.4.1 每人的通话时间	信息流动	世界银行数据库
Z5.4.2 人均国际互联网容量	信息流动	世界银行数据库
Z5.4.3 国际通信公司指数	信息流动	福布斯
Z5.5 国际经济关系		
Z5.5.1 跨国公司	国际经济影响力	财富杂志
Z5.5.2 外汇资产/GDP	外汇资产规模	世界银行数据库
Z5.5.3 货币地位	国际金融影响力	瑞士洛桑工商管理学院
Z5.5.4 国家金融信用	国家金融信用	瑞士洛桑工商管理学院
Z5.5.5 能源非依存指数	能源对外依存度	世界银行数据库
Z5.5.6 国际经济格局的机遇与挑战关系	国际经济关系潜力	世界银行数据库
Z5.6 国际科技关系		
Z5.6.1 跨国公司	国际科技影响力	瑞士洛桑工商管理学院
Z5.6.2 国际科技可利用指数	国际科技利用程度	瑞士洛桑工商管理学院
Z5.7 国际文化关系		
Z5.7.1 国家品牌指数	国家形象	安霍尔特世界品牌指数
Z5.7.2 跨国公司	国际文化影响力	福布斯
Z5.7.3 文化吸引力	文化认同度	安霍尔特世界品牌指数
Z5.7.4 国民态度	国民认同度	安霍尔特世界品牌指数
Z5.7.5 语言普及性	文化传播	综合各国统计数据
Z5.7.6 国际会展数量	国际文化影响力	国际大会和会议协会
Z5.8 国际军政关系		
Z5.8.1 国家对国际组织的影响	国际政治关系	专家估计
Z5.8.2 国家军事安全能力	国际军事关系	专家估计
Z6 公共制度		
Z6.1 产权保护:主体与客体的关系		

续附表 3

指标名称	指标含义	数据来源
Z6.1.1 法律构架与财产安全	法律构架与财产安全	弗雷泽研究所
Z6.1.2 知识产权保护	知识产权保护	弗雷泽研究所
Z6.1.3 财产注册登记	财产保护	世界银行数据库
Z6.1.4 履行合同便利性	履行合同便利性	世界银行数据库
Z6.1.5 法定权利指数	产权保护	世界银行数据库
Z6.1.6 环境保护政府承诺	政府环保承诺	世界银行数据库
Z6.2 市场竞争:私人部门之间的关系		
Z6.2.1 基础设施投资的私人参与程度	市场竞争	世界银行数据库
Z6.2.2 对私人部门的国内信贷占 GDP 的比重	市场竞争	世界银行数据库
Z6.2.3 反垄断政策的有效性	市场竞争	韩国产业政策研究院
Z6.2.4 当地竞争的强度	市场竞争	韩国产业政策研究院
Z6.3 政府监管:政府与私人部门的关系		
Z6.3.1 创办企业便利性	政府监管与服务	世界银行数据库
Z6.3.2 许可证处理时间	政府监管与服务	世界银行数据库
Z6.3.3 雇佣和解雇职工法律	政府监管与服务	弗雷泽研究所
Z6.3.4 企业边际税率指数	政府监管与服务	世界银行数据库
Z6.3.5 金融市场监管	政府监管与服务	弗雷泽研究所
Z6.3.6 破产清算时间	政府监管与服务	世界银行数据库
Z6.4 社会管理:政府与国民的关系		
Z6.4.1 个人边际税率指数	个人税负	世界银行数据库
Z6.4.2 公共退休金支出占 GDP 百分比	公共退休金支出	世界银行数据库
Z6.4.3 公民权利保障	公民权利保障	韩国产业政策研究院
Z6.4.4 信息的公共获取	信息透明度	韩国产业政策研究院
Z6.5 社会制度:国民之间的关系		
Z6.5.1 最贫困 20% 人口的国民收入所占百分比	贫富差距	世界银行数据库
Z6.5.2 缴纳养老金的人口比例	社会保障水平	世界银行数据库
Z6.5.3 女性经济活动参与率	女性权益保护	世界银行数据库
Z6.5.4 中小学的女生与男生入学比率	男女生中小学入学公平	世界银行数据库
Z6.6 国际制度:国内与国外主体关系		
Z6.6.1 所有产品加权平均关税	国内与国外主体关系	世界银行数据库
Z6.6.2 出口清关平均时间指数	国内与国外主体关系	世界银行数据库
Z6.6.3 非关税壁垒指数	国内与国外主体关系	弗雷泽研究所
Z6.6.4 外国投资便利性	国内与国外主体关系	弗雷泽研究所
Z6.6.5 资本控制	国内与国外主体关系	弗雷泽研究所
Z6.6.6 雇佣外国劳动力的容易程度	国内与国外主体关系	韩国产业政策研究院

参考文献

Aisen, A. and F. J. Veiga, Does political instability lead to higher inflation? A panel data analysis, *Journal of Money Credit and Banking*, 2006, Vol. 38, No. 5, p. 1379.

Aschauer, D. A., Is public expenditure productive?, *Journal of Monetary Economics*, 1989, Vol. 23, No. 2, pp. 177 -200.

Becker, G. S., Altruism in the Family and Selfishness in the Market Place, *Economica*, 1981, Vol. 48, No. 189, pp. 1 -15.

Becker, G. S., Human capital: a theoretical analysis with special reference to education, *National Bureau for Economic Research, Columbia University Press, New York and London*, 1964.

Bettencourt, L., J. Lobo and D. Strumsky, Invention in the city: Increasing returns to scale in metropolitan patenting, *Los Alamos National Laboratory technical Report LAUR -04 -8798*, 2004.

Borensztein, E., J. De Gregorio and J. W. Lee, How does foreign direct investment affect economic growth?, *Journal of international Economics*, 1998, Vol. 45, No. 1, pp. 115 -135.

Cartwright, W. R., Multiple linked "diamonds" and the international competitiveness of export-dependent industries: the New Zealand experience, *Management International Review*, 1993, Vol. 33, pp. 55 -55.

Cho, D. S., A dynamic approach to international competitiveness: The case of Korea, *Asia Pacific Business Review*, 1994, Vol. 1, No. 1, pp. 17 -36.

Coase, R. H., The nature of the firm, *Economica*, 1937, Vol. 4, No. 16, pp. 386 -405.

Coase, R. H., The problem of social cost, *The journal of Law and Economics*,

1960, Vol. 3, No. 1, p. 1.

Denhardt, R. B. and J. V. Denhardt, The new public service: Serving rather than steering, *Public Administration Review*, 2000, pp. 549 -559.

Dollar, D. and R. Gatti, Gender Inequality, Income, and Growth: Are Good Times Good for Women?, *World*, 1999.

Domar, E. D., Capital expansion, rate of growth, and employment, *Econometrica*, 1946, Vol. 14, No. 2, pp. 137 -147.

Dunning, J. H., *The globalization of business: The challenge of the 1990s*, Routledge, 1993.

Dunning, T., Resource dependence, economic performance, and political stability, *Journal of Conflict Resolution*, 2005, Vol. 49, No. 4, p. 451.

Durbarry, R., Tourism and economic growth: the case of Mauritius, *Tourism Economics*, 2004, Vol. 10, No. 4, pp. 389 -401.

Freeman, C., *Technology, policy, and economic performance: lessons from Japan*, Pinter Publishers, 1987.

Fujita, M. and J. F. Thisse, *Economics of agglomeration: cities, industrial location, and regional growth*, Cambridge Univ Pr, 2002.

Fukao, K. and O. Saito, Japan' s alternating phases of growth and outlook for the future, *Hi-Stat Discussion Paper Series*, 2006, Vol. 196.

Garelli, S., *World Competitiveness Yearbook 2006*, Institute of Management Development, 2006.

Gilboy, G. J., Myth behind China's Miracle, The, *Foreign Aff.*, 2004, Vol. 83, p. 33.

Griliches, Z., Patent statistics as economic indicators: a survey, *Journal of Economic literature*, 1990, Vol. 28, No. 4, pp. 1661 -1707.

Harrod, R. F., An essay in dynamic theory, *The Economic Journal*, 1939, pp. 14 -33.

Krugman, P., *Geography and Trade*, Leuven University, MIT Press, 1991.

Krugman, P., Increasing returns and economic geography, *Journal of political economy*, 1991, Vol. 99, No. 3, p. 483.

Kuznets, S. S., *Economic growth of nations: total output and production structure*, Belknap Press, 1971

Lee Kuan Yew School of Public Policy, *Singapore's Competitiveness 2009: Key Findings and Recommendations*, 2009.

Lucas, R. E., On the mechanics of economic development, *Journal of monetary economics*, 1988, Vol. 22, No. 1, pp. 3 -42.

Mattoo, A., R. Rathindran and A. Subramanian, Measuring Services Trade Liberalization and its Impact on Trade Growth: An Illustration, *World Bank Working Paper*, 2001, Vol. 2655, pp. 64 -98.

McKinnon, R. I., *Money and capital in economic development*, Brookings Institution Press, 1973.

Moon, H. C. and E. K. Choi, Cultural impact on national competitiveness, *Journal of international and area studies*, 2001, Vol. 8, No. 2, pp. 21 -36.

Nalewaik, J. J., Current consumption and future income growth: Synthetic panel evidence, *Journal of Monetary Economics*, 2006, Vol. 53, No. 8, pp. 2239 -2266.

North, D. C. and R. P. Thomas, *The rise of the western world: A new economic history*, Cambridge Univ Pr, 1973

Nye Jr, J. S., Soft power, *Foreign Policy*, 1990, pp. 153 -171.

OECD, *Understanding the digital divide*, 2001.

Porter, M., *The comparative advantage of nations*, Free Press, New York, 1990.

Porter, M. E. and C. Linde, Green and Competitive: Ending the Stalemate, *Journal of Business Administration and Policy Analysis*, 1999.

Quinn, D. P., The Correlates of International Financial Liberation, *American Political Science Review*, 1997, Vol. 91, pp. 531 -551.

Roe, M. J. and J. I. Siegel, Political instability and financial development, *Harvard University Working Paper*, 2007.

Romer, P. M., Increasing returns and long-run growth, *The Journal of Political Economy*, 1986, Vol. 94, No. 5, p. 1002.

Ross, M. L., How do natural resources influence civil war? Evidence from thirteen cases, *International Organization*, 2004, Vol. 58, No. 01, pp. 35 -67.

Rugman, A. M. and A. Verbeke, Corporate strategies and environmental regulations: An organizing framework, *Strategic management journal*, 1998, pp. 363 – 375.

Rugman, A. M. and J. D Cruz, The "Double Diamond", *Model of International Competitiveness: The Canadian Experience*, 1993, Vol. 33, No. 2, pp. 17 –39.

Schwab, K. , et al. , *The Global Competitiveness Report 2009 - 2010*, World Economic Forum.

Schultz, T. W. , Capital formation by education, *The journal of political economy*, 1960, Vol. 68, No. 6, pp. 571 –583.

Schumpeter, J. A. , *Business cycles*, McGraw –Hill New York, 1939.

Shrivastava, P. , Environmental technologies and competitive advantage, *Strategic Management Journal*, 1995, Vol. 16, pp. 183 –200.

Solow, R. M. , A contribution to the theory of economic growth, *The Quarterly Journal of Economics*, 1956, Vol. 70, No. 1, pp. 65 –94.

Szirmai, A. , Explaining success and failure in development, *UNU-MERIT Working Papers*, 2008.

Takeo. H, *Six Strategies for Greater Competitiveness: The Path Towards Reviving Japan's Competitiveness and Moving into an Industrial Structure which Fosters World Class Companies*, http: //www. meti. go. jp.

Tan, K. G. , et al. , *Annual Ips-ntu Asean 9 + 1 Competitiveness Ranking Indices*, Marshall Cavendish Intl, 2005.

The National Competitiveness Council of Ireland, *Annual Competitiveness Report*, 2009.

The National Competitiveness Council of Croatia, *Annual Competitiveness Report*, 2008.

The National Competitiveness Council of Cuyana, *Annual Competitiveness Report*, 2007.

The Presidential Council on National Competitiveness, *National Competitiveness Report 2009: Shaping our future through national competitiveness*, 2009.

Wah, L. Y. , The role of domestic demand in the economic growth of Malaysia:

a cointegration analysis, *International Economic Journal*, 2004, Vol. 18, No. 3, pp. 337 - 352.

Weiss, C., Science, technology and international relations, *Technology in Society*, 2005, Vol. 27, No. 3, pp. 295 -313.

弗朗索瓦·魁奈著《魁奈经济著作选集》，吴斐丹等译，商务印书馆，1979。

钱纳里等著《工业化和经济增长的比较研究》，吴奇等译，三联书店上海分店，1995。

托马斯·孟著《英国得自对外贸易的财富》，袁南宇译，商务印书馆，1965。

熊彼特著《经济发展理论》，何畏等译，商务印书馆，1990。

约瑟夫·熊彼特著《经济周期循环论》，叶华译，中国长安出版社，2009。

约瑟夫·熊彼特著《资本主义、社会主义与民主》，吴良健译，商务印书馆，1999。

赵中建：《创新引领世界——美国创新和竞争力战略》，华东师范大学出版社，2007。

文富德：《印度加速发展制造业的政策措施与前景》，《南亚研究季刊》2006年第4期。

闫午：《俄罗斯至2020年能源战略》，《俄罗斯中亚东欧市场》2003年第10期。

刘伟萍：《法国“竞争力极点”战略对环渤海经济区高新技术产业发展的借鉴》，《经济问题探索》2007年第11期。

《英国发布低碳国家战略计划》，新华网。

《德国首次系统提出国家高科技发展战略》，科技日报网。

后　记

在全球化的世界中，各国之间、各城市之间的联系日益紧密，竞争也日益增强。城市竞争力与国家竞争力也高度正相关。《中国城市竞争力报告 No. 8》将国家竞争力作为报告的主题。与以前还有不同的是：扩展了研究的视角，在继续服务于城市政府决策的基础上，扩展到为海内外企业投资决策，海内外人才创业和求职决策服务。未来报告将定位于政府决策的参考，企业投资的指引和人才创业的向导。

《中国城市竞争力报告 No. 8》由中国社会科学院财贸经济研究所倪鹏飞博士牵头，数十家著名高校、地方院校、权威统计部门、企业研发机构的近百名专家参与，历经大半年时间，进行理论、调查、计量和案例等经验研究而形成的成果。《中国城市竞争力报告 No. 8》的基础理论、指标体系、研究框架和重要结论主要由主编倪鹏飞博士做出。副主编南开大学组合数学研究中心侯庆虎博士（数学专家）负责计量、提供计算支持；副主编陈小龙博士（统计专家）负责数据标准化、数据审核，并提供统计技术支持。特邀主编沈建法、林祖嘉、杨允中分别负责台湾、香港、澳门的数据支持、审核和报告的讨论工作。主编助理谢海生（中国社会科学院研究生院）负责报告的数据采集、具体计算、资料汇总、协调调度等工作。负责数据采集与计算的还有：唐晶（国家图书馆），赵璧（财政部财政科学研究所），康珂（中共中央党校），张丽丽（中国社会科学院研究生院），李晓会（中国社会科学院研究生院），李曼卿（中国社会科学院研究生院），贾银华（中国社会科学院研究生院），陈建清（中国社会科学院研究生院）。

关于城市综合竞争力，本次样本涉及中国 294 个城市，除了总体报告外，本次报告根据过去五年全国城市发展的格局，以及未来全球、中国发展的主导力量及其趋势，遴选了未来十年具有发展潜力的 24 个城市。同时，还制作了六大区域报告和 22 个省区报告；关于分项竞争力，除总报告外，本次报告还制作了八个分项竞争力报告。报告的文稿是在锤炼理论、采集数据，进行计量并得出基本结论后，由执笔者撰写而成的。

各章的文字贡献者是：第一章，课题组集体；第二章，倪鹏飞，李煜伟（中央财经大学），吕风勇（中国社科院财贸所），邹琳华（中国社科院财贸所），高广春（中国社科院财贸所），姜雪梅（中国社科院财贸所），谢海生；第三章，倪鹏飞；第四章，潘文轩（财政部财政科学研究所）；第五章，陈永杰（武汉理工大学）；第六章，刘潇潇（中国人民银行研究生部）；第七章，赵璧；第八章，袁匡济（中央财经大学）；第九章，王杉（兰州大学）；第十章，张可（上海理工大学）；第十一章，康珂，潘文轩，李清彬（南开大学），陈永杰，王杉，刘潇潇，袁匡济，刘凯（中南财经政法大学），李煜伟，邹琳华，高广春，徐光耀（山东大学），姜雪梅，吕风勇；第十二章，课题组集体；第十三章，张可，白晶（山东大学）；第十四章，郑琼洁（东北师范大学）；第十五章，倪鹏飞，陈永杰；第十六章，康珂，刘潇潇，邹军（山东大学），陈永杰，袁匡济，潘文轩；第十七章，潘文轩；第十八章，李娟（北京师范大学）；第十九章，倪鹏飞，赵璧，潘文轩。其中第十四、第十五两章的专栏作者分别为白晶，袁匡济，刘潇潇，王杉，郑琼洁，邹军。

附录：倪鹏飞、侯庆虎、谢海生、陈永杰。整个报告的计量数据，由倪鹏飞、侯庆虎领导下的课题组完成。特别感谢赵璧，白晶，郑琼洁，陈永杰，张可以及其他为报告统稿作出重要贡献的人员。

《中国城市竞争力报告 No. 8》和中国城市竞争力的研究得到报告顾问及诸多机构和人士真诚无私的支持。我们对所有支持和关心这项研究的单位和人士表示钦佩、敬意和感谢，要特别感谢孙治方经济学基金会和香港明天更好基金长期以来给予项目组的大力支持。

我们要特别感谢中国社会科学院领导和财贸所领导给予的亲切的关怀和巨大的支持。2010 年 1 月 22 日中国社会科学院常务副院长王伟光、副院长李扬、秘书长黄浩涛等院领导一行亲临城市与房地产经济研究室及全球城市竞争力项目组视察调研，了解财贸所、项目组的学术研究，国际合作和科研管理，仔细听取汇报，询问困难，充分肯定了项目组所取得的成绩，对项目组未来研究提出殷切的期望。

为了将这项研究做得更好，2010 年 3 月，中国社会科学院院长办公会议

决定成立一个研究城市竞争力等相关问题的研究中心。院所及科研局领导的亲切关怀和巨大支持给了我们无限温暖、巨大的鼓舞和极大的动力。我们一定牢记院领导殷殷教诲，坚守三大学风，以严谨、谦虚、创新和执著的精神，踏踏实实地将城市竞争力的研究做好，以优异的成绩回报领导的关怀，回报社会的期待。

倪鹏飞

2010 年 3 月 26 日

图书在版编目（CIP）数据

中国城市竞争力报告. 8，竞争力：城市与国家同进退/倪鹏飞主编. —北京：社会科学文献出版社，2010.5
（城市竞争力蓝皮书）
ISBN 978-7-5097-1395-2

Ⅰ.①中… Ⅱ.①倪… Ⅲ.①城市经济-经济评价-研究报告-中国 Ⅳ.①F299.23

中国版本图书馆 CIP 数据核字（2010）第 064960 号

城市竞争力蓝皮书

中国城市竞争力报告 No.8

——竞争力：城市与国家同进退

主　　编 / 倪鹏飞
副 主 编 / 侯庆虎　陈小龙

出 版 人 / 谢寿光
总 编 辑 / 邹东涛
出 版 者 / 社会科学文献出版社
地　　址 / 北京市西城区北三环中路甲 29 号院 3 号楼华龙大厦
邮政编码 / 100029
网　　址 / http://www.ssap.com.cn
网站支持 /（010）59367077
责任部门 / 皮书出版中心（010）59367127
电子信箱 / pishubu@ssap.cn
项目经理 / 邓泳红
责任编辑 / 任文武
责任校对 / 郭红生　黄　芬
责任印制 / 蔡　静　董　然　米　扬
品牌推广 / 蔡继辉

总 经 销 / 社会科学文献出版社发行部
（010）59367080　59367097
经　　销 / 各地书店
读者服务 / 读者服务中心（010）59367028
排　　版 / 北京中文天地文化艺术有限公司
印　　刷 / 北京季蜂印刷有限公司

开　　本 / 787mm×1092mm　1/16
印　　张 / 26　字数 / 448 千字
版　　次 / 2010 年 5 月第 1 版　印次 / 2010 年 5 月第 1 次印刷

书　　号 / ISBN 978-7-5097-1395-2
定　　价 / 65.00 元

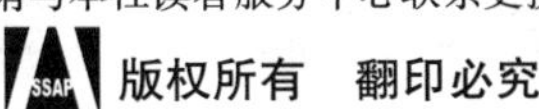